MARITAL GROUP LAW
JURISPRUDENTIAL AND NORMATIVE ANALYSIS

夫妻团体法
法理与规范

冉克平 著

图书在版编目(CIP)数据

夫妻团体法：法理与规范 / 冉克平著. —北京：北京大学出版社，2022.4
ISBN 978-7-301-32796-8

Ⅰ.①夫… Ⅱ.①冉… Ⅲ.①婚姻法—研究—中国 Ⅳ.①D923.904

中国版本图书馆CIP数据核字(2021)第281004号

书　　　名	夫妻团体法：法理与规范 FUQI TUANTI FA：FALI YU GUIFAN
著作责任者	冉克平　著
责 任 编 辑	刘文科　刘　照
标 准 书 号	ISBN 978-7-301-32796-8
出 版 发 行	北京大学出版社
地　　　址	北京市海淀区成府路205号　100871
网　　　址	http://www.pup.cn　http://www.yandayuanzhao.com
电 子 信 箱	yandayuanzhao@163.com
新 浪 微 博	@北京大学出版社　@北大出版社燕大元照法律图书
电　　　话	邮购部 010-62752015　发行部 010-62750672 编辑部 010-62117788
印 刷 者	北京中科印刷有限公司
经 销 者	新华书店 650毫米×965毫米　16开本　26.25印张　426千字 2022年4月第1版　2022年11月第2次印刷
定　　　价	98.00元

未经许可，不得以任何方式复制或抄袭本书之部分或全部内容。
版权所有，侵权必究
举报电话：010-62752024　电子信箱：fd@pup.pku.edu.cn
图书如有印装质量问题，请与出版部联系，电话：010-62756370

序

2020年5月颁布的《中华人民共和国民法典》(以下简称《民法典》)被誉为"社会生活的百科全书",调整范围包括平等主体的人身关系和财产关系,这标志着长期以来独立运行的《中华人民共和国婚姻法》(以下简称《婚姻法》)、《中华人民共和国收养法》(以下简称《收养法》)等单行法在形式上向民法回归。将婚姻家庭编纳入《民法典》是完善婚姻家庭法制的最佳方案,不仅开启了婚姻家庭立法的新篇章,而且具有重要的理论价值与现实意义。

婚姻家庭制度以规范夫妻关系和家庭关系为基本内容,与合同制度、物权制度等相比,具有较强的伦理色彩,因而常常被视为一国的固有法制,具有鲜明的民族性与本土特征。夫妻团体构成现代婚姻家庭的轴心,是观察和分析《民法典》婚姻家庭编的重要概念和视角。《夫妻团体法:法理与规范》一书以我国《民法典》婚姻家庭编的制定与实施为背景,从立法论与解释论两个层面分析夫妻团体的价值变迁、夫妻团体中的意思自治、夫妻共同财产与个人财产的界分、夫妻共同债务与个人债务的区分及其清偿、夫妻离婚协议中的财产分配条款、夫妻身份权的性质及其效力等问题。全书共分为十章,针对夫妻团体的法理与规范进行了系统而翔实的分析。我认为本书属于近年来婚姻家庭法领域的力作,在以下三个方面颇具创新之处:

第一,从夫妻团体兼具共同体与结合体的双重属性出发,分析夫妻财产制度的复杂结构。本书作者运用法社会学的研究路径,比较夫妻团体与经济团体之间的本质差异:前者表现的是全方位的人格投入,成员之间的关系属于情感的、不可计算性的结合,其他人不容易替代;后者的成员之间的关系属于理性的、可计算性的结合,其相互关系可以替代。通常认为,《民法典》是市场经济的基本法律,民法上的人被假设为"理性人"。然而,《民法典》中的"理性人"假设主要存在于财产法之中,具有明显的工具理性属性;家庭法领域的主要角色系"伦理人",带有一定程度的道德色彩。夫妻团体的"伦理人"角色深刻地影响并塑造了夫妻团体财产制度,表现为家庭法的实质理性化与财产法的形式理性化两个维度,由此形成的"夫妻团体主义"与"个人主义"之间的价值矛盾,是分析婚姻家庭财产制度的重要工具。

第二,从体系化的视角分析夫妻团体的相关财产制度,揭示《婚姻法》《收养法》回归《民法典》之后引起的复杂体系效应。婚姻家庭编的内容可以分为婚姻家庭身份关系法与婚姻家庭财产关系法两大部分,均具有伦理性。然而,近现代以来,源自财产法的市场经济观念与个人主义价值日益渗透至家庭法领域,家庭法的理性化渐趋增强。秉持工具理性的财产法与彰显伦理属性的家庭法之间的鸿沟在一定程度上得到填充。典型的是意思自治原则在婚姻家庭编的适用及其限制,身份关系协议如何根据其性质参照适用《民法典》合同编之规定,以及身份权的保护如何根据其性质参照适用人格权保护之规定等问题。《民法典》第464条第2款、第508条以及第1001条实质上成为架构婚姻家庭编、合同编、侵权责任编乃至总则编的重要桥梁。对此,该书均从体系化的角度予以阐释,在理论研究上具有新颖性。

第三,注重理论结合实际,为《民法典》婚姻家庭编的制定与实施提出了宝贵建议。在《民法典》制定过程中,夫妻共同债务与个人债务的区分与清偿是受社会各界广泛关注的立法热点,本书作者通过分析认为,原《最高人民法院关于适用〈中华人民共和国婚姻法〉若干问题的解释(二)》第24条的"利益共享"虽符合法定婚后所得共同制,但是仅具有形式正当性,并引发夫妻团体取代个人的经济自主与人格独立的实质非正当结果,应当予以废除。立法上应该以"家庭利益"作为界分夫妻团体债务与个人债务的法技术标准。在《民法典》制定之后,该书作者认为,夫妻共同财产的取得及其与个人财产的分配应坚持婚姻法的实质性"贡献"理论,夫妻财产制契约、离婚财产协议等仅具有债权约束力。夫妻共同财产属于共同共有,夫或妻单方处分共同财产适用善意取得制度。因夫或妻一方产生的夫妻共同债务的责任财产,仅限于夫妻共同财产与举债方的个人财产。

克平是我的学生,近年来在《民法典》婚姻家庭编领域潜心钻研、勤奋耕耘,取得了一些具有良好影响力的科研成果。本书是这些年他在家庭法领域笔耕不辍的重要结晶,我对此感到由衷的高兴!希望他继续踔厉奋发,笃行致远,能够在学术研究上取得更大的成绩!

王利明
2021 年 8 月

目　　录

前　言 ... 1

第一章　夫妻团体的法理分析 ... 1
第一节　夫妻团体概述 ... 3
一、共同体与结合体的理想类型 ... 3
二、夫妻团体的界定与特质 ... 4
第二节　近现代家庭法的价值变迁 ... 6
一、近代财产法的理性化趋势及其与家庭法的对立 ... 6
二、现代家庭法的理性化倾向及其与财产法的趋同 ... 10
第三节　夫妻团体的财产基础及其理性化维度 ... 12
一、现代家庭法中的夫妻团体及其财产制基础 ... 12
二、现代家庭法中夫妻团体的理性化维度 ... 18

第二章　夫妻团体中的意思自治及其维度 ... 21
第一节　意思自治在婚姻家庭法上的表达 ... 23
一、我国《民法典》婚姻家庭编中的意思自治概览 ... 23
二、意思自治在婚姻家庭法上的渐趋确立及其限制 ... 26
第二节　意思自治在纯粹亲属身份行为上的体系化表达 ... 33
一、亲属身份行为的形式与实质之争 ... 33
二、亲属身份行为的体系化及其展开 ... 36
第三节　意思自治在亲属财产行为上的展现及其限制 ... 41
一、亲属财产法上法律行为的价值取向与类型界定 ... 41
二、夫妻之间仅涉及财产关系变动的法律行为之效力 ... 43

三、夫或妻一方处分财产行为的效力及其限制　　46
　第四节　意思自治在亲属财产、身份混合行为上的表达及其规制　48
　　一、身份财产混合行为的双重价值取向　　48
　　二、夫妻离婚协议及其规制　　48
　　三、夫妻"忠诚协议"的效力分析　　51
　　四、小结　　54

第三章　夫妻团体财产与个人财产　　57
　第一节　夫妻团体财产与个人财产界分的价值图景　　59
　　一、法定夫妻财产制与夫妻团体财产、个人财产的界分　　59
　　二、界分夫妻团体财产与个人财产的价值基础　　61
　第二节　我国夫妻团体财产与个人财产的演变与价值构造　　64
　　一、我国法定夫妻财产制的制度演变　　64
　　二、法定夫妻财产制的价值变迁之争　　67
　　三、以"不完全共同体"构造法定夫妻财产制　　70
　第三节　夫妻共同财产的认定及其婚后收益的制度构造　　72
　　一、"劳动所得共同制"及其理论阐释　　72
　　二、夫妻共同财产的取得规则构造　　75
　　三、个人财产婚后收益的分配　　78
　　四、一方婚前购买婚后夫妻共同还贷的房屋收益　　84
　第四节　夫或妻无偿所得与人身属性财产的界分　　87
　　一、夫或妻无偿或运气所得财产的判定　　87
　　二、夫或妻一方具有人身属性财产的认定　　89
　　三、结论　　92

第四章　夫妻团体债务与个人债务的界分　　95
　第一节　夫妻共同债务与个人债务界分的立法沿革及学说争议　97
　　一、夫妻共同债务概述　　97
　　二、我国夫妻共同债务与个人债务认定的立法沿革　　98
　　三、学说上的争议与评析　　102
　第二节　我国夫妻共同债务与个人债务界分的反思　　103
　　一、目的论或用途论的不足之处　　103
　　二、推定论的逻辑基础及其问题　　105

三、"推定论"与"目的论"的两难困局及其原因　　*108*
　第三节　我国夫妻共同债务与个人债务的界分及清偿之立法论　*111*
　　一、以"家庭利益"认定夫妻共同债务的抽象标准　　*111*
　　二、确立日常家事代理权及其范围　　*117*
　　三、生产或经营性负债及其限制　　*119*
　　四、管理、保有夫妻共同财产所生的债务　　*121*
　　五、我国夫妻共同债务与个人债务的界分的立法论　　*121*
　第四节　夫妻共同债务的类型与清偿之解释　*122*
　　一、《夫妻债务司法解释》概述　　*122*
　　二、夫妻婚后所得共同制与夫妻共同债务的关系辨析　　*124*
　　三、夫妻共同生活与家庭利益标准　　*129*
　　四、夫妻日常家事代理权　　*133*
　　五、《民法典》夫妻共同债务规范的体系化阐释　　*144*
　　六、夫妻共同债务的清偿与追偿　　*151*
　　七、夫妻债务的清偿顺位　　*156*
　　八、夫妻个人债务的执行规则分析　　*161*

第五章　夫妻之间的财产给予行为及其效力　*169*
　第一节　夫妻婚内财产给予行为及其效力　*171*
　　一、夫妻婚内财产给予行为概述　　*171*
　　二、夫妻婚内给予不动产的目的分析　　*172*
　　三、夫妻婚内给予不动产约定的性质争议　　*176*
　　四、夫妻婚内给予不动产的约定与不动产物权的变动　　*182*
　　五、给予不动产之配偶所受损害的救济路径　　*188*
　　六、结论　　*192*
　第二节　离婚协议中的夫妻财产给予及其效力　*193*
　　一、离婚协议中的夫妻财产给予条款概述　　*193*
　　二、离婚协议夫妻财产给予条款的法律性质争议　　*194*
　　三、离婚协议夫妻财产给予条款的效力判断及其实现路径　　*203*
　　四、离婚协议夫妻财产给予约定排除强制执行的效力及构造　　*210*
　　五、结论　　*217*

第六章　夫妻财产制度的双重结构及其理性化维度　　219
第一节　夫妻财产制度的双重结构及其价值体系　　221
一、概述　　221
二、夫妻财产制度的双重结构　　222
三、夫妻财产制度外部与内部关系的价值体系　　223
四、我国夫妻财产制度的理性化图景　　226
第二节　夫妻财产的对外处分：婚姻家庭编与物权编的对接　　228
一、夫妻共同财产对外处分之效力冲突：债权方案与物权方案的比较　　228
二、夫妻共有股权的处分　　232
三、结论　　233

第七章　夫妻身份权的法律保护及其限度　　235
第一节　夫妻身份权的社会基础与权利属性分析　　237
一、近现代夫妻身份权的演变及现行法的确立　　237
二、夫妻身份权的法律结构　　239
第二节　夫妻之间侵权的损害赔偿　　242
一、夫妻婚内侵权概述　　242
二、离婚损害赔偿的实质、性质及其范围　　244
三、婚内损害赔偿制度确立的必要性　　249
四、婚内损害赔偿的法律依据　　254
五、结论　　258
第三节　第三人侵扰夫妻身份权的民事责任　　259
一、第三人侵扰他人婚姻关系概述　　259
二、比较法上第三人侵扰夫妻身份权的实然状态　　261
三、比较法上侵权法原则上排除夫妻身份权的原因分析　　263
四、侵权责任的规范路径分析　　265
五、婚姻家庭法的规范路径分析　　271
第四节　介于道德与法律之间的夫妻身份权利　　272

第八章　"婚姻家庭受国家保护"原则的体系化阐释　　275
第一节　"婚姻家庭受国家保护"的法律性质及其价值表达　　277
一、概述　　277

二、"婚姻家庭受国家保护"在宪法上的法律性质争议　　*279*
　　三、"婚姻家庭受国家保护"在宪法上的法律地位及其意涵　　*281*
　　四、"婚姻家庭受国家保护"原则在民法上的价值表达　　*284*
第二节　婚姻家庭编家庭伦理与现代法理的共治　　*285*
　　一、婚姻家庭领域"去家庭化"的历史演变及其原因分析　　*285*
　　二、婚姻家庭编在家庭伦理上"再家庭化"的成因及规范形式　　*287*
　　三、婚姻家庭编德法共治的具体表达与规范阐释　　*289*
第三节　婚姻家庭编家庭本位与个体自由的兼容　　*291*
　　一、婚姻家庭法价值本位的嬗变　　*291*
　　二、我国婚姻家庭编的价值本位　　*292*
　　三、我国婚姻家庭编价值理念的规范阐释　　*295*
第四节　婚姻家庭编国家管制与家庭自治的平衡　　*297*
　　一、家庭自治在现代家庭法领域的勃兴　　*297*
　　二、婚姻家庭领域的国家管制及其限度　　*298*
　　三、结论　　*300*

第九章　"身份关系协议"准用《民法典》合同编的体系化释论　　*303*
第一节　《民法典》第464条的法律性质与方法论意义　　*305*
　　一、概述　　*305*
　　二、《民法典》第464条"参照适用"的法律性质　　*306*
　　三、《民法典》第464条第2款的方法论意义　　*309*
第二节　依据身份关系协议的"性质"准用合同编的判断　　*312*
　　一、对身份关系协议准用合同编的积极判断：以历史变迁为视角　　*312*
　　二、身份关系协议准用合同编的消极判断　　*315*
第三节　身份关系协议的规范阐释及其类型分析　　*317*
　　一、身份关系协议的规范解释　　*317*
　　二、"身份关系协议"的涵义及其类型分析　　*319*
　　三、小结　　*323*
第四节　纯粹身份关系协议对《民法典》合同编的准用　　*324*
　　一、对纯粹身份关系协议成立准用合同编　　*324*
　　二、对纯粹身份关系协议意思表示瑕疵准用合同编　　*326*
第五节　身份财产协议对《民法典》合同编的准用　　*330*
　　一、合同和法律行为效力规范的准用　　*330*

二、合同履行规则的准用　　333
三、合同救济规则的准用　　335
四、委托合同规则的准用　　336
五、结论　　337

第十章 《民法典》离婚救济制度的体系化阐释　　339
第一节 《民法典》离婚救济制度概述　　341
第二节 离婚家务贡献补偿制度的正当性及其规范解释　　342
一、离婚家务贡献补偿的正当性分析　　342
二、离婚家务贡献补偿的规范解释　　345
第三节 离婚经济帮助制度的解释及其协调适用　　348
一、离婚经济帮助制度的正当性　　348
二、离婚经济帮助的判断标准　　351
第四节 离婚损害赔偿制度的阐释及其协调适用　　353
一、离婚损害赔偿制度的阐释　　353
二、离婚损害赔偿与夫妻共同财产分割照顾无过错方原则的协调适用　　357
第五节 《民法典》实施背景下离婚救济制度的法律适用　　359

附　论　婚姻家庭编(草案)的体系、内容及其完善　　361
第一节 婚姻家庭编(草案)的体系结构与制度变革　　363
一、概述　　363
二、婚姻家庭编(草案)的体系结构　　363
三、婚姻家庭编(草案)的制度变革　　365
第二节 婚姻家庭编的价值理念及其表达　　369
一、婚姻家庭法的价值变迁及其分歧　　369
二、婚姻家庭编的价值理念　　371
第三节 婚姻家庭编制度的不足与完善　　374

参考文献　　381

前　言

夫妻团体构成现代家庭的主轴。夫妻团体的法理与规范包括夫妻团体的价值变迁、意思自治在夫妻团体中的表现及其限制、夫妻共同财产与个人财产的界分、夫妻共同债务与个人债务的区分、夫妻财产制度的双重结构及其体系化阐释、夫妻之间婚内财产给予行为的性质及其效力、夫妻离婚协议中财产给予条款的性质及其效力、夫妻身份权的性质及其效力等,这些构成《民法典》婚姻家庭编的核心内容。在《民法典》制定与实施的大背景下,持续地研究夫妻团体的法理与规范,不仅可以为婚姻家庭立法的体系化与科学化建言献策,而且能够为婚姻家庭编的法教义学构建提供学理依据,以助于实现相关司法裁判的准确与统一。

本书采取"总—分"结构,从夫妻团体的法理基础出发,详细分析夫妻团体的制度和规范,同时结合比较法上的资料和我国的相关司法实践进行实证分析。全书共分十章。具体而言:

第一章是夫妻团体的法理分析。随着经济社会的进步,夫妻团体与外部的财产联系变得日益频繁。一方面,夫妻之间以"伦理人"的身份对内营造家庭共同生活,适用以男女平等、婚姻自由、保护妇女儿童等为原则的家庭人身法规范;另一方面,夫妻之间又以"经济人"的角色对外参与社会经济生活,采纳以私法自治为圭臬、具有高度形式理性化的物权法、合同法、公司法等一般财产法规则,资源和财富由此在家庭与社会之间形成"系统循环"。夫妻团体兼具共同体与结合体的双重特性,涵盖婚姻法与财产法两个领域,夫妻团体的伦理价值属性不可避免地会影响夫妻团体财产制度的构造,反之亦然。"夫妻团体主义"与"个人主义"之间的张力构成婚姻家庭财产制度的一对基本矛盾。

第二章阐述夫妻团体中的意思自治及其维度。近几十年来,意思自治所蕴含的个人主义、自由原则从财产法扩张至婚姻家庭法,这为婚姻家庭编的各种自治行为适用《民法典》总则编提供了重要基础。意思自治在财产法上呈现强烈的工具主义价值,然而家庭法作为"情感—经济共同体",意思自治在其间的贯彻不可避免地受到家庭伦理与弱者保护理念的限制,旨在实现婚姻家庭编的社会功能。意思自治透过法律行为在婚姻家庭编中表现为纯粹亲属身份行为与身份财产行为,前者适用《民法典》总则编中的法律行为制度时应兼顾亲属法的特殊价值取向;后者兼具家庭法与财产法的双重价值取向,工具性价值逐渐增强而伦理因素逐渐削弱,可以参照适用《民法典》合同编与物权编的相关规定。

第三章分析夫妻团体财产与个人财产。法定夫妻财产制的本质是依据特定价值理念使夫妻彼此创造的财产在夫妻团体与个人间分配的有名契约。由于市场经济、个人主义与工具理性的扩张,夫妻团体已兼有结合体的属性,可称之为"不完全共同体"。原《婚姻法》规定的"婚后所得共同制"建立在"劳动所得"的基础上,难以应对近年来因婚前个人财产的"资本所得"(典型的如孳息与自然增值)引起的现实困境。原《婚姻法》系列司法解释已显现个人主义倾向,但缺乏系统的理论阐释及抽象性明显不足,而且未考虑对弱势方尤其是妇女利益的维护。法定夫妻财产制应以"不完全共同体"为基础予以构造,既立足于夫妻共同体属性,也需调和因个人主义兴起及禀赋资源多元化引起的冲突,并对夫妻团体财产与个人财产的分配进行精细厘定,以达到既维系夫妻团体关系亦回应个人主义需求的社会目标。

第四章论述夫妻团体债务与个人债务的界分。从立法论的角度看,原《婚姻法》第 41 条规定的"夫妻共同生活",因具有伦理、情感与私密性的特征,在法技术上难以区分个人债务与夫妻团体债务;原《最高人民法院关于适用〈中华人民共和国婚姻法〉若干问题的解释(二)》[以下简称《婚姻法司法解释(二)》]第 24 条的"利益共享"虽符合法定婚后所得共同制,但是仅具有形式正当性,并引发夫妻团体取代个人的经济自主与人格独立的实质非正当结果。在强调人格独立与意思自治的背景之下,立法上应该以"家庭利益"作为界分夫妻团体债务与个人债务的法技术标准,通过日常家事代理权、共同财产管理、合理证明责任以及债务清偿、补偿规则等制度的构造,达到既维系和增进夫妻团体关系,又保护个人的独立人格与市场交易安全的社会目标。从《民法典》婚姻家庭编解释论的角度看,在夫妻共同制之下,夫或妻一方所负债务被认定为夫妻共同债务应以该债务为家庭利益为要件。满足家庭日常生活需要的行为系"旨在维持家庭日常消费、养育子女以及医疗服务等交易行为",达成该目的之手段应具有适当性。夫或妻一方所负债务超出家庭日常生活需要,除非夫妻双方共债共签,原则上应推定为举债方个人债务。夫妻共同财产、个人财产应分别优先清偿夫妻共同债务与个人债务。

第五章阐释夫妻之间的财产给予行为及其效力。对于夫妻之间的财产给予约定,因夫妻共同体属于情感式和非计算性的结合,夫妻之间给予不动产或其份额的约定通常是为了实现、维持或保障夫妻共同生活,与纯粹理性人的可计算行为有别。该约定通常不应认定为赠与,而是属于夫妻财产制契约。夫妻财产制契约一旦生效即不得撤销,虽不直接发生不动产物权的变动,但接受不动产给予的一方可以请求给予不动产一方履行。接受不动产给予的一方实施背信弃义行为时,人民法院可以类推适用《民法典》第 533 条规定的情势变更规则对该约定予以变更或者解除,使给予不动产的一方获得适当的救济。对于离婚协议中的夫妻财产给予约定,偏离法定的平均分割夫妻共同财产和夫妻共同债务原则,包括法定义务与约定义务。后者是超出前者的部分,通常因不具有对价而属于赠与条款。从离婚协议整体及法律行为部分无效理论出发,该条款原则上不能单独被撤销。离婚合意可以类推适用《民法典》总则编的欺诈、胁迫规范,但是不得适用显失公平、重大误解及通谋虚伪表示规范。离婚股权分割与股权继承相类似,基于夫妻共有财产产生的股权分割不应受有限责任公司其他股东同意和优先购买权的限制。离婚协议中的夫妻不动产给予约定既不能直接导致不动产物权的变动,也非德国法上具有物权归属意义的期待权。夫妻离婚时的不动产给予条款可以类推适用《最高人民法院关于人民法院办理执行异议和复议案件若干问题的规定》第 28 条的规定,但是仅限于法定义务或有偿的约定义务范畴,无偿的夫妻不动产给予约定应该被排除在外。

第六章阐释夫妻财产制度的双重结构及其理性化维度。夫妻财产制度由内部与外部财产关系构成,前者受亲属身份关系的支配,后者属于财产法,表现为家庭法的实质理性化与财产法的形式理性化两个维度。夫妻财产制度的内部关系以男女实质性平等与夫妻共同体的维护为价值导向,夫妻共同财产的取得及其与个人财产的分配应坚持婚姻法的实质性"贡献"或"协力"理论,夫妻之间内部的财产给予行为(夫妻财产制契约、离婚财产协议等)仅具有债权约束力。夫妻财产制度的外部关系应服从于一般财产法的价值原则,婚姻伦理应在内部消化。夫妻共同财产属于共同共有,夫或妻单方处分共同财产适用善意取得制度。夫妻共同债务外部关系应实现夫妻共同财产制与债之相对性的有机衔接。夫妻共同债务的内部责任财产,可以类比普通合伙或有限合伙确认举债方配偶的连带责任与有限责任类型,并通过追偿权平衡配偶之间的利益关系。

第七章分析夫妻身份权的法律保护及其限度。在现代社会,身份权的削弱与财产权、人格权的开放性与多元化发展形成鲜明对比。夫妻身份权虽已实证化,但其与人格权大不相同,属于"弱意义上的请求权"且不具有对外效力。夫妻身份权如何受侵权法之保护,取决于婚姻共同体的法律地位及背后的价值观。《民法典》婚姻家庭编第1091条规定的离婚损害赔偿与侵权责任编第1179条规定的一般侵权损害赔偿之间,并不是特别法与一般法的关系。为了更好地保护婚姻关系中无过错一方配偶的权利,应该肯定夫妻之间侵权的婚内损害赔偿,并增设非常法定夫妻财产制。在发生婚内侵权时,如果侵权人无个人财产赔偿损害时,受害人可依法请求实行夫妻分别财产制。近几十年来,婚姻共同体越来越让位于个人自主决定的价值理念,法律尊重个人的复杂心理需求与情感的自由选择,并严格限制夫妻身份权的保护范围,是比较法上不断变革的实践经验与我国经济与社会发展变迁的趋势。侵扰他人婚姻关系的第三人并非侵害身份权的责任主体,除非该第三人的行为严重侵害无过错配偶的一般人格利益。无过错方配偶可以通过离婚损害赔偿获得相应的财产损害赔偿与精神损害赔偿。《民法典》婚姻家庭编具有封闭性,夫妻身份权不应参照人格权的保护方式予以救济。

第八章对"婚姻家庭受国家保护"原则进行体系化阐释。因受个人主义和自由主义思潮影响,近年来家庭结构与传统家国关系频受挑战,"家庭革命"甚嚣尘上。《民法典》第1041条新增"婚姻家庭受国家保护"原则,并置于该编原则之首,该条系将我国《宪法》第49条规定的基本权利所蕴含的价值融贯于民法之中,体现了新时代背景之下国家重视"家庭"传统文化观念的立法倾向。《民法典》第1043条规定的"树立优良家风"条款是第 1041 条第 1 款"婚姻家庭受国家保护"原则的具体化。"婚姻家庭受国家保护"条款属于法伦理原则,反映了立法者对于婚姻家庭关系应当实现家庭伦理与现代法理之间的共治、家庭团体本位与个人主义的兼容、家庭自治与国家管制三个维度的妥当平衡,旨在实现家庭共同体的完整和睦、家庭成员在情感与利益上的互利互助、个人尊严、幸福自由的自我实现与弱者利益保护的价值目标。

第九章是对"身份关系协议"准用《民法典》合同编的体系化释论。《民法典》第 464 条第 2 款的准用条款系沟通家庭法与合同法、伦理秩序与交易体系的桥梁,是受立法者指引和授权的高度概括的价值评价条款,本质上仍然属于法律解释范畴,有赖于法教义学的具体化和类型化。意思自治原则适用领域的扩大与婚姻家庭编的内在价值秩序共同为身份关系协议准用合同编乃至总则编提供了价值基础。身份关系协议可以被类型化为纯粹身份关系协议、身份财产混合协议以及身份财产关联协议,三者的伦理性渐次减弱而财产性趋强。法官在个案中既要依据婚姻、收养和监护等身份关系协议的事实构成和性质来评价和发掘合同编和总则编之中被援引法条的规范意旨,还要论证该规范意旨与婚姻家庭编的原则以及待决身份关系协议的伦理属性不相排斥,避免"参照适用"沦为身份关系协议过度市场化、工具化的通道。

第十章对《民法典》离婚救济制度进行体系化阐释。《民法典》规定的离婚救济体系包含离婚家务贡献补偿、离婚经济帮助以及离婚损害赔偿制度,是对家务特殊贡献者、离婚生活困难者以及维护家庭团体和睦的受害者的补偿,从另一个角度增强家庭共同体的凝聚力以及弘扬家庭美德。离婚救济制度的体系化阐释应保持内部体系与外部体系的协调。配偶一方在家务中贡献较多,从而使另一方的人力资本得以提升但尚未取得预期收益的,可以纳入家务贡献补偿;为适应社会的发展进步,应当适当扩大离婚经济补偿的范围并增加抗辩事由;离婚损害赔偿的实质是债务不履行责任,系无过错方对于因离婚所导致的婚姻关系圆满期待利益的落空。为了避免重复评价,离婚损害赔偿与夫妻共同财产分割中的照顾无过错方原则应当选择适用。

附论分析了婚姻家庭编(草案)的体系、内容及其完善。在《民法典》制定过程中,婚姻家庭编(草案)是对《婚姻法》《收养法》及其司法解释的规整,其制度变革主要集中在结婚、收养尤其是离婚部分。然而该草案在体系上具有浓厚的法律汇编印记;在内容上并未广泛采纳司法实践中行之有效的规定;在立法价值理念上亦未完全体现21世纪现代婚姻法的发展趋势。婚姻家庭编(草案)应当增加未成年人最大利益原则,展示现代婚姻法的价值理念,吸纳行之有效的司法解释并借鉴比较法上的成熟立法,以实现婚姻家庭编立法的体系化与科学性。

第一章　夫妻团体的法理分析

第一节　夫妻团体概述

一、共同体与结合体的理想类型

在现代社会,婚姻通常被认为是一男一女基于双方的合意而形成的生活共同体[1]。依据马克斯·韦伯的社会学理论,所谓"共同体"关系(Vergemeinschaftung)是指社会行为的指向——无论是在个例、平均或纯粹类型中——建立在参与者主观感受到的互相隶属性上,无论是情感性的或传统性的;所谓的"结合体"关系(Vergesellschaftung)系指社会行动本身的指向乃基于理性利益的动机(不论是目的理性还是价值理性的)以寻求利益平衡或利益结合。特别是,通常这种结合体的关系形态是基于双方认可的理性同意,尽管这绝非唯一的形式。在这种情况下,相应的行动,就理性的极端例子而言,可价值理性式地指向对自己责任义务的信仰或目的理性(又称为目标理性)式地指向其伙伴的忠诚度的期待[2]。共同体与社会均属于标准类型或理想类型,共同体和社会(结合体)是可以用于而且应该用于各种形式的结合的范畴。一切结合,既把关系作为整体也把关系作为团体,只要是由理性化的选择意志确立的,它们就是结合体[3]。所谓理想类型,是经过高度抽象出来的反映事物本质特征的分析概念或逻辑工具[4]。典型的理想类型如"资本主义精神""新教伦理""天职观""科层制""目的理性""价值理性"等。

共同体关系可能建立在许多不同的情感性、情绪性或传统性的基础之上,例如宗教上的兄弟情谊、性爱关系、个人忠诚关系、民族共同体、军队的团队精神等。但是,大部分社会关系多少都有这类特质,同时也有某些程度是受结合体因素所决定。不管社会关系的主要考虑是可计算性还

---

[1] 参见[德]迪特尔·施瓦布:《德国家庭法》,王葆莳译,法律出版社2010年版,第11页。
[2] 参见[德]马克斯·韦伯:《社会学的基本概念》,康乐、简美惠译,广西师范大学出版社2011年版,第76页。
[3] 参见[德]斐迪南·滕尼斯:《共同体与社会》,林荣远译,商务印书馆1999年版,第42—43页。
[4] 参见[德]马克斯·韦伯:《社会科学方法论》,李秋零、田薇译,中国人民大学出版社1999年版,第5页。

是目的理性,皆有可能涉及情绪性价值,并超越功利性的原始目的。[1] 相反,一种通常被视为主要是共同体的社会关系,可能会有部分甚或全体成员在行动上或多或少地指向目的理性式考虑。例如,家庭团体的成员究竟是以"共同体"的感受去面对它,抑或以"结合体"方式利用这种关系来达到自身的目的,这之间的变异可能性很大。[2] 概言之,共同体与结合体都是高度抽象的理想类型,由于现实生活的复杂多样,各类型共同体虽以情感性或传统性为基础,但是仍具有工具理性或目的理性的因素;反之,各形态的结合体虽以工具理性或目的理性为主要特质,但是仍具有价值理性的因素。

二、夫妻团体的界定与特质

在传统社会,个人主要依附于各种身份等级团体之中,家庭作为极为重要的团体构造,长期扮演着社会基本单元的角色。在罗马法上,家父作为法律上唯一的自权人,不仅拥有全部家庭财产,还对家子人身享有绝对的支配权力。那些处于家父权利之下的人(无论是子女、奴隶还是处于受奴役状态的人)均为"他权人"。[3] 但是到了罗马帝政时代,他权人的地位逐渐改进。例如,家子可享有特有财产;相当范围内,家子的契约上行为家父应负担责任;婚姻渐为"无夫权婚姻",处于"夫权"的婚姻因而减少;子女的出让渐渐被限制等。[4] 罗马的小家庭构成一种独裁式的法律团体,由作为首脑的家父和屈从于家父权之下的人组成:其妻子(只要她处于夫权之下)、其子女(只要他们尚未脱离家父的权力)、其门客和奴隶。这种家庭团体在农业时代生活在单独庄宅中,经营单独庄宅是其存在的基础和内容。自农业社会末期起,罗马家庭进一步发生的历史就是它逐渐分化的历史。少数自由人从其约束中解脱并且获得独立,而社会现实又推动了这方面的法律发展。这种先进的个人化表明了农业社会开始向商业、手工业和货币流通所决定的经济形势转化,同时也表明了文化

---

[1] 参见〔德〕马克斯·韦伯:《社会学的基本概念》,康乐、简美惠译,广西师范大学出版社2011年版,第77页。
[2] 参见〔德〕马克斯·韦伯:《经济与社会》(第一卷),阎克文译,上海人民出版社2010年版,第133页。
[3] 参见〔英〕巴里·尼古拉斯:《罗马法概论》,黄风译,法律出版社2000年版,第69—71页。
[4] 参见陈朝璧:《罗马法原理》,法律出版社2006年版,第56页。

意识在普遍的、接近泛希腊化文化的方向上开始精致化。[1] 在中国古代,婚姻被视为家族或宗族共同体延续必不可少的条件。婚姻虽不能离开男女之身而行,但论男女之身仅为嫁娶之称,而婚姻所示好合之事,实为旧家族之扩大或延续,新家庭并不因是而成立。[2] 由此可见,夫妻共同体系最小的共同体单元。在古代社会,夫妻共同体往往从属于家族团体,前者是后者的重要组成部分。相比夫妻共同体,夫妻团体这一术语在表达上更具有限定性,"夫妻团体"术语与夫妻共同体涵义完全相同。

夫妻团体与经济团体(典型如公司、合伙)相比,具有重大的差别:(1)夫妻团体的内容与效力与伦理及社会习俗密切关联,属于典型的初级联合体,双方表现的是全方位的人格投入,成员之间的关系属于情感的、不可计算性的结合,其他人不容易替代[3];与之不同的是,经济团体是典型的次级联合体,其成员只是投入了与经营事项相关的人格,成员之间的关系属于理性的、可计算性的结合,其相互关系可以取代。[4] (2)法人、合伙等经济团体属于结合体关系,夫妻这一团体属于共同体关系。前者社会行动本身的指向乃基于理性利益的动机,无论是目的理性或价值理性,以寻求利益平衡或利益结合;而后者可能建立在许多不同的情感性、情绪性或传统性的基础之上,实质社会行动的指向建立在参加者主观感受到的互相隶属性上。[5] (3)为经营事业之故,法人、合伙等在组织上采纳的是科层官僚制,成员之间的关系以非人格、即事化为导向[6];相反,夫妻共同体基于伦理性与夫妻情感关系,双方的关系具有人格性的特点。

---

[1] 参见〔德〕马克斯·卡泽尔、罗尔夫·克努特尔:《罗马私法》,田士永译,法律出版社2018年版,第157页。
[2] 参见陈顾远:《中国婚姻史》,商务印书馆2014年版,第8页。
[3] 参见〔美〕戴维·波普诺:《社会学》,李强等译,中国人民大学出版社2007年版,第194—195页。
[4] 参见〔美〕麦克尼尔:《新社会契约论》,雷喜宁、潘勤译,中国政法大学出版社2004年版,第12页。
[5] 参见〔德〕马克斯·韦伯:《经济与社会(上)》(第二卷),阎克文译,上海人民出版社2010年版,第132—133页。
[6] 参见〔德〕马克斯·韦伯:《社会学的基本概念》,康乐、简美惠译,广西师范大学出版社2011年版,第76—77页。

第二节 近现代家庭法的价值变迁

一、近代财产法的理性化趋势及其与家庭法的对立

近现代社会滥觞于启蒙哲学、近代自然法与工业革命。前两者唤起个人自由主义的理想,后者则导致社会高度分工的现实。随着资本主义的兴起,个人的权利意识迅速觉醒,西方社会中的个体逐渐从各种具有身份依附性的"共同体"如行会、教会、庄园、家庭、宗族等之中解放出来,个人的理性与力量开始彰显。[1] 各种具有身份依附性的共同体逐渐被废除,个人取代封建等级共同体而成为社会行动的主体。[2] 在私法上,法人、非法人团体、合伙以及家庭仍被看作联合体或者团体。[3] 但是,这些团体建立在个人主义的基础之上,被看作个体的简单相加。而此前的身份等级团体,个人的目的只有在团体之中才具有意义。[4]

韦伯依据社会行动的理性化程度,将其划分为目的理性式、价值理性式、情感式与传统式。目的理性式是通过对周围环境和他人客体行为的期待决定的行动,这种期待被当作达到行动者本人所追求的和经过理性计算的目的的"条件"或"手段";价值理性式是通过有意识地坚信某些特定行为的——伦理的、审美的、宗教的或其他任何形式——自身价值,无关其能否成功,纯由其信仰所决定的行动;情感式尤其是情绪式是通过当下的情感和感觉状态所决定的行动;传统式是通过根深蒂固的习惯所决定的行动。[5] 理性化的程度由手段、具体目的、抽象价值和后果这四个因素来决定。一个完全理性的行为,是行为者以特定的抽象价值为基础,决定去实现某个具体的目的,并从可以实现此具体目的的诸种手段中进行选择;在选择手段时,行为者也会具体衡量某种手段可能带来的(除目

---

[1] 参见易军:《个人主义方法论与私法》,载《法学研究》2006年第1期。
[2] 参见薛军:《法律行为理论在欧洲私法史上的产生及术语表达问题研究》,载《环球法律评论》2007年第1期。
[3] 参见〔奥地利〕尤根·埃利希:《法律社会学基本原理》,叶名怡、袁震译,江西教育出版社2014年版,第32页。
[4] 参见〔美〕罗斯科·庞德:《法理学》(第一卷),邓正来译,中国政法大学出版社2004年版,第318页。
[5] 参见〔德〕马克斯·韦伯:《社会学的基本概念》,康乐、简美惠译,广西师范大学出版社2011年版,第51页。

的实现以外的)其他后果,并且在对手段致力于实现的目的和手段的附带后果之间进行衡量。因此,目的理性的行为应是理性化程度最高的行为类型,而其他的行为类型则会忽略一个或多个因素。具体而言,价值理性的行为忽略了对结果的衡量;感情的行为忽略了结果与价值;传统的行为则忽略了结果、价值和目的,而只剩下作为手段的行为本身了。[1]

作为近代私法的典型范式,《法国民法典》与《德国民法典》均建构于个人主义与有机团结的社会基础之上。[2] 个人愈少受到共同体意志尤其是家族意志的约束,他们就愈可作为自由的主体并追求经过理性计算的目的,相互之间按照契约关系将各不相同的功能组合在一起构成新的社会系统。[3] "每个人都被视为目的本身而存在"(康德语),个体不再是他人意志的工具,该法则为判断道德是非提供了一项普遍原则。[4]

然而,19世纪的私法均系以财产的归属与交易为重心,而且具有高度形式理性化的特征。一方面,财产法规范将市民之间的财产归属与交易归结为一种经济上可以计算的关系,属于典型的目标理性。[5] 目标理性行动者不再从宗教、伦理等共同价值出发,而是纯粹从效果最大化的角度考虑行为的过程和方式。只有以目标理性为导向旨在增进财产和积累财富的人,才具有独立实施法律行为的民事行为能力。相反,理性不足、挥霍的禁治产人等则被排除在完全民事行为能力人之外。[6] 财产法规范通过尽可能地消除一切限制目标理性扩展的外在强制性因素(如信仰、伦理等),使个人自由获得极大的扩张,仅在例外情形受到公序良俗原则的遏制。另一方面,现代社会以个人之间在信仰和行动上的差异性而非同一性为前提。[7] 财产法以权利为核心,个人权利在法律上被表达为利益的正当性评价。个人权利不仅是个人正当利益的固定,还是个人追求

---

[1] 参见纪海龙:《比例原则在私法中的普适性及其例证》,载《政法论坛》2016年第3期。
[2] 参见[美]艾伦·沃森:《民法法系的演变及形成》,李静冰、姚新华译,中国政法大学出版社1992年版,第32页。
[3] 参见[德]斐迪南·滕尼斯:《共同体与社会》,林荣远译,商务印书馆1999年版,第71页。
[4] 参见[英]史蒂文·卢克斯:《个人主义》,阎克文译,江苏人民出版社2001年版,第117页。
[5] 参见[德]马克斯·韦伯:《社会学的基本概念》,康乐、简惠美译,广西师范大学出版社2011年版,第53—54页。
[6] 参见[德]罗尔夫·克尼佩尔:《法律与历史:论〈德国民法典〉的形成与变迁》,朱岩译,法律出版社2003年版,第83页。
[7] 参见[英]安东尼·吉登斯:《资本主义与现代社会理论》,郭忠华、潘华凌译,上海译文出版社2013年版,第100页。

正当利益的行为自由。[1] 财产法规范通过赋予个人权利(以物权、债权为典型),使个人能够按照自由的意志实施法律行为,并以自己责任承担既定的法律后果,所有权神圣、契约自由以及过错责任原则即依次而展开。立法者经由对法律素材的高度理性化和体系化,化为琐碎和复杂的社会事实,以实现社会的全面理性化。韦伯指出,近代西方发展出来的具有高度形式理性的法律,通过逻辑的合理性与体系性,以达到逻辑的纯化、演绎的严格化以及诉讼技术愈加合理化的阶段。[2] 由于形式理性化的法律未参酌外在实质的价值(如伦理、功利规范),因而极大促进了法律的可预测性,成为保障个人追求自我目的和发展的重要方式,并间接促成西方资本主义的兴起。[3] 高度形式理性化最典型的是《德国民法典》物权编与债权编,乃是基于相同或类似的法律效果而被归入一个规范群,具有较高的法律艺术性。[4] 究其原因,在于财产法具有工具理性的属性。财产法领域的每个人都被假设是理性的利己之人,其所采取的市场行为都是力图以最小成本获得最大效益。如法人与合伙等都被看作实现个人目的的手段。概言之,由于目标理性与权利本位得以被贯彻于财产关系之中,这就为财产法规范的合理性和体系性以及逻辑的纯化、演绎的严格化提供了必不可少的基础。《德国民法典》总则编的"法律行为"制度,就是理性化效应(rationlisierungseffekt)达到极致的具体表达。

近代家庭法领域所展现的完全是另外一幅图景。传统的自给自足家庭兼具生产、消费以及社会保障的功能,因而具有超个人的团体属性。家庭财产主要处于家父的支配之下,以保障和传承父系家庭的利益为宗旨,个人财产受到极大的限制。因此,尽管家庭法被纳入近代民法典,但是其与财产化之间存在明显的对立。前者被认为是自然伦理的产物,而后者则属于理性法的表现。具体而言:(1)债权与物权关系所包含的财产关系无例外地完全属于法领域。然而,因传统道德、习俗与宗教教义所具有的强大惯性,家庭关系长期以来被认为具有超实证法的特征,并不完全属

---

[1] 参见彭诚信:《现代权利理论研究》,法律出版社2017年版,第315页。
[2] 参见〔德〕马克斯·韦伯:《法律社会学·非正当性的支配》,康乐、简美惠译,广西师范大学出版社2011年版,第320—321页。
[3] 参见陈聪富:《韦伯论形式理性之法律》,载许章润主编:《清华法学》(2003年第2辑),清华大学出版社2003年版。
[4] 参见〔德〕迪特尔·梅迪库斯:《德国民法总论》,邵建东译,法律出版社2000年版,第21页。

于法规范。[1] 由于个人在家庭所担任的角色形态被严格确定,因而家庭关系只是部分具有法的性质,其独立于个人的意志而根源于自然伦理的关联。[2] (2)财产法规制客观化的商品与货币关系,是对个人自由的极大扩张,通常不以道德为出发点,而是属于目标理性的范畴。然而,婚姻是使双方人格同一化而形成的伦理实体,其不能被降格为相互利用的民事契约形式。[3] 正是在扬弃黑格尔观点的基础上,萨维尼进一步指出家庭关系总体上的自然伦理属性。[4] 即使婚姻被学者视为契约(身份契约),其与以货币为媒介的市场经济所特有的"目的契约"也具有本质的差异。[5] (3)在财产法领域,高度的形式理性化特征致使个人的权利与自由变得极有活力。然而,虽然个人主义日趋勃兴,家庭法仍不适用冷酷的商品交易法则,不适用自私自利的计算理性,家庭看起来像一座仍秉持礼俗社会价值观的孤岛。

家庭法与财产法在近代民法上的对立与分裂源于人的角色差异。"理性人"作为通常所描述的"民法中的人"的典型形象,大体上等同于财产法上的"经济人",与家庭法的"伦理人"并不一致。[6] 梅因"从身份到契约"的论断,并不意味着整个近代法律都已转向个人主义。家庭法背后并不存在那种"个人主义的自由契约"所构成的人类图像。相反,其被理解为一种超个人主义式的生活图景。拉德布鲁赫就认为,尽管近代法律将个人主义与理性人的形象作为一切部门法的目标,但是家庭法仍然延续着古老的父权和家长制思想。[7] 在法典的编纂上,近代家庭关系与伦理、道德、习俗等因素之间具有的极强外部牵连性,以及家庭内部的不平等状态,致使家庭法难以如同财产法那样进行高度形式理性化的分析与

---

[1] 参见〔英〕弗里德利希·冯·哈耶克:《自由秩序原理》(上),邓正来译,生活·读书·新知三联书店1997年版,第145页。
[2] 参见〔德〕萨维尼:《当代罗马法体系Ⅰ:法律渊源·制定法解释·法律关系》,朱虎译,中国法制出版社2010年版,第287页。
[3] 参见〔德〕黑格尔:《法哲学原理》,范扬、张企泰译,商务印书馆1961年版,第176页以下。
[4] 参见〔德〕萨维尼:《当代罗马法体系Ⅰ:法律渊源·制定法解释·法律关系》,朱虎译,中国法制出版社2010年版,第265页以下。
[5] 参见〔德〕马克斯·韦伯:《经济与社会(下)》(第二卷),阎克文译,上海人民出版社2010年版,第812页。
[6] 参见刘征峰:《家庭法与民法知识谱系的分立》,载《法学研究》2017年第4期。
[7] 参见〔德〕古斯塔夫·拉德布鲁赫:《法律智慧警句集》,舒国滢译,中国法制出版社2009年版,第147页。

建构,从而在体系化与逻辑性上无法与财产法相提并论。

二、现代家庭法的理性化倾向及其与财产法的趋同

20世纪以来,家庭法领域经历重大变革,甚至超越财产法而成为私法改革和修订的重心。由于男女平等思潮的影响,善良家父和夫权在家庭的内外事务中所具有的单方决定权被取消,妻子的民事行为能力的限制被废除。[1] 工业化和城市化的扩张在全球范围内推动了家庭结构的方向性趋同,个人的流动性与专业化导致传统大家庭逐渐解体。[2] 相应地,少子化现象与核心家庭大量形成,职业女性的人数在近几十年大幅度增加。[3] 传统的"家庭主妇"婚姻模式逐渐消解,"职业妇女"婚姻模式演变成重要类型。传统家庭在诸多方面呈现去功能化的趋势,如生产、经营活动就由效率更高的市场或其他组织取而代之。[4] 传统的大家庭结构与超个人主义的家庭观相适应,形成家庭成员之间生存相互依赖和家长制决定的并由法律加以保障的以强权和暴力关系为内容的自然伦理秩序。[5] 当大家庭结构本身已经瓦解时,超个人主义的家庭观已经不适合现代社会的发展,家长制家庭逐渐退出历史舞台。一方面,随着个人主义的勃兴,氏族、宗族等逐渐衰微,家庭关系的范围逐渐缩小至核心家庭,并成为社会的细胞和基本单元。在家庭关系之中,夫妻团体成为家庭关系的主轴,是家庭与社会相互联系的路径。[6] 另一方面,家庭所肩负的社会职能大大缩小。除了农庄和一些小型家庭企业外,家庭和工厂已彼此分离,家庭逐步失去其作为生产单位的意义,而成为纯粹的消费单位。可以说,个人的工作和职业已经基本上从家庭中剥离出来,只通过间接方式

---

[1] 参见〔德〕罗尔夫·克尼佩尔:《法律与历史:论〈德国民法典〉的形成与变迁》,朱岩译,法律出版社2003年版,第103页。受历史、传统等因素的影响,这一进程在不同的国家并不完全一致,如在德国是1900年,法国稍晚,意大利则更晚。

[2] E. Nathaniel Gates, *Bondage, Freedom and the Constitution: The New Slavery Scholarship and Its Impact on Law and legal Historiography*, Cardozo Law Review, Vol. 18, Part Ⅱ, 1996, p. 863.

[3] 参见〔英〕安东尼·吉登斯、菲利普·萨顿:《社会学》(第七版),赵旭东等译,北京大学出版社2015年版,第404页。

[4] 参见〔美〕加里·斯坦利·贝克尔:《家庭论》,王献生、王宇译,商务印书馆2011年版,第421页。

[5] 参见〔德〕罗尔夫·克尼佩尔:《法律与历史:论〈德国民法典〉的形成与变迁》,朱岩译,法律出版社2003年版,第118页。

[6] 参见费孝通:《乡土中国·生育制度·乡土重建》,商务印书馆2011年版,第44页。

和家庭发生联系(如扶养义务)。[1] 自第二次世界大战结束以来,由于"福利国家"的兴起,社会保障体系(社会保险、失业保险和社会救济)又替代了原有家庭的部分功能,使家庭的负担大大减轻。同时,家庭社会功能的缩减正好强化了家庭作为个人之处所的特征。夫妻团体主要是因为人的原因而不是功能的原因聚集在这一处所。[2] 诚如学说所言,个人主义之所以取代了家庭本位,是因为传统社会中许多家庭功能已被现代社会中市场和其他组织所取代,而后者则具有更高的效率。[3]

个人主义的家庭观适时地取代了家长制的超个人主义家庭观。在个人主义勃兴的背景之下,家庭显得比从前要开放很多。虽然夫或妻是家庭共同体的成员,但是和外部的联系变得日益重要和多样。在意思自治原则之下,夫或妻作为自然人能够与外界形成法律关系,并以其个人财产对外承担个人责任。由于市场力量的持续发展,其已由经济领域侵入到非经济领域,大有占领整个社会生活领域之势。麦克弗森据此将该现象称为"全盘的市场社会",而哈贝马斯则称之为"目标理性对生活世界的殖民"。[4] 个人主义在整体上正在转变成一种人类的唯一性的现代观念,而大多数当代法律都直接地体现了这种观念。[5] 尽管个人主义与目标理性的急剧扩张导致团体主义与价值理性的贬抑而值得深思,但是随着社会的进步,前者不可能从家庭领域被完全驱逐。在私法领域,财产法臣服于目标理性,家庭法则深受目标理性的影响,目标理性成为沟通民法的一般品性。[6] 个人主义和目标理性对家庭法的渗入致使传统的自然伦理作为家庭法权威来源与基础的式微。然而,自"二战"以来,随着人权哲学理论的兴起,人权和宪法基本权利的客观价值秩序如男女平权、自由权、尊重个人和家庭的生活等,取代自然伦理秩序成为家庭法新的价值

---

[1] 参见〔奥地利〕尤根·埃利希:《法律社会学基本原理》,叶名怡、袁震译,江西教育出版社2014年版,第35页。
[2] 参见〔德〕迪特尔·施瓦布:《德国家庭法》,王葆莳译,法律出版社2010年版,第60页。
[3] 参见〔美〕加里·斯坦利·贝克尔:《家庭论》,王献生、王宇译,商务印书馆2011年版,第421页。
[4] 参见石元康:《从中国文化到现代性:典范转移?》,生活·读书·新知三联书店2000年版,第282页。
[5] L. M. Friedman, *The Republic Choice: Law, Authority, and Culture*, Harvard University Press, 1990.
[6] 参见易军:《私人自治与私法品性》,载《法学研究》2012年第3期。

基础。[1]

与家庭法在20世纪深受个人主义渗透及形式理性化趋势相反的是,自19世纪晚期以来,财产法上自由平等的"抽象理性人"假设在现代生活中遇到了前所未有的挑战,人与人之间实际的强弱差距和不平等现象,在私法领域产生难以忍受的结果。[2] 尤其是在社会群体日益分化为雇主与雇员、经营者与消费者之后,这种现象致使意思自治的实现面临极大的障碍。[3] 为了应对财产法所面对的社会危机,立法者从实质理性出发,强调对"弱者"的保护,所有权、契约自由、过错原则均受到制约,试图矫正自由主义的流弊。[4] 在财产法领域,民法不再将人作为"抽象人格"而平等处理,而是依据"具体人格"作必要的区别对待,消费者/生产者、劳动者/雇佣者等差异化处理即是典型。

第三节 夫妻团体的财产基础及其理性化维度

一、现代家庭法中的夫妻团体及其财产制基础

男女双方缔结婚姻的主要后果就是构建夫妻共同生活,这不仅是婚姻的本质内容,而且是形成夫妻共同体的标志。夫妻共同生活包括男女双方在精神和心灵的结合——配偶在人身上的联系正是通过夫妻共同生活表现于外,常常还会从各方面影响到夫妻双方的财产构成。[5] 夫妻共同生活不仅会产生内部效力,而且会产生对外的法律效果。前者如夫妻双方同居的权利与义务,后者如夫妻为彼此扶养而与第三人进行的交易。

然而,个人主义的勃兴与夫妻团体的维系两者并行不悖。从夫或妻的个体出发,夫妻共同生活就是各自的个体行为发生牵连和叠合的部分;从夫妻团体的角度出发,夫或妻的个体行为则是各自与夫妻共同体相分

---

[1] 参见〔德〕迪特尔·施瓦布:《德国家庭法》,王葆莳译,法律出版社2010年版,第7页及以下。
[2] 参见〔日〕星野英一:《私法中的人》,王闯译,载梁慧星主编:《民商法论丛》(第八卷),法律出版社1997年版,第238页。
[3] 参见朱岩:《社会基础变迁与民法双重体系建构》,载《中国社会科学》2010年第6期。
[4] 参见梁慧星:《民法学说判例与立法研究》(二),国家行政学院出版社1999年版,第77—104页"从近代民法到现代民法"。
[5] 参见〔芬〕E.A.韦斯特马克:《人类婚姻史》(第一卷),李彬、李毅夫、欧阳觉亚译,商务印书馆2002年版,第33页。

离的部分。在共同生活之内,夫或妻以其个人名义实施的行为,属于夫妻团体行为(如图1-1所示)。在形式上,夫妻团体的"共同生活"与公司或者合伙的"目的范围"具有相似性,均是构建夫妻团体与组建这类经济团体的"目的",因而可以作为划分个体行为与团体行为的重要界限。

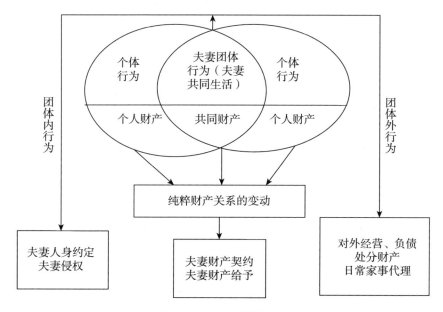

图1-1 夫妻团体行为

由于经济团体建立在自由理性的意志基础之上,它能够自行决定其领导者且以经济目的为其首要取向。[1] 经济团体的行为是团体成员所追求的和经过理性计算的目的的条件或手段,属于目的理性式(zweckrational)的行为。例如,对于公司或合伙而言,属于团体的行为并由团体承担责任的情形属于公司或合伙的目的范围,必须由章程或者合伙协议书规定,并依法登记从而具有公示的意义。[2] 法定代表人应当在

---

[1] 参见〔德〕马克斯·韦伯:《经济与历史:支配的类型》,康乐等译,广西师范大学出版社2010年版,第15页。

[2] 例如,我国《公司法》第12条第1款规定:"公司的经营范围由公司章程规定,并依法登记。公司可以修改公司章程,改变经营范围,但是应当办理变更登记。"《合伙企业法》第9条第1款规定:"申请设立合伙企业,应当向企业登记机关提交登记申请书、合伙协议书、合伙人身份证明等文件。"而依据该法第18条第(二)项的规定,合伙协议应当载明合伙目的和合伙经营范围。

目的范围行动。[1] 若是代理人则必须经过严格的授权。[2] 否则,该行为的效果只能"由"行为的个体承担。也就是说,个体行为与经济团体行为的界限及其判断,通过法技术性的手段可以区隔并解决。

反之,夫妻团体主要是一种情感与伦理的结合,夫或妻各自构建夫妻共同生活并非完全基于理性的、可计算的行动,而在一定程度上是情感式和传统式的行为所致。[3] 夫妻共同生活的范围,不仅受夫妻的社会地位、职业、资产、宗教、文化等因素的影响,还与共同生活所在地的习俗、惯例相关。夫妻共同生活通常又不可能如同公司章程所规定的经营范围那样明确,而且基于隐私的考虑也不会公开。若是将夫妻共同生活完全等同于公司或合伙的经营范围,规定基于夫妻共同生活所生的债务为夫妻共同债务,非基于夫妻共同生活所生的债务则属于个人债务,势必在法技术上面临现实的障碍。因此,除夫妻的合意行为之外,夫或妻各自以其名义实施的行为究竟属于夫或妻的个体行为抑或夫妻共同体的行为不易判断。

尽管夫妻共同生活的范围具有伦理性、抽象性与易变性,但是为了保护婚姻的稳定及未成年子女的利益,夫或妻的个体行为也在一定条件下被认为是夫妻共同体行为。典型的是,法律通过确立日常家事代理权,规定在日常家庭交易上,夫或妻的个人行为之法律效果及于夫妻共同体。《德国民法典》(第1357条)、《法国民法典》(第220条和第221条)、《瑞士民法典》(第162条)等均确立了日常家事代理权,使夫妻双方对于日

---

[1] 法人的目的范围的性质,理论上有权利能力限制说、行为能力限制说、代表权限制说以及内部责任说[参见梁慧星:《民法总论》(第四版),法律出版社2011年版,第127—128页]。晚近立法,为了保护交易安全,使法人能够适应复杂的市场经济环境,法人目的外行为无效的规则逐渐被废除。对此,《最高人民法院关于适用〈中华人民共和国合同法〉若干问题的解释(一)》(法释〔1999〕19号)第10条规定:"当事人超越经营范围订立合同,人民法院不因此认定合同无效。但违反国家限制经营、特许经营以及法律、行政法规禁止经营规定的除外。"《民法典》沿袭了该解释,第505条[超越经营范围订立的合同效力]规定:"当事人超越经营范围订立的合同的效力,应当依照本法第一编第六章第三节和本编的有关规定确定,不得仅以超越经营范围确认合同无效。"

[2] 例如公司代理人的行为在授权范围内属于公司的行为。然而其一旦超出授权范围,则可以通过表见代理行为规则,以调和公司与债权人的合理信赖之间的冲突。参见朱广新:《信赖保护原则及其在民法中的构造》,中国人民大学出版社2013年版,第191页。

[3] 近年来有学者开始将经济分析方法引入婚姻领域。参见[美]加里·S.贝克尔:《人类行为的经济分析》,王业宇、陈琪译,格致出版社、上海三联书店、上海人民出版社2015年版,第220页。

常家事所负的债务负连带责任。[1]

夫妻财产制是夫妻共同体行为的财产基础,与普通财产关系相比,夫妻财产制建立在婚姻身份关系之上,因此具有特别法的地位。[2] 现代家庭法均规定,夫妻双方可以自由约定夫妻团体财产与个人财产的范围,没有约定的则适用法定夫妻财产制。法定夫妻财产制主要分为共同财产制与分别财产制。前者贯彻的是夫妻团体主义,将夫妻财产作一体化处理;而后者体现的是个人主义,将夫妻财产作个体化处置。由于共同财产制与近代以来个人主义价值明显相悖,而分别财产制又不利于保护弱势配偶尤其是妇女的利益。因此,现代家庭法上,共同财产制与分别财产制的复合形态成为比较法上法定财产制的主流。[3] 从立法上看,个体行为与夫妻共同体行为的财产基础有两种不同的思路。

一是从分别财产制出发,夫妻之间虽在人身上结合但是各自财产仍然分别所有,夫或妻的个人行为所生债务为个人债务,均由个人财产承担责任。以德国民法的财产增益共同制为代表,瑞士、奥地利、日本等国以及我国台湾地区均采纳此立法例。典型的是德国民法所规定的财产增益共同制。缔结婚姻之后,夫妻各自的婚前财产与婚姻关系存续期间各自取得的财产为双方分别所有和管理。夫妻共同购置的家庭用具属于夫妻共同财产,以维系夫妻共同生活(《德国民法典》第1568b条)。一旦法定财产制因离婚或其他原因解除时,考虑家事劳动的价值以及夫或妻对家务、教养子女等夫妻共同生活的贡献,对夫妻各自的财产进行清算,并由婚后剩余财产较少之一方向较多之一方请求差额的一半。[4] 在解释上,日本民法所采纳的也是财产增益共同制。2002年我国台湾地区"民法"对夫妻财产制的修正,以分别财产制架构下的增益共同制取代夫权主义色彩浓厚的联合财产制,既体现了男女平等的精神,又贯彻了维护婚姻生活和谐的修法旨意。[5] 在增益财产共同制之下,由于夫妻各自是其财产的单独所有权人,并且独立管理该财产。因而以夫或妻的个人名义所负债务,超出日常家事代理权的范围之外的,应作为行为人的个人债务,由其个人财产予以清偿。这体现了夫妻人格独立、经济自主和男女平等原

---

[1] 参见马忆南、杨朝:《日常家事代理权研究》,载《法学家》2000年第4期。
[2] 参见史尚宽:《亲属法论》,中国政法大学出版社2000年版,第123页。
[3] 参见夏吟兰、何俊萍:《现代大陆法系亲属法之发展变革》,载《法学论坛》2011年第2期。
[4] 参见林秀雄:《亲属法讲义》,元照出版有限公司2013年版,第143页。
[5] 参见张毅辉:《台湾法定夫妻财产制的变迁》,载《环球法律评论》2004年第1期。

则,也维护了交易的安全。[1]

但是,为了保障夫妻共同体的财产基础和维系夫妻共同生活,避免另一方配偶婚后剩余财产差额分配请求权的落空,法律规定了夫或妻的婚后财产保全权,对配偶自由处分其财产的行为设有若干重要限制,要求配偶一方为某些行为时需获得另一方的同意。例如《德国民法典》规定,配偶一方必须经另一方同意,才能承担处分自己全部财产的义务(第1365条第1款),以及处分属于自己的婚姻家庭物品(第1369条第1款)。配偶一方承担支付债务的交易,例如购买商品、接受贷款、提供担保、作出债务承诺时,若是该债务的数额与该配偶的全部财产价值相当,必须经过配偶的同意,因为这可能严重危及婚姻的经济基础和有可能出现的增益补偿。[2]

二是从共同财产制的角度出发,夫妻不但在人身上结合而且婚后财产属于共同共有,但是个人的婚前财产与婚后的特有财产属于各自所有。以共同财产制为基本形态,以法国民法的所得共同制为代表,意大利、俄罗斯等亦采此立法例。如《法国民法典》(第1401—1408条)、《意大利民法典》(第177—179条)分别对夫妻共同财产与夫或妻的个人财产进行详尽的列举,并且规定在特定情形共同财产与个人财产之间的补偿制度,避免了个人财产流于形式。近来的大体趋势是,夫或妻各自独立的财产得以扩大,共同财产的范围则受到限制。[3] 相比法国民法,意大利民法中个人财产的范围更为广泛。

相比分别财产制的简单易行,在共同财产制之下,判断夫或妻的以其名义实施的行为是否属于夫妻共同体行为,并首先由夫妻共同财产来承担,在制度设置上要复杂得多。从法国、意大利的立法来看,主要有以下两个方面:一方面,规定为夫妻共同生活的需要或家庭利益的事项属于夫

---

[1] 参见王泽鉴:《民法概要》(第二版),北京大学出版社2011年版,第130—131页。
[2] 参见[德]迪特尔·施瓦布:《德国家庭法》,王葆莳译,法律出版社2010年版,第131—132页;我国台湾地区"民法"参酌第244条(债权撤销权)规定的精神,增订第1020条之1规定:夫或妻于婚姻关系存续中就其婚后财产所为之无偿行为,有害及法定财产制关系消灭后他方之剩余财产分配请求权者,他方得声请法院撤销之。但为履行道德上义务所为之相当赠与,不在此限。夫或妻于婚姻关系存续中就其婚后财产所为之有偿行为,于行为时明知有损于法定财产制关系消灭后他方之剩余财产分配请求权者,以受益人受益时亦知其情事者为限,他方得声请法院撤销之。
[3] 参见林秀雄:《夫妻财产制之研究》,中国政法大学出版社2001年版,第124页。

妻共同体行为,所生债务属于共同债务。例如《意大利民法典》规定,夫妻双方为家庭利益共同或分别承担的债务为夫妻共同债务(第186条)。《法国民法典》规定,为夫妻共同生活需要而产生的债务,属于夫妻共同债务(第1409条)。在共同财产制之下,夫妻共同生活的需要或为家庭利益是界分夫妻共同债务与个人债务的重要标准。[1] 另一方面,规定夫妻共同财产的取得、管理与支付费用属于夫妻共同债务。例如《意大利民法典》规定,取得共有财产之时设立的负担和费用、管理费用属于由共有财产承担的义务(第186条)。依据法国最高法院的判例,夫妻一方从事非薪金的职业税、共同的不动产的地产税与保险费、所得税等均属于夫妻共同债务。[2]

为维护夫妻共同财产,避免夫或妻一方擅自使用夫妻共同财产而导致其不当减少,立法上亦在两个方面对此予以保障:一是规定夫妻双方对共同财产的管理权,越权行为无效。例如,《法国民法典》规定,如夫妻一方对共同财产有越权行为,另一方得撤销(第1427条)。依据判例,配偶一方可以主张另一方配偶未经其同意而订立的共同不动产买卖合同相对无效,即使是对善意的买受人,亦可为此主张。《意大利民法典》规定,对于配偶一方实施涉及动产或不动产的行为而又未经配偶他方必要的同意或者追认,可以申请撤销(第184条)。二是规定夫妻共同财产的补偿请求权。若是以共同财产清偿个人债务,应当对共同财产予以补偿(《法国民法典》第1416条、《意大利民法典》第192条)。

夫或妻兼具作为个体与夫妻共同体成员的资格,"夫妻共同生活"被视为区隔夫或妻的个体行为与夫妻共同体行为的重要界限。然而,由于夫妻共同生活具有伦理性与情感式的特征,因此在日常家事代理权之外,夫或妻的个体行为是否属于夫妻共同体行为不易认定。在立法政策上,不同的夫妻财产制则表达了法律对个体利益与共同体利益所具有的不同价值偏好。具体而言:(1)在分别财产制之下,法律从个人主义的角度出发,夫或妻以个人名义所为的行为属于个人行为,相应的所负债务属于个人债务。但是为了维护和增进夫妻团体利益,法律对各自所有权的行使与处分进行了适当的限制,以保全夫妻在离婚时的剩余财产增益请求权。

---

[1] 例如,《美国统一婚姻财产法》第8节(b)款(2)项、《路易斯安那州民法典》第2360条、中国《澳门民法典》第1558条第1款第2项。
[2] 参见《法国民法典》(下),罗结珍译,法律出版社2005年版,第1138—1139页。

(2) 在共同财产制之下,法律从夫妻团体的角度出发,为家庭利益或者有关夫妻共同财产的费用等方面,夫或妻以个人名义所为行为被认为是夫妻共同体行为,相应的债务属于夫妻共同债务。同时,对于共同财产的重要事项,必须夫妻双方同意,否则不构成夫妻共同债务。比较而言,共同财产制相比分别财产制,夫妻共同债务的范围明显广泛、所涉类型多样。为维系夫或妻的独立人格,分别财产制对夫妻共同债务的范围需作限制。

二、现代家庭法中夫妻团体的理性化维度

在现代社会,婚姻双方不再被认为是一个具有独立精神和心灵的实体,而是被视为两个具有独立思想和感情的个人的契约联合。婚姻关系中的夫妻财产、监护权、亲权、离婚等均可通过契约解决。由此形成夫妻团体内部相互矛盾的价值维度:一方面,以效率为导向的市场经济和形式理性法的扩张所形成的"坚硬的外壳"("iron cage"——韦伯语)主宰了生活世界。夫妻团体深受个人主义和形式理性法的影响,由利己的个人构建的婚姻关系已经不可能完全臣服于团体主义,夫妻团体的契约化构造所反映的正是自由主义和个人主义价值的擢升。由此必然导致夫或妻的个人财产与夫妻团体财产分离的倾向。另一方面,现代家庭仍是塑造人格、价值观和促进个人把握机会的推动力量。在理想中,家庭能够促使家庭成员之间形成温暖和亲密的关系,并为家庭成员提供满足与安全的环境。相比经济团体,夫妻团体内部仍然存在广泛的利他主义。[1] 简言之,近几十年来,家庭法的形式理性化趋势极大地塑造了夫妻团体,使其兼具共同体与结合体的属性。在家庭法的框架之内,夫妻团体的形式理性化变革主要体现在夫妻财产法律制度,具体表现为以下两个方面:

第一,契约自由、男女平等原则在夫妻财产法上的贯彻。夫妻关系的契约化本身意味着理性与自由主义的擢升。契约自由受到《欧洲人权公约》第 8 条的保护,以确保私人和家庭生活得到尊重。在夫妻财产法上,契约自由得到广泛的适用。法律规定约定财产制的形式供夫妻选择,夫妻亦可排除法定财产制的适用(如《德国民法典》第 1416 条)。夫妻财产制解除时,夫妻双方与债权人可以通过协议对财产进行清算,达不成一致意见的,其中任何一方可请求法院裁判进行清算(《法国民法典》第 1191

---

[1] 参见〔美〕加里·斯坦利·贝克尔:《家庭论》,王献生、王宇译,商务印书馆 2011 年版,第 413 页。

条)。20世纪末美国一些州赋予夫妻通过订立婚姻契约来对包括离婚在内的事情作出预先安排,并且尽力维护婚姻关系协议的效力,这表明契约自由逐渐向婚内事务扩张的趋势。[1]

第二,个人主义精神对夫妻财产法的渗透。德国、奥地利以及英格兰、威尔士等采纳的分别财产制本身就是个人主义的表现形态,婚姻原则上和夫妻双方的财产没有任何关系,配偶双方的财产彼此分开。近几十年,日本民法以及我国台湾地区均以分别财产制取代了传统的夫权色彩浓厚的联合财产制。[2] 法国、意大利等民法采纳的是婚后所得财产共同制。近来的大体趋势是,共同财产的范围受到限制,夫或妻各自独立的财产范围则得以扩大。[3] 在共同财产制之下,法律通常会限定夫妻共同债务的目的与类型,只有夫妻双方为夫妻共同生活的需要或家庭利益产生的债务以及夫妻共同财产的取得、管理与支付费用,夫妻双方才承担连带责任(《法国民法典》1409条、《意大利民法典》第186条)。

但是,为了构建和维系夫妻共同体,夫妻财产法上的个人主义与契约自由均受夫妻团体主义与伦理因素的必要限制。具体而言:(1)夫妻财产法上的个人主义原则受保障夫妻共同体这一价值的限制。例如,依据德国的分别财产制,一旦该法定财产制因离婚或其他原因被解除时,应当考虑家事劳动的价值以及夫或妻对家务、教养子女等夫妻共同生活的贡献,对夫妻各自的财产进行清算,并由婚后剩余财产较少之一方向较多之一方请求差额的一半,此即财产增益制。[4] 因而分别财产制与共同财产制相比,仅在于前者属于潜在的共有(债权),而后者属于显示的共有(物权)。(2)夫妻财产法上的契约自由原则受利益衡平的制约。婚姻是一种动态的关系,这个过程可能涉及外部环境(疾病或工作状况、子女的出生)以及夫妻内部关系(情感、个性、偏好等)的变化。夫妻由于对未来的变化会作出怎样的调整难以预测,因而夫妻之间很难通过充分议价而缔结公平的财产契约。因此,有必要从实质公平与情感因素等角度出发,对

---

[1] 参见邓丽:《婚姻法中的个人自由与社会正义———以婚姻契约论为中心》,知识产权出版社2008年版,第92页。
[2] 参见张毅辉:《台湾法定夫妻财产制的变迁》,载《环球法律评论》2004年第1期。
[3] 参见林秀雄:《夫妻财产制之研究》,中国政法大学出版社2001年版,第100页。
[4] 参见林秀雄:《亲属法讲义》,元照出版有限公司2013年版,第143页。

夫妻财产契约进行形式控制与法律审查。[1] 上述限制表明，与一般财产法相比，个人主义和形式理性化在夫妻财产法领域的贯彻仍然存在程度上的差异，这是两者在具体规范上不一致以及产生冲突的根源。

概言之，随着经济社会的进步，夫妻团体与外部的财产联系变得日益频繁。一方面，夫妻之间以"伦理人"的身份对内营造家庭共同生活，适用以男女平等、婚姻自由、保护弱势群体等为原则的家庭人身法规范；另一方面，夫妻之间又以"经济人"的角色对外参与社会经济生活，采纳以私法自治为圭臬、具有高度形式理性化的物权法、合同法、公司法等一般财产法规则，资源和财富由此在家庭与社会之间形成"系统循环"。夫妻团体兼具共同体与结合体的双重特性，包括婚姻法与财产法两个领域，夫妻团体的伦理价值属性不可避免地会影响夫妻团体财产法律制度的构造，反之亦然，从而形成"夫妻团体主义"与"个人主义"的基本矛盾。

---

[1] 参见〔德〕凯塔琳娜·博埃勒-韦尔基等主编：《欧洲婚姻财产法的未来》，樊丽君等译，法律出版社2017年版，第74—75页。

第二章 夫妻团体中的意思自治及其维度

第一节 意思自治在婚姻家庭法上的表达

一、我国《民法典》婚姻家庭编中的意思自治概览

意思自治是私法的核心价值,法律行为制度则是实现意思自治的工具,旨在为个人提供一种受法律保护的自由,从而使个人获得自主决定的可能性。[1] 诚实信用、公序良俗等对于我国《民法典》成为价值理念融贯的体系虽然不可或缺,但是它们仅在与意思自治相对照的意义上才能彰显其特殊价值。[2] 法律行为可以分为财产行为与亲属身份行为,前者是指以发生、变更或消灭财产关系为目的的法律行为,如买卖合同、遗嘱等;后者系指以发生、变更或消灭身份关系为目的的法律行为,如结婚、离婚协议等。然而,与复杂抽象而又成体系化的财产行为理论与实践相比,有关身份行为的理论基础与体系化仍显得较为薄弱。

婚姻家庭编可以分为亲属身份法与亲属财产法两部分,其与人格权编、财产法诸编(物权编、合同编、侵权责任编以及继承编)共同构筑成近现代民法典体系。虽然《民法典》总则编中的法律行为在形式上被认为可以"统领"民法财产编与婚姻家庭编,[3] 但是,学说对于亲属身份行为在《民法典》中应该如何适用存在截然不同的认识:一是认为家庭关系以血缘为基础,主要靠道德与情感维系。家庭成员间的人伦关系无法精确地以权利义务计算,与市场经济的财产关系存在本质差异。[4] 只是因为《民法典》具有市场经济与家庭生活基本法的地位,财产法与婚姻家庭法才一同入典。《民法典》总则编中的法律行为、代理及诉讼时效在家庭关系中几乎都无法适用,[5] 至少不能完全适用婚姻契约。[6] 二是现代亲属身份法主宰的范围已大为缩减,婚姻家庭法的重心发生转变,亲属财产

---

[1] Dieter Medicus, Allgemeiner Teil des BGB, 10. Aufl., 2010, Rn472.
[2] 参见方新军:《内在体系外显与民法典体系融贯性的实现:对〈民法总则〉基本原则规定的评价》,载《中外法学》2017年第3期。
[3] Dernburg, Burgerliches Recht des Deutschen Reich, Bd. 1§7.1.
[4] 参见张伟:《中国民法典编纂视域下婚姻家庭法定位之思考》,载《中华女子学院学报》2018年第1期。
[5] 参见谢鸿飞:《民法典与特别民法关系的建构》,载《中国社会科学》2013年第2期。
[6] 参见尹田:《民法典总则与民法典立法体系模式》,载《法学研究》2006年第6期。

法成为主要调整对象。[1] 由于后者已占据该法 80% 以上的内容,婚姻家庭法已不再是非财产法,而是接近特殊身份者之间的特殊财产法。[2] 既然民法亲属编对于表意不真实情况下身份行为效力并未特别规定,因此结婚、收养行为以及自愿认领的效力应依民法总则的规定判断。[3] 依据前一观点,鉴于婚姻家庭法的伦理属性及其与财产法的异质性,不仅"保持婚姻法作为独立部门法"的非主流观点具有相当程度的合理性[4],而且在财产编与婚姻家庭编之上提取"公因式"构建"民法总则"的必要性与可能性均大大降低[5];相反,后一认识以条文数量的对比强调婚姻家庭编的财产法属性,这虽然有助于构建财产法式的总则,但是这又有忽略婚姻家庭编的伦理色彩之嫌,而且与婚姻家庭编的身份法本质相悖。[6]

民法秩序系多元价值的融合。意思自治、诚实信用、公序良俗等原则互相支撑和限制,从而形成体系多元化的"价值之网"。[7] 然而,意思自治属于私法的核心价值,其通过法律行为制度予以表现,旨在为个人提供一种受法律保护的自由,从而使个人获得自主决定的可能性。[8] 诚实信用、公序良俗等对于《民法典》成为价值理念融贯的体系虽然不可或缺,

---

[1] 参见[德]克雷斯蒂安·冯·巴尔:《欧洲比较侵权行为法(下卷)》(第二版),焦美华译,法律出版社 2004 年版,第 132 页。
[2] 参见贺剑:《论婚姻法回归民法的基本思路:以法定夫妻财产制为重点》,载《中外法学》2014 年第 6 期。
[3] 参见姚瑞光:《民法总则论》,中国政法大学出版社 2011 年版,第 230 页。
[4] 参见巫若枝:《三十年来中国婚姻法"回归民法"的反思——兼论保持与发展婚姻法独立部门法传统》,载《法制与社会发展》2009 年第 4 期。
[5] 在我国《民法总则》制定过程中,持反对意见的主要观点即德国式总则实为财产法的总则,尤其是作为民法总则灵魂的法律行为制度仅能适用财产法,原则上不能适用婚姻家庭法尤其是亲属身份法,从财产法与婚姻家庭法之中不足以抽象出共同的"公因式"以支撑德国式"总则编"的构建。参见徐国栋:《民法典草案的基本结构——以民法的调整对象理论为中心》,载徐国栋编:《中国民法典起草思路论战》,中国政法大学出版社 2001 年版,第 65 页;陈小君:《我国民法典:序编还是总则》,载《法学研究》2004 年第 6 期;茅少伟:《寻找新民法典:"三思"而后行:民法典的价值、格局与体系再思考》,载《中外法学》2013 年第 6 期。
[6] 婚姻家庭编的本质究竟是财产法抑或身份法,学界存在分歧,但我国主流观点倾向于后者。参见余延满:《亲属法原论》,法律出版社 2007 年版,第 4 页。
[7] See Dworkin, *Justice in Robes*, Harvard University press, 2006, p.169.
[8] Dieter Medicus, Allgemeiner Teil des BGB, 10. Aufl., 2010, Rn472.

但是后者仅在与前者相对照的意义上才能彰显其特殊价值。[1] 由于《民法典》总则编中的人法、代理、物等制度并非"提取公因式"的产物,很难说具有足够的统领性,只有法律行为制度当之无愧地属于总则的核心制度。[2] 因而至少在形式上,总则中的法律行为制度被认为可以"统领"民法财产编与婚姻家庭编。[3] 在《民法典》实施的背景之下,私法体系中的意思自治原则及其在婚姻家庭编上所表现的婚姻自由这一次级原则,应如何与家庭法所特有的"男女平等""一夫一妻""保护妇女、儿童和老人合法权益"等原则之间实现妥当的价值平衡,并通过具体规则予以表达,使即将回归民法典的婚姻家庭编在内在价值与外在规则两方面达致体系融贯。这不仅关系私法上的意思自治价值在蕴含情感与伦理因素的婚姻家庭编所能展现的维度,而且涉及婚姻家庭编的自治规则与秉持市场理性的契约、物权等财产编的原理及规则发生冲突时选择适用的科学性和有效性。

财产法上的法律行为呈现强烈的工具理性本质,并通过市场交易中的"理性人"假设,以构建一个无视历史、性别、宗教等的商品世界。这使个人自由获得极大的扩张,仅在例外情形受到公序良俗、诚实信用等原则的遏制。[4] 然而,因传统道德、习俗与宗教教义所具有的强大惯性,个人在家庭中所担任的角色形态被严格确定,家庭法长期以来被认为具有超实证法的特征,并不完全属于法规范,而是根源于自然伦理。[5] 在婚姻法回归《民法典》的背景之下,意思自治原则如何透过亲属身份行为予以表达,有以下两个层面的命题:一是在价值层面,如何调和意思表示本身所具有的工具性价值与亲属身份行为的伦理属性;二是在规则层面,如何衔接《民法典》总则编中的法律行为与亲属身份行为之间的法律适用。

---

[1] 参见方新军:《内在体系外显与民法典体系融贯性的实现:对〈民法总则〉基本原则规定的评论》,载《中外法学》2017年第3期。

[2] 参见马俊驹、梅夏英:《我国未来民法典中设置财产权总则编的理由和基本构想》,载《中国法学》2004年第4期。

[3] Dernburg, Burgerliches Recht des Deutschen Reich, Bd. 1 § 7.1.

[4] 参见〔德〕马克斯·韦伯:《社会学的基本概念》,康乐、简惠美译,广西师范大学出版社2011年版,第53—54页。

[5] 参见〔德〕萨维尼:《当代罗马法体系Ⅰ:法律渊源·制定法解释·法律关系》,朱虎译,中国法制出版社2010年版,第287页。

二、意思自治在婚姻家庭法上的渐趋确立及其限制

(一)意思自治原则在近代财产法与亲属法上的不同表达

随着近代西方资本主义制度的逐步确立,个人意识与权利观念迅速觉醒,代表封建社会的身份等级制度被废除,"从身份到契约"的运动使主体平等、所有权绝对、契约自由原则成为市民社会法律秩序的基础。由此导致代表社会阶层的身份关系从社会领域大幅度退缩,仅存于婚姻家庭一隅。

在近代社会转型的过程中,伴随着工商业的发展,个人逐渐脱离曾经隶属的"身份等级共同体"而自由实施经营与消费活动,据此取得民事权利能力与民事行为能力。[1] 在功利主义哲学思潮之下,意思自治作为一种调节经济过程的手段迅速成为财产关系领域的支配性原则。从这个角度看,法律只是自主个体相互联接的表现形式,只不过这种联接的目的并不在于形成一个以集体意识为基础的共同体,而是通过自由缔结契约的方式实现特定的个体目的。[2] 因经济活动日益个别化,个体对家族血缘的依附关系逐渐减弱,平等、自由的思潮亦逐渐影响家庭法。资本主义强行打碎由房屋、院落、家庭成员组成的生产团体,家庭被个人主义式地溶解为家庭元素,这在经济上亦属合理。[3]

然而,由于传统道德、习俗与宗教教义具有强大的惯性,虽然财产法与家庭法在近代法典化浪潮中均被纳入民法典之中,但两者之间存在深层次的对立。萨维尼就认为,财产法的素材并不像家庭法那样存在于"自然—道德关系"之中,它们并不具有混合的性质,毋宁纯粹的、单纯的法律关系。与在财产关系上的支配得到完全贯彻不同,"法的法则"仅仅是不完全地支配了家庭关系,家庭关系的更大部分仍然排他性地处于道德影

---

[1] 参见〔奥〕欧根·埃利希:《法社会学原理》,舒国滢译,中国大百科全书出版社2009年版,第108页。

[2] 参见〔美〕罗杰·科特威尔:《法律社会学导论》(第二版),彭小龙译,中国政法大学出版社2015年版,第298页。

[3] 参见〔德〕古斯塔夫·拉德布鲁赫:《法哲学》,王朴译,法律出版社2013年版,第171页。由于个体存在相互交往的需求,因此个人主义并不排斥个体之间的共同合作。参见熊丙万:《私法的基础:从个人主义走向合作主义》,载《中国法学》2014年第3期。

响之下。[1] 近代民法上所假设的"经济人"作为自由意志的主体以合理的、利己的方式行动,这实质上是财产秩序中人的镜像,与家庭秩序中的"伦理人"大相径庭。[2]

因此,与意思自治迅速地在近代财产关系之中得以确立不同,其对19世纪婚姻家庭关系的渗透甚为缓慢。家庭法所规范的亲属身份与财产关系仍然残留了大量保守性与威权性的制度,其所反映的镜像是一种以父权制结构为主导形式的大家庭。丈夫在妻子和未成年子女面前是一家之主,在涉及家庭共同生活的事务方面都享有最后的决定权。[3] 在家庭财产关系上,丈夫对财产具有支配的权利,妇女不能独立管理财产,而是将全部财产交由丈夫来负责管理,除非配偶之间通过订立婚姻合同来约定分别财产制。[4] 在伦理之下,私法中那些抽象的自由受到排斥。[5] 由于意思自治在家庭法与财产法领域的表现大异其趣,1900年实施的《德国民法典》并非统一之社会政治趋势的表现,不如说是19世纪德意志社会史中无法融合之诸多价值体系的折中尝试。一方面,虽然温和的自由主义占据上风,但其仍保留了保守性与威权性的特征;另一方面,《德国民法典》颁布之时个人主义经济观念已呈现衰落之势,形式上的平等、自由带来的是强者的自由、弱者的不自由以及二者的不平等。但是,新的社会经济思想即国家有义务对经济的自由放任予以规制,从而对经济上的弱者提供保护的思想尚未深入到私法的观念中。这些内在的断裂,使《德国民法典》就像浇铸不匀的钟一样,无法鸣响以宣告新世纪的来临。[6]

---

[1] 参见〔德〕萨维尼:《当代罗马法体系Ⅰ:法律渊源·制定法解释·法律关系》,朱虎译,中国法制出版社2010年版,第286—287页。

[2] 参见〔日〕星野英一:《现代民法基本问题》,段匡、杨永庄译,上海三联书店2012年版,第75页。

[3] 参见〔德〕K.茨威格特、H.克茨:《比较法总论》,潘汉典等译,法律出版社2003年版,第228页。

[4] 参见〔日〕栗生武夫:《婚姻法之近代化》,胡长清译,中国政法大学出版社2003年版,第78—79,97页。

[5] 参见〔德〕罗尔夫·克尼佩尔:《法律与历史:论〈德国民法典〉的形成与变迁》,朱岩译,法律出版社2003年版,第105—106页。

[6] 参见〔德〕弗朗茨·维亚克尔:《近代私法史——以德意志的发展为观察重点》(下),陈爱娥、黄建辉译,上海三联书店2006年版,第460页。

(二)意思自治在现代家庭法领域的勃兴及其限制

20世纪以来尤其是"二战"之后,随着人权哲学理论的兴起,人权和宪法基本权利的客观价值秩序,例如男女平权、自由权、尊重个人和家庭生活等取代自然伦理秩序构成家庭法的新的价值基础。[1] 在此时代背景之下,西方发达国家开始对婚姻家庭关系领域进行全方位的改革,使传统家庭法的精神面貌发生脱胎换骨的变化。[2] 近几十年来,社会结构渐趋扁平化发展,妇女经济能力和受教育水平的提升,致使传统大家庭渐趋消灭,核心家庭逐渐成为家庭模式的典范。直系血亲之外的伦常关系几乎和陌生人之间的关系没有差别。即使是伦常的互动关系,也已经被契约性的互惠关系所侵蚀和渗透。[3] 大家庭思想是超个人主义家庭观的表现,个人主义家庭观则与核心家庭相适应。传统家庭的功能亦大幅度地被取代:学校替代了它的文化传承功能,企业取代了它的经营生产功能,国家取代了它的民生福利功能,甚至慰藉心灵的功能也大部分被社团、媒体、网络、大众娱乐所取代。随着家族本位在婚姻家庭领域的进一步式微,传统的夫权、父权观念被摒弃,以父权为主导的家庭结构日趋瓦解,家长制家庭逐渐退出历史舞台。[4] 由此可见,因经济社会条件的变迁,家庭法上的超个人主义本位逐渐松动。时至今日,人们不断地趋向有目的地强调婚姻法中的契约思想,也就是趋向婚姻双方在人身和财产关系中的平等地位和离婚的简单化。同时,为使非婚生子女和婚生子女的法律地位尽可能接近,婚外同居的拘束力近似一种松散婚姻。[5]

然而,家庭关系包括夫妻关系与亲子关系,在自由原则的渗透之下两者亦呈现出本质差异。对于前者,由于妇女地位逐渐提高,在夫妻之间实现实质自由的可能性亦在增加。但从社会的整体状况来看,妇女通常处于弱势地位,因此需要国家对夫妻关系予以必要的干预以维系夫妻双方力量的平衡。这表明,夫妻关系以形式意义上的平等、自由即"自治"为基础,但须辅之以"他治"作为必要的制约和补充,旨在实现夫妻之间实质意义上的平等和自由理念;对于后者,亲子关系在事实上就是不平等

---

[1] 参见〔德〕迪特尔·施瓦布:《德国家庭法》,王葆莳译,法律出版社2010年版,第7页以下。
[2] 参见薛军:《"民法—宪法"关系的演变与民法的转型——以欧洲近现代民法的发展轨迹为中心》,载《中国法学》2010年第1期。
[3] 参见熊秉元:《正义的成本:当法律遇上经济学》,东方出版社2014年版,第36页。
[4] 参见夏吟兰、何俊萍:《现代大陆法系亲属法之发展变革》,载《法学论坛》2011年第2期。
[5] 参见〔德〕古斯塔夫·拉德布鲁赫:《法哲学》,王朴译,法律出版社2013年版,第102页。

的,这是一种合理的、可能对人类而言是不变的关系,其不可能单纯地依据自由、平等予以解决。[1] 保护未成年人并促使其人格上的发育和成长并非私事,而是关乎人类社会存续的公共事业。因此亲子关系需要国家通过实施强有力的干预以纠正亲子关系之间事实上的屈从关系,从而尽可能地维护处于被支配地位的未成年人的利益。[2] 这表明亲子关系以"他治"为基础,并受"儿童利益最大化原则"的支配,只是在比较狭小的范围内才有"自治"的空间作为必要的补充(如《民法典》第1104条规定"收养八周岁以上未成年人的,应当征得被收养人的同意")。在此可以极为清楚地看到,传统家庭法律关系的松动并非仅仅是与个人主义相关联,而是与社会的思想取向相对应。[3] 家庭法肩负着维持并固定社会实体中的基本单元的社会任务。[4] 与之形成对照的是,伴随社会经济结构的变迁,财产法领域内人与人之间实际的强弱差距致使自由平等的"抽象理性人"假设遇到了前所未有的挑战。由于私主体在现代社会中日益被"卷入"到相互依赖的社会关系中,其自由受到强大的社会功能系统和大型经济组织的宰制。为矫正自由主义的流弊,现代财产法开始接纳"具体人格",并对个人自由以及所有权施加诸多的限制。[5] 财产法所表现的形式上的平等、自由价值日益受到实质正义的限制。概言之,尽管财产法与家庭法的发展路径迥然不同,但是近几十年来均出现了维亚克尔所言的"私法实质化"的倾向,两者呈现价值同向位移的趋势。所谓"私法实质化"即私法超越了个人自治的目标,致力于实现实质正义,如确保生存权、保护弱者等。[6] "私法实质化"涉及的弱者主要是未成年人、妇女、老人等亲属法主体与劳工、消费者以及承租人等交易主体。[7]

---

[1] 参见〔日〕星野英一:《民法劝学》,张立艳译,北京大学出版社2006年版,第102页。
[2] 参见徐国栋:《论民事屈从关系——以菲尔麦命题为中心》,载《中国法学》2011年第5期。
[3] 参见〔德〕古斯塔夫·拉德布鲁赫:《法哲学》,王朴译,法律出版社2013年版,第104页。新近我国学者类似观点,参见肖新喜:《论民法典婚姻家庭编的社会化》,载《中国法学》2019年第3期。
[4] 参见〔德〕奥托·基尔克:《私法的社会任务:基尔克法学文选》,刘志阳、张小丹译,中国法制出版社2017年版,第47—48页。
[5] 参见梁慧星:《民法学说判例与立法研究(二)》,国家行政学院出版社1999年版,第77—104页"从近代民法到现代民法"。
[6] 参见〔德〕弗朗茨·维亚克尔:《近代私法史——以德意志的发展为观察重点(下)》,陈爱娥、黄建辉译,上海三联书店2006年版,第588页。
[7] 参见谢鸿飞:《中国民法典的生活世界、价值体系及立法表达》,载《清华法学》2014年第6期。

我国原《婚姻法》脱胎于革命根据地时期的婚姻立法。从立法目的上看,是为了废除以宗族与家族为本位,具体涵盖包办强迫、男尊女卑、漠视子女利益的封建主义的婚姻家庭制度,从而在家庭法领域实现妇女解放和男女平等的革命理想。[1]《中华人民共和国宪法》(以下简称《宪法》)第48条、第49条分别确立了夫妻平等、婚姻自由的宪法原则。改革开放以来,整个社会全面释放商业精神,个体自由作为立法者主要意识形态对整个社会的渗透越发深入,尽管伴随着对个体自由的抵抗,但家庭观念所主导的传统生活世界不断退守。[2] 随着我国城市化进程的加速推进,在核心家庭成为常态与少子化现象的时代背景之下,家庭功能的缩小与家庭财富的增加,致使亲属身份法与亲属财产法在内容上呈现此消彼长的状态。

长久以来,婚姻法领域的一些学者认为,由于亲属身份关系是本质的社会结合关系,身份的内容由人伦秩序确定,因而在亲属身份法上,处于亲属身份共同生活关系中的自然人并不能完全享有《民法典》总则编所规定的私法自治、契约自由,其会受到极大的限制。[3] 然而,由于我国经济与社会结构的变化,2001年修正的《婚姻法》及其随后的三个司法解释大幅度地修改和增加了婚姻家庭法的内容。男女平等、个人主义与契约自由的精神在结婚制度、登记离婚、夫妻个人财产与夫妻共同财产的划分、夫妻约定财产制、夫妻共同财产的分割等方面得到广泛的贯彻。在夫妻个人财产婚后的收益、婚后由一方父母赠与子女的不动产的归属、夫妻之间不动产的给予以及夫妻共同财产的擅自处分等方面,无差别地适用物权法与合同法上的孳息规则、登记、赠与、善意取得等制度。对于《婚姻法》与系列解释及其背后的价值理念的变迁,理论界评价不一。赞同的观点认为,《最高人民法院关于适用〈中华人民共和国婚姻法〉若干问题的解释(三)》[以下简称《婚姻法司法解释(三)》]体现了尊重个人财产的原则精神。[4] 反对意见则对此进行了猛烈抨击。有学者认为,"同居共

---

[1] 参见杨大文、马忆南:《新中国婚姻家庭法学的发展及我们的思考》,载《中国法学》1998年6期。
[2] 参加张龑:《论我国法律体系中的家与个体自由原则》,载《中外法学》2013年第4期。
[3] 参见陈棋炎:《亲属、继承法基本问题》,三民书局1980年版,第106—107页。这一认识在我国婚姻法学界具有长久且深厚的基础。参见李建华、何松威、麻锐:《论民法典"提取公因式"的立法技术》,载《河南社会科学》2015年第9期。
[4] 参见杨立新主编:《最高人民法院婚姻法司法解释(三)理解与运用》,中国法制出版社2011年版,第4页。

财"的家产制逐步被《婚姻法》的三个司法解释消解[1],夫妻之间的经济纽带被削弱,婚姻法过多地适用"物本化"规则和"市场化"规则,不再体现弱者保护与人文关怀。还有学者尖锐地指出,《婚姻法司法解释(二)》对资本逻辑的贯彻还只限于家庭之外的企业,《婚姻法司法解释(三)》则撕下了罩在家庭关系上的温情脉脉的面纱,在家庭中建立资本主义式的个人财产制。夫妻关系被视为资本主义合伙企业之时,其就变成《物权法》或者《合伙企业法》的一部分。[2] 由于《民法典》婚姻家庭编基本未采纳上述司法解释的规定[3],因此无法判断立法层面对于价值分歧的态度。2021 年 1 月 1 日实施的《最高人民法院关于适用〈中华人民共和国民法典〉婚姻家庭编的解释(一)》[以下简称《民法典婚姻家庭编司法解释(一)》]大体沿袭了此前《婚姻法司法解释(一)》《婚姻法司法解释(二)》《婚姻法司法解释(三)》的相关内容。[4]

从法与道德的关系而言,法律关系通常具有道德基础,财产关系亦不

---

[1] 在 2001 年《婚姻法》修正之后,最高人民法院分别在 2001 年、2003 年和 2011 年发布实施《最高人民法院关于适用〈中华人民共和国婚姻法〉若干问题的解释(一)》《最高人民法院关于适用〈中华人民共和国婚姻法〉若干问题的解释(二)》《最高人民法院关于适用〈中华人民共和国婚姻法〉若干问题的解释(三)》三个司法解释,三个司法解释于 2021 年 1 月 1 日失效。

[2] 参见赵晓力:《中国家庭资本主义化的号角》,载《文化纵横》2011 年第 1 期。

[3] 《民法典》采纳的主要有两条:一是《婚姻法司法解释(二)》第 11 条第(一)项规定的"一方以个人财产投资取得的收益"被规定在《民法典》第 1062 条规定的夫妻共同财产之一;二是《婚姻法司法解释(三)》第 4 条规定的"婚姻关系存续期间,夫妻一方请求分割共同财产的,人民法院不予支持,但有下列重大理由且不损害债权人利益的除外:(一)一方有隐藏、转移、变卖、毁损、挥霍夫妻共同财产或者伪造夫妻共同债务等严重损害夫妻共同财产利益行为的;(二)一方负有法定扶养义务的人患重大疾病需要医治,另一方不同意支付相关医疗费用的",被规定在《民法典》第 1066 条。

[4] 被删除的主要有两条:一是《婚姻法司法解释(二)》第 10 条规定:"当事人请求返还按照习俗给付的彩礼的,如果查明属于以下情形,人民法院应当予以支持:(一)双方未办理结婚登记手续的;(二)双方办理结婚登记手续但确未共同生活的;(三)婚前给付并导致给付人生活困难的。适用前款第(二)、(三)项的规定,应当以双方离婚为条件";二是《婚姻法司法解释(三)》第 10 条规定:"夫妻一方婚前签订不动产买卖合同,以个人财产支付首付款并在银行贷款,婚后用夫妻共同财产还贷,不动产登记于首付款支付方名下的,离婚时该不动产由双方协议处理。依前款规定不能达成协议的,人民法院可以判决该不动产归产权登记一方,尚未归还的贷款为产权登记一方的个人债务。双方婚后共同还贷支付的款项及其相对应财产增值部分,离婚时应根据婚姻法第三十九条第一款规定的原则,由产权登记一方对另一方进行补偿。"

例外。[1] 虽然亲属身份关系源于人伦秩序,但身份关系一旦被法律秩序化,就属于法律规范而非道德规范。近几十年来,家庭关系逐渐脱离长期以来的自然伦理状态,实证化的趋向愈加明显。[2] 为维护家庭生活秩序,需要法律调控、规范和约束人们的行为,仅仅依赖当事人的道德自觉不足以保障身份关系的和谐安定。[3] 由于社会经济的发展与变迁,现代社会日趋强调个人主义与形式理性。[4] 市场经济与人权观念已经渗透至现代家庭的内部,致使家庭法的伦理性被不断地削弱,"个体主义思想"在家庭法领域逐渐彰显。婚姻家庭法对个人意思的尊重被提升到前所未有的高度,个人自由的范围和程度大大扩展,人们得以更广泛、更充分地决定自己的家庭生活事务。但是,鉴于男女不平等的现象仍然广泛存在,未成年人在亲子关系中处于屈从与不平等的地位。因此,如同财产法一样,在婚姻家庭编贯彻形式上的平等自由原则时应当限制强者的自由以追求实质意义上平等、自由的价值理念,加强保护弱者一方尤其是妇女的权益,并以儿童利益最大化为基本原则。由于家庭观念仍旧根深蒂固地存活在人们的日常生活之中,因此在坚持个人的人格独立与自主时,应当在制度安排上注重维护婚姻制度和强化家庭责任,以实现家庭在新时代所担负的传承优秀法律文化、稳定婚姻家庭关系、实现儿童权利优先、弘扬婚姻家庭主流价值观的社会功能。[5]

婚姻家庭法上的意思自治,可以表现为家庭成员的行动自由,如夫妻

---

[1] 参见〔美〕罗斯科·庞德:《法律与道德》,陈林林译,中国政法大学出版社2003年版,第285页。

[2] 关于法律与道德的关系,自然法学、实证法学以及历史法学存在深刻的对立。伯尔曼认为,三者均保有部分的真理,法律是各种因素的共存、互动和因时因地的彼消此长的结果。参见〔美〕哈罗德·J.伯尔曼:《法律与革命》,贺卫方、高鸿钧、张志铭、夏勇译,中国大百科全书出版社1993年版,第651页。

[3] 道德规范(诚实信用、公序良俗等)遁入私法的道德规范,私法由此展现出伦理性。然而,由于财产法呈现强烈的工具理性本质,与家庭法调整的情感共同体判然有别。为了遏制工具主义的过度扩张,财产法中自由的存续不能完全失却伦理,底线伦理即是为了使自由存续而不得不诉诸伦理时所必须使用的最小剂量的伦理,只有此种意义上的伦理才与自由最相契合(参见易军:《私人自治与私法品性》,载《法学研究》2012年第3期)。近几十年来,尽管家庭法深受工具理性的侵蚀导致伦理因素不断被削弱,但是家庭共同体仍然包含利他主义的特质。相比财产法,家庭法领域的伦理准则更为广泛,在功能上亦不相同。

[4] 参见陈聪富:《韦伯论形式理性之法律》,载许章润主编:《清华法学》(2003年第2辑),清华大学出版社2003年版,第23页。

[5] 参见夏吟兰:《民法分则婚姻家庭编立法研究》,载《中国法学》2017年第3期。

可以共同选择婚后的居住地,或者父母决定子女的抚养方式等,这属于一般行为意义上的自由。[1] 然而,在许多重要情形,家庭法上的意思自治通过法律行为来实现,从而形成与法律关系相关的行为自由。典型的如亲属身份行为与亲属财产行为,分别导致纯粹基于人伦的身份关系和以身份关系为前提的财产关系的发生、变更或消灭。所谓亲属身份行为,又称为纯粹的身份行为,是指自然人旨在设立、变更、终止身份关系的法律行为,例如结婚与协议离婚、收养或收养的解除、非婚生子女的自愿认领及否认等;所谓亲属财产行为,系以身份关系为前提,旨在设立、变更、终止亲属之间财产关系的法律行为,例如,夫妻财产协议、夫妻日常家事代理行为、财产代管协议等。

(三)小结

从近代民法向现代民法转变的过程中,婚姻家庭法逐渐从家族本位的束缚中解脱出来。因意思自治原则的扩张,使婚姻家庭法与财产法从原来的对立状态趋于广泛的一致。但是,无论是财产法抑或婚姻家庭法,近来均出现了"私法实质化"的倾向,即超越了个人自治的目标,致力于实现实质正义,通过国家干预保护弱势一方的利益。在婚姻家庭编贯彻意思自治原则时,应增强夫妻双方对婚姻家庭关系的责任伦理,强化对婚姻家庭中弱者利益的保护,以实现婚姻家庭特有的社会功能,这是婚姻家庭编与财产编的异质之处,也是法律行为制度适用婚姻家庭编所面临的价值维度。

第二节 意思自治在纯粹亲属身份行为上的体系化表达

一、亲属身份行为的形式与实质之争

亲属身份关系如夫妻、亲子、亲属的内容与效力,均与伦理及社会习俗密切关联。鉴于此,理论上有相当多的学者认为,亲属身份行为与财产法律行为不同,仅具有法律行为的形式而不具有其实质。具体表现为:(1)身份行为具有"事实先在性"的特质。人伦秩序先于法律规范而存在,先有身份共同生活的事实,继而法律所为评价并加以规范,因而身份

---

[1] Dieter Medicus, Allgemeiner Teil des BGB, 10. Aufl., 2010, Rn174.

法律行为仅具有"宣言的性质";身份行为的效果意思与该身份生活事实具有不可分割的关系,有亲属的身份行为未必就可以发生亲属的身份效果,必须有人伦秩序上亲属的身份共同生活关系事实时,才有发生亲属的身份法上效果之可能。[1] (2)身份行为具有很强的法定性。由于身份权的基本内容及相应义务完全由法律规定,当事人既不能通过法律行为加以创设或改变,也不能转让、处分或限制该权利。[2] 既然单纯身份关系以人伦秩序上事实存在为前提,具有浓厚的人伦秩序色彩,因此在亲属法无规定时亦不适用民法总则上关于法律行为的规定,身份行为仅具有法律行为的形式。[3]

毋庸讳言,亲属身份关系以人伦秩序为基础,因而具有较高的伦理性色彩。然而,随着平等、自由理念在家庭法领域的持续扩张,以及国家对夫妻关系与亲子关系干预的逐渐增强,亲属身份关系的创设与消灭均依赖法律框架之下自然人的自主安排或设计。亲属身份行为与合同、遗嘱等财产行为一样,均是民事主体依其意愿塑造法律关系的法律工具。具体分析如下:

首先,所谓"事实先在性"之妥当性存疑,其不足以表明亲属身份关系与身份行为的实质。符合"事实先在性"特征的是婚生子女的自愿认领与否认,两者以权利人与未成年子女有或者无血缘关系这一事实为基础,亲子关系并非由行为人的效果意思创设或消灭。然而,非婚生子女在被自愿认领之前,认领者与被认领者之间本来就存在自然血亲关系,这是自愿认领的必要前提而非内容要素,[4] 否认则与之相反。自愿认领与否认均属于以形成权的方式表现的单方身份行为,形成权赋予其承担人以通过单方意思表示对另一个人的法律状况予以影响的权能,具有极强的支配性,因而形成权的产生取决于相对人的事先同意或法律的直接规定。[5] 自愿认领和否认与合同的法定解除或者撤销相类似,必须符合"法定的解除或撤销条件"(包括收养的单方解除),在某种程度上,这样的法定条件构成行使解除权或撤销权此类单方法律行为的"先在(法律)

---

[1] 所谓"事实先在性",是指亲属身份关系的种类和内容在人伦秩序上均早已确定,即"先在地"存在。参见[日]中川善之助:《新订亲族法》,青林书院1965年新订版,第24页。
[2] 参见董安生:《民事法律行为》,中国人民大学出版社2002年版,第34页。
[3] 参见陈棋炎、黄宗乐、郭振恭:《民法亲属新论》(修订五版),三民书局2005年版,第26页。
[4] 参见张作华:《亲属身份行为基本理论研究》,法律出版社2011年版,第48页。
[5] 参见[德]迪特尔·施瓦布:《民法导论》,郑冲译,法律出版社2006年版,第143页。

事实"。与之不同的是,结婚、离婚、收养等此类法律关系的创设均源自当事人的意愿,并不以事先存在相应的客观事实为前提。以结婚与协议离婚为例,前者以男女双方的合意与登记为要件,即使男女双方不存在夫妻共同生活事实也不影响结婚的效力;后者以夫妻双方的离婚合意与登记为条件,即使男女双方仍然存在夫妻共同生活事实亦不影响离婚协议的效力。虽然婚姻关系和收养关系的权利义务"已由法律中有关的制度事先规定",但是舍去法律行为仍不可能产生法律关系,因为当事人的意思表示构成取得法律规定权利的某种门槛。[1]

其次,对于结婚、协议离婚等双方身份行为所引起的亲属身份关系的变动,强制公示(登记)的形式主义立法已经取代"人伦秩序的身份生活事实",具有彰显当事人意思表示的功能。有争议的是,在形式主义立法之外,是否应当承认事实婚姻或者事实收养行为的效力?我国现行法对此均持否定态度。有学者认为,由于现行立法采取单一登记主义制度,导致现实生活中大量的事实婚姻被认为是同居关系而不受法律保护,许多未成年人虽然被收养但因未登记而不能取得相应的法律地位。[2] 在立法上,从身份行为的伦理特性出发,应当改变目前对结婚与收养这两类身份行为采取单一登记主义制度的现状,承认欠缺法定形式要件的事实婚姻、事实收养。在一定条件下,如形成身份共同生活事实达到法定的期限则受法律保护,以有效应对法律秩序与伦理秩序的背反现象,使法律规范更切合中国的社会现实。[3] 然而,鉴于随着经济社会的进步,完成登记的程序越来越简单和便捷,当事人创设婚姻关系或收养关系所需的形式要件几乎不存在任何现实的障碍。无论是结婚登记还是收养登记,即可在相当程度上显示当事人的意思表示。反之,事实婚姻与事实收养的认定则非常困难,必须由法院对存在争议的个案是否具有效力逐一进行调查、分析和判断(还可能涉及继承纠纷),这在实际上是不可能的。[4] 从比较法上看,所谓"事实婚姻"已经不被认可,未经登记但具有共同生活事实的男女关系被称为"同居伴侣",在效力上虽与婚姻关系相似但仍然

---

[1] Konrad Zweigert and Hein Koetz, *An Introduction to Comparative Law*, Oxford University Press, 3ed, 1998, p.235.
[2] 参见靳羽:《要件欠缺收养关系的法律规制》,载《人民司法(应用)》2010年第3期。
[3] 参见张作华:《事实身份行为与事实身份关系的法律保护——以事实婚姻为中心》,载《四川大学学报(哲学社会科学版)》2009年第4期。
[4] 参见[日]星野英一:《民法劝学》,张立艳译,北京大学出版社2006年版,第145—146页。

具有质的差异。[1]

最后,亲属身份行为的法定性并不构成其与财产行为的本质差别。财产行为与身份行为的内容与种类不同,前者的效果意思是合理计算的选择意思,后者的效果意思是含有情感的决定意思。[2] 但是作为意思自治的工具,两者均表现了行为自由与效果自主的本质特征。身份行为的法律效果在很大程度上源于伦理秩序的预先规定,但是身份法律关系的创设与消灭均取决于行为人的意志以及国家的强制干预,不能脱离法秩序谈论身份法律行为的效力。与合同行为相比,身份行为具有更多的强制性。究其原因,单纯依靠自治的机制很难圆满解决隐藏在亲情伦理下妇女和儿童利益保护不足的问题,因而国家公权力的介入即"他治"不可避免。在婚姻家庭领域,家事法官和家事程序的相关规定出现得特别频繁,正反映了亲属身份行为的法定性特征。[3] 身份行为的类型及内容的法定主义,类似于物权法中的物权法定原则。差别仅仅在于,前者的基础在于伦理秩序与社会习俗,而后者是出于物权的支配性及保障交易安全的需求。[4] 但是,不应据此将合同法与物权法、婚姻家庭法相对立,因为即使在物权法、婚姻家庭法之中,涉及法律秩序所认可的权利和法律关系时,亦会在有限的范围内适用内容上的形成自由。[5] 亲属身份行为相比财产行为虽然个性突出,但法律行为所负载的意思自治理念亦应贯彻于身份法,以弘扬意思自治的精神。反之,若在法律行为之外单独建立身份行为规则,对于意思自治之弘扬,未必更为有利。[6]

二、亲属身份行为的体系化及其展开

身份行为的体系化建构应当从两个方面展开:一是外部体系化,借助

---

[1] 参见〔德〕迪特尔·施瓦布:《德国家庭法》,王葆莳译,法律出版社2010年版,第5页。建立同居伴侣关系仅需男女双方在事实上共同生活6个月并建立家庭生活,不需要在有关登记机关登记注册。据有关报道,2016年,约180万瑞典人生活在同居的伴侣关系里,约50%的儿童出生在非婚家庭。
[2] 参见〔美〕麦克尼尔:《新社会契约论》,雷喜宁、潘勤译,中国政法大学出版社2004年版,第12页。
[3] 参见苏永钦:《民事立法与公私法的接轨》,北京大学出版社2005年版,第46页。
[4] 参见孙宪忠:《中国物权法总论》(第三版),法律出版社2014年版,第262页。
[5] 参见〔德〕维尔纳·弗卢梅:《法律行为论》,迟颖译,法律出版社2013年版,第16页。
[6] 参见朱庆育:《法典理性与民法总则——以中国大陆民法典编纂为思考对象》,载《中外法学》2010年第4期。

法律行为的基本原理形成身份行为的基本制度,并通过类型化的方式构建;二是内部体系化,身份行为作为意思自治原则的表达方式,应受身份法特殊价值的限制。[1] 在类型上,亲属身份行为通常包括结婚、协议离婚[2]、收养、解除收养、自愿认领及否认等。其中,结婚、协议离婚属于双方合意身份行为,自愿认领与否认属于单方身份行为,解除收养既可能是单方身份行为(单方解除收养),也可能是双方身份行为(协议解除收养)。结婚与协议离婚作为创设与消灭夫妻关系的亲属身份行为,是婚姻自由原则的具体表达。由于意思自治原则已深度嵌入现代民法的价值之网,结婚和协议离婚与作为契约自由表现的合同行为在价值体系上愈加接近。因此,在结婚与协议离婚的效力判断上可以广泛适用《民法典》总则编中的法律行为规范,但是应当受"一夫一妻""保护妇女、儿童、老人合法权益"等家庭法特有原则的制约。解除收养、自愿认领与否认均属于依据单方面的意思表示创设与消灭亲属身份关系的行为,不仅系以形成权的方式行使,而且涉及未成年子女的利益。因此,上述三种行为必须由法律明文规定权利行使的条件,行为人自治的空间势必受到严格限定。因此,身份行为规则的构建应结合婚姻家庭编的特殊价值取向,具体分析如下:

第一,就身份行为的成立与有效而言,总则中法律行为的相关规定仅具有抽象意义,婚姻家庭编应对身份行为的设立与消灭进行详细的规定,以反映法律对亲属身份关系的强制干预与保护。我国现行立法规定对结婚、协议离婚、收养以及解除收养的成立与有效要件已有相关规定,但对非婚生子女的自愿认领及否认制度完全没有涉及,立法上的缺失致使实践中有关亲子关系的案件面临无法可依的窘境。《民法典》第 1073 条虽然规定了亲子关系确认之诉与否认之诉,但是并未规定自愿认领制度。在立法论上,《民法典》婚姻家庭编应当对非婚生子女的认领人、被认领人、认领行为的有效要件、否认权人、否认的对象、否认权行使的有效要件以及否认期限等予以详细规定,以贯彻"儿童利益最大化"原则。亲属身份行为通常具有要式性,如结婚、协议离婚(《民法典》第 1049 条、第 1076 条)、收养以及解除收养(《民法典》第 1105 条、第 1116 条)等,这不仅有

---

[1] 参见田韶华:《民法典编纂中身份行为的体系化建构》,载《法学》2018 年第 5 期。
[2] 由于离婚协议通常包含财产的分割与子女的抚养,并不属于纯粹的身份行为,在效力判断上比较复杂,详见下文论述。

助于促使当事人慎重行为,而且可以保障身份关系的安定与透明,稳定婚姻家庭制度以及践行男女平等原则。

第二,意思表示瑕疵类型包括心中保留、虚伪表示、欺诈、胁迫、错误(重大误解)等。鉴于单方收养的解除、认领以及否认等单方身份行为必须满足法定的事实或符合法定条件才能够以形成权的方式行使,因此"婚姻家庭编"的意思表示瑕疵规范的对象主要是合意身份行为。有学者认为,由于财产法与家庭法之间的价值理念不同,在涉及亲属身份行为如结婚、收养等意思表示瑕疵类型的效力认定时应当更加尊重表意者的真意,以意思主义为主。[1] 我国也有学者认为,财产法上的意思表示瑕疵效力原则上宜采"表示主义",以强调交易安全的保护;家庭法原则上宜采"意思主义",以注重对亲属身份人身份利益与家庭关系的维护。[2] 然而,鉴于身份关系通常须登记才能完成,具有较强的公示性,而身份关系难以恢复原状(如结婚、协议离婚)以及出于对未成年人利益保护的要求(如收养),因此对身份行为的意思表示瑕疵效力认定必须权衡上述因素予以综合判断,而不能简单标签化为"意思主义或表示主义"。

结合《民法典》总则中的意思表示瑕疵来具体分析:(1)心中保留。无论相对人是否知晓,表意人均不得以心中保留为由予以撤销,以维系身份关系的安定性。(2)通谋虚伪表示。一方与相对人通谋为虚伪表示,其设立或消灭身份行为不是为了建立共同身份生活,而是为利用法律规定的次要效果(如为获得税收上的优惠、国籍或者户籍,即"假结婚")。对于该行为的效力,比较法认识不一。《德国民法典》第1353条、《瑞士民法典》第120条规定,当事人缔结婚姻时约定不建立婚姻共同生活的,婚姻可废止,但当事人已建立夫妻共同生活体的除外。[3] 有学者认为,应当在原则上将通谋的虚伪结婚规定为可撤销,若夫妻双方已经存在夫妻共同生活,则属于有效。[4] 还有学者认为,通谋虚伪在实质上构成了

---

[1] 参见〔日〕我妻荣:《我妻荣民法讲义Ⅰ:新订民法总则》,于敏译,中国法制出版社2008年版,第268页。
[2] 参见姜大伟:《体系化视阈下婚姻家庭编与民法总则制度整合论》,载《西南政法大学学报》2018年第4期。
[3] 参见〔德〕迪特尔·施瓦布:《民法导论》,郑冲译,法律出版社2006年版,第51—52页。
[4] 参见金眉:《论通谋虚伪结婚的法律效力》,载《政法论坛》2015年第3期。

对婚姻制度的挑战,涉及社会公共利益,因此属于无效婚姻。[1] 通谋虚伪表示缔结婚姻所追求的是另外的目的,这违背婚姻制度的本质,因此属于无效婚姻,但是为保护儿童,该无效后果对未成年子女不产生效力。但是,对于"假离婚",由于当事人具有解除婚姻的意思表示,所不愿解除的只是当事人的共同生活关系。[2] 为了维护离婚登记的公信力,并保护善意第三人的合理信赖,"假离婚"并不适用通谋虚伪表示("假离婚"通常与财产分割相结合,详见下文)。(3)欺诈或胁迫。身份行为的意思表示中存在欺诈或胁迫,属于意思表示受外在影响的不自由,与财产行为一样属于可撤销的行为。我国原《婚姻法》仅对因胁迫导致的可撤销婚姻进行了规定(《民法典》第1052条)。《民法典》婚姻家庭编第1053条在胁迫婚姻之外,规定若一方婚前患有严重疾病但在结婚登记前不告知对方,受欺诈方可以向人民法院请求撤销该婚姻。立法者既然将欺诈作为可撤销婚姻的事由,但是欺诈的范围限于一方在结婚之时隐瞒患有严重疾病的情形,这显然过于狭窄。(4)意思表示错误。实践中常见的是缔结婚姻时的重大误解。与财产行为不同,《德国民法典》并未规定身份错误(如女子与未婚夫的孪生兄弟结婚),也没有规定对伴侣个人品质的认识错误。我国台湾地区的理论认为,缔结婚姻时发生人之同一性错误的,因意思表示不一致而无效,非仅可以撤销;倘若系人之性质之错误,则属于可撤销。[3] 有学者认为,无论是内容错误(典型表现为对与之结婚的另一方的身份认识错误),还是认识错误(如一方婚后发现另一方树立了一个假的形象),抑或基本情况错误(如身体或精神健康状况、性取向等),均不构成民法中的重大误解,内容错误与基本情况错误可以通过欺诈予以救济,认识错误与导致离婚的感情破裂的情形很难区分。[4] 鉴于欺诈的证明要求严格,而我国关于欺诈之婚姻仅限于结婚之时一方隐瞒患有严重疾病,可以适当扩张意思表示错误的适用范围,如一方对另一方的身体健康状况认识错误,以及名誉认识错误(例如另一方有犯罪、卖淫等经历),以至于其真正了解对方真实情况就不会达成结婚合意,则该婚姻可

---

[1] 参见李昊、王文娜:《婚姻缔结行为的效力瑕疵——兼评民法典婚姻家庭编草案的相关规定》,载《法学研究》2019年第4期。
[2] 参见田韶华:《民法典编纂中身份行为的体系化建构》,载《法学》2018年第5期。
[3] 参见戴炎辉、戴东雄:《中国亲属法》,顺清文化事业有限公司2000年版,第8页。
[4] 参见李昊、王文娜:《婚姻缔结行为的效力瑕疵——兼论民法典婚姻家庭编草案的相关规定》,载《法学研究》2019年第4期。

以撤销。但是,对于经济条件、收入状况等发生错误,其本质上属于动机错误,基于保护家庭的目的,不允许撤销。

第三,婚姻登记瑕疵。依据《婚姻法司法解释(三)》第1条的规定,如结婚登记存在瑕疵,当事人可以通过行政程序撤销结婚登记。该条的妥当性在学理上争议极大。[1] 当事人的虚假行为如提供虚假材料、借用或冒用他人身份等,是形成婚姻登记瑕疵的重要原因。从意思表示的角度看,大体可以分为四种情形:一是双方有结婚的意愿但不符合结婚的成立要件;二是有结婚的意愿符合结婚的成立要件;三是没有结婚的意愿符合结婚的成立要件;四是没有结婚的意愿不符合结婚的成立要件。由于结婚是具有高度人身属性的行为,因此被借用或被冒用的一方即未到登记现场的一方不可能与到现场的一方缔结婚姻。如果双方具有合意而且真实,符合婚姻的成立要件但系借用或冒用他人名义登记结婚,婚姻缔结方或者第三人可以通过变更婚姻登记予以更正,并对虚假材料予以补正。如果不符合成立要件而且无法补正的,则婚姻不成立。如果双方不具有合意,且缔结婚姻的一方不知晓另一方借用、冒用的事实,则可以构成欺诈,属于可撤销婚姻(但是须符合结婚条件);若是双方不具有结婚的合意,但是缔结婚姻的一方知晓另一方借用、冒用的事实,则构成通谋虚伪表示,婚姻不成立。因意思表示瑕疵引起的婚姻登记瑕疵,应当适用民事诉讼程序,限制行政机关撤销婚姻登记的权力,避免损害婚姻当事人的切身利益以及婚姻登记的公信力。[2]《民法典》第1052条取消了原《婚姻法》第11条规定的受胁迫的一方可以向婚姻登记机关请求撤销婚姻的内容,规定受胁迫一方只能向人民法院请求撤销婚姻。

第四,身份行为被撤销或无效的法律后果与代理的特殊规则。依据《民法典》第1054条的规定,无效或被撤销的婚姻自始没有法律约束力。该规定显然不利于保护善意或无过错一方当事人的利益,尤其是不利于保护妇女的合法权益。在完善我国相关立法时,宜采纳目前绝大多数国家或地区的做法,规定婚姻被宣告无效的,原则上溯及既往归于无效,但对于善意的配偶一方仍发生有效婚姻的效力;婚姻被撤销后,自撤销时起

---

[1] 参见王礼仁:《规范婚姻瑕疵纠纷诉讼路径之必要性与可行性——婚姻法司法解释(三)(征求意见稿)第一条的修改与完善》,载《中华女子学院学报》2011年第1期。
[2] 参见孙若军:《瑕疵结婚登记处理方式的体系化思考》,载《中华女子学院学报》2014年第6期。

归于无效。婚姻被宣告无效或被撤销后,从最大限度保护未成年子女的利益出发,应采纳不溯及既往的原则,对子女不产生影响。[1] 协议离婚、收养等合意身份行为的无效或被撤销可以准用无效婚姻与可撤销婚姻的规定。由于亲属身份行为的成立和消灭,须基于行为人本人的自由意思,因而不得代理。身份行为也不得附条件与期限。因此,《民法典》总则中有关代理、附条件与期限的规定原则上不能适用身份行为。究其原因,亲属身份关系的建立在情感基础上,而情感共同体的培育非由当事人亲身交往而不可得。[2]

第三节 意思自治在亲属财产行为上的展现及其限制

一、亲属财产法上法律行为的价值取向与类型界定

婚姻家庭编以"核心家庭"为理想类型,亲属财产法主要规范夫妻财产关系与亲子财产关系,属于特殊财产法。与之相比,《民法典》合同编与物权编等则属于一般财产法。亲子之间的财产关系由于受"儿童利益最大化原则"的制约,并通过监护制度予以贯彻,行为人意思自治的空间受到较多限制。与之不同的是,夫或妻本身是具有独立人格的个体,夫妻之间可以创设如同普通民事主体一样的财产关系。例如,夫妻之间明确表示的财产赠与,或者丈夫以其个人财产为妻子的个人债务提供担保等,此类法律行为虽然产生于近亲属之间,但是并未实质性影响夫妻团体关系,因此不属于亲属财产法上的行为。相反,此类行为应由《民法典》合同编或物权编调整。

与一般财产法不同,亲属财产法兼具亲属身份法与财产法的双重价值取向:一方面,家庭系通过血缘和情感而连接的共同体,现代家庭仍是塑造人格、价值观和促进个人把握机会的推动力量。在理想中,家庭能够促使家庭成员之间形成温暖和亲密的关系,并为家庭成员提供满足与安

---

[1] 参见夏吟兰、何俊萍:《现代大陆法系亲属法之发展变革》,载《法学论坛》2011年第2期。
[2] 对此存在例外,依据《中国公民收养子女登记办法》第4条和《外国人在中华人民共和国收养子女登记办法》第8条的规定,对于夫妻共同收养子女,夫妻一方若因故不能亲自前往登记机关办理登记,可以委托另一方办理登记手续,但委托书应取得相关证明或经过公证。这主要考虑到夫妻之间属于情感共同体,因此对于共同收养行为的代理有所缓和。

全的环境。相比经济团体,家庭内部仍然存在广泛的利他主义。[1] 另一方面,亲属财产法深受财产法上的个人主义和形式理性法的影响,由于利己的个人构建的婚姻关系已经不可能完全臣服于团体主义,夫妻团体的契约化构造所反映的正是自由主义和个人主义价值的擢升。由此可见,亲属财产法具有维系家庭共同体与追求形式理性化的双重特质。诚如学者所言,"对于身份财产行为,因其本质上为财产法规范,故可以适用之,但不应忽略亲属身份对身份财产行为产生的影响"[2]。因此,所谓"亲属财产法上的法律行为",不仅可以在亲属之间产生财产法上的效果,而且能够对家庭团体关系产生实质性的影响。[3] 意思自治在亲属财产法中的展现主要表现在夫妻财产法上,具体而言可以分为以下两种类型:

第一,夫妻之间仅涉及财产关系变动的法律行为。例如,夫妻财产制契约、夫妻之间"无偿给予财产"协议等。这类行为虽然仅涉及财产法效果,但由于行为主体之间存在亲属身份关系,致使其与一般民事主体之间的财产约定相异。

第二,夫或妻与第三人创设财产关系的法律行为,不仅在亲属之间产生财产法效果,而且实质性地影响家庭团体关系。例如,夫或妻一方对外订立借贷合同而举债或者对外订立协议获得财产利益[4],以及夫妻一方处分共同或个人财产的协议等。此外,依据日常家事代理权制度,夫或妻一方在日常家事生活需要的范围内与第三人实施的法律行为,法律后果由夫妻双方承受。此类行为均系夫妻一方与第三人所实施,由于该财产行为对家庭关系具有实质性的影响,涉及夫妻团体利益以及妇女权益保护原则的维护与实现,疑难之处在于如何调和个体自由的日益彰显、家庭关系的维护与保障交易安全之间的矛盾。

---

[1] 参见〔美〕加里·斯坦利·贝克尔:《家庭论》,王献生、王宇译,商务印书馆2011年版,第413页。
[2] 陈棋炎、黄宗乐、郭振恭:《民法亲属新论》(修订五版),三民书局2005年版,第26页。
[3] 参见〔德〕迪特尔·施瓦布:《民法导论》,郑冲译,法律出版社2006年版,第107页。
[4] 在法定财产制之下,夫或妻一方与第三人实施财产性的法律行为,其结果既可能是消极财产(债务)也可能是积极财产(权益)。对于前者,涉及债务是否属于夫妻共同债务的认定;对于后者,关系权益是否属于夫妻共同财产的判断。夫或妻一方与第三人实施财产性的法律行为的实质不在于意思自治及其效力,而在于夫妻共同债务与共同财产的认定。

二、夫妻之间仅涉及财产关系变动的法律行为之效力

夫妻之间仅涉及财产关系变动的法律行为主要包括夫妻之间订立的夫妻财产制契约与夫妻之间的财产给予行为两种类型。我国婚姻法以婚后所得共同制为夫妻法定财产制,夫妻之间还可以通过契约的方式约定夫妻财产制,包括分别财产制、一般共同制以及部分共同制三种类型。实质上,上述三种情形可以涵盖所有的财产制类型,这表明我国采取的是开放式的约定夫妻财产制。该规范显然过于注重夫妻之间的意思自治而忽略交易安全。在比较法上,法律虽然允许夫妻以契约方式处理彼此的财产关系,但绝大多数国家或地区立法采取的是封闭式的约定财产制,通过类型化为夫妻订立财产制契约提供明确的指引,同时兼顾意思自治与交易安全。[1] 夫妻之间的财产给予行为通常并无明确的对价,因此理论上存在夫妻财产制契约与赠与合同的理论争议。[2] 在德国法上,依据夫妻约定的目的,夫妻之间的财产给予行为可以分为以超越夫妻共同生活的财产给予、以婚姻为条件的财产给予以及以离婚为目的的财产给予。[3] 以婚姻为条件的给付系为实现、维持和保障婚姻生活关系,是夫妻之间对于个人财产或共同财产的分配,实质上属于夫妻财产制契约。

《民法典》第 1065 条规定夫妻财产制契约对夫妻双方均具有法律约束力。此处"法律约束力"有以下三种解释方案:其一,直接发生物权效力说。有学者认为,夫妻财产制契约可以直接发生物权的效力,而不必履行公示程序,其基础在于法律的直接规定。[4] 婚姻法必须考虑夫妻共

---

[1] 参见林秀雄:《夫妻财产制之研究》,中国政法大学出版社 2001 年版,第 24 页。
[2] 夫妻房产给予约定可以分为一方的房屋约定为夫妻共同所有("加名")、夫妻共同所有的房屋约定为另一方单独所有("除名")以及一个人所有的房屋约定为另一方单独所有("换名")三种类型。依据我国司法实务,前两个类型通常被认为属于夫妻财产制契约,但是第三种类型则被认为属于夫妻财产赠与,主要理由是:"《婚姻法》规定的夫妻财产制约定包括'分别所有、共同共有和部分共同共有',但并不涵盖一方财产约定为另一方所有的情形。"(吴卫义、张寅编著:《婚姻家庭案件司法观点集成》,法律出版社 2015 年版,第 395—396 页)实质上,我国《民法典》第 1065 条规定的约定夫妻财产制属于非限定模式,即使一方个人所有的房屋约定为另一方单独所有,由于法定夫妻财产制的广泛性,以夫妻财产的整体为视角,仍然可以将其视为部分分别所有、部分共同所有的类型。除非夫妻双方明确表示赠与的意思。
[3] 参见[德]迪特尔·施瓦布:《德国家庭法》,王葆莳译,法律出版社 2010 年版,第 207 页。
[4] 参见田韶华:《婚姻领域内物权变动的法律适用》,载《法学》2009 年第 3 期。

同体的利益,与物权法突出个人主义本位有所不同,婚姻法关于夫妻财产之间约定的效力优先于登记规则得以适用,属于非基于法律行为的物权变动。[1] 其二,夫妻财产制契约仅具有债权效力,仍然必须依据物权法进行相应的登记或交付才发生物权变动的效力。[2] 其三,折中说。夫妻约定财产制下的物权变动应当进行内外效力区分,前者适用家庭法,后者服从物权法。[3] 我国司法审判实践认为采折中说,夫妻财产制协议一经生效就发生物权变动,但是未经公示不得对抗第三人。[4]

夫妻财产制契约不应具有特殊的效力,应当适用《民法典》物权编。在未经法定公示之前,其仅具有债权约束力。主要理由如下:(1)物权说一方面认为夫妻财产制契约可以直接发生物权变动的效力,另一方面又认为这属于基于法律规定而引发的物权变动,这显然是矛盾的。尽管《民法典》第230条规定的遗嘱继承被纳入非基于法律行为导致的物权变动,这是因为遗嘱继承由设立遗嘱(单方法律行为)和立遗嘱人的死亡(事件)两项法律事实的结合而引起,前者的主要功能在于决定遗嘱继承和遗赠"如何发生",而后者是引起遗嘱继承和遗赠发生的直接根据。[5] (2)折中说违背物权与债权区分的本质。在夫妻关系内部,物权与债权都是夫妻一方向另一方的权利请求,两者的经济结果相同。但是涉及第三人的外部关系时,物权与债权则明显不同。物权的本质为对任何人皆可主张的对特定物或权利的行为权,具有定分性;债权的本质则为对特定人享有的单纯行为或期待行为权,债权不具有定分性。[6] (3)夫妻财产制契约与离婚协议之中的夫妻角色具有相似之处。离婚协议系以夫妻身份关系的解除为生效要件,交织着夫妻人身关系与财产关系,属于夫

---

[1] 参见夏吟兰、薛宁兰主编:《民法典之婚姻家庭编立法研究》,北京大学出版社2016年版,第56页。

[2] 贺剑:《论婚姻法回归民法的基本思路:以法定夫妻财产制为重点》,载《中外法学》2014年第6期。

[3] 参见最高人民法院民事审判第一庭编:《婚姻家庭案件审判指导》,法律出版社2018年版,第275—276页。

[4] 参见唐某诉李某某、唐某乙法定继承纠纷案,载《最高人民法院公报》2014年第12期。2019年7月18日江苏省高级人民法院印发的《家事纠纷案件审理指南(婚姻家庭部分)》第27条规定:"……双方订立的夫妻财产制契约……不宜以所有权登记作为确认不动产物权的唯一依据。但未办理转移登记不能对抗善意第三人。"

[5] 参见尹田:《物权法》,北京大学出版社2013年版,第92—93页。

[6] 参见苏永钦:《寻找新民法》(增订版),北京大学出版社2012年版,第127—128页。

妻婚姻关系解除下的财产清算协议。[1] 我国司法实践通常认为离婚协议在物权变动上适用财产法规则。[2] 夫妻财产制契约与夫妻离婚财产分割协议仅存在缔约动机上的差异,目的均为分配夫妻财产,赋予前者物权效力而后者仅具有债权效力,违背"相同事物应作相同处理"的原理。

夫或妻一方将个人单独所有或由双方共有的财产给予另一方,约定由另一方享有财产所有权或增加另一方共有份额的现象,被称为"夫妻之间的财产给予行为"。依据《婚姻法司法解释(三)》第6条的规定,夫妻间财产给予行为应当适用原《合同法》第186条赠与合同的规定。因为原《合同法》上的赠与规范并未将夫妻关系排除在外。[3]《民法典婚姻家庭编司法解释(一)》第32条规定:"婚前或者婚姻关系存续期间,当事人约定将一方所有的房产赠与另一方或者共有,赠与方在赠与房产变更登记之前撤销赠与,另一方请求判令继续履行的,人民法院可以按照民法典第六百五十八条的规定处理。"据此而言,在动产交付之前或者不动产登记之前,赠与的配偶可以行使任意撤销权。然而,学理上对此存在分歧:一是对赠与方配偶的撤销权进行必要的限制,认为夫妻之间的财产给予行为属于赠与,但为了体现婚姻法的价值,应将夫妻间赠与的任意撤销权调整为法定撤销权,包括严重违反婚姻义务而引发的法定撤销权、严重侵害赠与人或者赠与人近亲属的法定撤销权、贫困法定撤销权[4];二是对该条规定的赠与进行限制适用,认为夫妻之间的财产给予约定首先推定为夫妻财产制契约,只有在当事人明示赠与的情况下,才能视为赠与行为。[5] 比较而言,后一种观点更符合婚姻的本质。主要理由在于:(1)夫妻之间的财产给予行为表现为一方对另一方的财产"让渡",但是该行为并不具有无偿性,而是构成夫妻双方共同生活的结果或者预期。[6] 相

---

[1] 参见陆青:《离婚协议中的"赠与子女财产"条款研究》,载《法学研究》2018年第1期。
[2] 参见钟永玉与王光、林荣达案外人执行异议纠纷案,载《最高人民法院公报》2016年第6期。
[3] 参见杜万华主编:《民事审判指导与参考》(总第65辑),人民法院出版社2016年版,第122页。
[4] 参见赵玉:《司法视域下夫妻财产制的价值转向》,载《中国法学》2016年第1期。
[5] 参见许莉:《夫妻房产约定的法律适用——基于我国约定夫妻财产制的考察》,载《浙江工商大学学报》2015年第1期。
[6] 参见冉克平:《夫妻之间给予不动产约定的效力及其救济——兼析〈婚姻法司法解释(三)〉第6条》,载《法学》2017年第11期。

反,赠与通常是无偿的,即使认为从长远看赠与具有互惠性质,但其仍需要以利他主义的面纱予以遮掩。[1] 普通人之间的赠与并不似夫妻之间的财产给予以复杂的婚姻家庭生活为图景。(2)夫妻财产制契约以婚姻关系为基础,而婚姻关系具有"关系契约"与"继续性契约"的特征。夫妻共同体不仅有构建家庭生活与延续后代的目的,而且具有抚育子女、互帮互助、照料老人等义务(《民法典》第1058、1059条)。婚姻关系包括精神、财产、劳动等诸多方面,婚姻契约的具体内容复杂并具有太多不可确定的因素,因而不可能完全被利益指标准确测量。[2] 夫妻之间的财产给予行为应被置于婚姻共同体的范畴作整体考量。从夫妻关系维系、巩固乃至增进夫妻情感与家庭幸福的角度出发,夫妻之间的财产给予更应被理解为夫妻对婚姻家庭生活做出的包含条件关联性的安排,而给予方并不期待获得具体、即刻的回报。(3)现行法上的夫妻财产制为夫妻之间给予财产约定的适用提供了前提条件。我国《民法典》第1065条规定的约定夫妻财产制,不仅允许当事人对婚前、婚后的所有财产加以约定,还可以约定为全部共有、部分共有部分分别所有、分别所有。这实际上已经涵盖了夫妻财产归属的全部可能情形。夫妻之间的财产给予行为主要表现为限定共同制,即夫妻将部分财产设定为夫妻共同共有、部分设定为一方个人所有,这已为最高人民法院发布的公报案例所肯定。[3]

三、夫或妻一方处分财产行为的效力及其限制

在法律及普遍承认的秩序原则与风俗规范架构之下,自然人对于个人所有的财产享有自由处分的权利,这是意思自治的重要表现形式。然而,由于婚姻关系的存在,夫或妻一方对于超越日常家事代理权范围的事项,均不得随意处分夫妻共同财产。因为夫妻共同财产属于建立在身份关系之上的共同共有,任何一方的处分均属于无权处分,该处分行为全部

---

[1] 参见桑本谦:《法律经济学视野中的赠与承诺——重解〈合同法〉第186条》,载《法律科学(西北政法大学学报)》2014年第4期。
[2] I. R. Macneil, *The New Social Contract: An Inquiry into Modern Contractual Relations*, New Haven: Yale University Press, 1980. p. 28.
[3] 参见唐某诉李某某、唐某乙法定继承纠纷案,载《最高人民法院公报》2014年第12期。

无效[1],除非第三人构成善意取得。不仅如此,在婚姻关系存续期间,即使夫或妻一方处分自己的个人财产,亦受公序良俗原则的限制。

在婚姻家庭法领域,公序良俗原则可以成为阻止法律行为危害家庭秩序与婚姻关系的工具,从而协调法律秩序与伦理秩序的冲突。[2] 公序良俗原则并非使道德义务变成积极的法律义务。相反,其只是从消极意义上拒绝给不道德的行为提供法律强制,因而被称为"伦理最小值"。[3] 德国理论通说认为,若法律行为的内容违反善良风俗,或者法律行为的内容和目的(动机)联系起来看被视为违反善良风俗,则该法律行为无效。[4] 夫或妻一方无偿处分个人财产给予"第三者"的行为与处分人和"第三者"之间有不道德性关系的行为是两个不同的行为,后者并非法律调整的领域,而属于道德调整的范畴。[5] 已婚者以个人财产对于"第三者"的赠与或遗赠,只有在其动机有悖于公序良俗时(如建立不正当两性关系或对"第三者"的热情予以奖励),才能以该法律行为违背公序良俗原则为由认定其无效,因为支付金钱行为本身是中性的,只能通过动机才能变成有伤风化的行为。[6] 若是夫或妻一方与"第三者"将试图建立或者保持此种不正当关系作为无偿处分行为的生效条件,因所附条件悖于公序良俗,该无偿处分行为亦无效。如果双方已经履行该无偿处分行为,因属于不法原因的给付,则处分人不得请求返还。反之,如果无偿处分人与"第三者"之间是以解除不正当两性关系为目的或生效条件的,其内容没有威胁到继承人(如妻子)的生活,夫或妻一方无偿处分个人财产的行为依法有效,或自解除不正当两性关系时生效。

---

[1] 法院认为,依据我国原《婚姻法》的规定,夫妻对共同财产享有平等的处理权,并不等于夫妻双方各自都有独立的处分权。在婚姻关系存续期间,因日常生活需要而处理夫妻共同财产,任何一方均有权决定;非因日常生活需要对夫妻共同财产作重要决定,夫妻双方应当平等协商,取得一致意见。夫妻一方擅自将共同财产赠与他人的赠与行为,严重损害了另一方的财产权益,有违民法上的公平原则,这种赠与行为应属无效。参见《丈夫赠222.7万,妻子诉求返还》,载《北京青年报》2019年5月8日。
[2] 参见王泽鉴:《民法总则》,北京大学出版社2009年版,第289页。
[3] 参见于飞:《公序良俗原则与诚实信用原则的区分》,载《中国社会科学》2015年第11期。
[4] Dieter Medicus, Allgemeiner Teil des BGB, 10. Aufl., 2010, Rn688.
[5] 参见余延满:《亲属法原论》,法律出版社2007年版,第21页。
[6] 参见[德]卡尔·拉伦茨:《德国民法通论》(下册),王晓晔、邵建东、程建英等译,法律出版社2003年版,第603—604页。

第四节　意思自治在亲属财产、身份混合行为上的表达及其规制

一、身份财产混合行为的双重价值取向

近年来,在无过错离婚、男女平等的潮流之下,夫妻在婚姻关系存续期间签订离婚协议、夫妻"忠诚协议"等现象逐渐增多。通常这类协议不仅包含财产变动的条款,而且具有引发身份关系发生变动的法律效果,此类行为包含多项意思表示,属于亲属财产行为与身份行为相互交织的"复合行为",可以称为"身份财产混合行为"。身份财产混合行为不仅可以在亲属之间产生身份关系的变动,而且可以产生财产法上的效果。如前所述,身份财产混合行为兼具亲属身份法与财产法的双重价值取向,此处不赘。

二、夫妻离婚协议及其规制

离婚协议是夫妻双方所达成的有关自愿离婚、子女抚养、财产及债务处理等内容的契约。离婚协议属于一种以身份关系与财产关系为内容的混合协议。其中自愿离婚的合意属于纯粹的身份协议;子女抚养协议兼具身份与财产两种内容;财产分割、债务清偿等属于纯粹的财产关系协议。[1] 登记离婚以夫妻双方达成离婚协议为主要条件,最大限度地体现了离婚领域的意思自治。在调解离婚的情形中,离婚协议虽由法院主导并包含更多的管制色彩,但是仍为夫妻双方意思自治的表现。

离婚协议通常具有复合性,既包括夫妻身份关系的消灭,亦涵盖夫妻共同财产分割、夫妻之间的财产补偿以及未成年子女抚养等方面的内容。[2] 在司法实践中,离婚协议争议较多的是"(虚)假离婚"现象,即夫妻双方"通谋"约定,暂时解除婚姻关系,对财产、子女抚养等内容达成离婚协议并完成离婚登记程序,待特定目的达成之后再复婚。"(虚)假离婚"通常是为获得购房资格、拆迁款、逃避债务等,以达到规避法律或管控政策的目的。显然,若是认为"(虚)假离婚"符合《民法典》第146条"通

---

[1] 参见朱广新:《合同法总则》(第二版),中国人民大学出版社2012年版,第12页。
[2] 参见许莉:《离婚协议效力探析》,载《华东政法大学学报》2011年第1期。

谋虚伪表示"的构成要件,则依据夫妻双方的"内心真意",该离婚协议无效。但是有学者对"(虚)假离婚"持"有效说",认为离婚行为包含了民政机关的形式审查、登记的公示公信效力以及诚实信用原则等因素,这些因素决定"(虚)假离婚"应该引发离婚的法律后果。[1]

　　鉴于身份行为与财产行为的差异,应区分离婚协议中的身份行为与财产行为。"(虚)假离婚"中的身份解除协议并不符合通谋虚伪表示的构成,而财产解除协议可能构成通谋虚伪表示,两者的效力应当分别评价。所谓"通谋虚伪表示",指表意人与相对人一致同意表示内容仅仅造成实施某项法律行为的表面假象,而实际上并不想使该表示行为产生应有的法律效果。实质上,虚假结婚与虚假离婚不同,前者是男女双方明知创设婚姻关系的意思表示不真实,因此构成通谋虚伪表示;而后者并非夫妻明知解除婚姻关系的意思表示不真实,因为夫妻办理离婚登记的目的就是解消法律上的身份关系,当事人不愿解除的只是事实上的共同生活关系,因此不可谓当事人不存在真实的身份意思。[2] 至于当事人为了其他目的暂时离婚以及约定目的达成之后再行复婚等,这属于意思表示的动机,并不影响当事人效果意思的构造,夫妻双方有关虚假离婚的身份行为的内容并不存在意思表示瑕疵。相比"通谋虚伪表示"的解释路径,认为所谓"(虚)假离婚"有效,不但可以避免公权力过度干预家庭生活,而且有利于维护离婚登记形式上的公信力,避免违反一夫一妻制原则。[3]

　　但是,对于夫妻之间达成的财产协议而言,应结合夫妻虚假离婚的目的判断是否构成通谋虚伪表示。从司法审判实践来看,法院在审理"(虚)假离婚"案例时,普遍采取"隔离技术",其主要的裁判思路为:对于身份协议,既然当事人自愿签订离婚协议,民政机关亦依法办理了离婚登记,双方的婚姻关系即告终止。至于夫妻之间离婚的目的则被法院视为意思表示的动机,并不构成意思表示的内容,对意思表示是否真实不产生影响,即不存在意思表示瑕疵;对于财产协议,法院通常会结合具体案情,

---

[1] 参见高憬宏主编:《审判案例研究》(第三卷),法律出版社2015年版,第31—32页。
[2] 参见田韶华:《民法典编纂中身份行为的体系化建构》,载《法学》2018年第5期。
[3] 我国《民事诉讼法》第209条规定:"当事人对已经发生法律效力的解除婚姻关系的判决、调解书,不得申请再审。"这表明现行法并不承认已经发生效力的协议离婚无效或可撤销制度,这有利于维护离婚效力的确定性和既定力。参见丁慧:《身份行为效力判定的法律基准——在身份法理念和身份法规范之间》,载《法学杂志》2015年第2期。

以损害债权人利益、违背诚实信用原则或者公平原则以及财产处置的内容未体现夫妻双方真实意思等理由否定其效力。[1]

离婚协议之中,财产关系与身份关系的效力具有密切的关联性:前者无效或被撤销不影响后者的效力[《婚姻法司法解释(二)》第9条、《民法典婚姻家庭编司法解释(一)》第70条];但是后者无效或被撤销则影响前者的效力。如果夫妻双方约定不对等分割共同财产或者约定一方个人财产给予另一方等内容,这类协议只是形似"以离婚为目的"的赠与。因为上述条款是夫妻在离婚之前对离婚后财产关系处理的约定,本身并非婚姻关系解除的原因。即使"赠与"背后的确存在促成离婚合意达成的动机,这种动机也不应上升到法律层面,使协议离婚的"自愿性"在法律评价上受到某种经济目的能否实现的捆绑或影响。更为重要的是,夫妻共同体建立在情感与伦理之上,离婚协议中的财产性条款系以解除婚姻为前提,离婚时对于财产的约定,除了对夫妻共有财产的分割外,还可能涉及婚姻关系存续期间夫妻感情、父母照顾情况、夫妻债务的清偿、一方独自抚养子女的补偿、损害赔偿以及离婚情感补偿、离婚经济帮助、老人赡养等内容。[2] 此类财产协议以夫妻身份关系的解除为生效要件,交织着夫妻人身关系与财产关系,在实质上属于夫妻婚姻关系解除下的财产清算协议。[3] 由于夫妻离婚协议中的财产协议与身份协议之间形成了复杂的、相互依存的牵连关系,因此对该协议的效力与性质应当从整体上予以综合判断,不能轻易将协议中一方放弃主要或大部分财产的约定认定为显失公平或重大误解而予以撤销或变更。但是,对于"净身出户"这类离婚协议的极端类型,应当结合婚姻状况、一方有无过错、子女抚养以及保护婚姻弱势一方等因素,通过个案调整协议以保障结果的公平。[4] 如果离婚财产分割协议损害债权人的利益,其虽非"赠与",但可归入无偿转让行为的范畴,适用"以明显不合理低价转让"的规则,债权人有权请求人民法院予以撤销。

---

[1] 参见蔡立东、刘国栋:《司法逻辑下的"假离婚"》,载《国家检察官学院学报》2017年第5期。显然,以违背诚实信用原则或者公平原则为依据判断离婚财产协议无效,在方法论上构成"向一般条款的逃避",并不具有正当性。
[2] 参见许莉:《离婚协议效力探析》,载《华东政法大学学报》2011年第1期。
[3] 参见陆青:《离婚协议中的"赠与子女财产"条款研究》,载《法学研究》2018年第1期。
[4] 参见景春兰、袁善仪:《"净身出户"协议的效力探讨及裁判策略》,载《广西民族大学学报(哲学社会科学版)》2018年第5期。

离婚协议生效时,婚姻关系解除,但是物权变动仍应当遵循《民法典》物权编的相关规则。[1] 从我国司法实践来看,法院在系列相关判决中均认为,夫或妻一方依据离婚协议享有的不动产债权优先于不动产登记人的债权,并支持前者对后者的强制执行提出执行异议。[2] 笔者认为,离婚协议约定的取得不动产的配偶一方请求变更不动产登记的权利属于债权,该债权并不具有排除不动产之上的债权强制执行的效力。其主要理由在于:于不动产之上发生的债权无论时间先后均具有平等性,离婚协议经婚姻登记机关公示在先并不具有法律意义,其并不具有物权公示的效力。尽管离婚协议具有情感与伦理因素,但这是相对于夫妻之间而言的,对于案外人来说,应当维系不动产登记的公信力以保障交易的安全。实质上,离婚协议生效之后夫妻之间已与普通人无异,其间财产的流转应当在现行公示公信制度下运行,这样不仅可以发挥不动产登记制度的功能,也有利于保护交易的安全。概言之,离婚协议约定的债权与普通债权之间具有平等性,应当按照不动产登记制度(转移登记、查封登记等)确定不动产物权变动的效力。

三、夫妻"忠诚协议"的效力分析

夫妻约定违约金的"忠诚协议",是指夫妻双方约定在婚姻关系存续期间若配偶违反夫妻忠实义务,"违约方"应给付对方一定数额的金钱或财物。夫妻达成此类协议的目的是限制夫妻婚外性关系,该协议所附的"违约金"条款即是为了使这一预先安排得以实现的手段。依据夫妻"忠

---

[1] 广东省广州市中级人民法院在"臧旭霞执行异议审查案"中认为:"离婚协议中关于房产归属的约定对双方有约束力,虽未登记,但无善意第三人时,应认定发生物权变更效力。"参见最高人民法院中国应用法学研究所编:《人民法院案例选》(2016 年第 2 辑),人民法院出版社 2016 年版。该判决并未考虑离婚财产处置协议的特殊性。相反,"在周凤珠、青岛威邦贸易有限公司再审案"中,最高人民法院认为:"虽然周凤珠与周春海于 2015 年 7 月 28 日签订'自愿离婚协议书',约定涉案房产归周凤珠所有,但是双方未进行不动产物权的转让登记,物权的转让不发生效力。"参见最高人民法院(2017)最高法民申第 3915 号民事裁定书。

[2] 参见钟永玉与王光、林荣达案外人执行异议纠纷案,载《最高人民法院公报》2016 年第 6 期;另参见刘会艳与周东方、河北融投担保集团有限公司等案外人执行异议之诉案,最高人民法院(2018)最高法民终 462 号民事判决书。上述案件均认为离婚协议约定的债权具有排除强制执行的效力,主要理由可以归结为:权利的形成时间(约定债权在前,而且在婚姻登记机关公示)、权利内容与性质(约定债权不具有逃避债务的目的,只涉及特定不动产,具有针对性)、权利主体(约定债权涉及情感补偿、生活利益照顾等因素)等。

诚协议"是否包含离婚条款,该协议可以分为两类:以离婚为条件的夫妻"忠诚协议"与婚姻关系内生效的夫妻"忠诚协议"。第一类夫妻"忠诚协议"属于兼财产关系与身份关系变动的复合法律行为,夫妻之间的财产给付约定以夫妻身份关系的变动(离婚)为生效条件。但是,第二类夫妻"忠诚协议"并不涉及身份关系的变动,而是夫妻双方约定若一方违反夫妻忠实义务则应当给付另一方配偶一定的赔偿金或违约金,发生的是财产法上的效果。由于该财产约定发生在婚姻关系存续期内,本质上属于特殊的夫妻财产补偿协议。

对于以离婚为条件的夫妻"忠诚协议"的效力,理论上分歧明显。许多学者认为,婚姻家庭法具有极强的伦理性,意思自治对此应当保持必要的谦抑。夫妻"忠诚协议"本质上属于道德协议或情谊行为,因此不应被赋予法律约束力。其主要理由归纳如下:(1)将夫妻感情、亲情契约化,难免会使亲友间的相互宽容、理解、扶持与帮助金钱化、功利化,进而以财产关系取代伦理关系,使亲友的关系过度紧张。在婚姻领域若允许任意自治、任意商业化,有违婚姻的本质。[1] 即使当事人有受法律约束的意思,夫妻之间也不成立有效的法律行为。因为此项意思涉及最为隐秘的个人自由领域,这个领域不容通过契约进行约束。[2] (2)原《婚姻法》第4条虽然规定"夫妻应当相互忠实",但这只是代表立法者所提倡的价值追求的倡导性规范。在适用具体案件时,这种价值追求无法被法官作为裁判依据援引。[3] 原《婚姻法》第46条规定的离婚损害赔偿仅限于重婚、有配偶者与他人同居、实施家暴或虐待、遗弃家庭成员的情形,并未将此外的"不忠实"行为纳入离婚损害赔偿的法定情形。(3)依据我国原《合同法》第2条第2款规定:"婚姻、收养、监护等有关身份关系的协议,适用其他法律的规定。"夫妻忠诚协议作为人身关系的协议不属于合同法调整的范围。[4] 身份权具有法定性,排除当事人的约定权,夫妻双方所

---

[1] 参见于飞:《公序良俗原则研究:以基本原则的具体化为中心》,北京大学出版社2006年版,第124—125页。
[2] 参见余延满:《亲属法原论》,法律出版社2007年版,第14页。
[3] 参见何俊萍:《论婚姻家庭领域道德调整与法律调整的关系——兼谈对婚外恋的道德调整和法律调整》,载《政法论坛》2000年第3期。
[4] 参见郭站红:《夫妻忠诚协议的法学思考》,载《宁波大学学报(人文科学版)》2010年第2期。

签订的忠诚协议违反身份权法定原则。[1] 与之相反的是,一些学者认为,意思自治对于夫妻"忠诚协议"仍然可以适用。其主要理由归纳如下:(1)原《婚姻法》规定夫妻应当相互忠实,那么夫妻相互忠实义务已由道德内容升华为法定义务,而非仅仅为倡导性条款。因而夫或妻违反忠实义务可以被法律所涵摄,并通过判断和评价是非对错的引导作用来限制、约束婚姻家庭中的不道德行为。(2)违约赔偿的"忠诚协议",实际上是对《婚姻法》中抽象的夫妻忠实责任的具体化,完全符合《婚姻法》的原则和精神。[2] (3)夫妻"忠诚协议"符合契约自由原则且具备合同的有效要件。因此,只要夫妻"忠诚协议"签订时,婚姻双方平等自愿约定的内容没有违反法律禁止性规定,也不损害他人和社会公共利益,约定的赔偿数额有可行性,法律就应该认可它。夫妻之间订立的"忠诚协议"相当于损害赔偿的预定,在婚姻解除时发生效力。[3] 此外,还有学者采取折中的观点,认为在亲属身份关系存续期间,有关身份、财产复合的协议无效。但是,在亲属身份关系终止时,这种协议相当于损害赔偿的预定,应发生法律效力。[4]

上述观点的分歧在于,在家庭法的伦理秩序之下,夫妻之间的忠诚义务能否通过意思自治的方式予以表达。从家庭法的发展趋势来看,近几十年来,法律赋予当事人更多的权利,夫妻可就婚姻关系以及离婚后果进行协商。当夫妻就此平等协议设定明确条款时,法院也更愿意执行这些条款。[5] 随着社会观念的变迁,形式理性化的财产法规则被引入家庭法,这是家庭法在现代社会的一个重要发展趋势,目的在于彰显个体的独立自主,以维护其人格自由与经济自由,从而适应社会经济的发展。这表明秉持市场理性的"结合体"(典型如经济团体)因子已经逐渐渗透至夫妻团体内部,从而促使其发展成为"不完全共同体"。在现代社会,家庭成员与外部的联系变得复杂多样,各种婚外情、通奸现象严重侵蚀了婚姻家庭的基础。不可否认,婚姻的道德约束日益式微,原有的舆论、道德等

---

[1] 参见何晓航、何志:《夫妻忠诚协议的法律思考》,载《法律适用》2012年第3期。
[2] 参见宋豫、李建:《夫妻忠诚协议的价值判断与效力分析》,载《重庆工商大学学报(社会科学版)》2012年第3期。
[3] 参见朱和庆主编:《婚姻家庭法案例与评析》,中山大学出版社2005年版,第90—95页。
[4] 参见谢鸿飞:《论创设法律关系的意图:法律介入社会生活的限度》,载《环球法律评论》2012年第3期。
[5] *Hering v. Hering*, 33 Va. App. 368, 533 S. E. 2d 631(2000).

社会控制力量在减弱。[1] 婚姻虽然以感情为纽带,但其并非如同理想主义者设想的那样仅仅关涉感情。为了尽力维持婚姻关系以及应对离婚带来的不利后果,夫妻双方所达成的"忠诚协议"应该被认为是理性人在充分地权衡利弊后作出的慎重选择。夫妻"忠诚协议"约定的违约金或赔偿金在性质上可被看作《民法典》第 1043 条规定的"家庭应当树立优良家风""夫妻应当互相忠实"的具体化以及损害赔偿的事先约定,使"婚外情"之类的主观情感客观化为可被法律规制又可被当事人遵守的行为。[2] 这不仅有助于婚姻当事人遵守婚姻法规范,还可以促进婚姻当事人的道德自律。

夫妻间违约金"忠诚协议"只可以限制配偶婚外性行为的自由,不得限制配偶人身自由以及其他权利。在我国司法实践中,一些夫妻"忠诚协议"限制另一方的离婚自由、剥夺孩子抚养权及探望权或规定另一方不得单独与异性在一起等,此类条款均无效。夫妻间"忠诚协议"中关于财产给付的约定虽然名为"违约金",本质上是精神损害赔偿金的给付,这与合同法上的违约金存在实质差异。对于财产给付的具体数额,应对受害人受伤害的程度、加害人的侵害情节、家庭的经济状况以及夫妻共同生活的实际情况等方面予以综合考虑。如果夫妻之间实行的是共同财产制,在立法上应借鉴非常法定财产制,以调和因"违约金"的给付而形成的利益冲突。若"违约金"给付与离婚同时发生,则应当将忠诚协议中约定的"违约金"视为夫妻预先约定的离婚损害赔偿金(《民法典》第 1091 条)。夫妻约定的"违约金"的数额,法官可以参照《民法典》第 585 条第 2 款的有关规定予以适当调整。

四、小结

意思自治被认为是自由的宪法和法律制度中不可或缺的价值观,并借法律行为这一工具贯穿整个私法领域。[3] 随着平等、自由的价值逐渐渗透至婚姻家庭法,"法律行为"成为统合财产法与家庭法秩序的真正一

---

[1] 参见吴习彧:《被协议的"忠诚"——从政策分析角度解读"婚姻忠诚协议"》,载《东方法学》2012 年第 3 期。
[2] 参见曹贤信:《亲属法的伦理性及其限度研究》,群众出版社 2012 年版,第 264—265 页。
[3] 参见〔德〕亚历山大·冯·阿雷廷:《德国法律行为制度构成与展望》,郑冲译,载孙宪忠主编:《制定科学的民法典——中德民法典立法研讨会文集》,法律出版社 2003 年版,第 62 页。

般性规则,并为婚姻家庭编回归《民法典》提供了坚实的价值基础。婚姻家庭编贯彻意思自治原则时,在价值取向上应强化对婚姻家庭中弱者利益的保护,增强夫妻双方对婚姻家庭关系的责任伦理,以实现婚姻家庭特有的社会功能。意思自治在亲属身份行为中表达为纯粹亲属身份行为与身份财产混合行为。具体而言:

第一,纯粹亲属身份行为包括合意身份行为与单方身份行为,虽具有工具主义价值,但仍然深受婚姻家庭伦理的限制。依据《民法典》第464条第2款以及第508条的规定,合意身份行为能够"参照适用"《民法典》总则编中的法律行为制度。但是在涉及法律行为的成立、有效、意思表示瑕疵以及无效、被撤销的法律后果时应当兼顾亲属法的特殊价值取向;而单方身份行为必须符合特定法律事实,因此当事人意思自治的空间亦受到严格限定。由于强制公示(登记)的形式主义立法已经取代"人伦秩序的身份生活事实",具有彰显当事人意思表示的功能,事实婚姻与事实收养不应被法律认可。

第二,身份财产混合行为兼具家庭法与财产法的双重价值取向,工具性价值逐渐增强而伦理因素逐渐削弱。夫妻在婚姻关系存续期间签订离婚协议、夫妻"忠诚协议",不但包含财产变动的内容,而且具有引发身份关系变动的"复合"法律效果。夫妻离婚协议中的财产协议与身份协议之间形成复杂的相互依存的牵连关系,因此对该协议的效力与性质应当从整体上予以综合判断。离婚协议约定的债权与普通债权平等,应当按照不动产登记制度确定不动产物权变动的效力。以离婚为条件的夫妻"忠诚协议"约定的"违约金"或赔偿金在性质上可被看作《民法典》第1043条的具体化以及损害赔偿的事先约定,法官可以参照《民法典》第585条第2款的有关规定予以适当调整。

第三章　夫妻团体财产与个人财产

第一节　夫妻团体财产与个人
　　　　财产界分的价值图景

一、法定夫妻财产制与夫妻团体财产、个人财产的界分

　　近代以来,随着社会的剧烈变迁,婚姻得以"祛魅"而逐渐世俗化。夫妻财产制度遂成婚姻家庭法规范的核心内容,属于"特殊身份关系者之间的特殊财产法"。[1] 男女双方虽因缔结婚姻而形成生活共同体或夫妻团体,但是夫或妻作为个体仍然独立存在。构造夫妻团体财产与个体财产及阐述其背后的价值理念是法定夫妻财产制的重要目的:前者是维系夫妻共同生活的基石;后者则保障个体的人格独立。[2] 在离婚分割财产时,首要任务即区分夫妻团体财产与个人财产。夫妻团体财产与个人财产界分的外部溢出效力还涉及交易安全的保护。

　　我国 2001 年修正的《婚姻法》以"婚后所得共同制"为法定夫妻财产制,通过列举的方式划定夫妻共同财产(第 17 条)与个人财产(第 18 条)的范围。进入 21 世纪以来,由于我国社会主义市场经济迅猛发展,人们的婚恋观念随之而改变。家庭财富的急剧增长与财产来源的多样化,致使法定夫妻财产制面临前所未有的挑战。为应对孳息、自然增值、知识产权收益、婚前购买婚后共同还贷房产的归属、父母为子女出资购房的权属等问题,《婚姻法司法解释(二)》第 11—14 条、第 22 条,以及《婚姻法司法解释(三)》第 5—7 条、第 10、12、13 条对此又作了补充性乃至相异的规定。《民法典》第 1062 条第 1 款第(二)项采纳了《婚姻法司法解释(二)》第 11 条第(一)项。

　　法定夫妻财产制具有为家庭提供财产分配机制的功能,本质上属于有名契约。长期以来,我国学者基于功能主义的视角,认为"婚后所得共

---

[1] 参见苏永钦:《民事立法与公私法的接轨》,北京大学出版社 2005 年版,第 118 页。
[2] 夫妻共同财产、个人财产的界分与夫妻共同债务、个人债务的区分相比,前者属于积极财产,后者属于消极财产。前者解决的是,夫或妻所获得财产依据何种价值选择应属于夫妻团体财产,该问题通常显现于离婚之时(婚内分割共同财产属例外);后者探讨的是,夫或妻一方对外负债根据何种价值判断被认定为夫妻团体债务。两者均凸显夫妻团体与个体之间的张力。

同制"有利于促进婚姻稳定、保护妇女以及实现夫妻家庭地位的平等。[1]然而,对于夫妻之间分享各自创造财富的正当性,相关理论因缺乏足够精细化的阐释,有难以自圆其说之嫌。[2] 随着我国社会结构的变迁,个人权利和自由的观念日益增强。传统的倾向夫妻团体价值的家庭安全观念与彰显个体价值的意思自治思潮之间的张力渐趋凸显,致使现行法上夫妻团体财产与个人财产的界分规则面临各种质疑。[3]

现代家庭法均规定,夫妻双方可以自由约定夫妻团体财产与个人财产的范围,没有约定的则适用法定夫妻财产制。法定夫妻财产制主要分为共同财产制与分别财产制。前者贯彻的是夫妻团体主义,将夫妻财产作一体化处理;而后者体现的是个人主义,将夫妻财产作个体化处置。由于共同财产制与近代以来个人主义价值明显相悖,而分别财产制又不利于保护弱势配偶尤其是妇女的利益,因此,现代家庭法上,共同财产制与分别财产制的复合形态成为比较法上法定财产制的主流。[4]

其一,以共同财产制为基本形态,以法国民法的所得共同制为代表,意大利、俄罗斯等亦采此立法例。缔结婚姻后,夫妻双方所得的财产均属于夫妻共同财产,但是个人的婚前财产与婚后的特有财产属于各自所有。如《法国民法典》第1401—1408条、《意大利民法典》第177—179条分别对夫妻共同财产与夫或妻的个人财产进行详尽的列举,并且规定在特定情形共同财产与个人财产之间的补偿制度,避免了个人财产流于形式。近来的大体趋势是,夫或妻各自独立的财产范围得以扩大,共同财产的范围则受到限制。[5] 相比法国法,意大利民法上个人财产的范围更为广泛。

其二,以分别财产制为基本形态,以德国民法的财产增益共同制为代表,瑞士、奥地利、日本等国家均采纳此立法例。缔结婚姻之后,夫妻各自

---

[1] 参见裴桦:《夫妻共同财产制研究》,法律出版社2009年版,第52页及以下。
[2] 学说为"婚后所得共同制"提供的理论依据通常有两点:一是家务劳动与社会劳动具有同等价值;二是夫妻所创造的财富系夫妻的"协力"贡献(参见蒋月:《夫妻的权利与义务》,法律出版社2001年版,第84页)。然而,若实质性地评价即精确计算配偶家务劳动的价值或配偶"协力"的贡献,不仅难以证成婚后各自所得属于夫妻共同共有(各占一半),而且可能对弱势一方更为不利。
[3] 有学者批判地认为这是将"市场逻辑引入到婚姻家庭法中"。参见强世功:《司法能动下的中国家庭》,载《文化纵横》2011年第1期。
[4] 参见夏吟兰、何俊萍:《现代大陆法系亲属法之发展变革》,载《法学论坛》2011年第2期。
[5] 参见林秀雄:《夫妻财产制之研究》,中国政法大学出版社2001年版,第124页。

的婚前财产与婚姻关系存续期间各自取得的财产为双方分别所有和管理。夫妻共同购置的家庭用具属于夫妻共同财产,以维系夫妻共同生活(《德国民法典》第 1568b 条)。一旦法定财产制因离婚或其他原因解除时,考虑家事劳动的价值以及夫或妻对家务、教养子女等夫妻共同生活的贡献,对夫妻各自的财产进行清算,并由婚后剩余财产较少之一方向较多之一方请求差额的一半。[1]

现代社会,男女收入和机会的不平等仍然普遍存在于各个国家或地区。更何况,夫妻双方各自享有和获取的社会经济资源均不可能完全相同。因此,无论是共同财产制还是分别财产制,在界定夫妻团体财产与个人财产时,通常会出现夫或妻一方向另一方"让与"财产的现象。[2] 申言之,在夫妻团体内部,除非夫妻双方约定安排各自的财产,法律应依据特定的价值理念,由配偶分享财产或将部分财产让渡给配偶,从而体现夫妻财产制在夫妻团体与个人之间分配财产的功能。在不同的财产制之下,法律所解决的问题并无根本差异,均依赖于一定的价值选择。所不同的是规范模式存在差异:在共同财产制之下,在婚姻关系存续期间,由夫妻共同分享各自创造的财产,这是物权或类似于物权的取得方式(物权模式)[3],即在婚姻关系存续期间就已确立夫妻财产的分配;而在分别财产制之下,在婚姻关系解除之时,夫妻一方应将其创造的财产让渡给另一方,这是债权请求权的方式(债权模式),即在婚姻关系或该财产制终止时才分割夫妻财产。

二、界分夫妻团体财产与个人财产的价值基础

财富的创造源于生产要素的投入,包括自然资源、劳动、资本和技术。这些生产要素进行市场交换,从而形成各种生产要素的报酬。[4] 在婚姻关系存续期间,财产通常是夫或妻因各自拥有的禀赋并基于市场有偿行

---

[1] 参见林秀雄:《亲属法讲义》(第三版),元照出版有限公司 2013 年版,第 143 页。
[2] Katharina Boele-Woelki, Principles of European Family Law Regarding Property Relations Between Spouses, the Organising Committee of the Commission on European Family Law 2013, p. 53.
[3] 参见贺剑:《论婚姻法回归民法的基本思路——以法定夫妻财产制为重点》,载《中外法学》2014 年第 6 期。
[4] 参见[美]保罗·萨缪尔森、威廉·诺德豪斯:《经济学》(第 19 版),萧琛译,商务印书馆 2013 年版,第 18 页。

为而获取,在少数情形则是基于无偿行为(继承或赠与)或夫妻双方的共同行为而获得。在个人权利和形式理性日益彰显的社会背景之下,将夫或妻各自获得的财产认定为夫妻共同财产并由配偶分享,是因为夫妻财产法受制于实质理性如男女平等、养老育幼、保护弱者等家庭法的立法价值选择,因而不可能如同一般财产法那样呈现高度的形式理性化。依据韦伯形式理性和实质理性的类型区分,前者是关于不同事实之间的因果关系判断,主要属于手段和程序的可计算性,是一种客观的合理性;后者是关于不同价值之间的逻辑关系判断,被归结为目的和后果的价值,是一种主观的合理性。[1] 形式理性和实质理性之间的紧张关系可以理解为彼此冲突的价值之间的紧张对立——以可计算性、效益和个人性为一方的价值,与伦理的、政治的、身份的、平均主义以及友爱的价值为另一方的对立。[2] 从比较法上看,个人财产被法律认定属于夫妻团体财产主要基于以下理由:

第一,夫妻彼此的"协力"被视为配偶各方获取财产的等值要素,因而平等地分享各自创造的财产。此处的"协力"意指财产的收益凝聚了另一方配偶的贡献。[3] 在家庭成员内部,有了劳动分工,家庭成员通过不同的职业为共同生活的来源作出自己的贡献,同时从这一来源获得各自生活所需的资料。[4] 因而,在婚姻关系存续期间,夫妻各自的职业收入、精神作品或经营活动的收益,均推定为夫妻基于共同生活而彼此"协力"产生,进而被认定为夫妻团体财产。这是从实质理性出发,参酌夫妻团体的伦理与友爱价值的结果。准此而言,家务劳动为夫妻协力、协助义务的履行形态,并非作为对价而受金钱支付的劳动,因而不能秉持市场法则,从家务劳动的经济价值计算其应得的财产份额,而应从公平正义的角度出发,对家务劳动予以实质合理性的评价。[5] 在婚姻关系存续中因继承或其他无偿行为取得之财产,由于不存在夫妻之协力,因此不在夫妻团

---

[1] 参见苏国勋:《理性化及其限制——韦伯思想引论》,商务印书馆2016年版,第226页。
[2] 参见[德]马克斯·韦伯:《社会学的基本概念》,康乐、简美惠译,广西师范大学出版社2011年版,第150—151页。
[3] UNIFORM MARITAL PROPERTY ACT § 14(b),所谓的"贡献",既可能是付出了劳动、投资、技能、创造和管理活动(直接贡献);也可能是对配偶进行了生活上的照料(间接贡献)。
[4] 费孝通:《江村经济》(修订本),上海人民出版社2013年版,第182页。
[5] 参见林秀雄:《夫妻财产制之研究》,中国政法大学出版社2001年版,第154页。

体财产的范围内。

然而,由于夫或妻在婚后获得的任何财产均与夫妻共同生活具有抽象的联系,"协力说"界限模糊的特征不可避免地会导致夫妻团体财产的扩张,这与个人主义的价值理念逐渐进入婚姻家庭法的趋势相悖,因而存在不足之处。[1] 采纳共同财产制的《意大利民法典》所规定的剩余共同财产即体现了个人主义与形式理性的增强。[2] 该法第 177 条 b、c 两项和第 178 条规定,剩余共同财产到婚姻结束时未被消费的部分才成为夫妻共同财产进行分割。剩余共同财产包括在夫妻财产制终止或离婚时已经产生、尚未消费的个人财产。例如,夫妻个人财产的孳息,婚前设立的企业财产的增值部分以及用于经营婚后设立的属于夫妻一方的企业财产。

第二,夫妻双方共同经营创造的财产属于夫妻团体财产。夫妻共同生产、经营,构成所谓合伙经营关系,夫或妻的资金、技术以及劳动构成"夫妻合伙企业"的出资,这是高度形式理性思维的结果。意大利学者认为,夫妻企业是事实上的合伙。[3] 表现在立法上,婚后设立的由夫妻双方共同经营的企业,或者婚前设立的属于夫妻一方的但由夫妻共同经营的企业,利润和增值部分均属于共有财产(《意大利民法典》第 177 条第 4 项)。依据德国判例,只有提供劳务的配偶参与另一方所属的企业的建立或运行,其协作工作对该企业的发展具有至关重要的作用(例如担任总经理),则参与配偶对企业财产有参与分配利润的权利,享有合伙法上的补偿请求权。[4] 尽管如此,在离婚时企业的增益,另一方配偶仍然享有均衡请求权。这是实质理性的体现。

第三,以另一方配偶的劳动力为必要,夫或妻婚前个人财产的增值构成夫妻团体财产。美国采纳共同财产制的州法律认为,个人所有的财产取得的租金和利润属于个人财产。但现在美国大多数州已经摒弃了个人

---

[1] 夫或妻一方的财产所得与另一方的贡献愈是直接,则配偶分享该财产愈是具有形式合理性;反之,夫或妻一方的财产所得与另一方的贡献愈是间接,则配偶分享该财产愈是基于实质合理性的考虑。

[2] 参见罗冠男:《意大利夫妻财产制度的历史发展与现状》,载《比较法研究》2015 年第 6 期。

[3] Gabriellla Autorino Stanzione, Il diritto di famiglia nella dottrina e nella giurisprudenza, Ⅲ, I rapporti patrimoniali, L'impresa familiar, Torino, 2000, p.242.

[4] 参见[德]迪特尔·施瓦布:《德国家庭法》,王葆莳译,法律出版社 2010 年版,第 73—74 页。

财产的租金、利润和增值归属的"都是或都不是的原则"。在加利福尼亚州,根据帕蕾拉原则,个人财产租金和利润的合理回报部分属于个人财产,而超出合理范围的增值则属于夫妻共同财产。[1] 然而,依据凡营规则或华盛顿州法律,个人财产所有的租金和利润为个人财产,夫妻团体分享的利润份额不能超过另一方配偶付出的劳动价值。[2] 通常而言,前者主要适用因个人财产本身所引起财产增值,后者经常适用因劳动付出引起的财产增值。[3]

第四,个人使用的物品以及具有人身属性的赔偿金,属于个人财产,这体现了个人主义的倾向。例如,《法国民法典》规定,属于夫妻一方的衣物、人身伤害赔偿金、抚恤金等具有人身性质的所有财产或权利属于个人自由财产(第1404条第1款)。但是,一方配偶因发生工伤事故暂时丧失劳动能力而获得的赔偿,应当作为工资的替代收入归入共同财产。夫妻一方从事职业所必要的劳动工具属于个人自由财产,但是,若该工具属于营业资产或属于构成共同财产的经营事务的附属部分,则属于夫妻共同财产(《法国民法典》第1404条第1款;另参见《意大利民法典》第179条)。

概言之,由于个人主义的兴起,夫妻各自所拥有的禀赋资源逐渐多元化,界分夫妻团体财产与个人财产的范围,不仅需要考虑夫妻团体作为伦理实体的实质合理性因素,还深受市场因素和形式合理性因素的影响。夫妻团体财产与个人财产的界分,取决于形式理性与实质理性两个看似对立的价值导向在夫妻财产分配上的结合。总的看来,无论是夫妻共同财产制还是夫妻分别财产制,两者在结果上愈来愈接近,这表明现代法定夫妻财产制兼具夫妻团体主义与个人主义的价值倾向。

第二节 我国夫妻团体财产与个人财产的演变与价值构造

一、我国法定夫妻财产制的制度演变

中国历史上,家国同构的制度与观念源远流长,享有父权的家长如同

---

[1] Pereira v. Pereira, 103 P. 488 (Cal. 1909).
[2] Wash. Rev. Code § 26-16-010 and 26-16-020 (1989).
[3] 参见胡苷用:《婚姻中个人财产增值归属之美国规则及其启示》,载《政治与法律》2010年第6期。

罗马法上的家父,同样是家庭的绝对主宰。[1] 20世纪上半叶风起云涌的民主革命运动,致使"家产制"式微,传统大家庭在时代浪潮中大多"土崩瓦解"。1950年《婚姻法》以革命者的姿态宣告妇女的解放,规定夫妻双方对于家庭财产有平等的所有权与处理权(第10条);离婚时女方婚前财产归属于女方(第23条)。通过该法,妇女独立的人格和个体地位得以彰显。但是,基于集体主义的观念,该法确立了近乎绝对的"一般共同制",个人财产极为罕见。

改革开放之初,1980年《婚姻法》首次确立"婚后所得共同制"为法定的夫妻财产制,夫妻另有约定的除外(第13条)。针对审理离婚案件处理财产分割问题,最高人民法院曾发布《关于人民法院审理离婚案件处理财产分割问题的若干具体意见》(法发〔1993〕32号)。该解释具有以下鲜明特征:(1)夫妻共同财产的范围非常广泛。相应的,属于夫妻个人的财产很少,仅限于个人专用的物品(第8条),以及复员军人从部队带回的医药补助费和回乡生产补助费(第3条)。(2)夫或妻的个人财产经过一定的时间转化为夫妻共同财产。一方婚前个人所有的财产,婚后由双方共同使用、经营、管理的,房屋和其他价值较大的生产资料经过8年,贵重的生活资料经过4年,可视为夫妻共同财产(第6条)。(3)对个人财产还是夫妻共同财产难以确定的,主张权利的一方有责任举证,否则按夫妻共同财产处理(第7条)。

2001年修正的《婚姻法》虽沿袭了"婚后所得共同制",但在夫妻团体财产与个人财产的界分上,前者的范围大为缩小。2003年《婚姻法司法解释(二)》随之对相关问题进行了补充性规定,主要表现为:(1)夫妻共同财产的规定明确化。一方以个人财产投资取得的收益;实际取得或者应当取得的住房补贴、住房公积金、养老保险金、破产安置补偿费等,也属于夫妻共同财产。(2)废除了婚前财产因婚姻关系存续期间转化为夫妻共同财产的规定。[2] 学说认为,该规则不符合我国物权法律制度的基本理论,不能体现尊重和保护个人财产所有权精神,与交易安全的要求背道

---

[1] 参见吕思勉:《中国制度史》,上海教育出版社2005年版,第八章"宗族"。
[2] 婚姻关系存续期间仍然具有法律意义。例如,《婚姻法司法解释(二)》第14条第(一)项规定:"人民法院审理离婚案件,涉及分割发放到军人名下的复员费、自主择业费等一次性费用的,以夫妻婚姻关系存续年限乘以年平均值,所得数额为夫妻共同财产。"

而驰。[1] (3)明确了继承或赠与所得的财产属于夫妻共同财产,除非遗嘱或赠与合同确定归一方所有。对于父母为子女的购房出资,婚前被视为对子女个人赠与的财产,婚后被视为对双方赠与的财产。(4)明确了具有人身属性的财产为个人财产,例如一方因身体受到伤害获得的医疗费、残疾人生活补助费,军人的伤亡保险金、伤残补助金、医药生活补助费。

2011年《婚姻法司法解释(三)》针对日益重要的房产归属等问题作了新的规定。具体而言:(1)在对个人财产的收益进行定性时,区分主动增值还是被动增值(即自然增值)。夫妻个人财产婚后的孳息和自然增值应认定为个人财产(第5条),从而进一步限缩了夫妻团体财产的范围。[2] (2)婚后由一方父母赠与子女的不动产的归属,依据产权登记予以判定。若产权登记在出资人子女名下的,视为只对自己子女一方的赠与,属于登记方的个人财产(第7条)。(3)夫妻一方婚前以个人财产支付首付款,婚后用夫妻共同财产还贷,不动产登记在首付款支付方,除当事人另有约定外,双方婚后共同还贷支付的款项及其相应财产增值部分,在离婚时由产权登记一方对另一方进行补偿(第10条)。该条采取的是共同投资的理念,当房产增值时,投资人自然应当获得回报,如果房产贬值,投资人也应承担相应的风险。(4)明确了婚内分割共同财产的事由。若一方不正当地损害夫妻共同财产或拒不同意对需要扶养的近亲属支付治疗费用的,另一方可以请求分割共同财产(第4条)。对于该司法解释的总体评价,有学者认为,《婚姻法司法解释(三)》体现了尊重个人财产的原则精神,[3] 但是亦有学者尖锐地指出,《婚姻法司法解释(三)》撕下了罩在家庭关系上的温情脉脉的面纱,在家庭中建立资本主义式的个人财产制。[4] 上述司法解释,均被《民法典》及《民法典婚姻家庭编司法

---

[1] 参见余延满:《亲属法原论》,法律出版社2007年版,第274页。近年来有学者支持转化规则重返婚姻法,认为夫妻个人财产的转化规则,正是司法实践奉上的一件优秀的"中国制造",可谓我国司法实践的"神来之笔"。参见贺剑:《论夫妻个人财产的转化规则》,载《法学》2015年第2期。

[2] 参见贺剑:《"理论"在司法实践中的影响——以关于夫妻个人财产婚后孳息归属的司法实践为中心》,载《法制与社会发展》2014年第3期。

[3] 参见杨立新主编:《最高人民法院婚姻法司法解释(三)理解与运用》,中国法制出版社2011年版,第4页。

[4] 参见赵晓力:《中国家庭资本主义化的号角》,载《文化纵横》2011年第1期。

解释(一)》所采纳,表明了《民法典》及婚姻家庭编司法解释对于《婚姻法》及其系列司法解释在价值取向上的延续。[1]

二、法定夫妻财产制的价值变迁之争

长期以来,《婚姻法》确立的"婚后所得共同制"的实质是"婚后劳动所得共同制",即将夫妻各自通过劳动力、技术这两个生产要素获得相应的市场报酬认定夫妻共同财产,建立在"夫妻协力"的假设之上。[2] 从夫妻内部的关系来考察,家庭的劳动分工促使丈夫和妻子互补活动的专业化,通过"比较优势原理"可以使家庭实际收入实现最大化。[3] 夫妻之间劳动分工的作用,不但在于其以这种分化方式提高生产率,而且在于这些夫妻之间彼此紧密的结合可以形成婚姻团结。[4] 在劳动所得的分配上,基于夫妻之间的分工与合作,从实质理性的角度参酌"协力价值"由夫妻双方共享财产具有正当性。

但是,进入21世纪以来,我国社会经济持续高速发展,家庭呈现出新的结构和现象:一是核心家庭的比例已经在全部家庭中占绝大多数。[5] 因20世纪末大学扩招效应的显现,高学历女性进入劳动市场,不但职业妇女的人数大为增加,而且妇女获得收入的能力也大大增强。二是金融和资本市场日趋开放,股票、债券、期货等金融投资理财方式成为民众财富的重要来源。房地产价值明显溢涨,致使个人或家庭财富急剧增长。三是因房价持续高涨,父母通常会帮助结婚前后的年轻子女购房,从而使数量巨额的财富实现代际传承,家庭财富传承与夫妻财产分配两个问题相互交织。四是结婚率与离婚率此消彼长。自2010年至2017年,离婚率连续八年攀升;相反,结婚率则持续走低。[6] 随着妇女的劳动参与率越来越高,对婚姻的期望值渐趋下降,夫妻获取财产的生产要素日益多元

---

[1] 《民法典婚姻家庭编司法解释(一)》新增的是第27条,该条规定:"由一方婚前承租、婚后用共同财产购买的房屋,登记在一方名下的,应当认定为夫妻共同财产。"

[2] 参见申晨:《夫妻财产法价值本位位移及实现方式》,载《法学家》2018年第2期。

[3] 参见〔美〕波斯纳:《法律的经济分析》,蒋兆康译,中国大百科全书出版社2012年版,第204页。

[4] 参见〔法〕埃米尔·涂尔干:《社会分工论》,渠敬东译,生活·读书·新知三联书店2017年版,第28—29页。

[5] 参见王跃生:《当代中国家庭结构变动分析》,载《中国社会科学》2006年第1期。

[6] 参见民政部:《2017年社会服务发展统计公报》,载 http://www.mca.gov.cn/article/sj/tjgb/2017/201708021607.pdf,2021年5月13日访问。

化,尤其是在"资本所得"占家庭财富比例越来越高的背景之下,基于何种理由安排和分配夫妻团体财产与个人财产,涉及法定夫妻财产制的价值选择。对此,理论上主要有如下两种思路,具体而言:

其一,将夫妻视为"命运共同体",以此为价值理念构建法定夫妻财产制。有学者认为,夫妻在婚姻存续期间应当休戚相关、祸福与共,这是我国的传统与现实,与个人主义思潮显著不同。[1] 反映在财产制上,夫妻双方婚后应分享彼此获得的财产以及婚前财产的所有收益,婚后财产全部推定为夫妻共同财产,当事人另有约定的除外。[2] "夫妻命运共同体"的理念有利于促进婚姻稳定,因夫妻共同财产范围的增加,可以提高离婚的经济成本从而抑制轻率地离婚。[3] 在法律与道德上,婚姻家庭关系均是一个不分彼此、具有利他主义精神的伦理共同体,以发挥家庭养老育幼的功能。[4] 有学者甚至认为,基于婚姻家庭的"共同体价值",婚姻法与财产法具有本质差异,应以身份为中心构建独立于民法的家庭法典。[5] "夫妻命运共同体"以夫妻团体价值为本位,源于黑格尔首创的"婚姻伦理共同体说"。[6]

其二,将夫妻视为"合伙共同体",以此为价值基础构建法定夫妻财产制。婚姻合伙理论就是将婚姻类比合伙,夫妻双方以各自的资源为婚姻做贡献,分工协作、共享婚姻取得的收益。[7] 夫或妻若无原有财产"出资",亦可以其家事劳动作为"劳务出资"。虽然夫妻贡献的方式不同,但配偶各方为婚姻共同的利益做出了有意义的贡献。[8] 虽然婚姻被视为是一种合伙,但是与商业组织相比仍存在一些重大的差别。例如,婚后收

---

[1] 参见金眉:《婚姻家庭立法的同一性原理——以婚姻家庭理论、形态与财产法律结构为中心》,载《法学研究》2017年第4期。
[2] 参见赵玉:《司法视域下夫妻财产制的价值转向》,载《中国法学》2016年第1期。
[3] 参见贺剑:《夫妻个人财产的婚后增值归属》,载《法学家》2015年第4期。
[4] 参见夏吟兰、薛宁兰:《民法典之婚姻家庭编立法研究》,北京大学出版社2016年版,第16页。
[5] 参见巫若枝:《三十年来中国婚姻法"回归民法"的反思——兼论保持与发展婚姻法独立部门法传统》,载《法制与社会发展》2009年第4期。
[6] 参见[德]黑格尔:《法哲学原理》,范扬、张企泰译,商务印书馆1961年版,第117页。
[7] Sally Burnett Sharp, *The Partnership Ideal: The Development of Equitable Distribution in North Carolina*, North Carolina Law Review, Vol.65(1987), p.195.
[8] Alicia Brokars Kelly, *Rehabilitating Partnership Marriage As a Theory of Wealth Distribution at Divorce: In Recognition of Shared Life*, Wis. Women's L. J., Vol.19(Fall,2004), p.155.

入的分割就不能像商业合伙那样依据各方配偶贡献的相对价值而定。[1] 我国也有学者认为,基于婚姻合伙理论将夫妻关系视为一个分工合作、互惠共享的共同体。在夫妻共同财产制的框架内,夫妻共享收益、共担风险。[2]

"夫妻命运共同体说"与"婚姻合伙契约说"虽有合理之处,但两者均不足以作为夫妻团体财产与个人财产界分与构造的价值基础。主要理由在于:(1)"夫妻命运共同体说"有利于实现丈夫和妻子共同利益的最大化。但是该"共享"模型建立在三个假设之上:一是夫或妻获得财产主要是基于劳动专业分工所得(例如,妻子将时间花费在家务上所导致的劳动力市场收入的减少正好被更多的家庭产出和丈夫更高的劳动力市场收入所弥补)而非资本所得,因为后者并不取决于夫妻之间的专业分工;二是离婚是不可能的或者极端罕见;三是夫妻在离婚收益的分割方面易于达成一致,并不存在较大障碍。然而,上述假设均不现实。[3] (2)以德国法为代表的夫妻财产制建立在分别财产制的基础上,由于夫妻财产关系自始"分立",为维护夫妻伦理关系,强调"夫妻命运共同体"即夫妻一体化,可为夫妻财产增益共同制提供正当性。[4] 与之不同的是,我国夫妻财产法以共同财产制为基础,长期以来注重夫妻伦理关系的维护且夫妻财产关系高度"合一"。为了平衡夫妻团体利益和个人利益,惯常的逻辑不是通过"夫妻命运共同体"进一步扩张夫妻团体财产而缩小个人财产的范围,而是应对夫妻团体财产的范围做适当的"松动",以适应逐渐上升的个人主义的需求。(3)有学者对家庭法领域的个人主义持怀疑态度,甚至怀念消失的传统家庭。[5] 这是典型的理想主义情怀。对传统家庭亲密温情关系的怀念,不仅忽视了传统家庭对家庭成员个人隐私和个人选择的严格限制,而且忽略了传统家庭对其家庭成员尤其是对女性在财产

---

[1] 参见〔美〕波斯纳:《法律的经济分析》,蒋兆康译,中国大百科全书出版社2012年版,第205—206页。
[2] 参见胡苷用:《婚姻合伙视野下夫妻共同财产制度研究》,法律出版社2010年版,第12页。
[3] 参见〔英〕安东尼·W. 丹尼斯、〔英〕罗伯特·罗森:《结婚与离婚的法经济学分析》,王世贤译,法律出版社2005年版,第196—197页。
[4] Schriftlicher Bericht, zuBT-Drucks. Ⅱ/3409, S. 11.
[5] 参见赵晓力:《同居共财是中国的家庭现实》,载《社会观察》2011年第3期。我国古代社会妇女处于被支配地位,用"同居无财"表述"家长财产制"可能更为贴切。参见〔日〕滋贺秀三:《中国家族法原理》,张建国、李力译,法律出版社2003年版,第426页以下。

权与自由上的极大制约,在很大程度上只是一厢情愿的假设。[1] 传统社会的"缘分婚姻"主要是由外在的天然性所构成的般配而建立的夫妻关系,而现代社会的"爱情婚姻"是指由个体的自主性与彼此的吸引力所建立的夫妻关系。[2] 爱情婚姻本身意味着自由主义和个人主义的增强。西风东渐以来,前者在"进步论"的影响下一直努力在向后者靠拢。(4)"婚姻合伙契约说"则持另一个极端,将夫妻团体视为经济团体,忽略夫妻之间的伦理关系。由于难以判断家务劳动出资的价值,这对投入家庭事务较多的一方不利。诚如学者所言,婚姻乃是夫妻之全人格投入的共同生活,以感情之结合为前提,而合伙乃是追求利润的营利主体。因此,夫妻之财产关系与合伙之财产关系在本质上完全不同。[3]

三、以"不完全共同体"构造法定夫妻财产制

在以契约为纽带的社会秩序内,人的行为可以被区分为可计算的行为与不可计算的行为,现代文明社会的"形式理性"因这一事实而显现特征。[4] 现代契约关系充满了度量性和精确性,无论交换的两端是金钱与物品还是服务均是如此。然而,婚姻契约关系是仅有的不能进行非常精细地度量的现代经济安排。[5] 究其原因,夫妻之间属于主要建立在情感与传统价值基础上的"共同体"关系,具有超越功利性的原始目的。[6]

然而,肇始于近代的市场经济、个人主义与形式理性法的扩张,致使家庭法领域早已不是一个纯粹的无涉工具理性的独立王国,而是深受工具理性的影响。虽然对家庭法的工具理性化存在反思,但是工具理性不

---

[1] 参见[美]加里·斯坦利·贝克尔:《家庭论》,王献生、王宇译,商务印书馆2005年版,第421页。
[2] 参见翟学伟:《爱情与姻缘:两种亲密关系的模式比较——关系向度上的理想型解释》,载《社会学研究》2017年第2期。
[3] 参见林秀雄:《夫妻财产制之研究》,中国政法大学出版社2001年版,第162页。
[4] 参见[奥]路德维希·冯·米塞斯:《人的行为》,夏道平译,上海社会科学院出版社2015年版,第193页。
[5] 参见[美]麦克尼尔:《新社会契约论》,雷喜宁、潘勤译,中国政法大学出版社2004年版,第20—21页。
[6] 参见[德]马克斯·韦伯:《社会学的基本概念》,康乐、简美惠译,广西师范大学出版社2011年版,第77页。

可能从家庭领域中被完全驱逐,至多使其影响的程度被减弱而已。[1] 夫妻团体已不再是完全建立在情感和传统基础上的共同体关系,而是兼具共同体与结合体的混合属性:夫或妻不仅体现利他主义的团体主义性质,亦表现利己主义的个人价值属性。这样,相比传统社会夫妻被视为"伦理共同体",现代社会夫妻被视为"不完全共同体"。一方面,"共同体"表明夫妻团体仍然保留着伦理关系的属性,具有不可计算性。夫妻财产法必须附着在家庭伦理关系之上,后者对与之关联的夫妻财产法具有"反作用"。[2] "夫妻共同体"是夫妻之间得以分配或共享彼此创造的财富的正当性依据。另一方面,所谓"不完全"即指个人主义和形式理性法使"夫妻共同体"在现代社会发生改变,尤其是使夫妻财产关系具有了可计算的"结合体"属性。我国《民法典》第1062条仍然沿袭原《婚姻法》规定的婚后所得共同制,在婚姻关系存续期间,除《民法典》第1066条规定情形以外,夫妻一方请求分割共同财产的,人民法院不予支持[《民法典婚姻家庭编司法解释(一)》第38条]。夫妻共同财产制下夫妻属于"不完全共同体"在夫妻共同债务的判断上已开始显现。依据2018年《最高人民法院关于审理涉及夫妻债务纠纷案件适用法律有关问题的解释》第3条规定:"夫妻一方在婚姻关系存续期间以个人名义超出家庭日常生活需要所负的债务,债权人以属于夫妻共同债务为由主张权利的,人民法院不予支持,但债权人能够证明该债务用于夫妻共同生活、共同生产经营或者基于夫妻双方共同意思表示的除外。"这意味着,夫或妻一方对外以自己的名义负债,超出日常家庭生活需要的,除非夫妻双方共债共签,原则上该债务均被认定为夫妻个人债务。该解释完全改变了此前《婚姻法司法解释(二)》第24条所规定的夫或妻以个人名义对外负债原则上应夫妻团体承担连带责任的做法。《民法典》第1064条采纳了《最高人民法院关于审理涉及夫妻债务纠纷案件适用法律有关问题的解释》的相关规定。在"日常家事代理权"的范畴内的债务属于夫妻共同债务,这是夫妻"共同体"的体现;相反,超出日常家事代理权的债务,则由夫或妻个人偿还,相比《婚姻法司法解释(二)》第24条夫妻团体本位,个人主义的倾向非常明显,这是夫妻共同体"不完全"的表现。

---

[1] 参见易军:《私人自治与私法品性》,载《法学研究》2012年第3期。
[2] 参见〔德〕萨维尼:《当代罗马法体系Ⅰ:法律渊源·制定法解释·法律关系》,朱虎译,中国法制出版社2010年版,第294页及以下。

概言之,对夫妻团体财产与个人财产的界分,应通过夫妻团体属于"不完全共同体"的属性予以构造,既考虑夫妻共同体的伦理性,以保障配偶尤其是妇女对于婚姻所得的分享,同时也要逐渐适应社会发展过程中个人主义精神逐渐高涨的现实,以真正维护配偶一方尤其是妇女的经济独立。在规范层面,应对夫妻各方财产权利进行精细厘定与详细分配,以解决法定夫妻财产制的相关规范过于偏重道德伦理价值而导致理性化不足的问题。

第三节 夫妻共同财产的认定及其婚后收益的制度构造

夫妻法定财产制属于任意性规范,其在功能上相当于婚姻法为分配夫妻共同财产与个人财产而提供的有名契约,是一定时代背景之下法律对可被多数人接受的夫妻共同财产与个人财产界分的合理推定。我国 2001 年修正的《婚姻法》以"婚后所得共同制"为法定夫妻财产制,通过列举的方式划定夫妻共同财产(第 17 条)与个体财产(第 18 条)的类型,并被《民法典》第 1062 条、第 1063 条所沿袭。我国"夫妻法定财产制"的共同财产可以表达为"婚后劳动所得共同制"。对于继承、赠与等婚后无偿所得,考虑到继承、赠与大多发生在具有法定扶养义务的亲属之间,而相应扶养义务往往由共同财产承担,基于权利义务相对等的考量才将赠与和继承所得作为共同财产。[1] 在前述意义上,继承与遗赠所得与工资收入在功能上相当,实质上亦属于"婚后劳动所得共同制"。

一、"劳动所得共同制"及其理论阐释

"劳动所得共同制"以夫妻"协力"或"贡献"说为基础,建立在法律对夫妻在婚姻关系存续期间各自的劳动、家务等人力资本作同等评价的假设之上。[2] 婚后各自的工资、奖金、生产、经营、投资收益、知识产权收益等均由夫妻共同分享,以实现男女实质平等与维系夫妻共同体的价值目标。

---

[1] 参见薛宁兰、许莉:《我国夫妻财产制立法若干问题探讨》,载《法学论坛》2011 年第 2 期。
[2] 参见余延满:《亲属法原论》,法律出版社 2007 年版。严格上讲,"协力说"与"贡献说"不同。前者表达的是夫妻之间劳动分工的状态,因而可以共享各自所得;而后者指的是一方对另一方所得之间的因果关系,因而可以分享财产所得。

"婚后劳动所得共同制"的重要争议是婚前个人财产婚后的收益归属,主要面临两个挑战:其一,《婚姻法司法解释(三)》第 5 条放弃协力理论而采用物权法中孳息从原物的规则。依据该规则,除当事人另有约定外,孳息应当归属于所有权人或用益物权人。夫妻一方婚前财产于婚后产生孳息均应为夫妻一方的个人财产。[1] 这与婚姻家庭编的"协力"或"贡献"理论在价值取向上明显不一致。但是,该条在婚前个人财产的增值上仍然坚持"协力"原理,将个人财产限于主动增值而排斥被动增值,这显然是一个矛盾的举动。其二,由于资本市场日趋开放,金融、证券、房地产等行业获得蓬勃发展,很多个人或家庭的"资本所得"成为财富获取的重要途径。"资本所得"若是来自个人财产,财产产生可能来自运气、通胀等客观因素,并不一定与协力有关。[2] 这大大增加了区分婚前个人财产的法定孳息、增值与投资收益的难度。例如,婚姻关系存续期间,一方婚前不动产的租金收益既是孳息亦是投资收益;一方婚前购买股票和基金的收益,既是投资收益,也可能完全系市场行情变化的结果即属于被动增值;股息是孳息属于个人财产,而红利又被视为投资收益则属于夫妻共同财产。更为重要的是,"资本所得"使建立在协力基础上的"劳动所得共同制"的正当性因此而受到动摇。

"贡献"或"协力说"因具有模糊性而常常被批判,例如,贡献又可以分为直接贡献与间接贡献、实质性贡献与非实质性贡献。[3] 这是因为,与精确的物权归属制度相比,法定夫妻共同财产制是一种粗犷笼统的夫妻之间财产配置方式,其本身具有产权边界不明晰、财产利用效率受限制的问题。因为夫妻财产制是以实质理性为标准在夫妻之间分配财产,这与一般财产法的高度形式理性化显著不同。唯有当财产共同体得以长期存在,这种效率上的缺陷才可以被长期互动的规模效应所抵消,或被情感和伦理因素所弥补。当婚姻本身的存续期限预期不高时,具有财产优势的配偶一方必然不愿意为了短期婚姻而付出相应的财产代价,从而有了向具有精确的约定的分别财产制逃逸的心理需求。对于"婚后劳动所得

---

[1] 参见杜万华、程新文、吴晓芳:《〈关于适用婚姻法若干问题的解释(三)〉的理解与适用》,载《人民司法》2011 年第 17 期。
[2] 参见申晨:《夫妻财产法价值本位迁移及实现方式》,载《法学家》2018 年第 2 期。
[3] 参见贺剑:《"理论"在司法实践中的影响——以关于夫妻个人财产婚后孳息归属的司法实践为中心》,载《法制与社会发展》2014 年第 3 期;赵玉:《司法视域下夫妻财产制的价值转向》,载《中国法学》2016 年第 1 期。

共同制",一方婚前财产婚后收益的归属应当坚持婚姻法的实质性"贡献"或"协力"理论,并据此划定孳息、投资收益与增值之间的界限。具体而言:(1)从法的实际运行看,物权法孳息从原物规则并未被完全采纳,而是深受"协力"或"贡献"原理的影响。孳息可以分为天然孳息与法定孳息。对于前者,如果凝聚夫妻双方的劳动,类似于生产经营收益,则应当被视为夫妻共同财产。[1] 对于后者,通常是指基于法律关系产生的非投资性、非经营性的收益,典型如银行存款。孳息与投资、经营收益的不同之处在于其具有风险性、不确定性和主观性的特点。[2] 因此股息不应当被视为孳息,两者均具有风险性,其与红利均应被视为投资收益。(2)婚后收益的归属所体现的"协力"或"贡献"原理在司法解释上已有表达。对于一方婚前购买的登记在其名下的房产,另一方在婚后共同还贷的,登记方应当就另一方在婚姻关系存续期间共同还贷的款项与相对应的增值部分进行补偿[《婚姻法司法解释(三)》第 10 条],这表明夫或妻一方对于不动产在婚姻关系存续期间的增值收益具有实质性贡献,才能够分享相应的收益。从比较法上看,现行德国家庭法将夫妻团体视为"婚姻创造共同体",其意指婚姻所得财产分享限于由另一方或双方促成而得,另一方并未作出实质性贡献以及与婚姻中的个人努力无关的财产取得不在分享之列。[3] (3)主动增值与被动增值亦体现了"协力"理论。当一方的个人财产由于他方或双方所支付的时间、金钱、智力、劳动而增值的应属于主动增值,反之则属于被动增值。广义的投资收益与增值存在重合,但是最高人民法院采取的是狭义的投资概念,仅限于将货币和实物投放于企业以获得利润。[4] 增值是原物(包括权利)与增加的利益没有分离,即增值的部分没有独立的物,而孳息和投资收益与原物是分离的、独立的。[5] 对于婚前购买的股票在婚后的增值收益的性质认定,夫妻一方婚后对婚前购买的股票没有进行买卖,股票因市场行情变化产生

---

[1] 参见最高人民法院民事审判第一庭编著:《最高人民法院婚姻法司法解释(三)理解与适用》,人民法院出版社 2015 年版,第 96 页。
[2] 参见吴晓芳:《〈婚姻法〉司法解释(三)适用中的疑难问题探析》,载《法律适用》2014 年第 1 期。
[3] 参见[德]安娜·勒特尔:《德国重新统一后的家庭法学》,季红明译,载《北航法律评论》2017 年第 1 辑。
[4] 参见最高人民法院民事审判第一庭编著:《最高人民法院婚姻法司法解释(三)理解与适用》,人民法院出版社 2015 年版,第 97 页。
[5] 参见裴桦:《再论夫妻一方婚前财产于婚后所生利益的归属》,载《当代法学》2020 年第 4 期。

的增值收益为自然增值,除当事人另有约定外,应当认定为夫妻一方的个人财产。夫妻一方婚后对婚前购买的股票进行买卖产生的增值收益为主动增值,除当事人另有约定外,应当认定为夫妻共同财产。(4)夫妻一方以婚前个人财产的增值作为主要职业,并为此花费大量的人力资本,这属于生产、经营与投资的所得,该收益为夫妻共同财产。于此情形,夫或妻个人婚前财产的增值属于"劳动所得"而非"资本所得",夫妻之间因劳动分工而形成"协力",另一方配偶分享该收益源于其为对方个人财产的增值创造了条件。

二、夫妻共同财产的取得规则构造

依据《民法典》第1063条第(一)项规定,"一方的婚前财产"属于夫妻个人财产。从权益的角度观察,财产包括物权、债权、股权等权利以及知识产权的收益、人格权(姓名权、肖像权)的许可使用收益等。《民法典》第1062条第1款规定,夫妻共同所有的"财产"以"婚姻关系存续期间"为时间点。但根据财产法,物权通常必须经公示才能发生权利的变动,债权以合同生效或法律规定为依据而产生,股权则以认购协议或者转让协议生效为准。若是以"权利的取得时间"是否在"婚姻关系存续期间"作为判断"夫妻共同财产"与"个人财产"的标准,则可能产生非常不合理的结果。[1]"夫妻共同财产"中的"财产"不应解释为民法上的"财产权",否则会导致夫妻共同财产取得规则完全形式逻辑化而背离该制度的价值基础。[2] 两者之间矛盾的实质源于婚姻家庭编中"婚后劳动所得规则"与私法领域财产法上的"权利变动规则"之间存在价值与功能上的差异。前者涉及的是夫妻财产的内部分配问题,重点是"婚后劳动取得财产",而非财产取得时间点,其目的在于实现男女实质性平等与夫妻共同体的维系;后者规范夫妻财产的外部关系,涉及第三人及交易安全的保护,因此权利的取得或者效力均依赖于权利公示或者合同的生效。事实上,物权、股权、债权等权利的取得通常需要获得相应的对价。因此,它们

---

[1] 例如,甲在婚前全款购买房屋一套,在申请不动产登记之时,甲乙登记结婚。不久后,甲办理不动产变更登记手续。若是依"取得权利"的时间来认定"夫妻共同财产",则甲全款购买的不动产就属于夫妻共同财产;又如,在婚姻关系存续期间,甲完成一项专利技术,在专利登记之前离婚,若是依"取得权利"的时间来认定"夫妻共同财产",则甲获得的专利权就属于个人财产。
[2] 参见龙俊:《夫妻共同财产的潜在共有》,载《法学研究》2017年第4期。

是否属于夫妻共同财产不应拘泥于财产权利的取得时间,而应考虑权利的原因或根据,尤其应将另一方配偶对该权利的资金来源、劳务付出等实质性要素是否具有"贡献"或"协力"作为标准。[1]

上述问题的实质在于婚姻家庭编所确立的夫妻共同财产的"结婚时间推定规则"与《民法典》物权编、《公司法》《商标法》《专利法》等规定的"权利变动规则"之间存在价值层面与功能上的差异,不当地混淆了夫妻财产的内部关系与外部关系规则。物权、商标权与专利权的取得以公示为标准,即权利的可识别性(Erkennbar)与交易安全的保护是其重要原则,均依赖于权利的公示。[2] 股权、债权的取得通常以相应的对价为基础。[3] 只考虑"权利的取得时间"是否在"婚姻关系存续期间"这一形式要件,而不考虑该权利的原因或根据,例如,资金来源、劳务付出等实质性因素,由另一方配偶分享该财产,欠缺法律上的正当性。对于著作权、商标权与专利权等知识产权,一方在婚前形成实质性利益,而在婚后取得权利,该权利也属于个人财产;反之,若夫或妻一方的权利虽然在离婚后获得,但是该权利的形成于婚姻关系存续期间,且另一方配偶对此作出了贡献,则该权利仍然属于夫妻共同财产。

以典型的支配权即物权为例,假设婚前甲全款分别购买房屋一套、汽车一辆,但均未登记和交付,期间甲与乙登记结婚,其后甲完成房屋登记和汽车交付,在解释上,不动产物权变动原则上系采取登记生效主义(《民法典》第214条),动产物权的变动原则上采交付生效主义(《民法典》第224条),若是依"取得权利"的时间来解释"一方的婚前财产"的范围,则上述甲全款购买的不动产与汽车,因所有权产生于婚姻关系存续期间,就难以被认定为婚前个人财产。

"一方婚前财产"认定的实质,在于夫妻关系内部如何界分夫妻团体财产与个人财产。夫妻双方参与社会经济活动,夫妻各自创造的财产进入家庭并予以分配,如此形成财富在社会与家庭之间的循环流动。然而,

---

[1] 参见最高人民法院公布的"指导案例66号",在"雷某某诉宋某某离婚纠纷案",法院认为:关于双方名下存款的分割,结合相关证据,宋某婚前房屋拆迁款转化的存款,应归宋某某个人所有。

[2] 参见常鹏翱:《再谈物权公示的法律效力》,载《华东政法大学学报》2011年第4期。

[3] 参见最高人民法院公布的"指导案例66号",在"雷某某诉宋某某离婚纠纷案",法院认为:关于双方名下存款的分割,结合相关证据,宋某婚前房屋拆迁款转化的存款,应归宋某某个人所有。

因夫妻财产分配并不涉及第三人,因此并不考虑信赖保护与交易安全的价值;相反,一般财产法规范的是婚姻外部关系,而且《物权法》《合同法》等建立在个人主义的基础之上,交易安全与信赖保护是财产法的重要价值和社会共同交往中意思自治的边界,表见代理、善意取得、公信力、时效等均是其具体表现。[1] 若以财产法上的"权利取得"规则认定"一方婚前财产"的范围,可能会导致不公平的结果。因为夫或妻一方的婚前财产,无论如何与另一方配偶无关。夫或妻一方在婚后取得不动产或动产的所有权证,并不意味着该不动产或动产就属于夫妻共同财产。婚后财产权的取得并非凭空取得,而是依据婚前的债权转化而来。因此,应当从资金来源和财产转化的角度解释"一方婚前财产"的范围。

以《民法典》第 1062 条第 1 款第(三)项规定的"知识产权的收益"为例,其在理论上应当区分"知识产权中的财产权益"与"知识产权的收益"。对知识产权中的财产权益是否属于夫妻共同财产,理论上存在肯定说与否定说。[2] 知识产权以无形的精神财富为客体,法律通过赋予创新者知识产权而人为地制造出有期限的垄断或排他性,并允许其通过许可他人使用或者转让(申请)权利获得收益,以解决产品的创新激励问题。因此,知识产权的创设者通过智力劳动原始取得的权利应当遵循知识产权法律的规则,不能基于家庭法将知识产权中的财产权益扩张为夫妻共同财产,除非婚姻关系存续期间另一方配偶对该知识产权的创设具有"贡献"。但是,夫妻通过共同财产交易的方式获得或者以共同继承方式取得的知识产权中的财产权益为共同继受取得,应属于夫妻共同财产。《婚姻法司法解释(二)》第 12 条规定对于原始取得的知识产权收益,若是婚姻关系存续期间实际取得或者已经明确可以取得的财产性收益,属于夫妻共同财产。《民法典婚姻家庭编司法解释(一)》第 24 条延续了该规定。[3] 但是该条忽略了知识产权中的财产权益被夫妻共同继受取得的情形。对夫妻共同继受取得的知识产权中的财产权益在婚姻关系存续期间产生的实际收益或者明确可以取得的收益,离婚分割共同财产时获得

---

[1] 参见朱岩:《社会基础变迁与民法双重体系建构》,载《中国社会科学》2010 年第 6 期。
[2] 参见国家法官学院编:《全国专家型法官司法意见精粹:婚姻家庭与继承卷》,中国法制出版社 2017 年版,第 320 页。
[3] 《民法典婚姻家庭编司法解释(一)》第 24 条规定:"民法典第一千零六十二条第一款第三项规定的'知识产权的收益',是指婚姻关系存续期间,实际取得或者已经明确可以取得的财产性收益"。

知识产权的一方应当根据具体的评估情况对另一方给予适当的补偿。人格权的许可使用与知识产权的原始取得情形类似,在婚姻存续期间所得收益属于夫妻共同财产。

三、个人财产婚后收益的分配

我国夫妻法定财产制可以表达为"婚后劳动所得共同制"。该制度建立在婚姻关系存续期间夫妻各自的劳动、家务等被同等评价的"协力"或"贡献"基础之上,以实现男女实质性平等与维系夫妻共同体为价值目标。《民法典》大致沿袭原《婚姻法》规定的夫妻共同财产与个人财产的类型(《民法典》第1062、1063条),仅仅新增劳务报酬和投资的收益为夫妻共同财产。其中,劳务报酬除工资和奖金外,还应当包括与之相似的住房补贴、住房公积金、养老保险金、破产安置补偿费以及相应的代位物(误工费、残疾人补偿金以及死亡赔偿金属于夫妻一方因人身权利受损害而获得的经济补偿,因此第1063条规定的"一方因受到人身损害获得的赔偿或者补偿"作为个人财产,应当依据赔偿金或补偿金的性质进行目的性限缩解释);投资收益系对《婚姻法司法解释(二)》第11条第(一)项的吸纳。

个人财产的婚后收益在实证法上通常分为四种类型:生产经营收益、孳息、增值以及投资收益。依据《民法典》第1062条与《民法典婚姻家庭编司法解释(一)》第26条的规定,各类收益的归属规则为:(1)生产经营的收益、投资收益均属于夫妻共同财产。(2)孳息为个人财产。最高人民法院认为,孳息的产生依附于原物,原物属于一方个人财产,其产生的孳息亦归其所有。这符合民法传统理论及我国物权法的相关规定[1]。(3)自然增值属于夫妻个人财产。依据反对解释,主动增值则属于夫妻共同财产。

但是,上述规则受到学者批评,主要原因在于:一是孳息、增值与投资收益等概念之间交叉重叠,致使认定标准混乱。一方面,若将物或权利的利益之增加视为广义的增值,则孳息和投资收益都属于增值;另一方面,投资收益又可能包含了孳息和增值,如婚前投资房产升值,既是投资收益,也体现了增值。[2] 从民法的角度看,由于收益的范围广泛,孳息也可

---

[1] 参见张先明:《总结审判实践经验凝聚社会各界智慧 正确合法及时审理婚姻家庭纠纷案件——最高人民法院民一庭负责人答记者问》,载《人民法院报》2011年8月13日,第3版。
[2] 参见江滢:《论个人财产婚后收益之归属认定》,载《政治与法律》2014年第4期。

能被涵盖在内。[1] 二是我国采取共同财产制,逻辑上就应该推定夫妻双方对家庭的贡献相等,无论双方的具体分工与付出如何,均应推定一方配偶婚后的收入中有配偶一半的贡献。[2]

由于个人主义与自由主义观念的勃兴,婚姻双方越来越被视为两个具有独立思想和感情的个人的契约联合,夫妻共同体面临前所未有的挑战,以其为基础的"婚后劳动所得共同制"受到贬抑,在具体制度上表现为:其一,个人婚前财产婚后产生孳息的归属。实质上,除天然孳息(如非经营性果树的果实)之外,个人财产的婚后收益主要属于投资的"资本所得"。由于经济和金融的持续繁荣,很多个人或家庭的"资本所得"已超越"劳动所得"成为财富获取的重要途径。这与2001年《婚姻法》以及2020年《民法典》婚姻家庭编所确立的"婚后所得共有制"主要立足于"劳动所得"具有明显的差异。在市场条件之下,市场赋予每一种类的生产要素一定的价值,拥有相应要素的人则从中获取利益,这虽与个人的努力有关,但在很大程度上来自"机遇、运气"等偶然因素,受市场机制的影响较大[3],并不一定与"夫妻协力"有关。这极大动摇了建立在"协力"基础上的"婚后劳动所得共同制"的正当性。正是基于此,《婚姻法司法解释(三)》试图引入物权法的规则,以解决因"资本所得"引起的夫妻团体财产与个人财产的界分难题。然而,在学说上,有不少学者站在"夫妻命运共同体"的立场认为,孳息和自然增值均应作为夫妻共同财产。[4]《婚姻法司法解释(三)》第5条放弃了协力理论而直接采用《物权法》孳息从原物的规则,规定夫妻一方婚前财产于婚后产生的孳息均应为夫妻一方的个人财产。[5] 但这大大增加了区分婚前个人财产的法定孳息、增

---

[1] 参见王泽鉴教授认为,法律孳息系指一切法律关系,包括法律行为及法律规定可言;收益指以原本(物或权利)供他人利用而得之对价,利息与租金最为常见。王泽鉴:《民法总则》,北京大学出版社2009年版,第183、185页。
[2] 参见薛宁兰、许莉:《我国夫妻财产制立法若干问题探讨》,载《法学论坛》2011年第2期。
[3] 参见[英]哈耶克:《自由秩序原理》,邓正来译,中国大百科全书出版社1997年版。
[4] 参见赵玉:《司法视域下夫妻财产制的价值转向》,载《中国法学》2016年第1期;贺剑:《"理论"在司法实践中的影响——以关于夫妻个人财产婚后孳息归属的司法实践为中心》,载《法制与社会发展》2014年第3期;陈苇、黎乃忠:《现代婚姻家庭法的立法价值取向——以〈婚姻法解释(三)〉有关夫妻财产关系的规定为对象》,载《吉林大学社会科学学报》2013年第1期。
[5] 参见杜万华、程新文、吴晓芳:《〈关于适用婚姻法若干问题的解释(三)〉的理解与适用》,载《人民司法》2011年第17期。

值与投资收益的难度。例如,婚姻关系存续期间,一方婚前不动产的租金收益既是孳息亦是投资收益;股息是孳息属于个人财产,而红利又被视为投资收益则属于夫妻共同财产。其二,"资本所得"的归属。由于资本市场日趋开放,很多个人或家庭的"资本所得"成为财富获取的重要途径,而一方婚前个人财产在婚后的"资本所得"很可能来自运气、通胀等客观因素,并不当然与协力有关。[1]"资本所得"以及资本与劳动混合所得使建立在协力基础上的"劳动所得共同制"的正当性受到动摇。典型如婚前一方股票或基金在婚后收益的归属。有观点认为,个人婚前的股票或基金等若是在婚后进行操作,因付出人力劳动,其增值收益属于主动增值,为夫妻共同财产;反之,若一方在婚后未对股票或基金等进行任何操作,收益部分属于被动增值,为个人财产。[2] 然而,这忽略了夫妻一方即使未对股票或基金进行任何操作也可能花费时间成本的情况(如一方长时间观察股市行情但是不操作而获益),因此该区分欠缺足够的说服力。其三,父母在婚姻存续期间赠与子女财产的归属。

夫妻法定财产制本质上系通过婚姻家庭编的伦理秩序为分配夫妻共同财产与个人财产提供的有名契约。"劳动所得说""贡献说""协力说"等均是实质理性标准在不同语境之下的映射,进而对夫妻各自作为"经济人"通过外部的财产规则所获取的财产在夫妻之间进行符合家庭法伦理价值的分配。与精确的物权归属制度相比,法定夫妻共同财产制是一种粗犷笼统的夫妻之间的财产配置方式,其本身具有产权边界不够明晰、财产利用效率受限制的特质。当夫妻共同体得以长期存在时,这种效率上的缺陷可以被长期互动的情感和伦理效应所弥补或抵消。当婚姻本身的时间或预期存续期限不长时,具有财产优势的配偶一方必然不愿意为了短期婚姻而付出相应的财产代价,从而产生了向精确的约定分别财产制逃逸的心理需求。从概念来看,孳息、投资收益和增值之间范围的重叠可以通过限定各自的涵义予以明晰。依据法国法,孳息可以被理解为以个人财产为依托而在其上新增的财富;投资或利润收益乃是个人财产交换所得的新增财产;增值收益为个人财产本身估价的变化。[3] 结合我国的

---

[1] 参见申晨:《夫妻财产法价值本位位移及实现方式》,载《法学家》2018 年第 2 期。
[2] 参见吴晓芳:《一方个人财产婚后收益问题的认定与处理》,载《民事审判指导与参考》2014 年第 1 期。
[3] 参见李世刚:《夫妻一方婚前财产的婚后收益归属问题研究——以法国的相关立法与司法实践为视角》,载《暨南学报(哲学社会科学版)》2016 年第 6 期。

现状,在解释上可以将三者的具体界限明确如下:(1)孳息,包括天然孳息与法定孳息,两者均限于非投资和经营性的出产物或利益。天然孳息如树木的果实、牲畜的出产物等。农村土地承包经营户耕种土地获得的出产物,不属于天然孳息,而属于生产、经营性收益;法定孳息如银行存款利息、股息、债券的利息等。(2)投资收益,是指将货币和实物等生产要素投放于企业所获得的对价。不动产或动产的租金具有经营属性,因此也不属于法定孳息,而应划入利润收益的范畴对于企业体现为经营利润,对于个人表现为股票或基金的红利,以及转让股票或基金所获得的收益。(3)增值,增值收益包括主动增值与被动增值。前者是指因他方或夫妻双方所支付的时间、金钱、智力、劳务而增值;后者是指因通货膨胀或其他不是因当事人的主观努力而是因市场价值的变化产生的增值。[1]

《民法典》婚姻家庭编以实现男女实质性平等与夫妻共同体维护为重要价值目标,在法律的框架之下适当扩大夫妻共同财产的范围,不仅可以鼓励夫妻同舟共济进而促进家庭的稳定,还有助于夫妻经济生活和身份生活趋于一致,使夫妻共同体内男女的性别差异消减到最小限度。但是,原《婚姻法》系列解释中的夫妻财产归属的规定使财产法中的制度直接延伸至婚姻家庭编,以财产法的思维来建构夫妻之间的财产关系,个人主义倾向极为明显,可能导致婚姻家庭关系被不当地解构;按夫妻双方各自为婚姻所作的贡献分享收益,还可能会导致夫妻关系异化为"合伙共同体"。我国有学者认为,夫妻在婚姻存续期间就应当休戚相关、祸福与共,反映在财产法上,婚后所得均为夫妻共同财产[2];夫妻财产制度应回归至以家庭命运共同体伦理性为依归,充分彰显婚姻法的伦理关怀,婚后财产应当全部推定为夫妻共同财产,除非当事人另有约定。[3]该观点完全立足于家庭主义的伦理性,明显忽略了个人主义对于法定夫妻财产制的渗透和影响,走向了另一个极端——尽管夫妻财产制以夫妻共同财产为导向,但是不应忽略或者扼杀夫妻共同体内的"个人主义"价值,否则易陷入"法律家父主义"的陷阱。

从我国《民法典》的立法价值理念出发,对于婚前个人财产的婚后"资本收益",应在夫妻"不完全共同体"基础上进行规范。一方婚前财产

---

[1] 参见夏吟兰:《美国现代婚姻家庭制度》,中国政法大学出版社1999年版,第244—245页。
[2] 参见贺剑:《夫妻个人财产的婚后增值归属》,载《法学家》2015年第4期。
[3] 参见赵玉:《司法视域下夫妻财产制的价值转向》,载《中国法学》2016年第1期。

婚后收益的归属应当以另一方或双方的劳动和资本的"协力"为标准,与婚姻中的个人努力无关的资本取得则不在分享之列,以既立足于婚姻共同体的维护,也兼顾近年来个人主义理念的勃兴。先从个人主义的角度考察"资本收益",即依据市场法则之中各类生产要素的实际产出来确认资本收益的归属,若是生产要素属于夫或妻个人,则相应的资本收益则属于夫或妻个人。从夫妻团体的角度看,由于夫妻之间不可能设想未来的所有情况,夫妻关系属于"不完全契约";而"资本所得"在很大程度上取决于市场机制,因此相关收益对夫妻而言具有一定程度的不可预期性。依据哈特的不完全契约理论,一旦契约不完全,事后的控制权应该配置给投资方,从而给予投资方更大的激励去增加收益[1]。但是,夫妻关系的"共同体"属性亦决定夫妻财产的分配。对于夫或妻在婚后的"资本所得",应从夫妻团体主义的角度考量公平、伦理等因素。具体而言:

第一,一方以个人财产出资,配偶与其共同经营即具有实质性贡献的,属于夫妻团体行为,相当于夫妻各自以资金与劳务共同出资经营。可以分为两种情形:一是婚前设立的属于夫或妻一方但婚后双方共同经营的,此类企业的收益(利润和增值)均属于夫妻共同财产。例如,农村承包经营户与个体工商户。二是婚后以一方或各自以个人出资设立而夫妻双方共同经营,或者婚后夫妻各自以个人财产出资设立的,此类"夫妻企业"的收益(利润和增值)均属于夫妻共同财产。夫妻双方在企业工商登记中载明的投资比例并不能等同于夫妻之间的财产约定。夫妻以共同财产出资共同经营的,自然属于夫妻共同财产。

第二,应对《民法典》第1062条规定"投资的收益"采广义解释,并废除《民法典婚姻家庭编司法解释(一)》第26条规定的孳息从原物规则。因为夫或妻一方婚前财产的自然增值与非投资经营性收益(例如,不动产增值部分与银行存款)与另一方配偶的贡献无关,将其排除在"投资的收益"之外而作为夫妻个人财产,完全符合人们的正义观念和司法实践的做法;但是,股票、基金租金等收益因具有风险性、不确定性的特点,通常都离不开另一方配偶的支持和帮助,因此应当作为投资的收益属于夫妻共同财产。因为从实际情况看,个人对股票和基金账户的操作通常只是工

---

[1] 参见〔美〕O.哈特:《企业、合同与财务结构》,费方域译,上海三联书店、上海人民出版社2006年版,第35页。

作之余的行为,而借贷也无须实际经营。[1] 夫或妻的不动产或者动产所获租金收益,系投资性收益,属于夫妻共同财产。[2]

第三,《婚姻法司法解释(三)》第 7 条通过不动产登记彰显赠与人意愿的做法应当保留。《婚姻法司法解释(二)》第 22 条规定:"当事人结婚前,父母为双方购置房屋出资的,该出资应当认定为对自己子女的个人赠与,但父母明确表示赠与双方的除外。当事人结婚后,父母为双方购置房屋出资的,该出资应当认定为对夫妻双方的赠与,但父母明确表示赠与一方的除外。"《婚姻法司法解释(三)》第 7 条规定:"婚后由一方父母出资为子女购买的不动产,产权登记在出资人子女名下的,可按照婚姻法第十八条第(三)项的规定,视为只对自己子女一方的赠与,该不动产应认定为夫妻一方的个人财产。由双方父母出资购买的不动产,产权登记在一方子女名下的,该不动产可认定为双方按照各自父母的出资份额按份共有,但当事人另有约定的除外。"然而,《民法典婚姻家庭编司法解释(一)》第 29 条规定基本沿袭了《婚姻法司法解释(二)》第 22 条的规定[3],但是,并未采纳《婚姻法司法解释(三)》第 7 条的规定。在现实背景之下,持续高涨的房价与高离婚率并存,父母为子女结婚购房往往倾注毕生积蓄,因而担心子女离婚导致家庭财产流失。由于大多数情况下子女结婚后父母出资为子女购房很少明确表示是赠与子女一方,因此应将"产权登记主体"与受赠方相关联,使父母代际传承家庭财富意图的判断依据得以客观化。《婚姻法司法解释(三)》第 7 条具有现实合理性。

---

[1] 2018 年,江苏省苏州市虎丘区人民法院在一则案件中判决认为:"公司股权的增值也主要取决于市场因素,如果另一方当事人提供的证据不足以证明对方实际参与公司的经营管理以及对公司上市进程起着积极推动,并付出其在婚姻存续期间主要时间和精力,那么主张将公司股份婚后增值部分及公司分红作为夫妻共同财产予以分割的,法院不予支持。"参见 https://mp.weixin.qq.com/s/bCBbvXLkcqpo-oIplkYnHA,2021 年 5 月 14 日访问。从该案情况来看,若是婚前个人财产在婚姻关系存续期间主要依靠市场因素而生的增值被视为个人财产,则我国的夫妻共同财产制在某种程度上还不如夫妻分别财产制下的增益共同制,对妇女尤其不利。
[2] 考虑到租金与银行存款不同,出租方对房屋还有维修等义务,租金的获取与房屋本身的管理状况密切相连,需要投入一定的管理或劳务,故将租金认定为夫妻共同财产。参见吴晓芳:《〈婚姻法〉司法解释(三)适用中的疑难问题探析》,载《法律适用》2014 年第 1 期。
[3] 《民法典婚姻家庭编司法解释(一)》第 29 条规定:"当事人结婚前,父母为双方购置房屋出资的,该出资应当认定为对自己子女个人的赠与,但父母明确表示赠与双方的除外。当事人结婚后,父母为双方购置房屋出资的,依照约定处理;没有约定或者约定不明确的,按照民法典第一千零六十二条第一款第四项规定的原则处理。"

第四,夫或妻婚前取得的知识产权,若是出版所获收益(著作权)或者以其出资或授权转让(专利权、商标权)所获得的收益,属于权利人的个人财产。在婚姻关系存续期间一方所实际取得(如专利权、商标权已核准)或者已经明确可以取得(如专利权、商标权已申请)的知识产权中的财产权,属于夫妻共有财产。

第五,由于财产类型随着时代的发展越来越多样化,夫妻共同财产与个人财产有时难以区分。应当吸收最高人民法院1993年《关于人民法院审理离婚案件处理财产分割问题的若干具体意见》第7条的规定,如果无证据证明属于夫妻一方个人财产的财产均推定为夫妻共同财产,以此解释《民法典》第1062条第1款第(五)项。

四、一方婚前购买婚后夫妻共同还贷的房屋收益

《婚姻法司法解释(三)》第10条对于一方婚前采按揭方式购房、婚后夫妻双方共同还贷的房屋归属进行了特别规定。该条规定:"夫妻一方婚前签订不动产买卖合同,以个人财产支付首付款并在银行贷款,婚后用夫妻共同财产还贷,不动产登记于首付款支付方名下的,离婚时该不动产由双方协议处理。依前款规定不能达成协议的,人民法院可以判决该不动产归产权登记一方,尚未归还的贷款为产权登记一方的个人债务。双方婚后共同还贷支付的款项及其相对应财产增值部分,离婚时应根据婚姻法第三十九条第一款规定的原则,由产权登记一方对另一方进行补偿。"该规定仍然属于原则性规定,对于如何计算增值缺乏具体方式。从司法实践来看,现有的计算方式包括共同还贷比例法、整体计算法、本金利息分别计算法。共同还贷比例法的思路是:用共同还贷除以总房款,得出共同还贷在总房款中所占比例;然后,用不动产现值减去总房款得出整体升值;最后,用共同还贷占总房款的比例乘以整体升值得出共同还贷增值。将共同还贷和其增值相加,其中一半即是非产权登记方所得补偿款。整体计算法的思路是:用购买时不动产价值加上全部应还贷利息,得出购买该不动产总共支付的成本;然后,将共同还贷除以购买成本,就能得出共同还贷在购买成本中所占比例;最后,将该比例乘以不动产现价值,得出共同还贷及其增值、非产权登记方所得补偿等于共同还贷及其增值的一半。本金利息分别计算法的思路是:认为利息不产生增值,利息不计入不动产成本,也不计入升值。直接用不动产现价值减去原价值得出不动产升值,然后用不动产升值除现价值得出升值在不动产现价值中的比重,

再乘以共同还贷本金得出本金的增值。最后,将共同还贷本金、利息和增值相加,一半即为非产权登记方所得补偿。比较而言,分布计算法更为合适。所谓分布计算法,即先计算不动产升值率,然后计算增值后的共同还贷,其对应的一般即为非产权登记方所得补偿。[1]

房屋的权属依据购置的资金来源分为三个部分,即婚前个人财产(婚前个人支付首付款及还贷部分)、婚后共同财产(婚后双方共同还贷部分)以及取得房屋所有权的个人财产(离婚时尚未还清部分对应部分)所构成的混合体。[2] 从法条上来看,双方共同还贷的不动产,即使是一方婚前就已进行了登记,同样应承认婚后共同还贷的财产性权利。虽然房屋系在婚姻关系存续期间登记,但是房屋首付款在婚前支付的情形,仍然适用该条。问题的关键在于房屋首付款的出资情况,而不在于房屋的登记时间。一方婚前购买的登记在其名下的房产,另一方在婚后共同还贷的,登记方的配偶对婚姻关系存续期间共同还贷的款项相对应的增值部分具有实质性贡献,因此应当享有共有利益,夫妻共同还贷增值属于夫妻共同财产。

从性质上看,此类不动产性质上仍然属于个人婚前财产,但是对于其自然增值的归属,《婚姻法司法解释(三)》第 10 条显然有别于该解释第 5 条。从立法目的看,这是为体现《婚姻法》第 39 条第 1 款规定的照顾子女和女方权益的原则。因此按揭房屋在婚后的增值应考虑另一方参与还贷所作的贡献,而不仅仅是返还婚姻关系存续期间共同还贷的一半。[3] 然而,假设丈夫婚前首付 20 万元,贷款 100 万元,还贷系丈夫与妻子的共同财产(丈夫工资 80 万元,妻子工资 20 万元)。该 100 万元共同财产由夫妻平等享有本身就体现了夫妻的"协力"。再考虑配偶一方参与还贷部分对增值的贡献或协力,已属于重复计算。

从立法论的角度看,《婚姻法司法解释(三)》第 10 条的做法具有明显的"切事化"倾向,徒增解释上的困扰,应予以废除。主要理由在于:(1)从该条的制定背景看,是因为近十多年来房地产市场持续升温、房价

---

[1] 参见国家法官学院编:《全国专家型法官司法意见精粹:婚姻家庭与继承卷》,中国法制出版社 2017 年版,第 232—237 页。

[2] 参见最高人民法院民事审判第一庭编著:《最高人民法院婚姻法司法解释(三)理解与适用》,人民法院出版社 2011 年版,第 161 页。

[3] 参见张先明:《总结审判实践经验凝聚社会各界智慧 正确合法及时审理婚姻家庭纠纷案件——最高人民法院民一庭负责人答记者问》,载《人民法院报》2011 年 8 月 13 日,第 3 版。

不断上涨,房屋增值的性质成为离婚财产分割的焦点。但是,就珠宝、名画或者古董等具有收藏价值的动产以及其他类型的不动产权利而言,却无适用该条的可能。这表明该条具有"决疑法"的属性,缺乏抽象性和灵活性,体系效益明显不足。[1] (2)计算方式复杂,如何分配房屋的增值部分理论界与实务界均存在争议。[2] (3)法律关系极为复杂,有违物权与债权的界限。从表面上看,婚后另一方参与还贷的行为也是在为房屋产权的完全取得作积极贡献,但婚后参与还款的行为仅仅是协助购房一方偿还银行贷款的行为,与房屋权属的归属是两个不同的法律关系。该条实际上变相地维持了《婚姻法》第19条第1款所否定的婚前财产不因婚姻关系的延续而转化为共同财产的规则。依据该条,不动产登记簿所表彰的已婚人士的物权状态与真实的物权状态不一致的比例会剧增[3],由此形成法律适用上的难题:在不动产交易中,相对人调查交易对象的婚姻状况与禁止侵害他人的隐私权之间应当如何取舍,才能符合不动产善意取得的"善意"要件。[4] (4)一方婚前财产所负债务,在婚姻关系存续期间用夫妻共同财产清偿,实质上是个人债务的清偿问题,即用夫妻共同财产偿付夫或妻一方的个人所负的债务。相应的解决办法可以参考《法国民法典》(第1412条),由负有个人债务的一方对夫妻共同财产予以补偿。

详言之,一方婚前所购房屋,夫妻婚后共同还贷的,仍然属于婚前财产。若夫妻共同财产对该个人债务进行了清偿,该方应当对共同财产予以补偿。房屋的自然增值属于个人财产,由于该部分属于"资本所得",在法定财产制终结或离婚时,增值的剩余部分同样可以借鉴意大利法上的"剩余财产共同制",其剩余部分属于夫妻共同财产。[5]

---

[1] 参见谢鸿飞:《民法典的外部体系效益及其扩张》,载《环球法律评论》2018年第2期。
[2] 参见贺剑:《离婚时按揭房屋的增值分配:以瑞士法为中心》,载《政治与法律》2014年第10期。
[3] 参见龙俊:《夫妻共同财产的潜在共有》,载《法学研究》2017年第4期。
[4] 为保护公民的隐私权,2015年8月27日民政部发布《关于进一步规范(无)婚姻登记记录证明相关工作的通知》,这增加了审查夫妻共有不动产的难度。
[5] 依据我国现行法律及司法解释,夫或妻一方的婚前财产,无论婚后自然增值如何,另一方配偶均不得共享该增值部分。相比德国法分别财产制之下的增益共同制,这一立法例更接近于完全的分别财产制,并未考虑夫妻"共同体"的因素,显然有失妥当。

第四节　夫或妻无偿所得与人身属性财产的界分

夫或妻各自无偿所获得的财产和具有人身属性的财产,与配偶的"协力"通常无涉。在将夫妻关系视为"不完全共同体"的基础上,应以个人主义与形式理性为倾向分配夫妻无偿获得的财产或专属财产。

一、夫或妻无偿或运气所得财产的判定

夫或妻一方无偿(继承或赠与)所得财产的法律属性,依据我国《民法典》第1062条与第1063条的文义和目的,因继承包括法定继承与遗嘱继承,遗嘱继承尚可以基于遗嘱的解释确定遗产只归夫或妻一方,但在法定继承的情形,遗产只能属于夫妻的共同财产。可见,现行法的立法意图是夫或妻一方继承或赠与所得的财产原则上为夫妻共同财产,例外是遗嘱或赠与合同中明确只归夫或妻一方财产的情形。

然而,站在立法论的角度,将夫或妻一方继承或者赠与(包括遗赠)所得的财产原则上认定为夫妻共同财产并不妥当。究其原因,就继承或者赠与所得的财产而言,前者系夫或妻一方基于血亲关系所享有的法定继承权,后者是基于夫或妻一方与赠与人之间的密切关系。两者均具有强烈的个性化色彩,具有专属性和特定性,与婚姻关系和配偶的"协力"无涉,应当贯彻一般财产法的规则。现行法将无偿给予的财产原则上规定为夫妻共同财产,可能违背法定被继承人、遗赠人或赠与人的自由意志。从比较法上看,采取共同制的比利时、法国、意大利、葡萄牙、西班牙、俄罗斯等国法律均规定,婚姻存续期间无偿所得(如因继承、赠与或遗赠而取得的财产)为夫妻个人财产。这是因为,继承人或受赠人的配偶对于无偿获得的利益并无任何贡献,仅凭结婚即能享有共有权缺乏正当性。夫或妻一方无偿获得的财产,原则上配偶不得分享,这是财产法对价原理的体现。概言之,婚姻关系存续期间,夫或妻一方继承或赠与取得的财产属于个人财产,除非遗赠或赠与合同明确表示归属于夫妻双方的除外。

在婚姻关系存续期间,一方父母为子女购房出资的行为,若是被认定为赠与,则属于前述夫或妻一方因赠与获得财产的类型之一。《婚姻法司法解释(二)》第22条[《民法典婚姻家庭编司法解释(一)》第29条与之相同]规定父母为子女出资无偿购置房屋,所赠与的财产原则上归属于夫

妻团体所有,这是《婚姻法》第 17 条第 1 款第(四)项[《民法典》第 1062 条第 1 款第(四)项]的具体化。依据该条的规定,原则上父母的财产是通过夫妻双方即家庭达到财富代际传承的目的,夫或妻的个人地位并未彰显。在某种程度上,这与传统社会的"家产制"传承相似,所不同的是妻子获得了与丈夫平等的法律地位。然而,大多数情况下子女结婚后父母出资为子女购房很少明确表示是赠与子女一方,为解决出资一方父母的财产利益与配偶另一方财产利益之间的矛盾,《婚姻法司法解释(三)》第 7 条将"产权登记主体"与"明确表示赠与一方"予以链接,以使父母出资购房真实意图的判断依据客观化。[1] 现行法及其司法解释的变化,表明原《婚姻法》第 17 条第 1 款第(四)项[《民法典》第 1062 条第 1 款第(四)项]确立的"赠与财产的夫妻团体主义"与个人主义思潮之间的鸿沟越来越明显。因为婚姻立法经历从家族主义到个人主义的转型,当法律以个人为本位时,个人而非家庭就被视为社会的基本构成单元和终极的权利主体。[2] 虽然家庭法有维系夫妻团体的价值考量,但对于赠与这类无偿行为,探究赠与人的真实意思和动机显然极为重要。《婚姻法司法解释(三)》第 7 条以"购置房屋的产权登记主体"这一形式要件取代《婚姻法司法解释(二)》第 22 条的规定,实质上改变了《婚姻法》第 17 条第 1 款第(四)项确立的"赠与财产的夫妻团体主义"的意旨。对于一方父母为子女购房无偿出资的类型,没有必要以"列举式"的方式单独规范。立法者既然以维护法律的稳定性和裁判的可预见性为首要目的,就会选择抽象概括的方法。[3] 据此,若是"父母为子女购房出资的行为"被认定为父母对子女的赠与,可将其纳入"夫或妻一方继承或赠与所得财产的归属规则(原则上为夫或妻的个人财产)"的规范之中,产权登记可以作为不动产权属判断的重要表征。将父母财产通过夫妻双方实现财富代际传承

---

[1] 参见张先明:《总结审判实践经验凝聚社会各界智慧 正确合法及时审理婚姻家庭纠纷案件——最高人民法院民一庭负责人答记者问》,载《人民法院报》2011 年 8 月 13 日,第 3 版。

[2] 参见金眉:《婚姻家庭立法的同一性原理:以婚姻家庭理念、形态与财产法律结构为中心》,载《法学研究》2017 年第 4 期。

[3] 参见〔德〕卡尔·拉伦茨:《德国民法通论》(上册),王晓晔等译,法律出版社 2003 年版,第 33 页。虽然司法解释规定父母为子女无偿购置房屋的归属规则,但问题是,祖父母、外祖父母以及兄弟姐妹等近亲属无偿购置的房屋,归属上应当如何判断?可见"列举式立法"具有抽象性不足的缺陷。

的法律宗旨,改为父母通过以子女个人实现家庭财产代际传承。这样不仅可以适应现代家庭法上不断增强的个人主义观念,而且可以最大限度地避免法律误判父母传承家庭财富的意图。[1] 若是双方父母出资购置房屋等不动产,除非当事人另有约定,应当由子女依据各自父母的出资额对该房屋按份共有。产权登记在一方名下,并不改变子女按照出资额共有房屋的权利。

对于夫或妻一方在婚姻关系存续期间凭借偶然的运气所得的财产,例如,彩票中奖的收入,其既不是奖金也不是劳动所得,且带有很大的偶然性,可以视为投资活动的收益。[2] 若夫或妻一方使用的是个人财产,则属于个人财产的投资收益;反之则属于共同财产。难以判断夫或妻使用的是婚前财产还是夫妻共同财产的,应当推定该运气所得为夫妻共同财产。

二、夫或妻一方具有人身属性财产的认定

从我国现行法来看,与夫或妻一方的人身密切相关的财产主要来源于三个方面:一是夫或妻的身体健康受到伤害所获得的人身伤害赔偿金;二是以夫或妻一方为受益人的保险金或类似财产;三是夫或妻一方专用的生活用品。

依据原《侵权责任法》第16条(《民法典》第1179条)和《最高人民法院关于审理人身损害赔偿案件适用法律若干问题的解释》[3]的相关规定,侵害他人造成人身损害的,应当赔偿的范围包括"所受损害"与"所失

---

[1] 在"余某、毛某诉黄某、余某民间借贷纠纷案"中,法院认为:在当前高房价背景下,部分子女经济条件有限,父母在其购房时给予资助属于常态,但不能将此视为理所当然,也绝非法律所倡导。子女成年后,父母已尽到抚养义务,并无继续供养的义务。子女买房时父母出资,除明确表示赠与的以外,应视为以帮助为目的的临时性资金出借,子女负有偿还义务。《婚姻法司法解释(二)》第22条第2款的规定系在父母有赠与出资意思表示的前提下,对赠与对象不明确时才予以适用。参见四川省高级人民法院(2017)川民申第4120号民事裁定书,载《人民法院报》2018年6月14日。该裁定表达的是:父母对子女购房出资应首先考虑为借贷关系,两者的关系与一般人不应差别对待。此外,《婚姻法司法解释(三)》第12条针对子女出资为父母购买房改房,亦是按照借贷关系处理。这均是近亲属财产关系趋向于可计算行为和形式理性化的例证。

[2] 参见郭丽红:《冲突与平衡:婚姻法实践性问题研究》,人民法院出版社2005年版,第129—130页。

[3] 2021年1月1日正式实施的《最高人民法院关于审理人身损害赔偿案件适用法律若干问题的解释》取代了此前实施的相关司法解释。

利益":前者是受害人因人身伤亡而支出的各种费用,包括医疗费、护理费、交通费、住宿费、住院伙食补助费、营养费、残疾人生活辅助具费、丧葬费等;后者是受害人因人身伤亡而丧失的预期收入,包括误工费、残疾人赔偿金和死亡赔偿金。原《婚姻法》第18条仅就医疗费、残疾人生活补助费属于个人财产作了规定。夫或妻一方"所受损害"的其他各种费用(丧葬费除外,属于遗产)以恢复受害人的人身损害为目的,具有强烈的人身属性,应当属于受害人的个人财产。但是夫或妻一方"所失利益"与之不同,并不属于个人财产,具体而言:(1)误工费是受害人的工资、奖金的替代形式,因此应当属于夫妻共同财产。即使是对无偿劳动的家庭成员的伤害亦是如此。在比较法上,损害赔偿法律制度承认家庭主妇的劳动力有市场价值,对它的短期或长期的丧失而造成的价值的减少必须给予金钱赔偿,而是否雇佣替代劳动力不影响家庭主妇误工损失的赔偿。[1] (2)残疾赔偿金是用来赔偿受害人因残疾致使劳动能力丧失或减少而遭受的财产损失。所谓劳动能力的丧失或减少,是指自然人因侵权行为致使独立获得收益的能力减少或者丧失,即其劳动能力暂时减少或丧失。[2]《最高人民法院关于审理人身损害赔偿案件适用法律若干问题的解释》第12条采纳劳动能力丧失说。依据我国《婚姻法》所确立的"婚后劳动所得共同说",残疾补偿金应为夫妻共同财产。《婚姻法司法解释(二)》第13条规定军人的"伤残补助金"即伤残赔偿金,若是在婚姻关系存续期间所得,将其规定为个人财产显然有违"婚后劳动所得共同制"。

除补偿性赔偿之外,现行法还规定了惩罚性赔偿。惩罚性赔偿制度目的是进行惩罚和威慑,兼具刑事罚金和民事赔偿金的双重面向,以满足让加害人为其不当行为付出相应代价的报应理念。[3] 我国现行惩罚性赔偿制度包括合同性质的惩罚性赔偿与侵权性质的惩罚性赔偿。《最高人民法院关于审理商品房买卖合同纠纷案件适用法律若干问题的解释》第8、9条规定的"商品房买卖两倍赔偿"以出卖人的根本违约为适用前

---

[1] 参见〔德〕冯·巴尔:《欧洲比较侵权行为法》(上卷),张新宝译,法律出版社2001年版,18—19页。

[2] 参见欧洲侵权法小组编著:《欧洲侵权法原则:文本与评注》,于敏、谢鸿飞译,法律出版社2009年版,第226页。

[3] 参见〔美〕丹·B.多布斯:《侵权法》(下),马静等译,中国政法大学出版社2014年版,第918—919页。

提,属于合同性质的惩罚性赔偿,主要赔偿信赖利益的损失。[1]《消费者权益保护法》第55条第1款亦是如此。对于合同性质的惩罚性赔偿金,应当按照购买商品房的资金来源判断该赔偿金的归属。《侵权责任法》第47条(《民法典》第1207条)、《消费者权益保护法》第55条第2款规定的则是侵害人身权的惩罚性赔偿。在计算方法上,惩罚性赔偿与当事人受到的损害直接联系起来,使惩罚性赔偿成为损失赔偿制度的一种特殊类型。[2] 若夫或妻一方因缺陷商品或服务造成健康严重损害,惩罚性赔偿中的"所受损害"如医疗费、护理费、精神损害赔偿金等属于个人财产,"所失利益"即误工费和残疾赔偿金则属于夫妻共同财产。

以夫或妻一方为受益人的商业保险,在约定的保险事故发生时保险金的属性,学界认识不一。有学者主张保险金属于个人财产[3],有学者则认为保险金属于夫妻共同财产[4]。依据《婚姻法司法解释(二)》第13条[《民法典婚姻家庭编司法解释(一)》第30条]的规定,军人的伤亡保险金属于个人财产。对军人之外的夫或妻一方作为受益人的商业保险,应结合保险合同的具体情况综合判断。(1)若是因投保人、被保险人或者受益人违反法律规定或者保险合同的约定,致使保险人解除合同,保险人应当按照合同约定退还保险单的现金价值(《保险法》第32、43条)。由于保险合同被解除,该保险单的现金价值应当依据保险费的资金来源确定归属。夫妻一方以生存到一定年龄为给付条件的人寿保险合同,在离婚之时,保险金因具有现金价值属于夫妻共同财产。(2)夫或妻一方为受益人,投保人是夫妻以外的第三人,当保险事故发生时,保险公司所支付的保险金就应当认定为是受益人的个人财产。如果认定为夫妻共同财产,就等于变更了受益人,将违背投保人的意愿。(3)夫或妻一方为受益人,投保人为另一方配偶,投保费既可能源自另一方配偶的个人财产也可能是夫妻共同财产。由于受益人的指定体现的是投保人与被保险人的意志,因此,夫妻之间投保费的支出可以视为相互赠与。商业保险除具有保障的作用外,还具有资产隔离与传承的功能。因此,受益人所获得保险

---

[1] 参见杨立新:《〈消费者权益保护法〉规定惩罚性赔偿责任的成功与不足及完善措施》,载《清华法学》2010年第3期。

[2] 参见朱广新:《惩罚性赔偿制度的演进与适用》,载《中国社会科学》2014年第3期。

[3] 参见夏吟兰、薛宁兰主编:《民法典之婚姻家庭编立法研究》,北京大学出版社2016年版,第199页。

[4] 参见梁慧星主编:《中国民法典草案建议稿》,法律出版社2003年版,第339页。

金应当认定为夫或妻的个人财产而非夫妻共同财产。与之不同的是,具有社会保障功能的养老保险金、破产安置费、住房公积金和住房补贴等,具有工资的形式或者与职工家庭的关系极为密切,因此均属于夫妻共同财产。

一方专用的生活用品属于夫或妻的个人财产,无论该生活用品的资金来源是共同财产抑或是个人财产,以充分发挥物的效用。由于不同家庭的经济状况、社会地位以及生活习惯存在较大差异,而且深受文化传统和习俗的影响,因此个人生活物品的具体范围应当结合家庭的实际情况综合考虑。

三、结论

20世纪以来,以血缘和身份为基础的"家长制"家庭逐渐趋于瓦解。随着市场经济的迅猛发展以及社会结构的变迁,家庭与外部的财产联系变得日益频繁,夫或妻以"经济人"的角色参与市场经营活动而获得各种资源和财富,妇女的独立地位大大增强。在婚姻关系存续期间,夫妻彼此分享各自创造财产的正当性依据为何,是构造法定夫妻财产制的基础。但是,与财产法完全建立在个人权利和自由的基础上,具有自我指涉的高度形式理性不同,婚姻家庭具有伦理性,是家庭成员情感表达和人格完整展现的处所,因而不可能完全工具理性化。[1]

长期以来,由于我国《婚姻法》"重视平等观念而忽略制度保障",试图以夫妻的伦理属性(命运共同体说等)解决夫妻团体财产与个人财产的界分问题,使得法定夫妻财产制与财产法(合同法、物权法)相比,缺乏应有的理性化且程度明显偏弱。[2] 最高人民法院为应对层出不穷的实务问题而制定细节规则,不仅缺乏系统的理论阐释而显得捉襟见肘,还不免呈现就事论事的"决疑法"倾向。《民法典》婚姻家庭编以及《民法典婚

---

[1] 参见〔德〕托马斯·莱塞尔:《法社会学基本问题》,王亚飞译,法律出版社2014年版,第129页。

[2] 韦伯将法律的理性归结为三个方面:法律规则体系的逻辑一贯性,法律规则在法律实践中的实际有效性以及法律规则的正当性(即法律规则与其他社会规范的一致性)。参见李猛编:《韦伯:法律与价值》,上海人民出版社2001年版,第102页。夫妻团体财产与个人财产之间的界分虽属于任意性规范,但是该规范应该大体符合人们对于分配夫妻财产的期待,否则该规范不仅达不到降低社会成本的效果(夫妻之间可能订立夫妻财产协议),而且可能对那些适用该规范的当事人产生"立法损害"。

姻家庭编司法解释(一)》仍然沿袭"婚后所得共同制"的基本框架和规范。[1]

在新的家庭结构形态之下,由于法定夫妻财产制深受个人主义和形式理性法的浸濡,传统的"夫妻共同体"必须适应社会发展过程中个人主义精神逐渐高涨的现实。在新的经济社会背景之下,夫妻关系已演化为"不完全共同体"。夫妻团体财产与个人财产的界分,应通过"不完全共同体"这一属性进行构造,既立足于夫妻关系的伦理性,也考虑家庭法领域个人主义的勃兴,以回应因个人主义的兴起及其禀赋资源多元化与夫妻团体主义之间的价值冲突,适应新时代背景之下构建稳定、持续的家庭关系和生活方式的社会需求。

---

[1] 2018年8月公布的《民法典·婚姻家庭法编(草案)》第839条规定,夫妻在婚姻关系存续期间所得的下列财产,为夫妻的共同财产,归夫妻共同所有:(1)工资、奖金和其他劳务报酬;(2)生产、经营、投资的收益;(3)知识产权的收益;(4)继承或者受赠所得的财产,但本法第840条第(三)项规定的除外;(5)其他应当归共同所有的财产。夫妻对共同财产,有平等的处理权。第840条规定,下列财产为夫妻一方的个人财产:(1)一方的婚前财产;(2)一方因受到人身损害赔偿获得的损害赔偿和补偿;(3)遗嘱或者赠与合同中确定只归夫或者妻一方的财产;(4)一方专用的生活用品;(5)其他应当归一方的财产。相比2001年《婚姻法》第17、18条,该"草案"几乎未作改变。《民法典》第1062条与第1063条沿袭不变。

第四章 夫妻团体债务与个人债务的界分

第一节　夫妻共同债务与个人债务界分的立法沿革及学说争议

一、夫妻共同债务概述

在现代社会,婚姻被认为是一男一女基于双方的合意而形成的生活共同体或团体。[1] 在社会生活中,夫妻双方合意所负债务是共同债务。但是,夫妻一方以个人名义所负债务,如借贷经营、投资理财、购买商品或服务、资助亲友、侵权损害赔偿等情形亦较为普遍。[2] 由于夫或妻兼有自然人与夫妻共同体成员的双重身份[3],在夫妻的合意行为之外,夫或妻各自以其名义实施的行为所负担的债务,究竟是个人债务抑或是共同债务?这不仅关乎另一方配偶的权益,还涉及债权人交易安全的保护及夫妻共同体的稳定。

对此,《婚姻法司法解释(二)》第 24 条[4]规定了婚姻关系存续期间,夫或妻以一方名义负担的债务原则上推定为夫妻共同债务。除非债权人与债务人明确约定为个人债务或者债务人与配偶之间属于分别财产制。如果该债务被认定为夫妻共同债务,则夫妻对债务的清偿要负连带责任,且不仅仅以夫妻共同财产为限,即使双方离婚、债务人死亡,均不能成为免除其原配偶连带清偿责任的法定事由。[5] 易言之,在婚姻存续期间,夫或妻一方以个人名义所负债务原则上均推定为夫妻共同债务。由于债务属于行为的法律后果,该条表明:夫或妻的个人行为,原则上都被视为夫妻共同体的行为。

---

[1] 参见〔德〕迪特尔·施瓦布:《德国家庭法》,王葆莳译,法律出版社 2010 年版,第 11 页。
[2] 从发生原因来看,债务还包括侵权、不当得利与无因管理之债。虽然有关夫妻共同债务与个人债务的争论主要集中于契约之债,但本文讨论的是广义的债务(约定之债与法定之债)的界分及其清偿规则。
[3] 在社会学上,家庭属于典型的社会群体或团体(social group)。而婚姻关系又构成核心家庭的主轴,形成夫妻共同体或夫妻团体。相关资料参见〔美〕理查德·谢弗:《社会学与生活》,赵旭东等译,世界图书出版公司北京公司 2014 年版,第 150、438 页。
[4] 该条规定:"债权人就婚姻关系存续期间夫妻一方以个人名义所负债务主张权利的,应当按夫妻共同债务处理。但夫妻一方能够证明债权人与债务人明确约定为个人债务,或者能够证明属于婚姻法第十九条第三款规定情形的除外。"
[5] 参见最高人民法院民事审判第一庭编著:《最高人民法院婚姻法司法解释(二)的理解与适用》(第二版),人民法院出版社 2015 年版,第 267 页。

然而,该条司法解释在学说上引起巨大争论,不仅受到婚姻法学界的广泛质疑[1],而且由于夫妻债务的认定事关亿万家庭,致使该问题成为新闻聚焦点[2],受到社会各界的普遍关注与批评[3]。夫妻一方作为个体有行动的自由,这是私法自治原则的体现[4];同时,夫妻共同体构成现代社会核心家庭的支柱,维护、增进婚姻家庭关系也是婚姻法的重要功能之一,夫妻共同体亦有行动的必要。因此,分析方法上,本部分以夫或妻的个体行为与夫妻共同体行为之间的关系作为架构,试图厘清夫或妻的个人债务与夫妻共同体的共同债务的判断规则。在《民法典》的背景之下,如何完善夫妻债务的认定与清偿规则,在维护婚姻共同体、夫妻各方的利益与保障第三方交易安全之间寻求价值的契合点,具有理论、立法与司法的多重意义。

二、我国夫妻共同债务与个人债务认定的立法沿革

在我国传统社会,家庭作为社会的基本单位由家长所主导[5]。妇女并不享有平等的财产权利,亦无夫妻共同财产的观念。家庭主要的项目如税金、工资、食物、衣服和其他开销由家长控制。个人在办理这类事务

---

[1] 参见马忆南、周征:《〈婚姻法〉司法解释(二)的解读与评论》,载《法律适用》2004年第10期;夏吟兰:《我国夫妻共同债务推定规则之检讨》,载《西南政法大学学报》2011年第1期;裴桦:《夫妻共同财产制研究》,法律出版社2009年版,第18页;贺剑:《论婚姻法回归民法的基本思路——以法定夫妻财产制为重点》,载《中外法学》2014年第6期;李洪祥:《夫妻一方以个人名义所负债务清偿规则之解构》,载《政法论丛》2015年第2期。

[2] 参见《全国近百位妻子因前夫欠债被负债决定结盟维权》,载https://www.thepaper.cn/newsDetail_forward_1527334,2021年4月20日访问。虽然丈夫也可能因妻子单方负债而成为连带责任人,但是从实际情况看,妻子因丈夫单方负债而受害的现象更为普遍。

[3] 2015年12月4日,全国妇联在京召开了"依法维护妇女儿童权益十大案例"发布会,案例之十是"余某夫妻共同债务纠纷案"。该案的典型意义在于:依据《婚姻法》第41条的规定,离婚时作为夫妻共同偿还的债务,应当以用于夫妻共同生活为条件。该案再审法院没有机械适用有关法律和司法解释,而是通过全面审查借贷真实情况,准确适用法律条文,并将以个人名义所借的巨额债务是否为夫妻共同债务的举证责任做了适当分配,积极破解了虚假的债务,保障了妇女的合法权益。参见http://news.xinhuanet.com/legal/2015-12/04/c_128499241_6.htm,2021年4月20日访问。

[4] 私法自治,即每个人都可以用自己的钱财(包括劳动力)从事经济活动,作出具有财产价值的、受法律保护的决策,并实现自己设定的目的,依然是每个人发展其人格的必不可少的前提。参见[德]卡尔·拉伦茨:《德国民法通论》(上册),王晓晔等译,法律出版社2003年版,第71页。

[5] 参见瞿同祖:《中国法律与中国社会》,中华书局2003年版,第5—6页。

之前应先得到家长允许。除家长外,个人不准借贷,否则家长可以拒绝偿还。[1] 由于家长是家庭财产权利的拥有者与家庭实务的支配者,家长的个人行为与家庭的行为不可分离,家长的个人债务就是家庭的共同债务。

新中国成立后,为废除封建主义婚姻家庭制度,1950年颁布了《婚姻法》。该法以革命者的姿态宣告了妇女的解放,确立了夫妻双方对于家庭财产有平等的所有权与处理权,具有划时代的意义。对于夫妻共同债务与个人债务,规定为夫妻共同生活的债务由共同生活所得财产清偿,男女单独所负债务由本人清偿。[2] 依据该法,"夫妻共同生活"被视为缔结婚姻、构建夫妻共同体的本质,而且男女均可以单独负债,表明妇女的个体地位得以彰显,打破了传统社会妇女受家长支配的不平等状态。

改革开放以后,1980年《婚姻法》在"离婚"一章大体沿袭了以"夫妻共同生活"作为区分夫妻个人行为与夫妻团体行为的标准,规定夫妻共同生活所负的债务由共同财产偿还;男女一方单独所负的债务由本人偿还。[3] 随着社会的发展和经济活动的复杂化,《最高人民法院关于人民法院审理离婚案件处理财产分割问题的若干具体意见》第17条[4]对如何认定夫或妻的个人债务进行了明确规定,试图对"夫妻共同生活"进行类型化,以划清夫妻共同债务与个人债务的界限。该条的实际意义在于:夫或妻的个人债务可以约定,但不得以逃避债务为目的;法定的抚养亲朋义务属于夫妻共同生活的内容;配偶一方独自筹资从事经营活动,除非用于夫妻共同生活,否则不得认为属于夫妻共同债务。

2001年修正的《婚姻法》仍然在"离婚"一章对"夫妻共同债务"进行

---

[1] 参见费孝通:《江村经济》(修订本),上海人民出版社2013年版,第57页。
[2] 1950年《婚姻法》第24条规定:"离婚时,原为夫妻共同生活所负担的债务,以共同生活时所得财产偿还;如无共同生活时所得财产或共同生活时所得财产不足清偿时,由男方清偿。男女一方单独所负的债务,由本人偿还。"
[3] 1980年《婚姻法》第32条规定:"离婚时,原为夫妻共同生活所负的债务,以共同财产偿还。如该项财产不足清偿时,由双方协议清偿;协议不成时,由人民法院判决。男女一方单独所负债务,由本人偿还。"
[4] 《最高人民法院关于人民法院审理离婚案件处理财产分割问题的若干具体意见》第17条第2款规定:"下列债务不能认定为夫妻共同债务,应由一方以个人财产清偿:(1)夫妻双方约定由个人负担的债务,但以逃避债务为目的的除外。(2)一方未经对方同意,擅自资助与其没有抚养义务的亲朋所负的债务。(3)一方未经对方同意,独自筹资从事经营活动,其收入确未用于共同生活所负的债务。(4)其他应由个人承担的债务。"

规定。[1] 立法解释一方面认为,夫妻团体行为由夫妻共同财产清偿,夫或妻的个人行为由个人财产清偿;另一方面认为,无论是约定共同制或法定共同制,原则上为夫妻共同生活所欠的债务,无论是否为夫妻共同所为,他方是否认可,均应推定为共同债务。[2] 但是,对于如何界定夫妻共同生活,立法者并未进一步具体说明。

《婚姻法》实施后,法院通常对于"夫妻共同生活"的判断比较狭窄,并且在举证责任上将是否"用于夫妻共同生活"加诸于债权人,导致债权人的债权往往落空,甚至出现夫妻双方恶意串通逃避债务,损害债权人利益的行为。针对这一现象,《婚姻法司法解释(二)》第24条明确规定,婚姻存续期夫妻一方以个人名义对外所负债务,推定为夫妻共同债务,夫妻一方如主张不属于共同债务的,应举证证明,且除外情形只有两种:债权人与债务人明确约定为个人债务以及债权人明知夫妻双方实行约定财产制,而且两种除外责任均由夫妻一方举证证明。[3]《婚姻法司法解释(二)》第24条的成因,依据最高人民法院的观点,"根据《婚姻法》第17条的规定,夫妻在婚姻关系存续期间所得的工资、奖金、生产经营的收益、知识产权的收益等均归夫妻共同所有。同样,夫妻在婚姻关系存续期间一方以个人名义所负的债务也应当按夫妻共同债务处理。因此,夫妻一方在婚姻关系存续期间以个人名义所负的债务,债权人可以向夫妻双方主张权利,并要求按夫妻共同债务处理……符合日常家事代理权的法理,能够减轻财产交易的成本,便于及时、合理地解决纠纷"[4]。相比《最高人民法院关于人民法院审理离婚案件处理财产分割问题的若干具体意见》第17条,《婚姻法司法解释(二)》第24条所规定的除外责任不易证明,因此夫妻的个体行为与夫妻共同体行为势必难以区分,实际上形成夫妻一方均对另一方所负的个人债务,以婚后所得财产承担无限连带责任。

---

[1] 2001年修正的《婚姻法》第41条规定:"离婚时,原为夫妻共同生活所负的债务,应当共同偿还。共同财产不足清偿的,或财产归各自所有的,由双方协议清偿;协议不成时,由人民法院判决。"

[2] 参见胡康生主编:《中华人民共和国婚姻法释义》,法律出版社2001年版,第80页。

[3]《婚姻法司法解释(二)》第24条规定:"债权人就婚姻关系存续期间夫妻一方以个人名义所负债务主张权利的,应当按夫妻共同债务处理。但夫妻一方能够证明债权人与债务人明确约定为个人债务,或者能够证明属于婚姻法第十九条第三款规定情形的除外。"

[4] 最高人民法院民事审判第一庭编著:《最高人民法院婚姻法司法解释(二)的理解与适用》(第二版),人民法院出版社2015年版,第256—257页。

2016年3月,最高人民法院对《婚姻法》第41条与《婚姻法司法解释(二)》第24条之间的适用关系进行了阐明,认为:两者均是处理夫妻债务的法律依据,但规制的法律关系不同。前者涉及的是夫妻债务的内部法律关系认定,即在夫妻离婚时,由债务人举证证明所借债务是否基于夫妻双方合意或者是否用于夫妻共同生活,如举证不足,配偶一方不承担偿还责任;后者涉及的是夫妻债务的外部法律关系的认定。同时,除"但书"的两种情形外,如配偶一方举证证明所借债务非用于夫妻共同生活的,配偶一方不承担偿还责任。[1] 2017年2月28日,最高人民法院公布《关于适用〈中华人民共和国婚姻法〉若干问题的解释(二)的补充规定》,针对司法实践中出现的涉及夫妻共同债务的新问题和新情况,强调虚假债务、非法债务不受法律保护。根据这份补充规定,《婚姻法司法解释(二)》第24条新增两款,分别规定:夫妻一方与第三人串通,虚构债务,第三人主张权利的,人民法院不予支持;夫妻一方在从事赌博、吸毒等违法犯罪活动中所负债务,第三人主张权利的,人民法院不予支持。

最高人民法院同时下发了《关于依法妥善审理涉及夫妻债务案件有关问题的通知》,要求各级法院正确适用最高人民法院对《婚姻法司法解释(二)》作出的补充规定,在家事审判工作中正确处理夫妻债务,依法保护夫妻双方和债权人合法权益,维护交易安全,推进和谐健康诚信经济社会建设。(1)未经审判程序,不得要求未举债的夫妻一方承担民事责任。在审理以夫妻一方名义举债的案件中,应当按照《民事诉讼法》相关司法解释的相关规定,原则上应当传唤夫妻双方本人和案件其他当事人本人到庭,庭审中应当要求有关当事人和证人签署保证书。未具名举债一方不能提供证据,但能够提供证据线索的,人民法院应当根据当事人的申请进行调查取证。对伪造、隐藏、毁灭证据的要依法予以惩处。(2)债权人主张夫妻一方所负债务为夫妻共同债务的,人民法院应当结合案件的具体情况,根据相关法律规定,结合当事人之间关系及其到庭情况、借贷金额、债权凭证、款项交付、当事人的经济能力、当地或者当事人之间的交易方式、交易习惯、当事人财产变动情况以及当事人陈述、证人证言等事实和因素,综合判断债务是否发生。(3)要防止违反法律和司法解释规定,

---

[1] 2016年3月17日,最高人民法院在官方网站上发出《关于"撤销婚姻法司法解释二第24条的建议"的答复》,载http://www.court.gov.cn/zixun-xiangqing-18292.html,2021年5月16日访问。

仅凭借条、借据等债权凭证就认定存在债务的简单做法。在当事人举证基础上,要注意依职权查明举债一方作出有悖常理的自认的真实性。在区分合法债务和非法债务,对非法债务不予保护的基础上,该通知还明确提出,对债权人知道或者应当知道夫妻一方举债用于赌博、吸毒等违法犯罪活动而向其出借款项,法律不予保护;对夫妻一方以个人名义举债后用于个人违法犯罪活动,举债人就该债务主张按夫妻共同债务处理的,不予支持。(4)在相关案件执行工作方面,要树立生存权益高于债权的理念,对夫妻共同债务的执行涉及夫妻双方的工资、住房等财产权益,甚至可能损害其基本生存权益的,应当保留夫妻双方及其所扶养家属的生活必需费用。执行夫妻名下住房时,应保障生活所必需的居住房屋,一般不得拍卖、变卖或抵债被执行人及其所扶养家属生活所必需的居住房屋。(5)通知同时强调,在处理夫妻债务案件时要坚持法治和德治相结合的原则。要制裁夫妻一方与第三人串通伪造债务的虚假诉讼,对涉嫌虚假诉讼等犯罪的,特别是虚构债务的犯罪,应依法将犯罪的线索、材料移送侦查机关。

三、学说上的争议与评析

在学说上,《婚姻法司法解释(二)》第24条所确立的以夫妻个人名义所负债务原则上推定为夫妻共同债务规定争议颇大。赞成的观点认为,夫妻关系形成了生活共同体,夫妻一方的对外交易行为大多数是出于维持、巩固或增进共同体的目的。而现行法规定的婚后所得共同制足以表明,将外部性质不明的夫妻单方举债推定为"为夫妻共同生活所负"比推定为"为个人需要所负"更接近事实、更符合常理,唯一的例外是没有对价所得的夫妻单方举债。[1]

但是,针对该条的批评观点则认为,债的形成是债权人与债务人相互选择的结果,具有相对性。将夫妻一方名义所负的债务推定为共同债务违背了债的相对性[2];还有学者认为,利益分享推定制并未考虑当事人在举债时的意思表示是否一致,单纯以身份关系作为确定夫妻共同债务的唯一要素,只要双方具有夫妻身份,即使一方举债未经对方同意,且并非用于夫妻共同生活,一律认定为夫妻共同债务。这对于完全不知情的

---

[1] 参见李红玲:《论夫妻单方举债的定性规则》,载《政治与法律》2010年第2期。
[2] 参见裴桦:《夫妻共同财产制研究》,法律出版社2009年版,第18页。

另一方配偶而言,是非常不公平的。[1]

由于我国《婚姻法》在法定夫妻财产制上采取的是婚后所得共同制,因此《婚姻法司法解释(二)》第24条所确立的"利益分享制"至少在形式上具有合理性;相反,批评的观点反而值得商榷。比如,在婚姻关系存续期间,夫或妻在夫妻共同生活上的行为就是夫妻共同体的行为,由此负担的债务也属于夫妻共同体债务,这并不违背债的相对性。又如,若是夫或妻以个人名义所负债务是"为夫妻共同生活",即使配偶一方不知情,但是在夫妻分享了行为所带来的利益的情形,夫妻共同体理当共同承担债务。[2] 可见质疑的理由并非言之凿凿。这可能是近年来《婚姻法司法解释(二)》第24条所遭遇的反对声音尽管比较强烈,但是最高人民法院仍然坚持己见的重要原因。

第二节 我国夫妻共同债务与个人债务界分的反思

一、目的论或用途论的不足之处

原《婚姻法》第41条以"为夫妻共同生活"作为界分夫或妻的个人债务与夫妻共同债务的标准,这在我国学说上被概括为"目的论"或"用途论"。[3] 对此,最高人民法院亦认为,夫妻共同生活是夫妻共同债务的内在本质,夫妻共同生活所负债务包含债务用于生活性消费活动、生产经营性活动、履行法定义务三层含义。[4]

然而在实践中,目的论的适用面临着较大的障碍。如前所述,由于夫妻共同体属于依情感与伦理而结合的次级团体,夫或妻构建夫妻共同生活并非完全基于理性的、可计算的行动;而且,由于夫妻共同生活具有封闭性,并非如同合伙、公司那样,必须依法将其目的范围与会计账簿予以

---

[1] 参见夏吟兰:《我国夫妻共同债务推定规则之检讨》,载《西南政法大学学报》2011年第1期。
[2] 参见吴晓芳:《〈婚姻法〉司法解释(三)适用中的疑难问题探析》,载《法律适用》2014年第1期。
[3] 参见夏吟兰:《我国夫妻共同债务推定规则之检讨》,载《西南政法大学学报》2011年第1期。
[4] 参见费蔷与王桂芳、孙法安离婚后财产纠纷申请再审案,最高人民法院(2013)民申字第1478号民事裁定书。

公开,从而为交易的第三人提供合理的信赖保护。因此,很难判断夫或妻的个体行为是否具有为"夫妻共同生活"的目的或者用途。具体而言,在夫或妻一方以其个人名义实施法律行为时,若是由夫或妻一方承担行为的后果(例如借款)是否用于夫妻共同生活的举证责任,则会因"夫妻共同生活"的私密性而难以辨别[1];反之,若是由债权人承担举证不能的责任,债权人不仅对于其是否具有为夫妻共同生活的目的难以知晓,而且对于其是否会将所得利益作为"夫妻共同生活"的用途之事实也不易追踪。[2] 由此可见,原《婚姻法》第41条规定的以"用于夫妻共同生活"作为划分夫妻共同体行为和个体行为、夫妻共同债务与个人债务的做法,只是一种理性化的标准。

目的论不仅被用于界分个人债务与夫妻共同债务,还被作为个人婚前债务转化为夫妻共同债务的依据。依据《婚姻法司法解释(二)》第23条的规定,如果夫或妻在婚前负有个人债务,而将该个人债务的收益用于婚后家庭共同生活的,则该个人债务转化为夫妻共同债务。[3] 最高人民法院认为,夫或妻的个人债务不因婚姻关系而发生移转,但是如果债权人

---

[1] 例如在张慧敏与高海燕等民间借贷纠纷申请再审案中,最高人民法院认为:"张慧敏主张高海燕在起诉状中自认案涉借款系用于山东鼎融集团公司资金周转,故该借款非用于夫妻共同生活,应认定为个人债务。但是,依据上述司法解释可知,只要是未明确约定为个人债务的,均应认定为夫妻共同债务。而张慧敏、徐克珊在一、二审及本院再审过程中,所提供证据及相应理由均为欲证明张慧敏不知该债务或张慧敏与借款人高海燕不认识。但这并不能满足上述司法解释所规定的免责要件",参见最高人民法院(2015)民申字第71号民事裁定书。类似案件参见曲直、孙志财等融资租赁合同纠纷申请再审案,最高人民法院(2016)民申第204号民事裁定书。笔者认为,最高人民法院从形式主义的角度出发,直接以《婚姻法司法解释(二)》第24条规定的两个法定抗辩事由驳回原告的主张的共同生活的抗辩,最重要的原因应该是所得借款是否用于"夫妻共同生活"实难辨别真伪。
[2] 例如,在郑金与巴学芳等民间借贷纠纷申请再审案中,法院认为:"来秀梅所借案涉款项发生在其与郑金夫妻关系存续期间,属于夫妻共同债务。虽然郑金在再审申请书中提出其与来秀梅已经分居且该借款未用于家庭共同生活,但其不能证明巴学芳与来秀梅已经约定该借款属于来秀梅的个人债务,也不能证明其与来秀梅已约定财产分别所有,更不能证明巴学芳知道其与来秀梅有过财产分别所有的约定,故根据婚姻法司法解释(二)第24条……认定案涉借款为郑金与来秀梅的夫妻共同债务并无不妥。"参见最高人民法院(2015)民申字第225号民事裁定书。由于当事人是否分居、所借款项是否用于夫妻共同生活难以判断,因此最高人民法院以《婚姻法司法解释(二)》第24条为依据不予认可。
[3] 《婚姻法司法解释(二)》第23条规定:"债权人就一方婚前所负个人债务向债务人的配偶主张权利的,人民法院不予支持。但债权人能够证明所负债务用于婚后家庭共同生活的除外。"

能够证明一方婚前个人所欠债务与债务人婚后家庭共同生活具有必然的因果联系,即夫妻中的一方婚前所欠债务中的资金、财产已转化为夫妻双方婚后物质生活的条件时,一方婚前的个人债务即应比照夫妻共同债务的原则予以处理。[1] 笔者认为,该规定并不妥当。我国《婚姻法》所确立的法定财产制是婚后所得共同制,夫妻一方的婚前财产为夫妻一方的个人财产,不因婚姻关系的延续而转化为夫妻共同财产。所谓"所得",是指财产权利的取得,而非对财产的实际占有。[2] 既然如此,夫或妻一方婚前所负个人债务所得的收益,自然也属于该方的婚前财产。即使将该所得的收益用于夫妻共同生活,也无法改变其归属。而且,由于"用于夫妻共同生活"具有伦理性与抽象性的特点,婚后的另一方配偶极易被纳入夫妻共同债务作为连带债务人,从而遭受难以预测的风险。[3] 这有违个人主义的精神与私法自治的原则。除非夫或妻的个人债务所得收益在婚后混同于共同财产之内而无法进行区分时,债权人才可以要求夫妻双方以夫妻共有财产承担清偿连带责任。[4]

二、推定论的逻辑基础及其问题

《婚姻法司法解释(二)》第24条正是为了克服"目的论"的抽象性与易变性,改采"推定论",将夫或妻一方的个体行为推定为夫妻共同债务。"推定论"的主要意旨是通过扩大债权担保范围,保障债权人的合法权益,维护交易安全,其逻辑基础是由《婚姻法》第17条规定的"婚后所得共同制"所导出的"利益共享制"。[5]

以"利益共享制"为标准,夫或妻的个体行为与夫妻共同体的行为之

---

[1] 参见最高人民法院民事审判第一庭编著:《最高人民法院婚姻法司法解释(二)的理解与适用》(第二版),人民法院出版社2015年版,第246页。
[2] 参见余延满:《亲属法原论》,法律出版社2007年版,第264页。
[3] 《意大利民法典》采纳的也是婚后所得共同制,该法第189条第2款规定:"对婚前承担的债务,夫妻一方的债权人也可以作为辅助手段请求用夫妻共有财产清偿债务但是以该配偶在共同财产中享有的财产份为限。上述债权人无担保的,夫妻双方的共同债权人享有优先受偿权。"
[4] 《法国民法典》第1411条规定:"夫妻一方或另一方的债权人仅得对其债务人的自有财产与收入,提出清偿请求。但是,如在结婚之日属于债务人的动产物品,或者因继承或赠与而归债务人接受的动产物品已混同财产之内并且不可能按照第1402条之规则进行区分时夫妻一方或另一方的债权人亦可扣押属于共同财产内的财产。"
[5] 参见李红玲:《论夫妻单方举债的定性规则》,载《政治与法律》2010年第2期。

间的界限变得非常模糊,除法定的抗辩事由之外,夫或妻的个体行为所负债务是个人债务抑或是夫妻共同债务,已经没有区分的必要。针对夫妻一方以个人名义所负债务,各级法院尤其是最高人民法院通常并不考虑未举债一方提出的债务可能未用于夫妻共同生活的情事,而是直接依据《婚姻法司法解释(二)》第 24 条确立的构成要件与举债责任进行三段论式裁判。[1] 进而言之,即使夫或妻的个人行为涉及犯罪,只要该行为符合"利益共享制"的原理,也不影响夫妻共同债务的承担。[2] 反之,如果夫或妻所负的个人债务并未带来相应的利益,例如,所负债务是为他人提供无偿担保,典型的如夫或妻为他人提供保证责任或者抵押担保,则不属于夫妻共同债务。[3]

规范性指导必然会塑造及影响人的行为。[4]《婚姻法司法解释

---

[1] 例如,在雷震、冯静涛等与魏在胜民间借贷纠纷申请再审案中,最高人民法院认为,雷震该笔借款发生于雷震与冯静涛夫妻关系存续期间,其借款为了投资或生产经营,雷震、冯静涛并未提供证据证明案涉债务存在雷震与魏在胜明确约定为雷震个人债务,亦未提供证据证明案涉债务存在《婚姻法》第 19 条第 3 款规定情形……原审判决认定本案借款为夫妻共同债务并无不当,参见最高人民法院(2014)民申字第 1471 号民事裁定书。类似判决参见吴晖岑与吴志培、杨俊钦及郭芳其、石狮市恒达船运有限公司、郭华龙民间借贷纠纷案,最高人民法院(2013)民申字第 877 号民事裁定书;杨俊华与邢双全申请再审案,最高人民法院(2015)民申字第 2105 号民事裁定书;蔡永余与冯淑敏等民间借贷纠纷案,最高人民法院(2015)民申字第 3571 号民事裁定书;董婷与黄振等民间借贷纠纷申请再审民事裁定书;曾燕与西昌市诚德典当有限责任公司等借款合同纠纷案,最高人民法院(2015)民申字第 2389 号民事裁定书;苏德义与主民霞等民间借贷纠纷申请案,最高人民法院(2015)民申字第 2371 号民事裁定书;董婷黄振与董婷黄振等民间借贷纠纷案,最高人民法院(2016)民申第 210 号民事裁定书。

[2] 例如,在靖江市润元农村小额贷款有限公司、陆某、江苏天盛工程设备制造有限公司与潘某借款合同纠纷申请再审案中,最高人民法院认为,二审判决判令潘某承担民事责任系基于案涉债务为其与陆某夫妻关系存续期间产生的共同债务,而非基于陆某的犯罪行为,故二审判令潘某承担民事责任与陆某的犯罪行为无法律上的关联性。二审判决认定案涉 3000 万元借款系陆某、潘某夫妻关系存续期间产生的共同债务并无不当。参见最高人民法院(2014)民申字第 1544 号民事裁定书。

[3]《最高人民法院民一庭关于夫妻一方对外担保之债能否认定为夫妻共同债务的复函》:"福建省高级人民法院:你院(2014)闽民申字第 1715 号《关于再审申请人宋某、叶某与被申请人叶某某及一审被告陈某、李某民间借贷纠纷一案的请示》收悉。经研究答复如下:同意你院审判委员会多数意见,即夫妻一方对外担保之债不应当适用《最高人民法院关于适用〈中华人民共和国婚姻法〉若干问题的解释(二)》第二十四条的规定认定为夫妻共同债务。"

[4] 参见[美]E. 博登海默:《法理学:法律哲学与法律方法》,邓正来译,中国政法大学出版社 2004 年版,第 331 页。

(二)》第 24 条所提供的行为准则是,夫妻共同体是债务关系的一个整体,两者在责任的承担上具有不可分离性。夫妻不仅在诉讼中被认定为连带责任的被告,而且即使是以夫或妻一方为被告,在执行程序中,另一方配偶未经诉讼也作为被执行人。[1] 由此表明,依据"推定论",夫或妻的个人责任与夫妻共同体的责任在相当大的程度上已经混为一体。在第三人看来,夫妻共同体在形式上如同合伙等组织体一样,呈现的是一个整体的状态。[2]

实质上,"利益共有制"作为"推定论"所确立的基础,只是一种理想状态。在婚后所得共同制之下,除无偿行为之外,虽然夫或妻的个体行为所负债务可以获得相应的利益,而且在该利益从债权人移转至举债人的"瞬间",在法律状态上也属于夫妻共同财产。但是,由于举债人的行为动机往往比较复杂,其负债所获得的利益既可能是为了夫妻共同生活,也可能并非为了夫妻共同生活,甚至有可能是为了个人的非法目的,例如,为了赌博或者吸毒而负债。举债人的行为动机由于隐蔽于内心,一般不会对法律行为的效力产生影响。对此,举债人的配偶相对于债权人,并不具有防范风险的优势。[3] 简言之,"利益共享制"作为《婚姻法司法解释(二)》第 24 条的逻辑基础,仅具有形式合理性。如果举债人负债所获利益的动机,与夫妻共同生活的目的或用途愈是遥远,则意味着"利益共享制"预设的理想与现实状态愈是难以弥合,而要求举债人的配偶作为共同

---

[1] 例如,在李绍红、云南经达投资有限公司等与李绍红、黄万买卖合同纠纷执行案[云南省高级人民法院(2012)云高执复字第 17 号执行裁定书]中,在复议程序中直接认定该案债务系夫妻共同债务。经当事人向最高人民法院申诉,该执行裁定才被撤销。参见最高人民法院(2014)执监字第 106 号执行裁定书。

[2] 有学者认为,按照《婚姻法司法解释(二)》第 24 条所规定的夫妻共同债务的理论,可以将夫妻看成一个非营利性的合伙组织,从合伙债务的角度去解释夫妻一方对夫妻另一方所负债务的连带责任。参见张驰、翟冠慧:《我国夫妻共同债务的界定与清偿论》,载《政治与法律》2012 年第 6 期。从实然层面看,《婚姻法司法解释(二)》第 24 条的确造成了夫妻共同体被视为合伙组织的结果。但是从应然层面看,夫妻共同体与合伙之间具有本质性的差异。夫妻之间所具有的伦理性与情感性的初级团体的特征,以及"夫妻共同生活"的非精确性,使之不可能被塑造为如同合伙那样的次级团体的民事主体。

[3] 有学者认为,在婚姻关系存续期间,夫或妻一方若认为配偶他方有多次独自举债且不听劝阻,就应事先采取防范措施以保护自己的个人财产安全,比如要求对方实行约定分别财产制并进行公示。比较而言,夫或妻一方较债权人更易于控制风险。参见赖紫宁、周云焕:《确定夫妻共同债务:标准与诉讼结构》,载《法律适用》2008 年第 8 期。

债务人承担连带责任,愈会导致实质不公平的结果。[1]

三、"推定论"与"目的论"的两难困局及其原因

(一)"推定论"与"目的论"的两难困局

由于"推定论"改变了"目的论",并由此带来了广泛的争议,《婚姻法司法解释(二)》第 24 条不可避免受到质疑。为了缓和其间的矛盾,最高人民法院区分了《婚姻法》第 41 条与《婚姻法司法解释(二)》第 24 条的适用范围:前者涉及的是离婚时夫妻债务的内部关系,由举债配偶举证证明所借债务是否基于夫妻双方合意或者是否用于夫妻共同生活;而后者涉及的是夫妻债务的外部法律关系,由举债人的配偶举证证明该债务是否用于夫妻共同生活。[2] 相比《婚姻法》第 41 条,该条司法解释的实际意义在于,将夫或妻一方所负债务的收益未用于夫妻共同生活作为一项免责事由。

但是,最高人民法院仍然未遵循"目的论",而是采纳的"推定论"。[3] 最高人民法院模棱两可的态度,表明立法与司法解释出现了两难困局:若是严格按照目的论,由于债务所获利益是否用于夫妻共同生活不易判断,夫妻双方可能共同串通、恶意逃避债务以损害债权人的利益;反之,若是严格按照"推定论",债务人所获利益属于夫妻共同财产只是一种理想状

---

[1] 有学者从法技术的角度质疑,推定只是一种为了使裁判更加简便的法律技术,推定是允许通过反证推翻的。《婚姻法司法解释(二)》并未忽视这一点,但其缩小了反证的范围,不允许对"非用于共同生活"进行反证,这是不适当的(参见杨晓蓉、吴艳:《夫妻共同债务的认定标准和责任范围》,载《法律适用》2015 年第 9 期)。实际上,"推定论"既然排除了"夫妻共同生活",已经并非事实上的推定,而属于兼具推定(可能与事实相符)和拟制(不得举证推翻)的性质,属于推定式的拟制。参见黄茂荣:《法学方法与现代民法》(第 5 版),法律出版社 2007 年版,第 200—201 页。

[2] 参见《最高人民法院民一庭关于婚姻关系存续期间夫妻一方以个人名义所负债务性质如何认定的答复》。

[3] 如在柏锋、山东金信价格事务所有限公司与新泰市阳光小额贷款有限公司民间借贷纠纷申请案中,法院认为:"案涉借款虽然并非用于家庭共同生活,但亦是为转借他人牟取高额利息,此行为应视为是张云的投资行为,该投资行为所获利益为家庭共同利益,而柏锋对张云长期从事上述投资行为是明知的。柏锋虽提交其与张云的内部协议,但并未提供证据证明作为债权人的小贷公司知道该协议内容,故原判决认定柏锋对案涉债务承担共同偿还责任,并无不当。"参见最高人民法院(2015)民申字第 3442 号民事裁定书。类似案件参见张慧敏与高海燕等民间借贷纠纷申请再审案,最高人民法院(2015)民申字第 71 号民事裁定书;陈耿杰与甘奇扬等民间借贷纠纷申请再审案,最高人民法院(2015)民申字第 98 号民事裁定书。

态,而且债务人与债权人还可能恶意串通损害举债人配偶的利益。

(二)困局的原因分析:个人主义、夫妻共同体与交易安全之间的张力凸显

在改革开放之初,虽然《婚姻法》以"夫妻共同生活"作为判断夫或妻个体行为或夫妻共同体行为的依据。然而,个人主义的兴起仍然缺乏现实的土壤。主要原因在于:其一,从家庭层面看,社会活动在很大程度上仍然是以家庭为单位。典型的是原《民法通则》规定的农村承包经营户、个体工商户,使家庭("户")作为法律权利义务承受者的面目出现,具有相当于权利主体的地位。在城乡二元体制之下,家庭兼具生产、消费以及社会保障的职能。夫或妻的个人行为常常就是夫妻共同体的行为,由此造成个人债务难以与夫妻共同债务区分开来。当时的司法解释对这一状态作出了很好的阐释。[1] 其二,从个人层面看,由于商品经济尚不发达、个人所拥有的财产仍然较少,夫或妻以其名义实施的个体行为以日常的衣、食、行以及子女教育等为主要内容,大体属于日常家事代理权的范畴。其三,在夫妻财产制方面,法律在婚后所得共同制之外,还规定了夫或妻的婚前个人财产转化规则,客观上强化了夫妻共同体的财产基础。[2] 在此背景之下,对于债权人而言,尽管夫或妻的个体行为是否为"夫妻共同生活"不易判断,但由于个体行为在很大程度上被夫妻共同体的行为所遮蔽,将个体行为所负债务认定为夫妻共同债务,既保护了债权人的利益并维护了交易的安全,也大体符合夫妻共同体的实际。夫妻共同体与交易安全的张力尚未显现。

然而,随着社会主义市场经济的发展,尤其是 21 世纪初中国加入世界贸易组织以后,社会的经济、文化和人的思想、生活方式都发生了深刻的变化。个人自由和权利观念不断增强,财产关系日趋复杂,各种新型的

---

[1] 例如,1988 年《最高人民法院关于贯彻执行〈中华人民共和国民法通则〉若干问题的意见(试行)》第 43 条规定:"在夫妻关系存续期间,一方从事个体经营或者承包经营的,其收入为夫妻共有财产,债务亦应以夫妻共有财产清偿。"这表明,"两户"的夫妻共同债务与经营方、承包方的个人债务之间的界限是模糊的。

[2] 《最高人民法院关于人民法院审理离婚案件处理财产分割问题的若干具体意见》第 6 条规定:"一方婚前个人所有的财产,婚后由双方共同使用、经营、管理的,房屋和其他价值较大的生产资料经过 8 年,贵重的生活资料经过 4 年,可视为夫妻共同财产。"第 3 条规定:"在婚姻关系存续期间,复员、转业军人所得的复员费、转业费,结婚时间 10 年以上的,应按夫妻共同财产进行分割……"

财产关系不断出现。婚前财产转化规则由于与市场经济提倡的按劳分配、尊重和保护个人财产所有权的精神不符,不利于夫妻关系的健康发展,也与物权原理相悖,[1] 2001年《婚姻法》修正时废除了婚前财产转化规则[2]。确立了夫或妻的婚前财产与夫妻共同财产相分离的规则。究其原因,是人们的价值观念发生了巨大的变化,对个人价值的追求日益迫切,个人主义价值的畅行成为现代化的一个重要标志[3] 不仅如此,由于工商业的快速发展和专业的分工,大量的农村人口进入城市安家落户,原本由家庭所担负的生产、社会保障等功能逐渐被市场所替代,家庭已经不具有主体的地位。[4] 人之个体成为社会、政治和经济生活中唯一积极的参与者[5] 一方面,知识与财货得以快速流动并产生了空前的繁荣景象,交易安全和信赖保护成为民法的重要原则之一[6];另一方面,夫妻共同体是家庭的支柱,维系团结和睦的夫妻共同体,保护妇女和儿童的利益,是《民法典》人文关怀的重要内容。[7]

总之,在个人主义勃兴的背景下,夫妻共同体的维系与交易安全的保护之间的张力日益凸显。夫或妻的个人行为是个体行为抑或是夫妻共同体的行为,由于"夫妻共同生活"的伦理性与抽象性已经难以判断;而将夫妻共同体视为整体又与个人主义的趋势相悖。无论是立法上的"目的论"还是司法解释的"推定论",在技术上都不足以回应目前社会现实的

---

[1] 参见最高人民法院民事审判第一庭:《婚姻法司法解释的理解与适用》,中国法制出版社2002年版,第69页。

[2] 对此,学界仍有批评观点,认为个人婚前财产转化规则从功能来看不但可能符合我国最大多数夫妻的意愿,还可以在事前层面促进婚姻的稳定。参见贺剑:《论夫妻个人财产的转化规则》,载《法学》2015年第2期。

[3] 参见〔法〕路易·迪蒙:《论个体主义——对现代意识形态的人类学观点》,谷方译,上海人民出版社2003年版,第15页。

[4] 有少数学者主张"家"的民事主体地位(参见俞江:《中国民法典诞生百年祭——以财产制为中心考察民法移植的两条主线》,载《政法论坛》2011年第4期),相反观点认为,由于有合伙、公司、信托等丰富的商事组织形式以及完善的配套法律体系可供选择,而且夫妻双方还可以基于意思自治,依通常的民法规则共同与第三人发生法律关系,因此无此必要(贺剑:《论婚姻法回归民法的基本思路——以法定夫妻财产制为重点》,载《中外法学》2014年第6期)。

[5] 参见〔英〕F. A. 冯·哈耶克:《个人主义与经济秩序》,邓正来译,生活·读书·新知三联书店2003年版,第6页。

[6] Franz Bydlinski, System und Prinzipien des Privatrechts, Springer-Verlag, Wien, 1996, S. 150 – 157.

[7] 参见王利明:《民法典体系研究》(第二版),中国人民大学出版社2012年版,第488页。

需求。因司法审判所引起的各种矛盾,是社会变动的速率与法律适应变动的速率之间已不匹配的产物。

第三节 我国夫妻共同债务与个人债务的界分及清偿之立法论

一、以"家庭利益"认定夫妻共同债务的抽象标准

夫妻共同债务与个人债务的界分与法定夫妻财产制具有密切的关联性。在法定财产制为分别财产制的德国、瑞士等,夫或妻的个体行为所负债务被推定为个人债务,此种"行为导向型"方式不但具有合理性,而且简单明了。然而,我国现行法上的法定财产制是婚后所得共同制,显然不能将夫或妻的个体行为所负债务推定为夫妻个人债务[1],因为"原则推定为个人债务"系以法定夫妻财产制是分别财产制为前提。从我国的社会现状来看,婚后所得共同制已经被绝大多数人所认可,改变为分别财产制并不具有充分的理由。[2]

如上所述,《婚姻法司法解释(二)》第 24 条规定的"推定论"将夫或妻的个人所负债务推定为夫妻团体债务,与个人主义勃兴的社会现实相悖。《婚姻法》第 41 条规定的"为夫妻共同生活"即"用途论",在某种程度上也可以认为属于"目的导向型"。但是,"为夫妻共同生活"的目的(概称为"共同生活目的")相比以家庭利益或夫妻共同利益的目的(概称为"共同利益目的"),以前者作为界分夫妻团体债务与个人债务的重要标准仍有不足之处:(1)在立法上,"共同利益目的"相比"共同生活目的"之表述更为合理。夫妻共同债务与个体债务的划分,在法律上表达为夫妻团体利益与个体利益的冲突和协调。而如何确认当事人之间的利益冲突及其一般表现形态,如何对特定的利益进行表达、争论、协调和平衡,是立法过程的重点难点和解决诸多争议问题的关键所在。[3] 在利益法学

---

[1] 持此种观点的学者,参见裴桦:《夫妻共同财产制研究》,法律出版社 2009 年版,第 223 页。
[2] 参见薛宁兰:《法定夫妻财产制立法模式与类型选择》,载《法学杂志》2005 年第 2 期。2017 年 1 月,中国婚姻家庭法学会将《民法典·婚姻家庭法编(学者建议稿)》提交给中国法学会作为立法的重要参考,该建议稿第 77 条规定的法定夫妻财产制仍然是婚后所得共同制。
[3] 参见张新宝:《侵权责任法立法的利益衡量》,载《中国法学》2009 年第 4 期。

派看来,法律是在每一个法律共同体中相互对立且为求被承认利益彼此角力的结果。即使发展至评价法学,其虽然认为法律规范是一个"评价"的具体化或普遍评价的暴露,但也不否认法律是"决断利益冲突的规定"。[1] 在夫或妻单独实施法律行为时,该行为究竟是个人行为还是夫妻团体行为,可以从行为是否符合"家庭利益"的角度与第三人的信赖保护之间进行利益衡量。相反,婚姻关系虽决定了夫妇之间的密切合作和共同生活,可是密切合作和共同生活显得较为空泛[2],尤其是不能表达在个人主义日益凸显的背景之下,夫或妻作为个体和夫妻团体成员与交易安全之间的张力。[3] (2)在法定财产制为共同财产制之下,需对夫或妻个人所负债务的"目的"进行甄别,以此界分夫或妻的个人行为与夫妻团体行为。而以夫妻共同利益或家庭利益为限制条件对夫妻共同债务的范围作必要的限制,符合比较法上采纳共同财产制立法的做法。例如,《意大利民法典》第183条(家庭利益)、《美国统一婚姻财产法》第8节(婚姻利益和家庭利益)、《路易斯安那州民法典》第2360条(夫妻共同利益)、《俄罗斯联邦家庭法典》第45条第2款(家庭利益)等,法国判例采纳的也是夫妻共同利益。[4] "家庭利益"标准已开始被我国司法审判实践所采纳。[5] (3)"共同生活目的"难以与日常家事权的内容区别开来。通常

---

[1] 参见吴从周:《概念法学、利益法学与价值法学》,中国法制出版社2011年版,第255、420页。

[2] 参见费孝通:《乡土中国·生育制度·乡土重建》,商务印书馆2011年版,第221页。

[3] 以"家庭利益"作为夫妻团体所负债务的目的,并不会导致夫妻团体成为经济团体。两者仍然具有本质上的伦理差异:在夫妻团体或家庭内部,行为具有利他动机;相反,企业成员在实施社会行动时秉持的是利己之心。在市场交换中,利他主义的效率较低;而在家庭生活中,利他主义的效率较高。参见〔美〕加里·斯坦利·贝克尔:《家庭论》,王献生、王宇译,商务印书馆1998年版,第6、325页。

[4] Cass. 1re civ., 13 janv. 1993: Bull. civ. 1993, I, n° 10; Defrénois 1993, p. 1445, obs. G. Champenois.

[5] "家庭利益"标准已开始被司法审判实践所采纳。在柏锋、山东金信价格事务所有限公司与新泰市阳光小额贷款有限公司民间借贷纠纷申请再审案中,法院认为:"根据金信公司和柏锋再审陈述的事实,安洪利之子安鹏与张云存在常年商业合作关系,给客户办理公司注册、增资和'过桥资金'业务,张云提供客户,安鹏负责提供资金,由张云具体经办,收取客户的利息,两人分享。可以看出,案涉借款虽然并非用于家庭共同生活,但亦是为转借他人牟取高额利息,此行为应视为是张云的投资行为,该投资行为所获利益为家庭共同利益,而柏锋对张云长期从事上述投资行为是明知的。柏锋虽提交其与张云的内部协议,但并未提供证据证明作为债权人的小贷公司知道该协议内容,故原判决认定柏锋对案涉债务承担共同偿还责任,并无不当。"参见最高人民法院(2015)民申字第3442号民事裁定书。

认为,日常家事代理是夫妻双方及其共同的未成年子女日常共同生活必要的事项。[1] 而"共同利益目的"则不存在这样的困难。如《意大利民法典》第143条就区分了家庭需要(bisogno)与家庭利益(interesse)。[2] 家庭利益可以涵盖前者。《意大利民法典》第186条第3项规定的"家庭利益",为责任财产范围的扩大提供了依据,即从由举债的债务人本人承担债务扩大到夫妻共同财产承担债务。[3]

综上所述,在夫妻采共同财产制的情形,在夫或妻以个人名义负担债务时,若是行为以家庭利益为目的,则该个人行为可以视为夫妻团体行为,所负债务属于夫妻团体债务;相反,若是行为以个人利益为目的,则属于夫或妻的个人债务。在体系上,由于夫妻债务并非仅限于离婚之时,而是以夫妻财产制为基础,因此,建议"婚姻家庭编"应当在夫妻财产制一章专门规定夫妻共同债务与个人债务的条款。此处所谓的家庭,意指夫妻、未成年子女以及其他家庭成员因共同生活而形成的社会基本单元,虽然通常表现为核心家庭(父母与未成年子女),但是还包括具有法定扶养关系的其他近亲属(如并未共同生活的尊亲属)。

"家庭利益"属于弹性概念,应当有利于夫妻团体及其未成年子女、父母的人格与社会经济地位的发展。对此,可以结合家庭的经济状况和生活习惯,以及通常的社会观念进行个案判断。意大利法院判例在较为宽泛的意义上来理解该概念,凡是能够满足家庭基本需要而缔结的债务,尤其是为医疗而支出的费用,为女儿置备嫁妆、为儿子进行牙医护理而支出的费用,均可认为是"为家庭利益"而缔结的债务。[4] 在我国《婚姻法》中,"家庭利益"具体可以从以下几个方面界定:(1)夫或妻为家庭利益对外实施的法律行为必须是有偿的。否则,对无偿获取利益的债权人过于优待,而对于负债方的配偶显失公平。因此,对于夫或妻一方对外提供担保(如为第三人提供保证或者设定担保物权)或者一方对第三人进行较大数额的赠与时,债务人的配偶并不作为共同债务人。除非该配偶

---

[1] 参见余延满:《亲属法原论》,法律出版社2007年版,第245页。
[2] L. Balestra, Commentario del codice civile. Della famiglia-artt. 177 – 342ter. , Torino, p. 132ss.
[3] M. Paladini, La responsabilità patrimoniale dei coniugi in comunione legale, in Incontro di studio sul tema: "La comunione legale tra i coniugi", Roma, p. 101ss. http://astra. csm. it/incontri/relaz/17540. pdf,2017年6月17日访问。
[4] Cfr. A. Galasso, Del regime patrimoniale della famiglia, tomo 1, art. 159 – 230, in Commentario del codice civile Scialoja-Branca, a cura di F. Galgano, Bologna, 2003, pp. 390 ss.

对担保行为明知并予以认可。[1] 然而,尽管夫妻或一方设定担保本身是无偿的,但是若担保人的家庭利益状态因担保责任得到了改善,该担保责任也属于夫妻共同债务。[2] 对于约定的有偿之债是否属于为了家庭利益,必须考虑债务的价值,因为夫妻共同债务的财产的主要基础是夫妻共同财产。[3] 因此,应该将某项夫或妻以个人名义负担的债务的价值与其夫妻共同财产的价值进行适当的衡量,以判断该债务是否能够达到"为家庭利益"的目的。(2)对于法定之债,应以夫或妻的个人行为是为"家庭利益"而正当负担,作为认定其为夫妻共同债务的标准。因此,夫或妻一方实施的侵权行为,并不能一概被认为属于个人债务。在婚姻关系存续期间,若该侵权行为是为了家庭利益或者事实上使家庭受益的,就应当认定为夫妻共同债务,否则应当认定为个人债务。前者如为家庭生计的出租车司机因交通肇事产生的债务;后者如故意伤人产生的债务。[4] (3)夫或妻一方为"家庭利益"负债应当具有正当性。为夫或妻一方或双方的教育、培训费用所负债务,或者夫或妻正当必要的社会交往费用所负债务等均属于夫妻共同债务。反之,若是赌博、吸毒、盗窃、抢劫等犯罪行为所生的赔偿债务,并不构成夫妻共同债务。除非经有权机关认定,夫或妻一方通过非法犯罪途径获取的利益是夫妻共同财产的来源,债权人才可以对夫妻团体提出相应的请求。[5] 同理,如果夫或妻是无因管理的本人,或者是不当得利的受益人,只要被管理的事务与所受利益客观上有利于"家庭利益"的增加,均应当被认定为夫妻共同债务。(4)夫妻采法定

---

[1] 参见乔钰峰、裴晟捷等民间借贷纠纷申请再审案,最高人民法院(2015)民申字第1892号民事裁定书。

[2] 如在王琅等企业借贷担保纠纷案中,法院认为:"谢凯是欢娱公司大股东及法定代表人,欢娱公司经营状况直接影响大股东谢凯个人获利的多少,也会与谢凯与王琅婚姻关系存续期间夫妻共同财产的多少有直接关系……将谢凯因担保涉案借款形成的个人债务,认定为夫妻共同债务是合理的。"参见最高人民法院(2015)民申字第752号民事裁定书。

[3] F. Gazzoni, Manuale di diritto private, Napoli, 2006, pp. 381 - 382.

[4] 参见吴晓芳:《〈婚姻法〉司法解释(三)适用中的疑难问题探析》,载《法律适用》2014年第1期。

[5] 《俄罗斯联邦家庭法典》第45条规定:"若经法院认定,夫妻共同财产的获得或增加由夫妻一方通过非法犯罪途径获得,则负债可相应请求全部或部分夫妻共同财产。"《民法典·婚姻家庭法编(学者建议稿)》第184条第(四)、(五)项分别规定:夫妻一方在婚姻关系存续期间实施过错行为或基于个人财产致损而承担的侵权之债,夫妻一方因从事违法、犯罪行为而被判处的罚款、罚金属于夫妻个人债务。该规定对现实生活的复杂性的考虑有失妥当。若是夫或妻一方为家庭利益而实施的过错侵权赔偿,应当属于夫妻共同债务。

财产制,夫或妻在结婚前为家庭利益而设定的债务。依据《婚姻法司法解释(二)》第 23 条的规定,如果夫或妻在婚前负有个人债务,而将该个人债务的收益用于婚后家庭共同生活的,则该个人债务转化为夫妻共同债务。[1] (5)在举证责任上,在个人主义兴起的社会背景之下,由于夫或妻的个人行为通过"家庭利益"这一目的才被视为夫妻团体行为,责任财产范围也扩大至夫妻共同财产。依据通常的社会观念,夫或妻个人负债的目的可以被视为为"家庭利益"的,债权人免除举证责任。但是,夫或妻的个人负债行为愈是与家庭的经济状况、生活习惯以及社会观念相背离,则债权人对该行为属于夫妻团体行为的信赖愈是薄弱。此时,让债权人来防患"家庭内部关系的复杂性和风险",比让举债人配偶来防患另一方对外负债的风险的成本更低。相应的,债权人就负有更强的注意义务和举证责任,即由债权人举证证明夫或妻的个人行为所负债务是用于"家庭利益",由此平衡举债一方配偶与债权人之间的利益关系,避免不适当地加重举债人配偶的责任。

夫或妻一方为生产或经营所负担的债务是否属于夫妻团体债务?对此,有学者认为,在婚后所得共同制之下,夫妻双方对共同财产有平等的处理权。因此夫或妻未经对方同意,超出日常家事代理权范围所负债务属于个人债务。[2]但是,《婚姻法司法解释(二)》的制定者认为,"夫妻一方从事生产、经营活动但利益归家庭共享的,由此产生的债务是夫妻共同债务;但是,夫妻一方未经对方同意,独自筹资从事生产或经营活动所负债务,且其收入确未用于共同生活的,由此产生的债务是夫妻一方的个人债务"[3]。

笔者认为,夫或妻以个人名义为生产或经营所负债务,有证据表明所获对价的用途是为了"家庭利益"的,该债务应当属于夫妻共同债务。这是因为,一方面,在夫妻共同经营的情形,营利性在夫妻团体之中已经占据重要的内容,夫妻团体在相当程度上已具有"结合体"的属性,由初级群体变为次级群体;另一方面,依据原《婚姻法》第 17 条第 2 款以及《婚姻法司法解释(二)》第 11 条第(一)项的规定,一方婚后生产、经营所得

---

[1] 《婚姻法司法解释(二)》第 23 条规定:"债权人就一方婚前所负个人债务向债务人的配偶主张权利的,人民法院不予支持。但债权人能够证明所负债务用于婚后家庭共同生活的除外。"
[2] 参见夏吟兰:《我国夫妻共同债务推定规则之检讨》,载《西南政法大学学报》2011 年第 1 期。
[3] 最高人民法院民事审判第一庭编著:《最高人民法院婚姻法司法解释(二)的理解与适用》(第二版),人民法院出版社 2015 年版,第 261 页。

的收益以及以个人财产投资取得的收益,均属于夫妻共同财产。尽管《婚姻法司法解释(三)》第 5 条规定,夫妻一方个人财产在婚后产生的孳息被认定为个人财产,但是该条在学说上受到质疑〔1〕,而且最高人民法院的立场已经开始转变:不但个人股票、基金的婚后增值(不论有无经营)一律是投资收益,而且连个人投资房屋的婚后增值,也是投资收益,属于夫妻共同财产。〔2〕

夫或妻以个人名义负债,若是将所获对价投资于个人独资企业,而且配偶参与经营的,可以推定是"为了家庭利益",应当属于夫妻团体债务。〔3〕 除此之外,夫或妻一方以投资为名,向第三人借贷大笔资金,是否属于夫妻共同债务,是司法实践中的难题。最高人民法院通常认为,只要借款的目的是投资和经营〔4〕,甚至给第三人周转〔5〕,均认定为夫妻共同债务。由于生产、经营或者投资均存在一定的风险,这往往使配偶负担过重的风险,进而成为相关诉争的焦点问题。对此,应当通过合理分配举证责任的方式调和配偶的法律风险与债权人的交易安全,避免恶意诉讼。〔6〕 具体而言,在夫或妻一方向债权人借贷大笔资金的情况下,由于这明显超越日常家事代理权的范畴,债权人为确保自己资金的安全,应该了解借款用途和资金去向,由债权人承担证明该借款用于"家庭利益"的

---

〔1〕 参见许莉:《夫妻个人财产婚后所生孳息之归属》,载《法学》2010 年第 12 期。

〔2〕 参见贺剑:《夫妻个人财产的婚后增值归属》,载《法学家》2015 年第 4 期。

〔3〕 如在湖北华都建筑有限公司建设工程施工合同纠纷申请再审案中,法院认为:"王远兴作为案涉建设工程发包方,与其妻赵秋桂共同经营,产生的债务发生在夫妻关系存续期间,应作为夫妻共同债务……故原判将赵秋桂作为当事人并令其共同承担工程款支付责任并无不当。"参见最高人民法院(2014)民申字第 2022 号民事裁定书。

〔4〕 如在雷震与魏在胜借款纠纷案中,法院认为:"雷震该笔借款发生于雷震与冯静涛夫妻关系存续期间,其借款为了投资或生产经营……故根据第 24 条之规定,原审判决认定本案借款为夫妻共同债务并无不当。"参见最高人民法院(2014)民申字第 1471 号民事裁定书。

〔5〕 在张慧敏等民间借贷纠纷案中,法院认为:"张慧敏主张高海燕在起诉状中自认案涉借款系用于山东鼎融集团公司资金周转,故该借款非用于夫妻共同生活,应认定为个人债务。但是,依据上述司法解释可知,只要未明确约定为个人债务的,均应认定为夫妻共同债务。……退而言之,即使高海燕向徐克珊出借款项时明知徐克珊系用于经营或者用于出借给第三方周转,仍然应当认定为夫妻共同债务。"参见最高人民法院(2015)民申字第 71 号民事裁定书。

〔6〕 依据《最高人民法院关于审理民间借贷案件适用法律若干问题的规定》第 18 条规定:"人民法院审理民间借贷纠纷案件时发现有下列情形,应当严格审查借贷发生的原因、时间、地点、款项来源、交付方式、款项流向以及借贷双方的关系、经济状况等事实,综合判断是否属于虚假民事诉讼……"

举证责任,否则应当视为举债人的个人债务。[1]

二、确立日常家事代理权及其范围

日常家事代理权是一种特殊的代理,法律赋予夫妻双方以日常家事代理权,不仅可为共同生活提供便利,而且可以降低婚姻生活的成本。[2] 在日常家事的范围内,夫或妻以自己的名义实施法律行为的后果,被认为是夫妻共同体的行为,属于夫妻共同债务。

从比较法上看,夫或妻的日常家事代理限于"满足家庭日常生活需要的交易",而且该交易符合该家庭的经济状况和生活习惯。[3] 由于家庭日常生活需要这一概念存在不确定性,通行做法是对其划定一个较大的范围,然后再进行某些限制。例如,依据德国判例,"满足家庭日常生活需要的交易"原则上包括所有为满足家庭扶养需要与为满足家庭成员业余生活需要的交易。[4]《法国民法典》(第 220 条)与《意大利民法典》(第 186 条第 1 款第 3 项)规定,旨在维持家庭日常生活和养育子女的费用属于夫妻共同债务。对于日常家事代理权的限制,通常而言包括:(1)财产投资。例如,法国最高法院认为,家庭投资活动,尤其是以构建不动产财产为目的而进行的投资活动,不属于第 220 条当然赋予连带性质的家庭生活与子女教育活动。[5] 依据德国判例的规定,涉及财产投资和管理的行为,由于德国的法定夫妻财产制建立在分别财产制之上,这些事务均由配偶双方各自支配(例如,购买不动产、签订储蓄合同等)。即使该措施有利于满足家庭供养,也不适用《德国民法典》第 1357 条。[6] (2)明显过分的开支。法国判例认为,日常家事所设置的连带责任,至少应当以此种开支的必要性为基础。例如,丈夫因休闲旅游而购买机票的票款,妻子不负连带责任。[7] (3)大额借贷。依据德国和法国判例,借款必须是为了购买特定的生活用品,故而为获得资金的贷款行为

---

[1] 法国最高法院(1990 年 1 月 17 日)认为:"向夫妻一方借贷消费资金并希望享有连带债务制利益的人,应当证明其给予的借贷是用于家庭生活开支与子女教育。"参见《法国民法典(上)》,罗结珍译,法律出版社 2005 年版,第 210 页。这实际上通过举证责任的方式,倾向于保护行为人配偶的利益。
[2] 参见马忆南、杨朝:《日常家事代理权研究》,载《法学家》2000 年第 4 期。
[3] 参加陈苇主编:《外国婚姻家庭法比较研究》,群众出版社 2006 年版,第 230 页。
[4] Münch Komm/Schubert, § 164 BGB (2015), Rn. 193.
[5] 参见《法国民法典》(上),罗结珍译,法律出版社 2005 年版,第 208—209 页。
[6] 参见[德]迪特尔·施瓦布:《德国家庭法》,王葆莳译,法律出版社 2010 年版,第 91 页。
[7] 参见《法国民法典》(上),罗结珍译,法律出版社 2005 年版,第 208—209 页。

不能适用日常家事代理权,即使该笔贷款事实上用于满足家庭生活需要。[1]

我国原《婚姻法》并未规定日常家事代理权,但《婚姻法司法解释(一)》第17条第(一)项规定:"夫或妻在处理夫妻共同财产上的权利是平等的。因日常生活需要而处理夫妻共同财产的,任何一方均有权决定。"学说通常认为,该条构成日常家事代理的雏形。[2] 与法国、德国等相比,我国关于日常家事代理权的规定属于原则性规定,最高人民法院也鲜有判例对此予以具体阐释,由此导致具体哪些事项属于日常家事的范畴、应属于夫妻共同债务,因法无明文而难以判断。若是严格依据《婚姻法司法解释(二)》第24条所确立的"推定论",夫妻日常家事代理权根本没有存在的必要。对此有学者认为,我国原《婚姻法》没有规定家事代理制度,是因为法定财产制足以调整家事代理的问题,婚姻关系存续期间发生的对外责任原则上均由夫妻双方共同承担。[3] 正是因为日常家事代理权的规定过于原则化,其反而成为《婚姻法司法解释(二)》第24条的立法依据之一。[4]

日常家事代理权具有认定夫或妻的个人行为是否属于夫妻共同债务的功能。日常家事代理权与夫妻财产制无关,并不因夫妻财产制的不同而有所区别。[5] 无论是采纳增益财产共同制的德国、日本,还是与我国一样采纳婚后所得共同制的法国、意大利,均规定了日常家事代理权。在我国司法审判实践,日常家事代理权也被运用并作为审判案件的依据。[6]

---

[1] 参见〔德〕迪特尔·施瓦布:《德国家庭法》,王葆莳译,法律出版社2010年版,第91页。法国1985年12月23日《第85—1372号法律第2号文件》:以分期付款方式进行的购买以及借款,如未经夫妻双方同意,亦不发生连带责任;但如果此种借贷数量较少,属于家庭日常生活之必要,不在此限。该条的借贷具有家庭性质,由夫妻一方为其企业的运转而进行的借贷排除在外(最高法院第一民事庭,1995年5月10日)。
[2] 参见薛宁兰、金玉珍:《亲属与继承法》,社会科学文献出版社2009年版,第134页。
[3] 参见蒋月:《夫妻的权利与义务》,法律出版社2001年版,第63—65页。
[4] 参见最高人民法院民事审判第一庭编著:《最高人民法院婚姻法司法解释(二)的理解与适用》(第二版),人民法院出版社2015年版,第257—258页。
[5] 参见戴炎辉、戴东雄:《中国亲属法》,顺庆文化事业有限公司2000年版,第164页。
[6] 在成功与惠州市惠阳区南凯实业有限公司复议案执行案中,最高人民法院认为:"本院《关于适用〈中华人民共和国婚姻法〉若干问题的解释(一)》第17条第2项,限定了夫妻家事代理权的特定范围:'夫或妻非因日常生活需要对夫妻共同财产做重要处理决定,夫妻双方应当平等协商,取得一致意见。他人有理由相信其为夫妻双方共同意思表示的,另一方不得以不同意或不知道为由对抗善意第三人。'可见,交易相对人对夫妻一方处理共同财产的信赖利益保护,仅限于为日常生活需要处理财产的情形。本案和解协议中,王飞处理本息总额超过700万元共同共有债权的行为,显非为日常生活需要,不属于该条规定的夫妻家事代理权的范围。"参见最高人民法院(2013)执监字第49号执行裁定书。

我国日常家事代理权的解释,应该结合民众的生活习惯和观念,适当地借鉴比较法上的经验。日常家事代理的范围应当概括性的包括"旨在维持家庭日常生活、养育子女的费用以及履行赡养义务的行为",由此产生的债务属于夫妻共同债务。在具体案件中,必须审查夫或妻以个人名义所负债务是为了满足家庭生活需要的适当的还是明显超越了这一目的,满足需要的交易在种类和范围上应与处于同等社会状况的家庭之平均消费习惯相称,才是适当的。若是交易对婚姻共同生活具有重大影响,必须由双方共同决定。例如,上述德国、法国判例上对于财产投资、不动产交易与大额消费借贷行为[1],这些行为通常都不属于日常家事代理权的范围,不应该由行为人的配偶作为连带债务人。日常家事代理权的享有以夫妻同居生活为前提条件;反之,在夫妻分居的情况下,由于夫妻共同生活已经不复存在,日常家事代理权设置的目的已不复存在,则其归于暂时的消灭。[2]

三、生产或经营性负债及其限制

生产或经营性负债并非日常家事代理权的范畴,夫或妻一方为生产或经营所负担的债务,是否属于夫妻共同债务?对此,学说上有学者认为,由于我国法定财产制是婚后所得共同制,夫妻双方对共同财产有平等的处理权。因此,夫或妻未经对方同意,超出日常家事代理权范围所负债务属于个人债务。[3] 对于夫妻一方经营性负债,只能以夫妻共同财产和举债方个人财产作为责任财产范围承担有限责任。[4] 但是《婚姻法司法解释(二)》的制定者认为,夫妻一方从事生产、经营活动但利益归家庭共享的,由此产生的债务是夫妻共同债务,但是,夫妻一方未经对方同意,独

---

[1] 例如,在夏梦海与熊利、王荷荣民间借贷纠纷案中,法院认为:"涉案借款数额显然已超过日常生活所需,夏梦海亦主张王荷荣向其借款系用于投资采矿业,但借条上并未记载借款用途,夏梦海亦无其他证据证明该主张。同时,夏梦海无证据表明其有理由相信王荷荣的借款为王荷荣、熊利的共同意思表示……应认定为王荷荣的个人债务。"参见浙江省高级人民法院(2010)浙商外终字第 76 号民事判决书。
[2] 例如,在丁凤梅诉郑丕刚、陈郭荣民间借贷纠纷案中,法院认为:"虽然在婚姻关系存续期间之内,但是双方处于分居状态,无夫妻共同生活……故综合全案,丁凤梅所举债务不宜认定为用于郑丕刚与丁凤梅的夫妻共同生活,也就不能认定为丁凤梅与郑丕刚的夫妻共同债务。"参见最高人民法院(2015)民申字第 1032 号民事裁定书。
[3] 参见夏吟兰:《我国夫妻共同债务推定规则之检讨》,载《西南政法大学学报》2011 年第 1 期。
[4] 参见杨晓蓉、吴艳:《夫妻共同债务的认定标准和责任范围》,载《法律适用》2015 年第 9 期。

自筹资从事生产或经营活动所负债务,且其收入确未用于共同生活的,由此产生的债务是夫妻一方的个人债务。[1]

夫或妻以个人名义为生产或经营所负债务,有证据表明所获对价的用途是为了"家庭利益"的,该债务应当属于夫妻共同债务。前文已述及,此处不赘述。

夫或妻以个人名义负债,若是将所获对价投资于个人独资企业,而且配偶参与经营的,可以推定是"为了家庭利益",应当属于夫妻共同债务。[2] 除此之外,夫或妻一方以投资为名,向第三人借贷大笔资金,是否属于夫妻共同债务,是司法实践中的难题。最高人民法院通常认为,只要借款的目的是为了投资和经营[3],甚至给第三人周转[4],均认定为夫妻共同债务。由于生产、经营或者投资均存在一定的风险,这往往使配偶负担过重的风险,进而成为相关诉争的焦点问题。对此,应当通过合理分配举证责任的方式调和配偶的法律风险与债权人的交易安全,避免恶意诉讼。具体而言,在夫或妻一方向债权人借贷大笔资金的情况下,债权人为确保自己资金的安全,应该了解借款用途和资金去向,由债权人承担证明该借款用于"家庭利益"的举证责任,否则应当视为个人债务。

---

[1] 参见最高人民法院民事审判第一庭编著:《最高人民法院婚姻法司法解释(二)的理解与适用》(第二版),人民法院出版社 2015 年版,第 261 页。
[2] 例如,在湖北华都建筑有限公司与赵秋桂、王远兴建设工程施工合同纠纷申请再审案中,法院认为:"王远兴作为案涉建设工程发包方,与其妻赵秋桂共同经营,产生的债务发生在夫妻关系存续期间,应作为夫妻共同债务……故原判将赵秋桂作为当事人并令其共同承担工程款支付责任并无不当。"参见最高人民法院(2014)民申字第 2022 号民事裁定书。
[3] 例如,在雷震与魏在胜之间的借款纠纷案中,法院认为:"雷震该笔借款发生于雷震与冯静涛夫妻关系存续期间,其借款为了投资或生产经营……故根据第 24 条之规定,原审判决认定本案借款为夫妻共同债务并无不当。"最高人民法院(2014)民申字第 1471 号民事裁定书。
[4] 在张慧敏与高海燕等民间借贷纠纷案中,法院认为:"张慧敏主张高海燕在起诉状中自认案涉借款系用于山东鼎融集团公司资金周转,故该借款非用于夫妻共同生活,应认定为个人债务。但是,依据上述司法解释可知,只要是未明确约定为个人债的,均应认定为夫妻共同债务……退而言之,即使高海燕向徐克珊出借款项时明知徐克珊系用于经营或者用于出借给第三方周转,仍然应当认定为夫妻共同债务。综上,张慧敏以高海燕明知借款用途为理由主张案涉借款系徐克珊个人债务的主张不能成立。"参见最高人民法院(2015)民申字第 71 号民事裁定书。

四、管理、保有夫妻共同财产所生的债务

夫妻共同财产的类型有不动产、动产以及各种无形财产等,在性质上属于夫妻共同共有或者准共有。对于共有物的管理和保有费用,依据《民法典》第 302 条的规定,属于共同共有人共同负担。易言之,管理和保有夫妻共同财产所生债务,属于夫妻共同债务,除非夫妻双方另有约定,但是该约定不得对抗第三人。共有物的管理费用,包括维系共有物的正常使用费用、对共有物做简易修缮或者重大修缮所支出的费用以及动产、不动产的税费等;保有共有物的费用,包括因为共有物对共有人以外的人造成损害而向受害人支付的赔偿金等。[1] 夫妻共有财产为无形财产的,可以类推适用《民法典》第 302 条的规定。

五、我国夫妻共同债务与个人债务界分的立法论

随着市场经济的迅猛发展以及城镇化进程的加快,相比以乡村为主的传统农业社会,我国现今的社会结构已经发生了根本变化。原本由家庭肩负的生产、社会保障等社会职能已被市场所替代,个人主义的观念得以勃兴。婚前个人财富的快速增长,婚内法定财产制虽采共同财产制,然而共有财产的范围逐渐缩小而夫妻各自财产得以扩大。[2] 这些均使个人主义具有了现实的社会基础。个人与外界的交往日益广泛和多样。与此同时,夫妻共同体作为家庭的主轴,属于主要依赖伦理与情感维系的初级团体。在个人与理性主义思潮的冲击之下,夫妻共同体亟待夫妻甘苦与共的伦理契约期许,以彰显民法的人文关怀。[3] 在此背景之下,夫妻共同体的维系与交易安全的保护之间的张力日益凸显。

长期以来,我国《婚姻法》重视平等观念,忽略制度保障。夫妻共同体虽然以夫妻共同生活为本质,但是原《婚姻法》第 41 条规定的"目的论"与《婚姻法司法解释(二)》第 24 条确立的"推定论"都不足以判断,夫或妻的个人行为究竟是夫妻共同体的行为还是个体行为,以及由此所生债务是夫妻共同债务还是个人债务? 前者因为夫妻共同生活的伦理性与

---

[1] 参见王胜明主编、全国人大常委会法制工作委员会民法室编著:《〈中华人民共和国物权法〉解读》,中国法制出版社 2007 年版,第 215 页。
[2] 这在比较法上是一个明显的趋势,参见林秀雄:《夫妻财产制之研究》,中国政法大学出版社 2001 年版,第 6 页。我国 2001 年修正的《婚姻法》以及其后的司法解释也体现了这一点。
[3] 参见赵玉:《司法视域下夫妻财产制的价值转向》,载《中国法学》2016 年第 1 期。

私密性,存在不易确定的现实障碍;后者将夫妻共同体视为整体,与人格独立精神相悖。

在我国法定婚后所得共同财产制之下,对夫或妻以个人名义所负债务,应从夫妻共同体出发,对共同债务进行限制:

第一,夫或妻的个人债务与夫妻共同债务之间的界限,应以"家庭利益"作为界分的抽象标准。在判断以夫或妻的名义所负债务是否为家庭利益时,应当对该债务的价值与夫妻共同财产的总价值进行适当的衡量。对于夫或妻一方对外提供担保或对第三人的赠与之债时,债务人的配偶并不作为共同债务人。对于法定之债,夫或妻的个人行为是为"家庭利益"而正当负担的,亦属于夫妻共同债务。

第二,发挥日常家事代理权认定夫或妻的个人行为是否属于夫妻共同债务的功能。对于旨在维持家庭日常生活、养育子女的费用以及履行赡养义务的行为,属于夫妻共同债务。但是,夫或妻一方的财产投资、不动产交易与大额消费借贷行为并不属于日常家事代理权的范围。夫妻处于分居状态,日常家事代理权归于消灭,其间产生的债务属于个人债务。

第三,夫或妻以个人名义负债,若是将所获对价投资于个人独资企业,而且配偶参与经营的,可以推定是"为了家庭利益",应当属于夫妻共同债务。夫或妻一方以投资为名,向第三人借贷大笔资金,由债权人承担证明该借款用于"家庭利益"的举证责任,否则应当视为个人债务。

第四,管理、保有夫妻共同财产所生的债务,依据或准用《民法典》第302条的规定,属于夫妻共同债务。

第四节 夫妻共同债务的类型与清偿之解释

一、《夫妻债务司法解释》概述

2018年1月18日实施的《最高人民法院关于审理涉及夫妻债务纠纷案件适用法律有关问题的解释》(以下简称《夫妻债务司法解释》)将夫妻共同债务分为三种情况:(1)夫妻双方共同签字或者另一方事后追认的债务;(2)日常家事代理权范围的债务;(3)超出家庭日常生活需要,债权人能够证明该债务用于夫妻共同生活、共同生产经营的债务。2018年2月7日,《最高人民法院关于办理涉夫妻债务纠纷案件有关工作的通知》规定,正在审理的有关夫妻共同债务的一审、二审案件适用《夫妻债务司法解释》;已经终审的案件,若是存在认定事实不清、适用法律错误、结果明显不公的,应该依法再审予以纠正并改判,以解决对利益严重受损的配偶一方的权益保护问题。由此可见,《夫妻债务司法解释》对《婚姻法司法解释(二)》第 24 条的更新,并非一般意义上的以"新解释代替旧解释",而是具有强烈的"纠错"意涵,这样的举动在新中国司法实践中极为罕见。

《婚姻法司法解释(二)》第 24 条属于"现象级"法条,长期以来不仅在学说上引起巨大争论〔1〕,而且受到社会各界的普遍关注与批评〔2〕。由于夫妻债务的认定事关亿万家庭,因此《婚姻法司法解释(三)》第 24 条的废止受到举国上下的关注,并成为新闻聚焦点。〔3〕 新的解释已经取代适用 14 年之久的《婚姻法司法解释(三)》第 24 条,但是由此引发的以下问题值得思考:(1)如何看待我国原《婚姻法》第 17 条规定的"婚后所得共同制"这一法定夫妻财产制与夫妻共同债务之间的关系?(2)夫妻日常家事代理权的范围应当如何判断?(3)超出日常家事代理权的夫妻共同生活、夫妻共同经营应当如何理解?(4)若是构成夫妻共同债务应当如何清偿?夫妻共同债务的责任财产范围是否仅限于夫妻共同财产以及举债方的个人财产,而不包括非举债方的个人财产?〔4〕在借鉴比较法资料的基础上,结合我国的司法审判实践,对上述问题予以分析,以更好地理解我国现行法上有关夫妻共同债务制度的嬗变。

---

〔1〕 相关典型论文,参见马忆南、周征:《〈婚姻法〉司法解释(二)的解读与评论》,载《法律适用》2004 年第 10 期;夏吟兰:《我国夫妻共同债务推定规则之检讨》,载《西南政法大学学报》2011 年第 1 期;裴桦:《夫妻共同财产制研究》,法律出版社 2009 年版,第 18 页;贺剑:《论婚姻法回归民法的基本思路——以法定夫妻财产制为重点》,载《中外法学》2014 年第 6 期;李洪祥:《夫妻一方以个人名义所负债务清偿规则之解构》,载《政法论丛》2015 年第 2 期;叶名怡:《〈婚姻法解释(二)〉第 24 条废除论——基于相关统计数据的实证分析》,载《法学》2017 年第 6 期。

〔2〕 2015 年 12 月 4 日,全国妇联在京召开了"依法维护妇女儿童权益十大案例"发布会,案例之十是"余某夫妻共同债务纠纷案"。载新华网(http://news.xinhuanet.com/legal/2015 – 12/04/c_128499241_6.htm),2016 年 10 月 8 日访问;另参见《全国近百位妻子因前夫欠债被负债决定结盟维权》,载澎湃新闻,2016 年 10 月 8 日访问。

〔3〕 参见叶名怡:《"第 24 条"因何而变?夫妻债务"新解释"解读》,载澎湃新闻(http://www.thepaper.cn/newsDetail_forward_1969897),2018 年 1 月 26 日访问。

〔4〕 参见何丽新:《论非举债方以夫妻共同财产为限清偿夫妻共同债务》,载《政法论丛》2017 年第 6 期。

二、夫妻婚后所得共同制与夫妻共同债务的关系辨析

(一)共债推定论与婚后所得共同制

《婚姻法司法解释(二)》第 24 条可以被概括为:在婚姻存续期间,夫或妻一方以个人名义所负债务原则上均推定为夫妻共同债务,除非协议明确约定为个人债务或夫妻采取分别财产制。从实践来看,债权人与举债方配偶明确约定所负债务为个人债务本身属于意思自治的范畴,并不会产生争议;而夫妻约定分别财产制在我国并不常见,何况还需夫妻举证证明债权人知晓。依据相关大数据统计分析,长期以来,审判实务依据《婚姻法司法解释(二)》第 24 条的但书条款认定夫或妻个人债务仅占全部案件的一成左右。[1] 这种明显有利于债权人的夫妻共同债务解释属于身份推定规范,仅以夫妻婚姻身份关系存续期间为基础。[2]

我国理论通说认为,合伙财产属于合伙人共同共有财产。[3] 由于合伙财产与合伙人的个人财产之间并未区隔,因此合伙执行人对外执行合伙事务,由合伙企业与合伙人承担无限连带责任(《合伙企业法》第 39 条)。与之极为相似的是,依据原《婚姻法》第 17 条规定,夫妻在婚姻关系存续期间所得的财产原则上归夫妻共同所有,即婚后所得共同制,而且夫妻共同财产与夫或妻的个人财产通常也未区隔,除非夫妻双方实行分别财产制。正是基于此,理论界比较普遍的观点认为,最高人民法院制定《婚姻法司法解释(二)》第 24 条的重要依据就是婚后所得共同制。有学者认为,夫妻关系可以被视为合伙。[4] 夫妻因财产共有而产生的密切利害关系,在权利的享有和行使上不存在应有份额的比例划分。财产共享是夫妻对自身财产权利的一种让渡,本身自具风险性。《婚姻法司法解释(二)》第 24 条以"婚姻关系存续期间"作为夫妻共同债务的"时间推定"规则,关注家庭财产对交易安全的影响,有利于维护经济秩序,促进财产交易和流通的安全、便捷、高效。[5] 还有学者认为,在比较法上,夫妻共同财产制往往伴随着夫妻共同债务推定规则。夫妻共同债务推定规则实

---

[1] 参见叶名怡:《〈婚姻法解释(二)〉第 24 条废除论——基于相关统计数据的实证分析》,载《法学》2017 年第 6 期。
[2] 参见王雷:《〈婚姻法〉中的夫妻共同债务推定规范》,载《法律适用》2017 年第 3 期。
[3] 参见朱庆育:《民法总论》(第二版),北京大学出版社 2016 年版,第 492 页。
[4] 参见胡苷用:《婚姻合伙视野下的夫妻共同财产制度研究》,法律出版社 2010 年版,第 102 页。
[5] 参见孙若军:《论夫妻共同债务"时间"推定规则》,载《法学家》2017 年第 1 期。

际上是夫妻共同财产制的产物。[1] 简言之,《婚姻法司法解释(二)》第24条规定的"推定论"的逻辑基础在于原《婚姻法》第17条规定的"婚后所得共同制"所导出的"利益共享制"。反之,如果夫或妻所负的个人债务并未带来相应的利益,例如,所负债务是为他人提供无偿担保,典型的如夫或妻为他人提供保证责任或者抵押担保,则不属于夫妻共同债务。[2]

(二) 夫妻团体类比经济团体的谬误

依据夫妻财产共有状况,类比合伙等商事组织推导出夫妻共同债务,这在本质上属于典型的财产法思维,并未考虑婚姻家庭与合伙组织之间的特殊性,存在"逻辑上的跳跃"。与合伙、公司等经济团体相比,夫妻团体存在巨大的实质性差异。夫妻团体的内容与效力和伦理及社会习俗密切关联,属于典型的初级联合体,双方表现的是全方位的人格投入,成员之间的关系属于情感的、不可计算性的结合,其他人不容易替代[3];夫妻团体建立在许多不同的情感性、情绪性或传统性的基础之上,实质社会行动的指向建立在参加者主观感受到的互相隶属性上的行动。[4] 婚姻关系的本质是夫妻共同生活,以夫妻双方的相互照顾为特征。[5] 与之不同的是,合伙、公司等经济团体是典型的次级联合体,其成员只是投入了与经营事项相关的人格,成员之间的关系属于理性的、可计算性的结合,其相互关系可以取代。[6] 经济团体社会行动的指向乃基于理性利益的动机,以寻求利益平衡或利益结合,从而追求经济利益的效率最大化。

---

[1] 参见缪宇:《走出夫妻共同债务的误区》,载《中外法学》2018年第1期。
[2] 《最高人民法院民一庭关于夫妻一方对外担保之债能否认定为夫妻共同债务的复函》:"福建省高级人民法院:你院(2014)闽民申字第1715号《关于再审申请人宋某、叶某与被申请人叶某某及一审被告陈某、李某民间借贷纠纷一案的请示》收悉。经研究答复如下:同意你院审判委员会多数意见,即夫妻一方对外担保之债不应当适用《最高人民法院关于适用〈中华人民共和国婚姻法〉若干问题的解释(二)》第二十四条的规定认定为夫妻共同债务。"
[3] 参见[美]戴维·波普诺:《社会学》,李强等译,中国人民大学出版社2007年版,第194—195页。
[4] 参见[德]马克斯·韦伯:《社会学的基本概念》,康乐、简美惠译,广西师范大学出版社2011年版,第76—77页。
[5] Jonathan Hening, *Caring and the Law*, Hart Publishing, 2013, 197.
[6] 参见[美]麦克尼尔:《新社会契约论》,雷喜宁、潘勤译,中国政法大学出版社2004年版,第12页。

在财产关系的设置上,合伙人个人财产与合伙企业财产之间的"无法区隔"状况,主要不是技术上的原因,而是合伙人不想使其个人财产与合伙企业的财产相互"区隔",或者说是合伙人之间有意识地选择了"不区隔"。投资者享有选择商事经营组织的自由(营业自由)。合伙人选择合伙企业这样一种相对简单的组织形式,很可能是基于经营便利和信用较高等因素的考虑。反之,合伙人若是欲承担有限责任,则其投入合伙企业的财产应当与其个人财产相区隔。[1] 合伙人之间也可以选择设立有限责任公司等法人组织。从法人的观点,公司财产属于法人,但从股东概括财产的角度,股东的股份是其特别财产,而与股东的主财产相区隔。对股东的特别财产(投入公司的资产),公司债权人相对于股东的债权人享有优先的地位。[2] 这就是说,对于不同的商事组织(合伙、公司、信托等),组织体财产与个人财产的区隔程度存在明显的差异,从而依法为组织体的债权人与投资者的债权人之间的利益优劣关系排序。对于合伙、公司等经济团体而言,通常在公司或合伙的目的范围内,法定代表或经授权的代理人所负担的债务才属于经济团体债务,而目的范围必须由章程或者合伙协议书规定,并依法登记从而具有公示的意义(《公司法》第12条第1款;《合伙企业法》第9条第1款、第18条)。[3] 除非构成表见代理[4],否则,该行为引起的债务与经济团体无关。易言之,尽管合伙企业的财产属于合伙人共同共有,但是合伙人负担连带责任并非可以直接推定,而是应该考虑合伙人执行合伙事务是否在合伙企业的经营范围之内以及是否构成表见代理,从而调节合伙企业的利益与债权人交易安全的保护。

对于夫妻团体而言,无论是基于情感维系上的考虑,还是出于夫妻财产现实的考虑,夫妻婚后所得通常属于夫妻共同财产,不能证明属于夫妻

---

[1] 《合伙企业法》第66条规定:"有限合伙企业登记事项中应当载明有限合伙人的姓名或者名称及认缴的出资数额。"
[2] 参见张永健:《资产分割理论下的法人与非法人组织》,载《中外法学》2018年第1期。
[3] 晚近立法,为了保护交易安全,使法人能够适应复杂的市场经济环境,法人目的外行为无效的规则逐渐被废除。对此,《最高人民法院关于适用〈中华人民共和国合同法〉若干问题的解释(一)》第10条规定,当事人超越经营范围订立的合同,除非违反国家限制经营、特许经营以及法律、行政法规禁止经营的,并不认定无效。
[4] 例如,公司代理人的行为在授权范围内属于公司的行为。然而其一旦超出授权范围,则可以通过表见代理行为规则,以调和公司与债权人的合理信赖之间的冲突。参见朱广新:《信赖保护原则及其在民法中的构造》,中国人民大学出版社2013年版,第191页。

一方的财产,应被推定为夫妻共同财产。[1] 尽管法律规定了夫妻财产制的多种类型,但中国家庭普遍采用的仍是婚后所得共同财产制。这意味着在传统社会的同居共财制解体之后,财产共同的观念仍然延续了下来,只是从前是家庭成员共财,现在是夫妻共财。其间蕴涵的一个文化心理就是现代中国人仍然把家庭作为一个不可分割的共同体来看待。[2] 由于我国夫妻主动选择分别所有制的概率并不大,甚至在某种意义上说,在中国文化约束和共同所有推定制度的前提下,夫妻"被迫"选择了共同所有制。在这一点上,夫妻团体显然与合伙企业存在差异。

将"利益共享制"作为夫妻共同债务"推定论"的基础,纯属类比商事组织的理想状态。由于夫妻团体属于依情感与伦理而结合的次级团体,夫或妻构建夫妻共同生活并非完全基于理性的、可计算的行动,而且夫妻共同生活具有封闭性,并非如同合伙、公司那样,必须依法将其目的范围、会计账簿、经营账户等予以公开[3],从而为交易的第三人提供合理的信赖保护。例如,无论是商事组织的法定代表人抑或是代理人,在执行职务过程中,只有债权人使资金进入公司或合伙企业的企业账户,才可以构成有效的代表行为或代理行为,从而由商事组织承担法律责任,否则将会因有违交易习惯而不被认可。[4] 反之,对于夫妻团体而言,在婚后所得共同制之下,虽然夫或妻的个体行为所负债务可以获得相应的利益,而且在该利益从债权人移转至举债人的"瞬间",在法律状态上也属于夫妻共同财产。但是,由于法律并未规定夫妻团体应当如同商事组织那样依法必须设立专用账户,在很多情况下,举债方配偶向债权人借贷资金,不仅非举债方完全不知晓,而且即使知晓该资金也并非处于夫妻团体的控制之

---

[1] 参见胡康生主编:《中华人民共和国婚姻法释义》,法律出版社2001年版,第64页。
[2] 参见金眉:《婚姻家庭立法的同一性原理——以婚姻家庭理念、形态与财产法律结构为中心》,载《法学研究》2017年第4期。
[3] 《商业银行法》第48条第1款规定:"企业事业单位可以自主选择一家商业银行的营业场所开立一个办理日常转账结算和现金收付的基本账户,不得开立两个以上基本账户。"
[4] 在艾春光与吉林省徐工佳音机械有限公司买卖合同纠纷再审案中,法院认为:"王某虽然在机械设备买卖合同中徐工公司的经办人处签名,同时也经手了艾春光用旧车抵账的事宜,但王某即使是徐工公司的业务员也无权自行改变货款的收款人及账号。艾春光未能提供证据证明将货款转至李某某账户是按徐工公司的指示作出的,亦未能提供证据证明王某已将货款交付给徐工公司。故王某的行为不能认定为徐工公司的行为,其未经授权行为产生的后果不能由徐工公司承担。"参见吉林省高级人民法院(2016)吉民申864号民事裁定书。商事代理人将货款转至被代理人的指定账户,显然属于交易习惯。

下。由此可见,所谓"利益共享制"仅具有形式上的意义,与夫妻团体的现实财产状况并不相符。[1]

从比较法的角度看,不同的夫妻财产制均可以产生夫妻共同债务,差别仅在于范围的大小。具体而言:(1)为了保护婚姻的稳定及未成年子女的利益,法律通过确立日常家事代理权,规定在日常家庭交易上,夫或妻的个人所负债务属于夫妻共同债务。如德国(《德国民法典》第1357条)、法国(《法国民法典》第220条和第221条)、瑞士(《瑞士民法典》第162条)等均确立了日常家事代理权。(2)在分别财产制之下,法律从个体主义的角度出发,夫或妻以个人名义所负债务属于个人债务。在英美法系国家中并无专门调整夫妻债务的规则,英国法中没有专门规范夫妻财产关系的法律制度,如厄普约翰法官在Pettitt v. Pettitt 一案中指出,解决夫妻之间的财产纠纷可以适用财产法的一般原则。[2] 但是为了维护和增加夫妻团体利益,若是配偶一方承担支付债务的交易,例如,购买商品、接受贷款、提供担保、作出债务承诺时,若是该债务的数额与该配偶的全部财产价值相当,也必须经过配偶的同意。因为这可能严重危及婚姻的经济基础和有可能出现的增益补偿。[3] (3)在共同财产制之下,判断夫或妻以个人名义所负债务是否属于夫妻共同债务,在制度设置上要复杂一些。例如,意大利民法规定,夫妻双方为家庭利益共同或分别承担的债务为夫妻共同债务(《意大利民法典》第186条)。法国民法规定,为夫妻共同生活需要而产生的债务,属于夫妻共同债务(《法国民法典》第1409条)。可见,即使在共同财产制之下,对夫妻共同债务也严加控制,以夫妻共同生活的需要或为家庭利益作为认定夫妻共同债务的主要标准。[4] 同时,综合其他因素将明显超过必要限度或恶意开支的债务排除

---

[1] 从法技术的角度,可以设想对婚姻进行"企业化改造":在结婚之时,由婚姻登记机关给夫妻发放一个专用账户,该账户由配偶双方同意才可以处置。举债方配偶对外负债,债权人借出的资金必须进入该账户。这样才可以实现婚后所得共同制基础上真正意义的"利益共享"。但是,这种将夫妻双方视为整体的"捆绑主义"思维显然与现代社会人格独立的精神相悖。

[2] Pettitt v. Pettitt [1970] AC 777 HL;Gissingv Gissing [1971] 1 AC 886 HL.

[3] 参见[德]迪特尔·施瓦布:《德国家庭法》,王葆莳译,法律出版社2010年版,第131—132页。

[4] 例如,《美国统一婚姻财产法》第8节(b)款(2)项、《路易斯安那州民法典》第2360条、《俄罗斯联邦民法典》第45条第2款以及我国《澳门民法典》第1558条第1款第2项。

在夫妻共同债务之外。[1]

(三) 小结

概言之,基于家庭身份的夫妻团体与基于纯财产目的结合的经济团体(合伙、公司等)之间具有根本性的差异,仅从夫妻共同财产制即推定共同债务承担,这种单一化思路显然忽略了夫妻团体所具有的夫妻共同生活的实质,也不利于或不满足维系夫妻团体的需要。在婚后所得共同制之下,夫或妻一方所负债务被认定为夫妻共同债务的前提,应是该债务基于日常家事代理权,或者因夫妻共同生活或家庭利益而产生。准此一言,《婚姻法司法解释(二)》第24条规定的"推定规则"被废除实乃理所当然。

三、夫妻共同生活与家庭利益标准

夫妻团体共同承担权利义务的基础在于婚姻共同生活。从夫或妻的个体出发,夫妻共同生活就是各自的个体行为发生牵连和叠合的部分;从夫妻团体的角度出发,夫或妻的个体行为则是各自与夫妻团体相分离的部分。在夫妻共同生活中,夫或妻以其个人名义实施的行为,属于夫妻团体行为,该行为所产生的债务属于夫妻共同债务。在夫妻共同生活之外,如果夫妻双方具有合意,由此产生的债务亦属于夫妻共同债务。

2001年《婚姻法》第41条以"夫妻共同生活"作为夫妻共同债务的依据。但是,对于何为"夫妻共同生活",法律并无相关规定。此后,最高人民法院又通过司法解释的形式,确认婚姻关系存续期间夫妻共同从事生产经营活动所负债务也属于夫妻共同债务。[2] 学说认为,夫妻共同生活包括生活、生产或经营等。[3] 共同生产、经营既包括夫妻双方一起共同从事投资、生产经营活动,也包括夫妻一方从事生产、经营活动但利益归

---

[1] 参见张弛、翟冠慧:《我国夫妻共同债务的界定与清偿论》,载《政治与法律》2012年第6期。
[2] 《最高人民法院关于贯彻执行〈中华人民共和国民法通则〉若干问题的意见(试行)》第43条规定:"在夫妻关系存续期间,一方从事个体经营或者承包经营的,其收入为夫妻共有财产,债务亦应以夫妻共有财产清偿。"《最高人民法院关于人民法院审理离婚案件处理财产分割问题的若干具体意见》第17条第2款规定:"下列债务不能认定为夫妻共同债务,应由一方以个人财产清偿……(3)一方未经对方同意,独自筹资从事经营活动,其收入确未用于共同生活所负的债务……"
[3] 参见陈苇主编:《婚姻家庭继承法学》(第二版),群众出版社2012年版,第273页。

家庭共享的情形。[1] 正是基于此,《夫妻债务司法解释》第3条规定,夫或妻以个人名义所负债务用于夫妻共同生活、共同生产经营的,属于夫妻共同债务。由此可见,夫妻共同经营既可能是夫妻共同生活的表现形式,也可能是夫妻共同生活的目的,两者并非全然并列的关系。

夫妻一方以个人名义实施日常家庭生活需要与超出日常家庭生活需要的夫妻共同生活所负的债务,均属于夫妻共同债务。但是,两者相比具有以下差异:(1)从范围上看,前者仅限于夫妻共同生活的基本和必要内容,而后者的范围更大;(2)从表现形式看,前者仅限于合同交易,而后者还包括投资、决议甚至侵权行为所生债务;(3)在举证责任的分配上,对于前者,法律推定为夫妻共同债务,债权人通常无须举证;对于后者,法律并不推定为夫妻共同债务,债权人主张为夫妻共同债务的,应该负举证责任。

然而,由于夫妻共同生活以伦理和情感为基础,夫或妻构建夫妻共同生活并非完全基于理性和可计算的行动。夫妻共同生活的范围,不仅受夫妻的社会地位、职业、资产、宗教、文化、习俗、惯例等因素的影响,而且属于隐私权的范畴而具有封闭性。配偶双方通过他们选择的生活方式以及经济收支情况,保证他们长期的共同生活。双方不仅仅是在相互关系上表现出利他性,而且对于需要照顾和抚育的未成年子女也承担一种共同的责任。[2] 易言之,在夫妻团体或家庭内部,行为具有利他动机;相反,企业成员在实施社会行动时属于利己之心。在市场交换中,利他主义的效率较低;而在夫妻或家庭生活中,利他主义的效率较高。因此在判断上,难以将夫妻共同生活类比合伙、公司等经济团体的"经营范围"。

夫或妻以个人名义超出日常家庭生活需要的,应以"家庭利益"作为夫妻共同债务的抽象标准。从比较法上看,法定财产制采纳以夫妻共同财产的《意大利民法典》第186条(家庭利益)、《瑞士民法典》第166条(婚姻共同生活的利益)、《美国统一婚姻财产法》第8节(婚姻利益和家庭利益)、《俄罗斯联邦家庭法典》第45条第2款(家庭利益)以及我国《澳门民法典》第1558条第1款第2项(夫妻共同利益)等,均以夫妻共同利益或家庭利益作为判断超出日常家庭生活需要所负夫妻共同债务的标准。与较为空泛的"夫妻共同生活"相比,"家庭利益"表明夫妻共同承

---

[1] 参见最高人民法院民事审判第一庭编著:《最高人民法院婚姻法司法解释(二)的理解与适用》(第二版),人民法院出版社2015年版,第261页。
[2] 参见[英]约翰·伊克拉:《家庭法和私生活》,石雷译,法律出版社2015年版,第53—54页。

担债务的原因和目的。夫妻共同生活的范围广泛，包括夫妻双方共同消费支出或形成共同财产，或者基于夫妻共同利益管理共同财产[1]，其中夫妻或家庭利益是把握其所生债务是否为夫妻共同债务的关键。实际上，夫或妻一方对外负债是否用于夫妻共同生活，所探究的实质是系争债务是否惠及夫妻双方[2]。从逻辑上看，只有夫或妻一方所负债务是为夫妻或家庭共同利益的目的，这样的夫妻共同生活安排使夫妻承担共同债务才具有正当性。从我国的司法审判实践来看，"家庭利益"标准已经被最高法院所采纳[3]。这就是说，夫或妻以自己名义为家庭利益所负债务，属于夫妻共同债务；夫或妻以自己名义非为家庭利益所负债务，则属于个人债务。

在夫妻双方采法定财产制的情况下，以"家庭利益"作为区分夫妻共同债务与个人债务的重要标准，有以下几点值得注意：(1)对于约定之债，原则上夫或妻一方所负之债应当是有偿的。对于对外担保之债[4]，除非有证据表明有利于家庭利益[5]，否则不属于夫妻共同债务。(2)对

---

[1] 最高人民法院民一庭负责人认为："夫妻共同生活的范围很广，既包括前述家庭提出生活消费开支，也包括超出家庭日常生活但夫妻双方共同消费支配或者形成共同财产，或者基于夫妻共同利益管理共同财产产生的债务等情形。"参见《权威发布！最高法民一庭负责人详解夫妻共同债务新司法解释》，载《中国妇女报》2018年1月17日。
[2] 参见叶名怡：《〈婚姻法解释(二)〉第24条废除论——基于相关统计数据的实证分析》，载《法学》2017年第6期。
[3] 在柏锋、山东金信价格事务所有限公司与新泰市阳光小额贷款有限公司民间借贷纠纷申请再审案中，法院认为："根据金信公司和柏锋再审陈述的事实，安洪利之子安鹏与张云存在常年商业合作关系，给客户办理公司注册、增资和'过桥资金'业务，张云提供客户，安鹏负责提供资金，由张云具体经办，收取客户的利息，两人分享。可以看出，案涉借款虽然并非用于家庭共同生活，但亦是为转借他人牟取高额利息，此行为应视为是张云的投资行为，该投资行为所获利益为家庭共同利益，而柏锋对张云长期从事上述投资行为是明知的。柏锋虽提交其与张云的内部协议，但并未提供证据证明作为债权人的小贷公司知道该协议内容，故原判决认定柏锋对案涉债务承担共同偿还责任，并无不当。"参见最高人民法院(2015)民申字第3442号民事裁定书。
[4] 《最高人民法院民一庭关于夫妻一方对外担保之债能否认定为夫妻共同债务的复函》"夫妻一方对外担保之债不应当适用《最高人民法院关于适用〈中华人民共和国婚姻法〉若干问题的解释(二)》第二十四条的规定认定为夫妻共同债务"。
[5] 例如，在王琅、李文龙等企业借贷担保纠纷案中，最高人民法院认为："谢凯是欢娱公司大股东及法定代表人，在没有相反证据证明的情况下，应推定欢娱公司盈利用于夫妻共同生活。也就是说，欢娱公司经营状况直接影响大股东谢凯个人获利的多少，也会与谢凯与王琅婚姻关系存续期间夫妻共同财产的多少有直接关系，谢凯为欢娱公司提供担保是为了公司的经营，也是为了个人利益。从这个角度讲，将谢凯因担保涉案借款形成的个人债务，认定为夫妻共同债务是合理的。"参见最高人民法院(2015)民申字第752号民事裁定书。

于法定之债,应以夫或妻的个人行为是为"家庭利益"而正当负担,作为认定其为夫妻共同债务的标准。因此,夫或妻一方实施的侵权行为,并不能一概被认为属于个人债务。在婚姻关系存续期间,若该侵权行为是为了家庭利益或者事实上使家庭受益的,就应当认定为夫妻共同债务,否则应当认定为个人债务。前者如为家庭生计的出租车司机因交通肇事产生的债务;后者如故意伤人产生的债务。[1] (3)为"家庭利益"所负债务应当具有正当性。因此,若是夫或妻一方盗窃、抢劫、赌博、非法集资、非法吸收公众存款等违法犯罪行为等所生的债务,即使是为"家庭利益",也不构成夫妻共同债务。除非经有关机关认定,夫或妻一方通过非法犯罪途径是夫妻共同财产的来源。(4)债权人承担的举证责任。债权人应当依据债务人家庭的社会经济状况与生活习惯,结合通常的社会观念,判断债务人的借款是否用于"家庭利益"。债权人与债务人约定的借款用途用于家庭利益或夫妻共同生活,不能免除债权人的举证责任,以避免法定的举证责任流于形式。若是夫或妻一方所负债务与其家庭社会经济状况、生活习惯及社会观念相背离的程度越高,则债权人要求债务人与其配偶共债共签的必要性愈大(《夫妻债务司法解释》第1条)。否则,举债方配偶可以提出抗辩,并由债权人承担相应的风险。

概言之,《夫妻债务司法解释》将夫妻共同债务分为三个层次,在理解上可以表现如下:

第一,夫妻团体与经济团体(合伙、公司等)具有根本性的差异,仅从夫妻共同财产制无法推定共同债务承担。在婚后所得共同制之下,夫或妻一方所负债务被认定为夫妻共同债务,应以该债务基于日常家事代理权,或者因夫妻共同生活或家庭利益为前提。

第二,日常家庭生活需要属于夫妻共同生活的必要与基本部分。日常家事代理权的范围取决于目的与手段两个方面,目的可以概括为"旨在维持家庭的日常消费、养育子女的费用以及医疗医药服务等交易行为",为满足该目的的手段应当具有适当性。对婚姻共同生活具有重大影响的交易、分期付款的交易以及夫妻分居期间的交易,不属于日常家事代理权

---

[1] 参见吴晓芳:《〈婚姻法〉司法解释(三)适用中的疑难问题探析》,载《法律适用》2014年第1期。持反对意见的学者认为,侵权行为所生之债,性质上只能属于个人债务,债权债务关系只能发生在夫或妻中之一人,而不能及于其配偶。因为侵权的民事责任具有制裁性,是对加害人的一种惩罚,不应株连其配偶。参见王跃龙:《无偿保证所生之债不应认定为夫妻共同债务》,载《法学》2008年第10期。反对意见对现实生活复杂性的考虑有失妥当。

的范围。日常家事代理权原则上不适用表见代理。

第三,夫妻共同经营既可能是夫妻共同生活的表现形式,也可能是夫妻共同生活的目的,两者均从属于家庭利益。在婚后所得共同制之下,若是夫妻团体被嵌入企业经济组织的框架内,从而形成夫妻双方共同或一方参与经营管理或者具有相应的外观表象,一方对外举债用于投资该企业,相对方基于经营管理的原因明知或应知,可以推定该负债所获利益用于"家庭利益"。

四、夫妻日常家事代理权

(一) 日常家事代理权概述

因"家庭日常生活需要"即日常家事代理权,属于引起夫妻共同债务的重要类型。在比较法上,日常家事代理权是婚姻家庭领域的制度,其不仅是夫妻共同生活的重要法律保障,还影响交易安全和秩序的维护。原《婚姻法》并未规定日常家事代理权制度。《婚姻法司法解释(一)》第17条以司法解释的形式对日常家事代理权略有涉及[1],学说认为这构成日常家事代理的雏形[2]。《夫妻债务司法解释》所规定的因"家庭日常生活需要"引发的债务与因"夫妻共同生活、共同经营"产生的债务之间不但面临如何界分的困难,而且面临举证责任的转换问题[3]。

(二) 日常家事代理权的历史沿革、性质及其功能

从历史沿革看,日常家事代理权起源于罗马法。依据罗马早期的法律,家庭财产归丈夫所有,妻子作为他权人不得拥有财产权。相应的,妻子也不具有缔结合同自行承担债务的能力。随着罗马帝国商品经济的发展及交易活动的兴盛,罗马的大法官通过判例的形式使家子和奴隶取得类似家长代理人的地位[4]。

近代以来,大陆法系主要国家和地区的民法典均规定了源于罗马法

---

[1]《婚姻法司法解释(一)》第17条第(一)项规定:"……因日常生活需要而处理夫妻共同财产的,任何一方均有权决定。"
[2] 参见薛宁兰、金玉珍主编:《亲属与继承法》,社会科学文献出版社2009年版,第134页。
[3] 对于日常家庭生活需要所负债务,债权人只需证明该债务为家庭日常需要即可,如果未举债的夫妻一方认为该债务不属于夫妻共同债务,则需要举证证明举债人所负债务并非日常家庭生活的需要;对于超越日常家庭生活需要的用于夫妻共同生活、夫妻共同生产经营所负债务,则由债权人举证。参见《最高法规范夫妻共同债务认定:"共债共签"拒绝一方被负债》,载澎湃网(http://www.thepaper.cn/newsDetail_forward_1954484),2018年1月17日访问。
[4] 参见[意]彼得罗·彭梵得:《罗马法教科书》,黄风译,中国政法大学出版社1992年版,第45、137、138页。

的日常家事代理权制度。但在近代民法上,基于"男主外,女主内"的观念,在立法上通常只规定妻为夫之日常家事代理人。[1] 但是,随着社会经济的发展所引起的社会结构的变化,"二战"以后,女性人格的独立、女权运动的兴起及男女平等观念的确立,使夫妻权利日渐平等,夫妻应该互相享有日常家事代理权的意识逐渐得到认可,并且通过民法典婚姻家庭编的修改在立法上得以反映。20 世纪中叶以后,《法国民法典》第 220 条、《德国民法典》第 1357 条、《日本民法典》第 761 条、《意大利民法典》第 143 条、《瑞士民法典》第 162 条和第 163 条以及我国台湾地区"民法"第 1003 条均规定,夫妻在日常家事上互为代理人。在普通法上,日常家事代理权表现为"不可否认的代理"(Agency by estoppel)、"必要的代理"(Agency of necessity)以及"因同居产生的代理"(Agency from cohabitation)等制度之中。所谓"不可否认的代理"和"必要的代理",法官威利斯在菲利普森诉海特案中对此解释:"对于那些通常由妻子管理的并符合丈夫选择的生活方式的必要的东西,妻子有权订立合同。"[2]对于"因同居产生的代理",这种代理关系是从双方非婚同居关系这一事实推断出来的,同居伴侣之间既无代理协议,也不存在授予代理权的行为。因此,双方的代理关系实质上源于法律。[3]

日常家事代理权是指夫或妻在日常家事的对外交易中互为代理人,在日常家事的范围内可以自己名义实施代理的权限。[4] 日常家事范围内,夫或妻有权代理对外实施交易行为,并由夫妻团体取得权利并负担义务。从我国目前的立法看,法律对事实婚姻关系已经不再保护,日常家事代理权只能存在于具有合法婚姻关系的配偶之间,不适用于同居关系。

关于日常家事代理权的性质,理论上主要有三种不同的认识:一是委任说。该说认为,夫或妻的日常家事代理权是依据另一方配偶的默示委任而产生的,委任说起源于罗马法。[5] 二是法定代理说。该说认为,夫或妻的日常家事代理权是婚姻共同体当然的效力。[6] 陈棋炎先生认为,

---

[1] 参见陈棋炎、黄宗乐、郭振恭:《民法亲属新论》(修订九版),三民书局 2010 年版,第 139 页。
[2] G. H. L. Fridman, *The Law of Agency* (second edition), Butterworths 1966, p.68.
[3] 参见徐海燕:《英美代理法研究》,法律出版社 2000 年版,第 150—151 页。
[4] 参见余延满:《亲属法原论》,法律出版社 2007 年版,第 246 页。
[5] 参见史尚宽:《亲属法论》,中国政法大学出版社 2000 年版,第 315 页。
[6] 参见王泽鉴:《民法概要》,北京大学出版社 2009 年版,第 522 页。

所谓夫妻互为代理是法定代理而非意定代理,代理人实施代理行为无需本人授权。[1] 三是特种代理说。该说认为,日常家事代理权具有不同于委托代理和法定代理的特征,属于特殊类型代理。[2]

与《民法典》总则编所规定的委托代理和法定代理相比,日常家事代理权属于特别类型的代理权,主要理由如下:(1)对于前者而言,本人与代理人之间的关系明确固定,并不可以相互转换。就后者而言,夫或妻均可作为代理人或被代理人,其关系可以相互转换。由于日常家庭生活需要为夫妻团体所必需,因此推定另一方配偶同意并不会损及其利益。(2)对于前者,代理人在实施法律行为时通常以本人的名义而为之,该行为的后果归属于被代理人。只有在代理人明知或应知代理事项违法仍然实施代理行为,或者本人明知或应知代理人的代理行为违法未作反对表示的(《民法典》第167条),代理人与本人才承担连带责任。后者则是基于夫妻团体关系而产生,代理权的行使既不需以另一方配偶的名义,也不需以明示为必要。[3]若是在日常家庭生活需要的范围之内,其法律后果由夫妻双方承担连带责任。(3)对于前者,代理的范围依据授权委托书(委托代理)或者法律的规定(法定代理)而定。后者的范围仅限于"日常家庭生活需要"的范围,其内容依据家庭的社会经济状况和生活习惯而有较大的差异。

在我国司法审判实践中,日常家事代理权也被运用并作为审判案件的依据。[4] 最高人民法院曾经认为,日常家事代理权是《婚姻法司法解释(二)》第24条的立法依据之一。在婚姻关系存续期间,夫或妻以个人名义所负的债务,属于夫妻共同债务,债权人可以向夫妻双方主张权利。这属于日常家事代理权的范畴,具有减轻交易成本、及时解决纠纷的功能。[5] 亦有学者主张,只有夫或妻以个人名义因日常生活需要所负的债

---

[1] 参见陈棋炎、黄宗乐、郭振恭:《民法亲属新论》(修订九版),三民书局2010年版,第146页。
[2] 参见史浩明:《论夫妻日常家事代理权》,载《政治与法律》2005年第3期。
[3] 参见[德]迪特尔·梅迪库斯:《德国民法总论》,邵建东译,法律出版社2000年版,第680页。
[4] 在成功与惠州市惠阳区南凯实业有限公司复议案执行案中,最高人民法院认为:"婚姻法司法解释(一)第17条第2项,限定了夫妻家事代理权的特定范围……交易相对人对夫妻一方处理共同财产的信赖利益保护,仅限于为日常生活需要处理财产的情形。本案和解协议中,王飞处理本息总额超过700万元共同共有债权的行为,显非为日常生活需要,不属于该条规定的夫妻家事代理权的范围。"参见最高人民法院(2013)执监字第49号执行裁定书。
[5] 参见最高人民法院民事审判第一庭编著:《最高人民法院婚姻法司法解释(二)的理解与适用》(第二版),人民法院出版社2015年版,第256—257页。

务才属于夫妻共同债务并以共同财产清偿。[1]

上述认识偏离了日常家事代理权的实质。虽然日常家事代理权是基于夫妻共同生活而产生,但是夫妻日常家事并不能等同夫妻共同生活,后者只是前者最为必要与基础的部分或事项。日常家事代理权制度设置的主要目的,在于赋予夫或妻一方在处理日常家庭生活需要的事项时对外享有必要的经济自由和行动自由。[2] 夫妻日常家事代理权的建立,使夫或妻在与第三人就日常家事进行交易不需要对方的授权;反之,交易的第三人亦不必费力地去调查对方是否有处分权。在日常家事的范围内,夫或妻以自己的名义实施的交易行为,被认为是夫妻团体行为,属于夫妻共同债务。尽管交易相对人在订立合同时,是将行为人当作债务人的,即相对人是把他可以期待的行为人作为债务人。但是在行为人之外,还有另一方配偶对他承担共同责任,这是基于法律制度的规定。在司法审判实践中,日常家事标准严格,绝大多数情况下夫妻共同债务案件的标的额均超出了日常家事代理范围。[3] 日常家事代理权不受夫妻财产制的影响,前者的设置并不因后者的不同而有所差别。[4] 无论是采纳增益财产共同制的德国、日本,还是采纳婚后所得共同制的法国、意大利,均规定了日常家事代理权。只要属于"日常家庭事务"范围之内,无论是法定的婚后所得共同制、约定的全部财产共同制、分别财产制抑或是部分共同共有、部分分别所有,夫或妻一方以个人名义所负债务,都应认定为夫妻共同债务,其法律后果是由夫妻双方共同承担。[5]

夫妻一方以个人名义实施日常家庭生活需要与超出日常家庭生活需要的夫妻共同生活所负的债务,均属于夫妻共同债务。但是,两者相比具

---

[1] 参见陈法:《我国夫妻共同债务认定规则之检讨与重构》,载《法商研究》2017年第1期。
[2] 参见[德]迪特尔·施瓦布:《德国家庭法》,王葆莳译,法律出版社2010年版,第89页。
[3] 参见叶名怡:《〈婚姻法解释(二)〉第24条废除论——基于相关统计数据的实证分析》,载《法学》2017年第6期。
[4] 参见戴炎辉、戴东雄:《中国亲属法》,顺清文化事业有限公司2000年版,第164页。
[5] 在沈甲与张乙、乔丙上海市第一中级人民法院借贷合同纠纷案中,法院认为:"就本案而言,从借款金额来说,属于应排除在日常家事代理范围之外的大额举债,并非能够经由常情推定为夫妻共同债务的范畴……两被上诉人约定自2010年7月起财产分立,上诉人作为被上诉人张乙关系亲密的徒弟,理应知道两被上诉人夫妻财产分立的情况,而出借人明知夫妻财产分立而行借款,是法定不认定夫妻共同债务的事由。"参见上海市中级人民法院(2012)沪一中民一(民)终字第3157号民事判决书。实际上,如果借款属于日常家事范围,夫妻财产分立并不影响夫妻承担共同债务。

有以下差异:(1)从范围上看,前者仅限于夫妻共同生活的必要和基本内容,而后者的范围更大;(2)从表现形式上看,前者仅限于合同交易所生债务,而后者还包括投资、决议甚至侵权行为所生债务;(3)在举证责任的分配上,对于前者,法律推定为夫妻共同债务,债权人通常无须举证;对于后者,法律并不推定为夫妻共同债务,债权人主张为夫妻共同债务的,应该负举证责任。

(三)"家庭日常生活需要"的范围及其限制

夫或妻一方所实施的交易是否属于日常家事代理权的范围,是夫妻团体就该交易所生债务承担连带责任的条件。由于"日常家庭生活需要"因人而异,属于典型的不确定概念,实践中较难判定。《法国民法典》第220条将日常家事代理权界定为"维持日常生活与教育子女的合同",依据家庭生活状况及其是否对家庭有益、交易第三人是善意还是恶意进行综合判断,并将明显过分的开支排除在外。依据法国法院的判决,上述内容包括夫妻双方对子女治疗与住院所需的费用、家庭住所的费用和租金、建筑物区分所有权的公摊费用等。在德国学说上,日常家事代理权的范围必须具备三个条件:交易为满足日常家庭生活需要;交易服务于特定的家庭;交易符合该家庭的经济状况和生活习惯即具有适当性。[1] 在日本民法上,夫或妻因有关日常家务与第三人进行经济来往而负担债务时,由夫或妻承担连带责任(第761条)。日常家务意指夫妻共同生活所必需的一切事项,例如,购买生活必需品、同近邻的来往、子女的教育、医疗等。与此相反,丈夫在事业上的债务,即使是用来支撑全家的家业,由于不属于日常家务,妻子对此不承担责任。[2]

2015年6月24日提交全国人大常委会法制工作委员会民法室的《民法典·民法总则专家建议稿(征求意见稿)》第154条第1款规定:"夫妻双方可以就家庭日常事务互为代理人",并未进一步阐释何为"日常家庭生活需要"。《浙江省高级人民法院关于审理民间借贷纠纷案件若干问题的指导意见》(浙高法〔2009〕297号)对此则有详细的规定。[3] 我国幅员辽阔,城乡差异巨大,各地经济发展水平极不均衡,而不同婚姻

---

[1] 参见〔德〕迪特尔·施瓦布:《德国家庭法》,王葆莳译,法律出版社2010年版,第88页。
[2] 参见〔日〕我妻荣、有泉亨:《日本民法亲属法》,夏玉芝译,工商出版社1996年版,第66页。
[3] 《浙江省高级人民法院关于审理民间借贷纠纷案件若干问题的指导意见》第19条第2款规定:"日常生活需要是指夫妻双方及其共同生活的未成年子女在日常生活中的必要事项,包括日用品购买、医疗服务、子女教育、日常文化消费等。"

当事人或家庭的经济状况、社会地位、职业类别、消费习惯、收入水平、兴趣爱好等因素又存在差异,由于难以涵盖多样化的现实状况,因此试图在立法中对"日常家庭生活需要"进行详细列举不切实际。我国日常家事代理权范围的判断,应该从一般的社会观念和民众的生活习惯出发,适当地借鉴比较法上的经验,通过设置日常家庭生活需要的目的,以及为达成该目的之手段是否适当两个方面,综合判断日常家庭生活需要的范围。[1] 具体而言:

第一,日常家事代理的目的应当概括为"旨在维持家庭的日常消费、养育子女的费用以及医疗服务等交易行为"。日常家事代理权仅指那些从夫妻的具体生活状况来看,夫或妻一方通常无须事先与另一方商议就可以独立实施的法律行为。《德国民法典》第1357条第1款只适用和家庭消费密切相关的交易。[2] 为维系家庭的日常消费所支出的必要费用,属于典型的日常家事代理权的范围,是维系一个家庭正常生活所必需的开支。[3] 例如,为配偶或未成年子女购买食品、衣物、玩具、日用品、电话卡、电卡、水卡、交通卡、燃气卡,以及订立使用网络、有线电视、家庭保险合同等,均属于日常家事代理权的范畴。此外,"日常家庭生活需要"还包括未成年子女的扶养和教育费用、赡养老人费用以及家庭成员医疗医药费用的支出等。相反,借记卡的办理并非日常家庭生活需要,并非日常家事代理权的范围。[4]

第二,为满足家庭日常生活需要的支出具有适当性。对此可以借鉴比例原则中的适当性原则,它是指行为人所采用的手段必须合于目的的实现,要求能证明手段与目的之间存在实质的关联性。[5] 适当性原则属于事实判断。一项交易不仅要在类型上属于家庭日常生活需要交易,还

---

[1] 参见冉克平:《夫妻团体债务的认定及清偿》,载《中国法学》2017年第5期。
[2] 参见〔德〕迪特尔·施瓦布:《德国家庭法》,王葆莳译,法律出版社2010年版,第89页。
[3] 参见程新文等:《〈关于审理涉及夫妻债务纠纷案件适用法律有关问题的解释〉的理解与适用》,载《人民司法》2018年第4期。
[4] 在上诉人陈小芳与被上诉人中国工商银行股份有限公司高淳支行借记卡纠纷案,法院认为:"本案中,申领借记卡并不涉及对夫妻共同财产的处理,发卡行需要根据相关规定对申请人的资格进行审查,并为符合条件的申请人开设借记卡。发卡行并不会基于家事代理权的认定与行为人成立合同关系,且本案中工行高淳支行并未审查陈昆年申请涉案借记卡时与陈小芳是否处于婚姻关系存续期间,其申请的借记卡是否为了家庭生活的需要。"参见江苏省南京市中级人民法院(2015)宁商终字第1396号民事判决书。
[5] 参见陈新民:《德国公法学基础理论》(上卷),法律出版社2010年版,第416页。

必须在具体情况中为了适当满足家庭生活需要,才属于日常家事代理权交易。交易适当性的判断,必须在种类和范围上和其他同等社会状况的家庭之平均消费习惯相称。法国判例认为,日常家事代理应当以该项事务开支的必要性为基础。[1] 由于特定家庭的社会经济状况通常难以为交易第三人所知悉,因此应当从外部观察者的角度判断该家庭表现于外的生活水平。[2] 以一个理性的观察者从外部可识别的角度,判断该法律行为是否能够适当满足日常家庭生活所需。[3] 在具体案件中必须审查,交易是为了适当满足家庭需要还是明显超越了这一目的。例如,子女的教育支出符合日常家庭生活需要的目的,但是,若是普通家庭的配偶一方对外借债200万元用于子女的教育,则该借贷交易不具有"适当性"。有学者认为,娱乐保健、学习深造、理财、储蓄等事项也属于日常家事代理的范围。[4] 对此不能一概而论,应该结合特定家庭的社会状况与生活水平进行"适当性"的判断。为了维系夫妻团体关系,夫或妻以自己名义行使日常家事代理权时,负有与处理自己事务相同的注意义务(《德国民法典》第1359条)。

"家庭日常生活需要"通常受到一些限制,具体而言:

第一,对夫妻团体生活有重大影响的交易,不属于家庭日常生活需要的范围,必须由夫妻共同决定。对于夫妻团体生活有重要影响的交易,是指从根本上决定或改变了家庭及其成员的生活状况的事项。因为这类交易极大地影响夫妻团体生活,法律必须预防和避免配偶一方通过和第三人实施交易从而对另一方的财产状况进行突袭。[5] 法国1985年12月23日第85-1372号法律第2条规定,未经对方配偶同意,夫或妻一方进行的分期付款买卖以及借贷、家庭投资活动尤其是以构建不动产财产为

---

[1] 参见《法国民法典》,罗结珍译,法律出版社2005年版,第208—209页。
[2] 参见〔德〕迪特尔·施瓦布:《德国家庭法》,王葆莳译,法律出版社2010年版,第92—93页。
[3] 参见缪宇:《走出夫妻共同债务的误区》,载《中外法学》2018年第1期。
[4] 参见王歌雅:《家事代理权的属性与规制》,载《学术交流》2009年第9期。
[5] 在常丽娜等房屋租赁合同纠纷案中,法院认为:"根据涉诉合同的约定,涉诉房屋的租赁期限为十九年,租金总额为五十万元,如此长时间的租期及数额巨大的租金,已经远远超出了日常家事的范畴,结合常丽娜在涉诉合同签订之前曾起诉过王丰离婚的情况,且李明在与王丰签订涉诉合同前对此知晓,一审法院认为并不能当然认定王丰是在行使日常家事代理权代理常丽娜签订涉诉合同,王丰在常丽娜不知情的情况下与李明签订涉诉合同应认定为无权代理行为。"参见北京市第三中级人民法院(2017)京03民终14552号民事判决书。

目的而进行的投资活动,以及休闲、娱乐方面的费用开支等,举债方配偶并不承担连带责任。[1] 依据法国判例,夫或妻以个人名义实施的资金借款行为不能适用日常家事代理权,除非是为了购买特定的生活用品而获得的小额资金贷款。[2] 依据德国法,其法定夫妻财产制建立在分别财产制之上,因而对于不动产交易、签订储蓄合同等这些涉及财产投资和管理的事务均由夫妻各自处理的行为,即使这些事项有利于满足家庭利益,也不适用《德国民法典》第1357条。[3] 因此,大额财产投资、不动产交易与大额消费借贷对夫妻团体生活行为有重大影响的交易[4],通常都不属于日常家事代理权的范围。

第二,分期付款的交易。由于分期付款买卖中交易数额通常较大、付款期限通常较长。若是在此期间夫妻关系发生变化,则连带责任就会延续至离婚以后,会大大增加债权人的风险,也未必符合离婚之后夫妻双方的意愿。[5] 因此,以分期付款方式进行的购买以及借贷,如未经夫妻双方同意,则不属于日常家事代理权的范畴。但是,如果分期付款交易的数额较小、期限较短,属于家庭日常生活必需,则不在此限(《法国民法典》第220条第3款)。

第三,夫妻分居期间的交易。在夫妻分居的情况下,由于夫妻共同生活已经不复存在,日常家事代理权归于暂时的消灭。[6] 因此,日常家事代理的适用应将分居期间一方举债排除在夫妻共同债务之外。

---

[1] 参见《法国民法典》(上),罗结珍译,法律出版社2005年版,第208—210页。
[2] 法国1985年12月23日第85—1372号法律第2条:以分期付款方式进行的购买以及借款,如未经夫妻双方同意,亦不发生连带责任;但如果此种借贷数量较少,属于家庭日常生活之必要,不在此限。该条的借贷具有家庭性质,由夫妻一方为其企业的运转而进行的借贷排除在外,参见《法国民法典》(上),罗结珍译,法律出版社2005年版,第210页。
[3] 参见[德]迪特尔·施瓦布:《德国家庭法》,王葆莳译,法律出版社2010年版,第91页。
[4] 例如,在夏梦海与熊利、王荷荣民间借贷纠纷案中,法院认为:"涉案借款数额显然已超过日常生活所需,夏梦海亦主张王荷荣向其借款系用于投资采矿业,但借条上并未记载借款用途,夏梦海亦无其他证据证明该主张。同时,夏梦海无证据表明其有理由相信王荷荣的借款为王荷荣、熊利的共同意思表示……应认定为王荷荣的个人债务。"参见浙江省高级人民法院(2010)浙商外终字第76号民事判决书。
[5] 参见史浩明:《论夫妻日常家事代理权》,载《政治与法律》2005年第3期。
[6] 例如,在丁凤梅诉郑丕刚、陈荣民间借贷纠纷中,法院认为:"虽然在婚姻关系存续期间,但是双方处于分居状态,无夫妻共同生活……故综合全案,丁凤梅所举债务不宜认定为用于郑丕刚与丁凤梅的夫妻共同生活,也就不能认定为丁凤梅与郑丕刚的夫妻共同债务。"参见最高人民法院(2015)民申字第1032号民事裁定书。

依据意思自治原则,夫妻之间还可以就日常家事代理权的限制进行约定,我国台湾地区"民法"第 1003 条第 2 款规定:"夫妻之一方滥用前项代理权(指日常家事代理权)时,他方得限制之。但不得对抗善意第三人。"《日本民法典》第 761 条、《德国民法典》第 1357 条第 2 款也有类似规定。此种立法,通过设置登记对抗的法律规则,比较合理地平衡实施日常家事代理权的一方配偶与交易第三人之间的利益关系,值得我国未来立法借鉴。

(四)日常家事代理权与表见代理

夫或妻的行为超越日常家事的范围,若是第三人为善意,由此产生行为人的配偶与善意的第三人的合理信赖之间的利益冲突。在夫妻一方超越了家庭日常生活需要的范围而与第三人实施交易行为,或者交易第三人善意无过失地误以为对方的婚姻共同生活仍然存在,是否可以适用表见代理(《民法典》第 172 条)?对此,《婚姻法司法解释(一)》第 17 条第(二)项规定:"夫或妻非因日常生活需要对夫妻共同财产做重要处理决定,夫妻双方应当平等协商,取得一致意见。他人有理由相信其为夫妻双方共同意思表示的,另一方不得以不同意或不知道为由对抗善意第三人。"最高人民法院认为,如果夫或妻一方超出家庭日常生活需要的范围与第三人进行交易,而交易的第三人善意无过失的,可以适用表见代理规则。[1] 有学者认为,配偶一方超出日常家事代理权实施交易,第三人有理由相信该债务为共同债务的,举债方配偶应当作为共同债务人。[2] 从司法审判实践来看,亦有法院判决持此种认识。[3]

上述认识忽略了日常家事代理权与意定代理权之间实质上的不同。与财产法上的代理相比,日常家事代理权作为婚姻家庭法上的特别代理具有特殊性。夫或妻超越"家庭日常生活需要"与第三人交易的,原则上

---

[1] 参见最高人民法院民事审判第一庭编著:《最高人民法院婚姻法司法解释(二)的理解与适用》(第二版),人民法院出版社 2015 年版,第 259 页。
[2] 参见王歌雅:《离婚财产清算的制度选择与价值追求》,载《法学论坛》2014 年第 4 期。
[3] 如在张文平与张亚细、陈碰花民间借贷纠纷案中,法院认为:"所谓日常家事代理,是指夫妻因日常事务而与第三人交往时所为法律行为应当视为夫妻共同的意思表示,并由配偶他方承担连带责任的制度。在日常家事代理权的范围内,夫妻一方的意思应被视为夫妻共同的意思,由此产生的债务应被认定为共同债务。但如夫妻一方的行为超出了日常家事代理的范围,则除非构成表见代理,或者配偶他方事后予以追认或分享了债务所带来的利益,否则不能认定为夫妻共同债务。"参见福建省泉州市中级人民法院(2015)泉民终字第 1971 号民事判决书。

不适用表见代理。表见代理属于权利外观责任,其立法宗旨在于保护相对人的合理信赖和交易安全,随着市场经济的发展和民法对交易安全的重视,其适用范围不断扩张。[1] 相反,日常家事代理权旨在强化夫妻团体关系,而非像表见代理那样发挥信赖保护的作用,至少信赖保护与交易安全并非日常家事代理的首要目的。[2] 通过采纳客观标准将日常家事代理权的适用范围限定为适当满足家庭日常生活所需的交易,日常家事代理权可以间接发挥保护交易安全的作用,但这只是适用该制度的附带效果。[3] 在考量配偶另一方是否应当就日常家庭生活的需要承担连带责任时,通常亦无需考虑相对人结婚或同居的外观对第三人的信赖的影响。这与基于权利外观责任的表见代理有显著不同,因此,通常日常家事代理权并不适用权利外观责任。[4] 易言之,即使第三人不知晓交易相对人结婚或同居的事实,只要符合日常家庭生活需要的目的及具有适当性,也不影响日常家事代理权效果的发生。

如果夫或妻一方滥用日常家事代理权,在其日常家庭生活需要的范围之外与交易第三人订立合同,存在以下三种情形:(1)交易第三人结合该方配偶的社会经济状况与生活习惯,应该对超出日常家事代理权的事项进行目的与手段的适当性判断。在日本民法上,夫或妻超越了日常家事代理权的范围而与第三人实施交易行为,不能直接适用《日本民法典》第110条所规定的越权型表见代理,原因是这有可能损害夫妻财产的独立地位。若是夫或妻一方未得到对方的授权,仅在交易第三人确有正当理由相信该行为系夫妻日常家事之范围时,才可以类推适用《日本民法典》第110条规定的表见代理,以保护善意第三人的利益和交易的安全。[5] 由此可见,从客观的角度判断交易行为是否在"日常家庭生活需要"的范围内的重要性,处于第三人善意无过失这一要件之上。如果相对人尽到审慎的注意义务即可发现两者不一致,则交易第三人应当要求夫妻双方共债共签(《最高人民法院关于执行担保若干问题的规定》)。(2)如果交易涉及的是不动产,通常应该被排除在日常家事代理权的范围之外。若是夫妻共同财产但是登记在配偶一方名下,若是登记配偶处

---

[1] 参见梁慧星:《民法总论》(第五版),法律出版社2017年版,第246页。
[2] Staudinger/Voppel, BGB § 1357 (2012), Rn. 18.
[3] 参见缪宇:《走出夫妻共同债务的误区》,载《中外法学》2018年第1期。
[4] 参见〔德〕迪特尔·施瓦布:《德国家庭法》,王葆莳译,法律出版社2010年版,第95页。
[5] 参见赵莉:《论确立夫妻日常家事代表权制度之必要》,载《江海学刊》2009年第2期。

分该不动产,依据不动产登记的公信力,可能构成不动产的善意取得(《物权法》第106条)。[1] (3)对于明显超出日常家事代理权的事项,此种情况本应由配偶双方协商办理或者取得另一方的明确授权,否则为无权代理。如果夫妻之间存在授权的表象,完全可以适用表见代理的一般规则。(4)夫妻之间内部对于日常家事代理权的约定不得对抗善意第三人。《民法典》第1060条第2款规定的"夫妻之间对一方可以实施的民事法律行为范围的限制,不得对抗善意相对人",该规定亦应该在表见代理的框架下予以判断。

但是,如果相对人尽到审慎的注意义务,依据行为人的外观表象善意无过失地相信该行为属于日常家庭生活需要的范围之内,而实际上该行为超出该家庭的日常家事代理权,可以适用表见代理,以保护交易的安全。这在日本民法上属于多数说。[2] 例如,配偶一方以日常家事代理权与交易第三人建立了持续性的债权关系,此种持续性债权关系在配偶分居后仍可继续存在,或者夫妻之间虽已分居但是仍有安宁生活的外观表象的存在,则善意第三人可以此为由对抗配偶分居的事实。

(五)结论

我国《民法典》婚姻家庭编第1060条规定的日常家事代理权,不但可以为夫妻共同生活提供制度上的支撑,而且具有认定夫或妻个人所负债务是否属于夫妻团体债务的功能。[3] 日常家事代理权与夫妻财产制无

---

[1] 在田琼与张建华房屋买卖合同纠纷案中,房产登记在其丈夫印青岩名下,但是属于夫妻共同财产,妻子田琼将该房屋处分给张建华。法院认为:"田琼将属于其夫妻共同财产的房屋在网上公开发布详细出售信息,应当属于夫妻共同财产处理的重要决定……张建华在网上看到该公开信息后,有理由相信其为夫妻双方共同意思表示……张建华在签订合同前查看了房屋和房产证,在有见证人在场的情况下向田琼支付定金,尽到了注意义务,即张建华在签订合同的过程中没有过错,属于田琼夫妻双方之外的'善意第三人'。《最高人民法院关于适用〈中华人民共和国婚姻法〉若干问题的解释(一)》第十七条第(二)项规定……"参见常德市中级人民法院(2012)常民一终字第160号民事判决书。该判决存在以下问题:一是配偶一方出售房屋信息并不能认定夫妻双方有共同处理的决定;二是作为夫妻共同财产的房屋登记在丈夫名下,其妻子处分不动产并不能适用善意取得;三是不动产的处分超出家庭日常生活需要,不能构成日常家事代理权,第三人也不属于善意第三人。

[2] 参见[日]我妻荣、有泉亨:《日本民法亲属法》,夏玉芝译,工商出版社1996年版,第66—67页。

[3] 《民法典》第1060条规定:"夫妻一方因家庭日常生活需要而实施的民事法律行为,对夫妻双方发生效力,但是夫妻一方与相对人另有约定的除外。夫妻之间对一方可以实施的民事法律行为范围的限制,不得对抗善意相对人。"

关,并不因夫妻财产制的不同而有所区别。[1] 由于日常家事代理权属于特征代理,与意定代理与法定代理具有本质差异。日常家事代理权主要表现为:(1)婚姻关系存续期间,夫或妻互相享代理权,可以个人名义为家庭日常生活需要而正常负担债务。该债务的负担应当具有适当性。夫妻分居期间,该代理权终止。因日常家事代理权所阐释的债务属于夫妻共同债务,另一方应负担连带之责。夫妻一方滥用前项代理权时,他方可以限制,但不得对抗善意第三人。(2)依据行为人的外观表象,第三人善意无过失地相信该行为属于家庭日常生活需要的范围之内的,适用表见代理。

五、《民法典》夫妻共同债务规范的体系化阐释

(一)夫妻共同债务所涉的外部结构与内部结构

根据《民法典》第465条的规定,债务人以个人名义与债权人形成债之关系仅对当事人具有法律效力,但是法律另有规定的除外。《民法典》第1064条规定了"合意之债"、为家庭日常生活需要所负之债与夫妻共同生活、夫妻共同生产经营所负之债三个类型的夫妻共同债务,后两者可以统称为"单方负债"。对超出家庭日常生活需要的单方负债,第1064条确立了"个人债务推定"规则,除非债权人举证证明债务的负担系基于双方的共同意思表示或用于夫妻的共同生活或者共同生产经营,否则均为个人债务。可见,相比《婚姻法司法解释(二)》第24条,《民法典》的规定明显限缩了夫妻共同债务的范围,在价值取向与举证责任上均发生极大改变。

夫妻共同债务的判断涉及夫妻共同体、债权人以及举债方配偶的多方利益,其目的在于实现夫妻内部关系与外部债法的有机衔接。在内部关系上,夫妻共同债务必须面对婚后所得共同制与夫妻各自人格独立这两个相互矛盾的制度现实;在外部关系上,应当为债权人的合理信赖提供充分的制度保障。夫妻债务的认定应当考量以下因素:其一,夫妻共同体之中举债方配偶利益增加的可能性。在夫妻共同体内部,夫妻共同财产与夫妻债务具有牵连性,举债方所获的财产利益经过夫妻法定财产制立即减少,通常是一半。然而,债权人并不能因举债方责任财产减少并危及债权而行使撤销权。如果夫或妻一方所负债务可以实际增加或很有可能

---

[1] 参见戴炎辉、戴东雄:《中国亲属法》,顺清文化事业有限公司2000年版,第164页。

增加夫妻共同财产,至少在逻辑上就不能否认该债务具有针对依据"物权方案"分享所获利益的配偶双方的效力。其二,风险的合理分配。夫妻共同债务的认定既要防止夫妻双方通谋转移共同财产损害债权人利益的道德风险,又要防范举债方与债权人虚构债务严重侵害另一方配偶的风险。因此,应考察债权人控制债务发生与实现的风险,比较举债方配偶与债权人的风险控制能力的强弱,并将不利后果分配给防范能力强的一方。例如,举债方配偶参与经营活动的程度越高,其作为共同债务人承担风险的可能性就越大;又如金融债权人对于借贷行为的风险具有较强控制能力,而且可以通过担保方式保障债权的实现[1],其对债务的风险控制能力愈强,举债方配偶作为共同债务人的可能性就愈弱。其三,夫妻双方的意思自治。尽管家庭法强调夫妻共同体的维护,但是并不能据此否定夫妻各自的意思自治与独立人格的价值。因此,《婚姻法司法解释(二)》以"时间推定"的方式不加区分地认定夫妻共同债务(尤其是大额金钱借贷债务),将夫妻捆绑作为债务人而忽略举债人配偶的独立人格的做法是不可取的。同理,如果对《民法典》规定的"共债共签规则"解释不当导致适用范围不合理地扩大,亦会严重危及夫妻双方在婚姻关系存续期间的个人自由。

(二)《民法典》夫妻共同债务的类型阐释

1. 合意之债

合意之债是基于配偶双方意思表示形成的夫妻共同债务,包括合同之债与共同侵权之债。"合意之债"基于夫妻共同的意志,双方的婚姻关系本身并无特别意义,对之应当适用《民法典》合同编(第518条)与侵权责任编(第1168条)的规定。不过,鉴于夫妻共同体的特殊性,为规避双方串通损害债权人的道德风险,可以适当放宽"合意之债"的认定标准。合意之债的成立以夫妻共同意思表示为标准:可以夫妻双方作出明示的意思表示,如共同签名;还可以夫妻一方单方作出意思表示但事前经另一方配偶允许或者事后由另一方配偶追认,举债方配偶的默示甚至特定情形的沉默也可以包含在内(如举债方的配偶已经实际享有其配偶举债所获利益或者其在合同订立的现场但未立即作出反对表示)[2]。但是,配

---

[1] 参见朱虎:《夫妻债务的具体类型和责任承担》,载《法学评论》2019年第5期。
[2] 例如,《浙江省高级人民法院关于妥善审理涉夫妻债务纠纷案件的通知》规定:"若有证据证明配偶一方对负债知晓且未提出异议的,如存在出具借条时在场、所借款项汇入配偶掌握的银行账户、归还借款本息等情形的,可以推定夫妻有共同举债的合意。"

偶事后向债权人还本付息并不能等视为夫妻共同意思表示,该行为只能说明其对借款行为"知情",配偶主动还款的行为可以被解释为对举债方的经济支持,未必代表就借款进行了追认。[1] 为尽可能发挥夫妻"共债共签"的功能,应当允许举债方配偶通过提供相关身份证、结婚证以及表示同意的书面证明等方式事先允许,举债方配偶还可以通过远程网络视频的方式表达共同的意思表示。债权人对此进行必要的形式审查予以确认即可,以降低"共债共签"的交易成本。如果举债方提供的材料及远程网络视频虚假,但债权人对此能够形成合理的信赖,可以类推适用无权代理/表见代理的规定。依据《民法典婚姻家庭编司法解释(一)》第34条规定:"夫妻一方与第三人串通,虚构债务,第三人主张该债务为夫妻共同债务的,人民法院不予支持。夫妻一方在从事赌博、吸毒等违法犯罪获得中所负债务,第三人主张该债务为夫妻共同债务的,人民法院不予支持。"

2. 为家庭日常生活需要所负之债

《民法典》第1060条规定的日常家事代理权不受夫妻财产制的影响,可以视为最低限度地维系夫妻共同体的制度。将夫妻因日常家事所形成的法律行为视为夫妻共同的意思表示并由双方承担连带责任,可以降低社会的整体交易成本。[2] 举债方实施日常家事代理权系以家庭日常生活需要为目的并以维系家庭正常生活所必要,通常包括正常的衣食消费、日用品购买等消费活动,以及子女抚养教育、老人赡养等法定义务的履行。"交易必要性"的判断应采取客观标准,即以一个理性的观察者从外部可识别的角度考察家庭生活方式。[3] 考虑的具体因素包括金额大小、家庭生活水平、夫妻关系是否安宁、所在地经济水平及交易习惯、借贷双方的熟识程度、借款名义、资金流向等。若举债方超出家庭日常生活需要负债,债权人可否参照表见代理使举债方配偶成为共同债务人? 对此学者认识不一。[4] 依据体系解释,举债方超出日常家事代理权的,除非债权人能证明所负债务用于夫妻共同生活与夫妻共同生产经营,否则举债

---

[1] 参见李贝:《夫妻共同债务的立法困局与出路》,载《东方法学》2019年第1期。
[2] Katharina Boele-Woelki et al., *Principles of European Family Law Reagarding Property Relations Between Spouses*, Cambridge: Intersentia, 2013, p. 81.
[3] 参见缪宇:《走出夫妻共同债务的误区》,载《中外法学》2018年第1期。
[4] 肯定说参见王歌雅:《离婚财产清算的制度选择与价值追求》,载《法学论坛》2014年第4期;否定说参见〔德〕迪特尔·施瓦布:《德国家庭法》,王葆莳译,法律出版社2010年版,第95页。

方配偶不作为共同债务人。若举债方超越日常家事代理权可以适用表见代理,则债权人通过表见代理制度就可以扩张夫妻单方引发连带债务的范围,进而导致《民法典》第 1064 条严格限定的"夫妻共同生活与夫妻共同生产经营"所负债务的构成及举证责任形同虚设。而且,日常家事代理权以维护家庭共同生活为宗旨,为避免婚姻共同体因家事交易被捆绑为债权人的责任共同体,从尊重夫妻人格独立出发,日常家事的范围应受到严格限制,这也是目前国际上的发展趋势。[1] 因此,举债方超出日常家庭生活需要所负债务原则上排斥表见代理,除非有例外情形(如夫妻虽已分居但是仍然有共同生活表象)。此外,依据《民法典》第 1060 条第 2 款的规定,夫妻在日常家事代理权之内对一方实施的法律行为的范围进行限制的约定在性质上属于内部限权,不得对抗善意的债权人,在结果上由夫妻承担连带责任,这也与表见代理的法律效果相异。

3. 为夫妻共同生活、共同生产经营所负之债

在夫妻共同财产制之下,夫妻单方负债用于夫妻共同生活与夫妻共同生产经营的,负债方的责任财产减少但家庭共同利益相应增加,由于积极财产、消极财产与责任财产具有牵连性,因此被作为夫妻共同债务的类型。夫妻共同生活系共同关系的本质,为夫妻共同生活所负债务属于夫妻共同债务。夫妻生产共同经营所负债务属于夫妻共同债务,究其原因,在于我国采纳婚后所得共同制,依据原《婚姻法》第 17 条的规定,夫妻在婚姻关系存续期间所得的生产、经营的收益,归夫妻共同所有。因此,基于夫妻共同财产制推定夫或妻一方生产、经营活动所负债务属于夫妻共同债务。[2] 然而,如前所述,夫妻共同财产制并不能推导出夫或妻一方所负债务就应由夫妻承担连带责任,除非该债务基于日常家事代理权或者家庭利益而生。例如,《瑞士民法典》第 233 条规定:"在其从事职业或经营事业中发生的债务;但仅以动用共同财产之资金或将收益归入了共同财产者为限。"《葡萄牙民法典》第 1691 条第 1 款之 4 规定,夫妻任一方在从事商业活动中所负债务,但应证明有关债务为夫妻共同利益而设定。

---

[1] 参见王战涛:《日常家事代理之批判》,载《法学家》2019 年第 3 期。
[2] 在华伟明与徐静娟、徐洪标等民间借贷纠纷案中,许洪标在德金公司经营过程中的行为是婚姻关系存续期间的生产经营活动,由此可见,对于华伟明的举债已用于许洪标、徐静娟夫妻共同生活,该债务应当作为许洪标与徐静娟的夫妻共同债务,原审法院认定由徐静娟承担共同偿还责任正确,本院对此予以确认。参见最高人民法院(2017)最高法民申 1516 号民事裁定书。

夫妻共同生产经营必须是为家庭利益所负债务才属于夫妻共同债务。在市场经济环境下,生产经营主体的性质以及与夫妻在其中所处的地位等因素,是判断生产经营活动是否属于夫妻共同生产经营的重要依据。"夫妻共同生活与夫妻共同生产经营"在规范目的上可以概括为"为家庭共同体的增益而实施"。夫或妻单方负债是否用于"家庭共同体增益"之目的,应当采取客观视角而不考察债务人的动机,可以依据理性第三人的视角对家庭的经济水平、消费习惯以及当地的社会交易观念等予以综合考察并裁断。[1] "用于夫妻共同生活"通常表现为经济支出,可用于夫妻履行抚养、赡养义务,亦可用于娱乐、度假等精神享受。[2] 有学者认为,"用于夫妻共同生活"应是家庭共同体利益的实际增加[3],但此种解释不仅会增加债权人的举证难度,而且会限缩夫妻共同债务的范围。事实上,家庭共同体增益不仅包括家庭共同体直接利益的增加,还包括家庭共同体间接利益的增加,后者系指债务的形成与家庭利益具有较高的关联度,借此可以涵摄无因管理、不当得利、无偿担保行为等有助于使家庭增益的情形。[4] 例如,夫或妻一方负债用于农村土地承包或者个体工商经营。虽然《民法典》第56条规定区分了个体工商户的个人经营与家庭经营[5],但是《最高人民法院关于贯彻执行〈中华人民共和国民法通则〉若干问题的意见(试行)》有例外规定,如果夫妻一方从事个体经营或者承包经营的,其收入为夫妻共同财产,则以夫妻共有财产清偿。[6] 这是因为,个体工商户与农村土地承包经营户通常是由夫妻共同生产经营,"两户"的夫妻共同债务与经营方法、承包方的个人债务之间的界限是模糊的。又如,举债方作为建设项目工程部的负责人,而其配偶参与经营的,若是该负责人对外负债将借款用于建设工程,也应推定举债方配偶对此知晓,负债所

---

[1] 参见汪洋:《夫妻债务的基本类型、责任基础与责任财产》,载《当代法学》2019年第3期。
[2] 参见刘征峰:《夫妻债务规范的层次互动体系》,载《法学》2019年第6期。
[3] 参见李洪祥:《论夫妻共同债务构成的依据》,载《求是学刊》2017年第3期。
[4] 《最高人民法院民一庭关于夫妻一方对外担保之债能否认定为夫妻共同债务的复函》规定对外担保债务不属于夫妻共同债务。该解释显然忽略了与夫妻共同生活和夫妻共同生产经营相关的对外担保。在王琅、李文龙等企业借贷担保纠纷案中,最高人民法院肯定配偶一方作为法定代表人对公司的保证为夫妻共同债务,参见最高人民法院(2015)民申字第752号民事裁定书。
[5] 《民法典》第56条第1款规定:"个体工商户的债务,个人经营的,以个人财产承担;家庭经营的,以家庭财产承担;无法区分的,以家庭财产承担。"
[6] 参见陈甦主编:《民法总则评注》(上册),法律出版社2017年版,第386页。

获利益属于家庭利益。[1]

在举证责任上,债权人可以结合实际情况举证证明夫或妻一方所负债务用于"家庭利益"。不过,债权人主张负债属于家庭共同体间接利益增加的,应当相应地提高证明标准。如果夫妻一方负债所导致的家庭共同体增益的风险较高,则需要比较债权人相对于举债方配偶的风险控制能力。例如,夫妻一方借贷购买股票、期货、基金等进行高风险投资,或者购买金融机构出售的不良资产,通常债权人对金融借贷之债的发生及实现的控制力更强,因此由债权人证明用于"夫妻共同生活"的举证责任要求更高,否则该债务应当视为举债方的个人债务。"夫妻共同生产经营"既可以表现为夫妻双方同时作为决策者的"合伙人"关系,又可以表现为一方为决策者、另一方协助决策和执行的"雇主—雇员"关系。[2] 前者如夫妻二人合伙经营对外负债,后者如夫妻双方均为公司的高级管理人员,夫妻一方以自己名义附随地参与公司的对外债务(如法定代表人的股权回购义务)。此时夫妻共同体已经转换为经济团体,夫妻双方通过商事组织实施的生产经营活动所负的债务即可认定为夫妻共同债务。"夫妻共同生产经营"的认定具体应当考虑两方面的因素:其一,举债方配偶是否实质性地参与经营活动的管理、决策或者执行,如果举债方配偶仅具有形式上的经营角色而不具有经营活动的决策权,该债务不应作为夫妻共同生产经营之债;其二,举债方配偶获益实现的可能性,夫妻共同财产实际增加或者明确增加的可能性越高,被作为夫妻共同生产经营之债的概率越大。[3] 与"夫妻共同生活"相比,"夫妻共同生产经营"产生的夫妻共同财产收益通常具有间接推定属性[4],因而,"夫妻共同生产经营"所负债务的证明标准应高于"夫妻共同生活"所负债务的证明标准——对于

---

[1] 例如,在湖北华都建筑有限公司与赵秋桂、王远兴建设工程施工合同纠纷申请再审案中,法院认为:"王远兴作为案涉建设工程发包方,与其妻赵秋桂共同经营,产生的债务发生在夫妻关系存续期间,应作为夫妻共同债务……故原判将赵秋桂作为当事人并令其共同承担工程款支付责任并无不当。"参见最高人民法院(2014)民申字第2022号民事裁定书。

[2] 参见申晨:《夫妻债务类型的重构:基于有限责任的引入》,载《清华法学》2019年第5期。

[3] 在小马奔腾案中,法院认为,金燕是公司董事,对于案涉协议约定的股权回购是明知的,其参与了公司的共同经营,且金燕作为配偶一方实际享有了建银文化基金投资小马奔腾所带来的股权溢价收益,因而案涉债务属于李明、金燕夫妻共同经营所负债务。参见北京市高级人民法院(2018)京民终字18号民事判决书。

[4] 参见陈凌云:《夫妻共同债务认定规则中的伪命题:共同生产经营》,载《当代法学》2020年第2期。

"夫妻共同生活"的证明达到负债的对价在形式上用于家庭共同生活即可,"夫妻共同生产经营"的证明必须达到举债方配偶实质性地参与夫妻共同生产经营。

立法者试图通过适当增加交易成本的方式来保障交易的安全,是夫妻共同生活与共同生产经营必须由债权人举证证明的原因。然而,若债权人认为证明债务人单方所负债务用于夫妻共同生活或夫妻共同生产经营比较困难,为使举债方配偶共同负债,债权人会尽可能地要求配偶双方"共债共签",而债权人对于合意之债(如借贷)的发生通常具有较强控制力,其结果就是"共债共签"的适用范围会大大增加,不仅会大幅度增加交易成本并影响交易的效率,还会极大地影响为夫妻共同生活与夫妻共同生产经营所负债务的正常进行,致使夫或妻的人格自由受到不当限制。因而,考虑到夫妻之间的信息通常可以高度共享,为避免对举债人夫妻的过度救济,除依当事人申请或法院应当依据职权查清案件事实之外,如果法官凭逻辑推理或日常生活经验能够对"债务用于夫妻共同生活、共同生产经营"形成高度盖然性判断,就应当支持债权人的请求。

4. 单方侵权之债

《民法典》第1064条规定的是契约之债。虽然《民法典》第307条规定的"因共有的不动产或者动产产生的债权债务,在对外关系上,共有人享有连带债权、承担连带债务"可以作为夫妻共同财产致害责任的依据,但是难以涵摄夫或妻一方实施侵权行为这一夫妻共同债务的类型,存在法律漏洞。在现代婚姻法的框架之下,家庭既以个人主义为基础,也要倡导一定的团体主义,即相互扶持、风险共担的理念,尤其是在夫妻选定共同财产制的情况下。[1]《民法典》第1064条规定的夫妻契约之债系以"为家庭共同体增益而实施"为规范目的,可以通过目的性扩张类推适用夫妻侵权之债,以平衡受害人与加害人配偶之间的利益状态。考虑到侵权之债通常只会给家庭共同体带来直接的经济负担,因此受害人只需要证明有过错的侵权行为在社会观念上有为家庭共同体增益的目的即可,若该行为在经济层面实际有利于家庭共同体,则属于责任认定的强化因素。

---

[1] 参见[法]克里斯多夫·布朗夏尔:《家庭团结,强制还是自愿?》,载《法国家事法研究文集——婚姻家庭、夫妻财产制与继承》,李贝编译,人民法院出版社2019年版,第156页。

六、夫妻共同债务的清偿与追偿

(一)夫妻共同债务清偿的学说分歧

夫妻共同体行为的财产基础是夫妻共同财产,而夫或妻个体行为的财产基础是个人财产。如果配偶一方的个人财产不足以清偿个人债务时,该配偶可以以夫妻共同财产中的份额进行清偿。通常情形,夫妻各享有共同共有的一半份额,但是当事人另有约定而且债权人对此知晓的,不在此限。有疑问的是,当夫妻共同财产不足以清偿共同债务时,是否应当以个人财产清偿?对此,原《婚姻法》第41条语焉不详。有学者认为,在共同财产不足或不能清偿共同债务时,应扩张至以个人财产进行清偿。[1] 相反观点则认为,债务人的配偶以其所拥有的夫妻共同财产为限,对债务承担连带清偿责任,债务人配偶的夫妻个人财产不为夫妻共同债务负责。[2]

原《婚姻法》第41条规定夫妻共同债务应当"共同偿还"。《婚姻法司法解释(二)》第25条进一步规定,夫妻双方在离婚分割财产之时,债权人有权就夫妻共同债务向男女双方主张连带清偿责任。夫妻一方承担连带清偿责任之后,可以依据离婚协议或生效判决确立的标准行使追偿权。第26条则规定,夫或妻一方死亡的,生存一方应当对夫妻共同债务承担连带清偿责任。夫妻双方对共同债务承担连带清偿责任,主要原因有三点:第一,夫妻双方本来就是同一债权的共同债务人,该债务是双方同意或者其所带来的利益为夫妻双方所共享;第二,债务人婚姻的风险是债权人不可能预料的风险;第三,夫妻财产是夫妻共同债务的全部担保。[3] 对此,有学者持赞同态度,认为若是认定为夫妻共同债务,应由非举债方与举债方承担连带责任。[4]

但是,近年来,该司法解释所确立的"共同债务连带清偿规则"受到学术界的质疑。主要观点归纳如下:(1)在外部关系上,夫妻共同债务至少应当被解释为由"夫妻共同财产+债务人的夫妻个人财产"承担的债

---

[1] 参见张弛、翟冠慧:《我国夫妻共同债务的界定与清偿论》,载《政治与法律》2012年第6期。
[2] 参见贺剑:《论婚姻法回归民法的基本思路——以法定夫妻财产制为重点》,载《中外法学》2014年第6期。
[3] 参见最高人民法院民事审判第一庭编著:《最高人民法院婚姻法司法解释(二)的理解与适用》(第二版),人民法院出版社2015年版,第268页。
[4] 参见裴桦:《夫妻财产制与财产法规则的冲突与协调》,载《法学研究》2017年第4期。

务,举债方配偶的个人财产不为夫妻共同债务负责;在内部关系上,夫妻共同债务、夫妻个人债务应当分别理解为"夫妻共同财产的债务""夫妻个人财产的债务"。[1] (2)由举债人的配偶承担无限制的连带责任超出制度目的的范围。夫妻共同债务的"共同偿还"只能解释为共同债务人就剩余债务拿出"共同份额"的个人财产加以偿还,并不发生连带清偿责任。非举债方没有参与"夫妻共同债务"的缔结,其在婚前取得的或离婚后产生的个人财产与夫妻共同生活无关,不会产生连带清偿夫妻共同债务的效力,《婚姻法司法解释(二)》有超越立法之嫌。[2] (3)保障债权人利益和保护婚姻当事人的个人财产两者不可偏废。将婚姻当事人的个人财产与非本人行为所造成的债务进行隔离,非举债方的责任财产范围应与共同财产制对应,未举债一方最多是因夫妻共同生活享受了举债方的债务资金的所有权,即使该债务或者其转化物全部或部分转移给了非举债一方,该方也只能在其"实际接收及所收益范围内"承担清偿责任,其责任财产至多是夫妻共同财产,不可能扩大到其个人财产。[3] 从司法审判实践看,江苏省高级人民法院2016年公布的典型案例中出现非举债方以夫妻共同财产为限清偿夫妻共同债务的判决。[4]

(二)《民法典》视野下夫妻共同债务的清偿与追偿

《民法典》第1089条规定,离婚时,夫妻共同债务应当共同偿还。共同财产不足以清偿的,取决于夫妻协商与法院判决,但该条并未规定夫妻共同债务的清偿方式。《民法典婚姻家庭编司法解释(一)》第35条规定:"当事人的离婚协议或者人民法院生效判决、裁定、调解书已经对夫妻

---

[1] 参见贺剑:《论婚姻法回归民法的基本思路——以法定夫妻财产制为重点》,载《中外法学》2014年第6期。

[2] 参见何丽新:《论非举债方以夫妻共同财产为限清偿夫妻共同债务》,载《政法论丛》2017年第6期。

[3] 参见缪宇:《走出夫妻共同债务的误区》,载《中外法学》2018年第1期。

[4] 在王社保与吕国华、刘明桂债权确认纠纷案的判决书中,法院认为:"涉案债务被认定为夫妻共同债务的原因不是非举债方实际参与了合伙经营活动,也不是夫妻之间就涉案债务存在举债合意,而是基于我国婚后所得共同财产制的法律规定……非举债方的婚前个人财产及离婚后取得的财产属于个人财产,与夫妻共同生活并无关联,因此,偿还涉案的夫妻共同债务仅应以共同财产为限,非举债方的个人财产不应作为责任财产。但夫妻中的举债方作为借款人,其举债的行为表明其有将个人全部财产作为责任财产的意思表示,包括夫妻共同财产中其享有的部分,故举债方仍应以个人全部财产及夫妻共同财产中享有的部分对涉案债务承担清偿责任。"参见江苏省高级人民法院(2014)苏民再提字第0057号民事判决书。

财产分割问题作出处理的,债权人仍有权就夫妻共同债务向男女双方主张权利。一方就夫妻共同债务承担清偿责任后,主张由另一方按照离婚协议或者人民法院的法律文书承担相应债务的,人民法院应当支持。"

长期以来,我国立法与实务对夫妻共同债务采连带债务的立场,如《婚姻法司法解释(二)》第25、26条即规定夫妻双方应当对共同债务承担连带清偿责任,责任财产不仅包括夫妻共同财产,还包括夫妻各自的个人财产。[1] 近年来,有学者提出应当区分夫妻共同债务与连带债务。因为举债方配偶并非夫妻共同债务的当事人,若夫妻共同债务的责任财产及于举债方配偶的个人财产,将违背债的相对性原理,超出债权人的合理预期。[2] 即使依据夫妻共同财产制,配偶因此获益的范围也仅限于共同财产份额的增加,其个人财产并未因此而增加。因此,应采用"非举债方有限连带责任说",即在合意之债与日常家事代理权之外的夫妻共同债务的责任财产应限于"夫妻共同财产与举债方个人财产",不包括举债方配偶的个人财产。[3]

夫妻共同债务的责任财产范围以及责任在夫妻之间的最终承担不仅涉及夫妻内部关系,还与债权人权利的实现密切相关。就此而言,夫妻共同债务与合伙共同债务颇为相似,两者在内部与外部关系上均涉及个人利益、共同体或团体利益与债权人信赖保护的价值调和。在内部关系上,夫妻共同财产与合伙财产均属于共同共有(不过,在夫妻共同财产制之下,由于夫妻团体具有伦理性色彩,夫妻共同财产与个人财产属于弱意义上的区隔,其区隔不明显,程度弱于合伙这一经济团体);就外部关系而言,如果合伙人或一方配偶所负债务要由合伙团体或者夫妻共同体承担,均必须是为共同目的:前者表现为合伙共同的事业目的(《民法典》第967条),后者体现为家庭共同利益。因此,尽管夫妻与合伙人的角色不同,但是在责任财产关系上,可以将夫妻共同体类比合伙团体。合伙人为合伙

---

[1] 参见最高人民法院民事审判第一庭编著:《最高人民法院婚姻法司法解释(二)的理解与适用》(第二版),人民法院出版社2015年版,第268页。

[2] 参见贺剑:《论婚姻法回归民法的基本思路——以法定夫妻财产制为重点》,载《中外法学》2014年第6期。

[3] 参见龙俊:《夫妻共同财产的潜在共有》,载《法学研究》2017年第4期;缪宇:《美国夫妻共同债务制度研究》,载《法学家》2018年第2期;汪洋:《夫妻债务的基本类型、责任基础与责任财产》,载《当代法学》2019年第3期;朱虎:《夫妻债务的具体类型和责任承担》,载《法学评论》2019年第5期。

共同的事业目的承担无限连带责任的基础,源于合伙团体的意志与个人意志、合伙团体的财产与个人财产不可分离。[1] 夫妻对外负债承担责任的基础,同样可以从夫妻的共同意志与夫妻共同财产和个人财产的关系出发予以构建。具体而言:(1)在夫妻"共债共签"与单方为家庭日常生活所负债务的情形,个人意志与团体意志相同或被视为相同,因此将夫妻共同债务等同连带债务具有正当性。然而,夫或妻单方为超出家庭日常生活需要的夫妻共同生活与夫妻共同生产经营所负债务以及单方侵权之债,即使是为家庭共同体利益目的也只是涉及夫妻共同财产的可能增加,若举债方配偶并未追认,则表明其个人意志与家庭共同体的目的已相分离,因而举债方配偶不承担连带责任。其情形类似于有限合伙人以共同经营管理权的放弃为代价,由连带责任人变为有限责任人,亦表明有限合伙人与无限连带合伙人意志的分离。(2)在用于夫妻共同生活、共同生产经营所负债务以及单方侵权之债情形,夫妻个人意志与夫妻共同体意志已经呈现分离的状态,举债方超出家庭日常生活需要负债虽由债权人证明用于夫妻共同生活与共同生产经营,但举债方配偶已经从类似于无限合伙人转变为有限合伙人的法律地位[2],因此其仅以夫妻共同财产中的份额为限承担责任,夫妻共同债务的责任财产同样仅包括举债方的个人财产和夫妻共同财产,不包括举债方配偶的个人财产。此外,依据《民法典婚姻家庭编司法解释(一)》第36条规定:"夫或者妻一方死亡的,生存一方应当对婚姻关系存续期间的夫妻共同债务承担清偿责任。"

夫妻共同债务应当先以夫妻共同财产清偿,个人债务首先以个人财产清偿。夫妻共同债务具有双重特征。一方面,该债务系夫或妻与债权人所缔结,法律行为的当事人是夫或妻一方与债权人,举债方的配偶并非当事人;另一方面,该债务系夫或妻为"夫妻共同生活"的目的,夫妻双方被认为共同分享了该利益。因此,对于夫妻共同债务,首先以夫妻共同财产清偿,而个人债务首先以个人财产清偿。这不仅符合该债务为夫妻共同生活设立的目的,而且有利于维系、巩固和增进夫妻团体关系。在比较法上,有些立法例要求先以夫妻共同财产清偿夫妻共同债务。例如,《意大利民法典》第190条规定,夫妻共同财产对夫妻共同债务负主要责任,债务人夫妻的个人财产负次要责任。此外,《亚利桑那州法》第25-215

---

[1] 参见王利明:《论合伙协议与合伙组织体的相互关系》,载《当代法学》2013年第4期。
[2] 参见申晨:《夫妻债务类型的重构:基于有限责任的引入》,载《清华法学》2019年第5期。

条第4款,《新墨西哥州法》第40-3-11条第1款亦有类似规定。《俄罗斯联邦民法典》第45条规定:"对夫妻一方的债务,只能追偿其个人财产,当个人财产无法清偿时,债权人可请求份额分出负债配偶方于共同财产中所享有的财产份额来清偿。"如果共有财产被用来清偿夫妻一方的个人债务,则另一方有权在共有财产制终止之后,要求返还该财产在使用时的一半数额;如果夫妻一方以其个人财产清偿了共同债务,则有权在共有财产制终止之后,要求返还该财产在使用时的一半数额。

然而,我国夫妻共同财产与个人财产的归属划分非常复杂,所遵循的是《民法典》婚姻家庭编而非物权编的原则和逻辑;且夫妻关系具有私密性,夫妻双方的财产可能登记在一方名下,财产形态也可能不断发生变化,因此,夫妻共同债务的债权人通常难以证明哪些财产属于举债方的责任财产、哪些属于举债方配偶的个人财产,这非常不利于债权人利益的保护。在价值层面,《民法典》第1064条在夫妻共同债务的认定上倾向于保护举债方配偶的利益;但从妥当平衡债权人与举债方配偶利益出发,应当推定夫妻双方的所有财产均为夫妻共同财产,并以此作为夫妻共同债务的责任财产范围。在认定夫妻共同财产的范围时,应由举债方配偶对婚姻关系存续期间取得的特定财产是个人财产承担举证责任,由于若可证明即承担有限责任,举债方配偶也具有举证推翻"所有财产均为夫妻共同财产"这一推定的积极性。这样既不会损害举债方配偶的利益,又可以兼顾交易安全与夫妻共同体的利益。此外,如果在举债方负债之后,夫妻之间恶意串通将共同财产变为举债方配偶的个人财产并损害债权人,债权人有权请求撤销。如果夫妻之间采取的是分别财产制,则以第三人(债权人)知道该约定为举债方个人财产承担责任为前提。《民法典》第1065条第3款规定:"夫妻对婚姻关系存续期间所得的财产约定归各自所有,夫或妻一方对外所负的债务,相对人知道该约定的,以夫或妻一方的个人财产清偿。"在举证责任上,《民法典婚姻家庭编司法解释(一)》第37条规定:"民法典第一千零六十五条第三款所称'相对人知道该约定的',夫妻一方对此负有举证责任。"

如果一方配偶对外承担了超过所应当承担的债务份额,则有权向另一方追偿。夫妻之间的追偿权主要包括两种情形:一是夫妻一方的个人财产被用以清偿夫妻共同债务时,实际承担责任超过自己责任份额的配偶,有权按照协议或法律规定的债务承担比例向另外一方追偿。离婚协议或人民法院生效判决通常是夫妻一方行使追偿权的依据和标准。[1]二是因举证程度差异,对外的共同债务认定并不影响对内的个人债务认定。如果夫妻共同财产被用来清偿夫妻一方的个人债务,举债方配偶有权要求债务人对夫妻共同财产予以补偿。三是将夫妻之间在婚姻关系存续期间分割夫妻共同财产时,夫妻一方超出清偿比例部分为清偿的,有权向他方追偿。《民法典》第1066条规定:"婚姻关系存续期间,有下列情形之一的,夫妻一方可以向人民法院请求分割共同财产:(一)一方有隐藏、转移、变卖、毁损、挥霍夫妻共同财产或者伪造夫妻共同债务等严重损害夫妻共同财产利益的行为;(二)一方负有法定扶养义务的人患重大疾病需要医治,另一方不同意支付相关医疗费用。"但是,考虑到夫妻共同生活关系维持,可以规定在夫妻关系存续期间,夫妻之间的内部追偿权可不受时效制度的影响。

七、夫妻债务的清偿顺位

从夫妻共同债务的类型来看,夫妻共同意思表示与共同侵权所负共同债务,属于"无限连带债务";夫或妻一方为夫妻共同生活、共同生产经营以及侵权行为所负夫妻共同债务属于"有限连带债务"。

"无限连带债务"与"有限连带债务"都属于多数人之债,但两者区别极为明显:就外部关系而言,无限连带债务的债权人可以要求夫或妻任何一方清偿全部债务。但是有限连带债务的债权人只能要求所有债务人以共同共有财产清偿债务,共同共有财产不足以清偿全部债务的,举债方应当承担个人责任;就内部关系而言,无限连带债务人内部可能存在追偿关系,而在有限连带债务,债务人以共同财产以及举债方的个人财产负责,债务人之间通常不存在追偿关系。[2] 夫妻双方应当共同清偿夫妻共同债务,不论是夫妻共同协议确定的各自承担的债务份额,还是人民法院判决夫妻双方各自承担的债务份额,都只能约束夫妻双方(包括离婚时的双方当事人),对债权人没有约束力。

夫妻无限连带清偿责任并不因夫妻双方的婚姻关系存续状态的变化而改变。因婚姻而形成的法律关系,除了包含财产内容之外,还具有强烈的人身属性。因夫妻双方离婚导致男女双方间夫妻关系和财产共有关系

---

[1] 参见王歌雅:《离婚财产清算的制度选择与价值追求》,载《法学论坛》2014年第4期。
[2] 参见缪宇:《走出夫妻共同债务的误区》,载《中外法学》2018年第1期。

的消灭,双方按照法律规定确定共同财产的分割方式。但是,为了保护债权人的合法权利不因婚姻关系的变动受到侵害,不论是双方当事人协商确定,还是人民法院判决确定的清偿方式、清偿比例等内容,仅在离婚的双方当事人之间有效,对债权人是没有法律效力的,债权人可以依照《民法典》第 178 条第 1 款"二人以上依法承担连带责任的,权利人有权请求部分或者全部连带责任人承担责任"的规定来要求双方履行其债务。

从我国司法审判实践来看,就夫妻一方个人债务的清偿顺位,债务人个人财产与夫妻共同财产的执行顺位问题存在争议。在"曹××与储甲等案外人执行异议之诉上诉案"中,一审和二审法院曾出现观点分歧,一审法院认为,"本案的债务性质为范甲的个人债务,因此应首先执行范甲个人名下的财产""在尚未对范甲个人财产执行完毕的前提下,直接执行范甲在夫妻共同财产中的份额,确有不当之处。"然而,二审法院却认为,"不管债务的性质是个人债务还是夫妻共同债务,在债权人曹××申请执行过程中,对于债务人范甲的个人财产以及其与他人共有财产中的相应份额,皆可执行。"[1]认为夫妻一方个人债务的清偿不存在个人财产与夫妻共同财产的顺位。在另外一则案例中,法院亦认为债权人可申请执行债务人的个人财产以及夫妻共有财产中的相应份额,债务人的配偶提出的债务人仍有其他财产可供执行的意见,不能排除对夫妻共有财产的强制执行。[2] 与之不同的是,《浙江省高级人民法院关于执行生效法律文书确定夫妻一方为债务人案件的相关问题解答》第 7 条规定,"经判断为夫妻个人债务的案件,应当执行属于被执行人所有或者其个人名下的财产。被执行人所有或者其名下的财产不足清偿的,可执行夫妻共同财产中的一半份额"。因此在检索到的案件中,2014 年之后,浙江省法院的裁判在该问题上体现出较强的一致性,即认为对于夫妻一方个人债务,应当先执行债务人所有或者其名下的财产,无财产或财产不足以清偿的,才可以执行债务人夫妻共同财产的份额。[3] 其他地区亦有法院认为,应当首先执行债务人个人财产,个人财产不足清偿时,方可执行夫妻共同财产中

---

[1] 浙江省嘉兴市中级人民法院(2013)浙嘉执异终字第 4 号执行裁定书。
[2] 参见安徽省合肥市中级人民法院(2018)皖 01 民终 6764 号民事判决书。
[3] 参见浙江省绍兴市中级人民法院(2020)浙 06 执复 101 号执行裁定书;浙江省衢州市中级人民法院(2017)浙 08 民终 1074 号民事判决书;浙江省绍兴市中级人民法院(2016)浙 06 民终 735 号民事判决书;浙江省金华市中级人民法院(2016)浙 07 执异 14 号执行裁定书。

属于债务人的那一部分。[1] 从我国司法审判实践来看,在个人债务的清偿顺位问题上,认为应当首先以债务人个人财产进行清偿是当前司法的主流观点。究其原因,由于夫或妻一方以个人名义为夫妻共同生活与夫妻共同生产经营所负债务系举债方所实施,而夫妻共同财产涉及举债方配偶,在利益衡量上,优先考虑举债方的个人财产,只有在其个人财产不足以清偿夫妻共同债务时才以夫妻共同财产清偿,这样的清偿顺位有利于妥当平衡债权人与举债方配偶的利益。

就夫妻共同债务的清偿顺位而言,有观点认为,共同债务责任财产的清偿顺序应当由债务人与债权人双方约定,法律对此不应加以特别限定。[2] 然而有学者持不同观点,认为夫妻共同债务的清偿顺序需要妥当平衡债权人与夫妻之间的利益,应当先以夫妻共同财产履行夫妻共同债务。[3] 这并不意味着债权人无权就作为共同债务人的夫妻的个人财产获得清偿,而是赋予作为共同债务人的夫妻在其个人财产执行上的先诉抗辩权。[4] 我国司法审判实践中对此认识不一。有判决认为,根据原《婚姻法》第41条的规定,夫妻共同债务,应当优先以夫妻共同财产进行偿还。[5] 另有法院认为,在夫妻一方向其母亲举债用以购买共同住房的情况下,为避免举债方与债权人通过本案转嫁举债方举债风险,并且不损害债权人的利益,依照《合同法》第5条"当事人应当遵循公平原则确定各方的权利和义务"之规定,应当首先执行举债方的财产,确实执行不能,再由非举债方以夫妻共同财产为限承担责任。[6] 夫妻共同债务与个人债务不同,其规范目的是为夫妻共同生活与夫妻共同生产经营所负债务,属于"有限连带债务",该范围不仅包括举债方的个人财产,还包括夫妻共同财产。夫妻共同债务交织着有关债权人利益的交易安全价值与维系

---

[1] 参见江苏省徐州市中级人民法院(2014)徐执复字第30号执行裁定书;河北省邢台市中级人民法院(2017)冀05民终2271号民事判决书;湖北省武汉市中级人民法院(2017)鄂01执复161号执行裁定书;广东省深圳市中级人民法院(2020)粤03民终8821号民事判决书。

[2] 参见尚志东、张西、王文信:《婚姻法不宜设定以夫妻共同财产清偿共同债务》,载《人民司法》2009年第1期。

[3] 参见最高人民法院民法典贯彻实施工作领导小组主编:《中华人民共和国民法典婚姻家庭编继承理解与适用》,人民法院出版社2020年版,第319页。

[4] 参见关淑芳、郭子圣:《夫妻共同债务清偿规则辨析》,载《华东政法大学学报》2021年第1期。

[5] 参见陕西省延川县人民法院(2021)陕0622执异5号执行裁定书。

[6] 参见四川省成都市中级人民法院(2021)川01民终579号民事判决书。

婚姻共同体的价值,夫妻共同债务清偿规则应当力图实现债权人与作为共同债务人的夫妻共同体之间的利益平衡。[1] 由于我国现行法采用的法定财产制是夫妻婚后所得共同制,夫妻财产与个人财产的划分非常复杂,所遵循的是《民法典》婚姻家庭编而非物权编的逻辑,夫妻关系具有私密性,而且财产形态在不断发生变化。夫妻共同债务的债权人通常难以证明哪些属于举债方的责任财产,哪些属于夫妻共同财产。从平衡夫妻共同体与债权人利益的角度出发,夫妻共同债务在清偿顺位上应当先以债务人的个人财产清偿,不足部分由共同财产清偿。否则,会造成仅仅因为债权人的强制执行,共同财产就会在婚姻存续期间被分割,使得作为局外人的债权人可以拆散夫妻财产共同体,与婚姻的本质有违。[2]

在夫妻债务属于个人债务的情形中,债权人对负债一方配偶在夫妻共同财产中相应份额的执行存在以下三种类型:一是举债方配偶以其个人财产为举债方偿还债务,以避免夫妻共同财产被分割;二是夫妻离婚分割共同财产,债权人向法院申请强制执行属于举债方的个人财产;三是夫妻双方协议在婚内分割共同财产,债权人向法院申请强制执行属于举债方的相应份额。在债务属于夫妻共同债务的情形,如果夫妻共同债务系无限连带债务,在夫妻双方采用婚后所得共同制的背景下,夫妻共同债务的责任财产范围包括夫妻双方的共同财产和夫妻双方各自的全部个人财产;在夫妻双方采用分别财产制的背景下,夫妻共同债务的责任财产范围包括夫妻双方的全部个人财产。[3] 如果夫妻共同财产足以清偿夫妻共同债务,则不存在夫妻之间相互追偿的问题。但是,如果夫妻共同财产不足以清偿夫妻共同债务,夫或妻任何一方对债权人的清偿责任超出了应该承担的份额,有权向另一方追偿。如果夫妻共同债务系"有限连带债务",由于举债方配偶不需要以个人财产承担责任,而且举债方是为夫妻

---

[1] 参见田韶华:《论共同财产制下夫妻债务的清偿》,载《法律科学(西北政法大学学报)》2019年第5期。

[2] 参见贺剑:《论婚姻法回归民法的基本思路——以法定夫妻财产制为重点》,载《中外法学》2014年第6期。

[3] 有法院认为,"夫妻一方向另一方所享有的追偿权应当具备下列条件:一是夫妻一方追偿权必须以连带债务存在为前提。追偿权的目的在于使债权人的债权能够尽快实现,并使债权最终得不到实现的风险转由负有连带责任的债务人之配偶负担。二是夫妻一方所享有的追偿权必须以其行使了使其配偶免除原债务为条件。三是夫妻一方向债权人给付之金额超出了其应当负担的金额。"参见云南省昆明市中级人民法院(2019)云01民终6489号民事判决书。

共同生活或夫妻共同生产经营所负债务,因此通常不会产生追偿权。但是,因夫或妻一方基于过错而实施侵权行为产生的夫妻共同债务,尽管行为人在主观上有为夫妻共同利益的目的,但是由于其具有可归责性,无论该侵权责任的归责原则是过错责任还是严格责任,均应当允许举债方配偶在夫妻共同财产清偿后向侵权方追偿。[1]

《婚姻家庭编司法解释(一)》第35条第2款规定:"一方就夫妻共同债务承担清偿责任后,主张由另一方按照离婚协议或者人民法院的法律文书承担相应债务的,人民法院应予支持。"结合我国司法实践来看,追偿权的行使主要分为三种情形:(1)在夫妻共同债务系"无限连带债务"的情形,有法院认为夫妻双方作为债务的连带债务人,未能确定份额即视为份额相同[2],或认为在夫妻共同债务的份额不能分清或无法分清的情况下,应认定双方的份额均等[3],而另一些法院则在未作说明的情况下,径直认定承担清偿责任的一方应向另一方追偿已清偿数额的50%[4]。概言之,在无离婚协议且无生效法律文书的情况下,夫妻一方通常只能向另一方追偿已清偿数额的一半。(2)基于离婚协议追偿。在夫妻双方离婚后,一方就夫妻共同债务承担连带清偿责任的,可以向另一方追偿。对此,清偿夫妻共同债务的一方应当举证证明其已经清偿全部夫妻共同债务,并且超过了基于离婚协议或人民法院生效法律文书中应当承担的份额。夫妻双方在离婚协议中对涉案债务的清偿已作出安排,通常约定由夫妻中一方承担全部清偿责任,但该协议约定只是夫妻双方的内部约定,不能对抗债权人,债权人有权向夫妻中的任何一方或双方主张权利,一方承担完偿还义务后可以根据内部约定向另一方追偿全部数额。[5] 此外,亦有法院认为婚姻存续期间对债务清偿作出安排的夫妻协议亦可作为夫妻一方行使追偿权的基础。[6] (3)基于人民法院的法律文书追偿。在存

---

[1] 参见叶名怡:《民法典视野下夫妻一方侵权之债的清偿》,载《法商研究》2021年第1期。
[2] 参见安徽省淮南市中级人民法院(2021)皖04民终873号民事判决书。
[3] 参见福建省泉州市中级人民法院(2015)泉民终字第4002号民事判决书。
[4] 参见云南省玉溪市中级人民法院(2021)云04民终314号民事判决书;广西壮族自治区百色市中级人民法院(2020)桂10民终1089号民事判决书。
[5] 参见安徽省合肥市中级人民法院(2020)皖01民终3473号民事判决书;湖北省武汉市中级人民法院(2020)鄂01民终7695号民事判决书;云南省曲靖市中级人民法院(2019)云03民终2080号民事判决书;陕西省咸阳市中级人民法院(2019)陕04民终2089号民事判决书。
[6] 参见福建省漳州市中级人民法院(2015)漳民终字第541号民事判决书。

在生效的法律文书对涉案债务的清偿责任作出划分的情况下,夫妻一方可基于已生效的判决书或调解书,向另一方追偿。[1]

八、夫妻个人债务的执行规则分析

(一)夫妻个人债务执行的实务分歧

夫妻共同债务与夫妻个人债务之间是相对的,存在转换关系。如果夫或妻一方不能被认定为夫妻共同生活或者夫妻共同生产经营所负债务,则属于夫或妻的个人债务,但是在债务的清偿上可能涉及夫妻共同财产,因此仍然与夫妻共同体有关。任何夫妻的共同债务同时也必然是夫妻一方或者双方的个人债务。因此对于举债一方配偶来说,该债务既是夫妻共同债务,同时也是其个人的债务,需要以其个人财产承担清偿责任。在"无限连带债务"之外,无论是夫或妻的个人财产抑或是夫妻共同财产的执行,均涉及举债方的个人财产与夫妻共同财产。

在婚姻关系存续期间,夫或妻的个人债务的责任财产包括债务人的个人财产与夫妻共同财产潜在的一半份额。当债权人仅获得对债务人的胜诉给付判决,但是债务人的个人财产不足以清偿时,债权人能否请求法院执行该夫妻共同财产以及实现债权的方式如何?这些问题导致执行程序的推进与实体法制度上存在复杂的内在冲突。在实体法上,婚姻保护、意思自治和交易安全三种基本价值形成的"价值之网"是夫妻财产法规则的分析框架。婚姻保护是理解夫妻财产法的第一把钥匙,其要义在于提供适当经济激励,不让金钱给婚姻添乱。[2] 在夫妻法定财产制下,夫妻双方对于夫妻共同财产不分份额地共同享有权利并承担义务。依据《民法典》第1066条规定,婚姻关系存续期间分割夫妻共同财产限于法定事由。[3] 为维护家庭和睦、稳定,对夫妻一方要求分割夫妻共同财产的

---

[1] 参见贵州省黔南布依族苗族自治州中级人民法院(2020)黔27民终2920号民事判决书;四川省达州市中级人民法院(2020)川17民终1462号民事判决书;河南省南阳市中级人民法院(2020)豫13民终4640号民事判决书;贵州省贵阳市中级人民法院(2020)黔01民终219号民事判决书。

[2] 参见贺剑:《夫妻财产法的精神》,载《法学》2020年第7期。

[3] 《民法典》第1066条规定:"婚姻关系存续期间,有下列情形之一的,夫妻一方可以向人民法院请求分割共同财产:(一)一方有隐藏、转移、变卖、毁损、挥霍夫妻共同财产或者伪造夫妻共同债务等严重损害夫妻共同财产利益的行为;(二)一方负有法定扶养义务的人患重大疾病需要医治,另一方不同意支付相关医疗费用。"该条源于《婚姻法司法解释(三)》第4条。

法定情形应当从严掌握。[1] 这表明,在夫妻个人债务的强制执行问题上,并非仅有债权实现这一维度,还包括保障夫妻共同生活关系的价值选择。[2] 这显然为准许夫妻一方的债权人对夫妻共同财产的强制执行带来了法律障碍。在程序法上,依据《最高人民法院关于民事执行中变更、追加当事人若干问题的规定》第1条确立的变更追加被执行人法定主义原则,未经实体审理,执行阶段法院不得追加配偶为被执行人。这进一步涉及2020年修正的《最高人民法院关于人民法院民事执行中查封、扣押、冻结财产的规定》(以下简称《查封、扣押、冻结规定》)第12条在适用夫妻共同财产时,如果存在夫妻双方就共同财产协议分割不成或者债权人不认可、又无《民法典》第1066条的法定情形,在程序上采取查封、扣押、冻结等控制性措施的基础上,法院能否越过《查封、扣押、冻结规定》第12条第3款赋予债务人配偶提起析产诉讼或者申请执行人代位提起析产诉讼的权利(即"先析产、再执行"),直接处分夫妻共同财产的复杂争议。[3]

从我国司法审判实践来看,夫或妻一方个人债务的债权人在执行夫妻共同财产时,另一方配偶能否就夫妻共同财产中的份额排除强制执行,目前有两种学说:肯定说与否定说。肯定说认为,配偶双方对于夫妻共同财产均享有平等的、不分份额的占有、使用、收益和处分的民事权益,并及于共同共有财产的全部。因此对夫妻共同财产进行强制执行必然会损害作为共同共有人的债务人配偶(案外人)的民事权益。在未按《查封、扣押、冻结规定》(第12条)对共同共有财产进行分割或析产的情形下,案外人所享有的民事权益足以排除对夫妻共同财产的强制执行。[4] 肯定说认为在依程序对夫妻共同财产予以分割前,不能强制执行夫妻共同财产偿还个人债务,这实际上是支持"先析产,再执行"。否定说属于主流观点,实质上不允许或者越过了"先析产、再执行"规则。否定说可以分

---

[1] 参见黄薇主编:《中华人民共和国民法典婚姻家庭编释义》,法律出版社2020年版,第106页。

[2] 参见任重:《民事诉讼法教义学视角下的"执行难":成因与出路——以夫妻共同财产的执行为中心》,载《当代法学》2019年第3期。

[3] 参见王轶、包丁裕睿:《夫妻共同债务的认定与清偿规则实证研究》,载《华东政法大学学报》2021年第1期。

[4] 参见山东省高级人民法院(2016)鲁民终1835号民事判决书;最高人民法院(2019)民申5507号民事裁定书。

为如下四种类型:(1)债务人的配偶不得排除债权人对夫妻共同财产的执行,仅对拍卖款享有权利(金钱分割)。有法院认为,即便本案的债务是夫妻一方的个人债务,本案的案涉房产系夫妻共同财产,但该部分财产份额中仍有债务人个人财产份额,在债务人的配偶未对属于债务人的产权份额行使优先购买权的情况下,其享有的权利份额不能阻却执行,仅对案涉房屋的拍卖款享有权利。易言之,债务人的配偶基于夫妻关系有权对案涉房产的拍卖款主张权利,但其对案涉房产享有的民事权益不足以阻却一审法院的执行。[1] (2)债务人的配偶不得排除债权人对夫妻共同财产的执行,其共有份额可通过分割标的物(份额分割),亦可通过变价后保留相应价款的方式实现(金钱分割)。有法院认为,案涉房屋是夫妻双方婚姻存续期间取得的财产,属于夫妻共同财产。案涉房屋既有债务人配偶的财产份额部分,亦有债务人的财产份额部分。债务人配偶虽然是案涉房屋的共同共有人,但其共有份额可通过分割标的物的方式实现,亦可通过在案涉房屋变价后保留相应价款的方式实现。债务人配偶以其系案涉房屋的共有人为由,主张排除人民法院的强制执行,缺乏事实和法律依据。[2] (3)债务人的配偶不得排除债权人对夫妻共同财产的执行,通过拍卖部分份额,在执行过程中析产(份额分割)。有法院认为,《查封、扣押、冻结规定》第 12 条第 1 款规定,执行法院可以对被执行人与其他人共有的财产进行查封、扣押、冻结,第 2 款和第 3 款分别规定了在各方当事人协商一致分割共有财产以及提起析产诉讼情况下的执行方式,在不存在第 2 款和第 3 款规定的情形时,应适用第 1 款的规定。在对夫妻共有财产进行拍卖时,应在夫妻共有财产范围内对债权人所享有财产份额进行处分,不得损害债务人配偶的财产份额。[3]

(二)夫妻个人债务执行规则的体系化阐释

对于夫妻共同财产的执行,焦点问题是如何处理被执行人与其配偶(案外人)之间的共有关系以及划定共有份额或执行标的的范围,涉及实体规范/执行实践、查封阶段/处置阶段、诉讼程序/执行程序、执行效率/程序公正、夫妻共同体维系/债权实现等因素和理念的冲突、选择和权衡。在程序法上采取"先析产,再执行"的肯定说,仅允许债权人通过另行起

---

[1] 参见江西省高级人民法院(2018)赣民终 597 号民事判决书。
[2] 最高人民法院(2020)民申 4638 号民事裁定书。
[3] 最高人民法院(2017)民申 2083 号民事裁定书。

诉的代位析产之诉的路径实现债权,尽管在程序上最为正当,亦符合共同共有的法律属性,然而在我国《民法典》采取法定的婚后所得共同制的背景下,会极大地增添执行的成本并影响执行的效率,加剧"执行难"的问题。在程序法上采取"以强制执行的方式来析产"的否定说,执行法院普遍允许夫妻一方个人债务的债权人就债务人个人财产以及其在共同财产中的份额(通常是一半)实现其权利,这无疑可以提高执行的效率,但是面临如何突破《民法典》第1066条夫妻共同财产分割法定事由的限制,以及未经实体审理,为何可以在执行程序中追加债务人配偶为被执行人的问题。尤其重要的是,如果查封债务人配偶名下的财产或者离婚后分割的财产,对于执行标的的归属、范围以及份额等争议需要对资金来源、财产分割协议、离婚协议等错综复杂的证据进行审理和判断。[1] 那么,通过执行的方式能否保障当事人在程序上的正当性呢?

对于执行程序与诉讼程序之间的冲突,有学者认为,夫妻一方并非被执行人,人民法院却直接对夫妻共同财产进行查封、扣押、冻结,迫使夫妻协议分割财产或提起析产诉讼,并为申请执行人开辟了代位析产诉讼的途径。从举轻以明重的法律解释方法出发,追加夫妻另一方作为被执行人尚且不被最高人民法院承认,根据《查封、扣押、冻结规定》第12条径行执行夫妻共同财产也就更不具有正当性。为了解决债权人的"证明难"和"执行难"问题,可考虑引入有利于债权人的占有推定规则,贯彻形式化原则,并适用债权人撤销权制度,以实现婚姻家庭关系维系和债权人财产权利保护之间的平衡。在婚姻保护的基础上兼顾意思自治和交易安全,最终落实《民法典》第1041条第1款"婚姻家庭受国家保护"的庄严承诺。[2] "执行形式化"原则在我国司法实践中有相应的判决支持。[3] 上述观点系严格遵循民事诉讼法诉讼与执行相分离以及充分保障当事人程序上的正当性原则的结果。然而,对于夫妻共同财产的强制执行仅限

---

〔1〕 参见胡婷、王亚新:《共有不动产执行中的争议处理》,载《西南政法大学学报》2020年第2期。
〔2〕 参见任重:《夫妻债务规范的诉讼实施》,载《法学》2020年第12期。
〔3〕 最高人民法院认为:"刘芳邑主张依据离婚协议书已取得案涉房产的所有权,但其仅依据夫妻内部处分行为排斥对外法定公示物权效力,并无依据。因此,刘芳邑对案涉房产不享有足以排除强制执行的民事权益,一审法院鉴于案涉房产仍然登记在刘新名下,对作为登记的权利人财产予以执行并无不当,刘芳邑的上诉请求缺乏事实和法律依据,本院不予支持。"最高人民法院(2020)民终1226号民事判决书。

于"执行形式化"原则,存在如下弊端:其一,我国《民法典》第1062条采用的婚后所得共同制,以现实生活中的不动产为例,夫妻作为不动产的法定共同共有人并不以不动产登记为必要,多数已婚者名下不动产登记簿的记载内容受到法定夫妻财产制的影响,导致在涉及已婚者不动产的执行程序中,可能作为执行对象的不动产是否确为共有或者是否属于债务人的责任财产范围,通常并不容易辨认。如果仅仅以"执行形式化"原则为依据,显然会不当地限缩债务人的责任财产范围,对于保护债权人的利益非常不利,与我国的司法实践不相符。其二,在价值衡量上,婚姻保护或者夫妻共同体的维护并不优先于债权人利益或者交易安全的保障。从债权人的角度看,其债权亦极有可能属于夫妻共同财产,该债权的实现与否亦关系债权人婚姻家庭关系的稳定和团结。例如《最高人民法院关于人民法院办理执行异议和复议案件若干问题的规定》第20条规定,金钱债权执行中,人民法院通常并不支持被执行人以执行标的系本人及所扶养家属维持生活必需的居住房屋为由提出异议的诉求。因此,抽象地讨论夫妻共同财产具有维护债务人夫妻共同体的重要功能,但忽略了作为个人的债权人的利益,有失妥当。

为化解实体规范(《民法典》第1066条)与执行实践中法院越过债权人代位析产之诉而强制执行夫妻共同财产之间的冲突,有学者认为,除《婚姻法司法解释(三)》第4条规定夫妻可在婚姻关系存续期间分割共同财产的两种情形之外,可以将司法实践发展而来的经验做法,即以被执行人的个人财产无法清偿夫妻共同债务作为《民法典》第303条规定的可以分割夫妻共同财产的一项"重大理由"。尽管如此,由于法院在执行程序中只能对夫妻共同财产采取查封、扣押、冻结等措施而不能直接处分,因此在未追加配偶情形下,法院直接执行其名下一半财产有违《查封、扣押、冻结规定》第11条第1款的规定。[1] 还有学者认为,应当对《婚姻法司法解释(三)》第4条进行扩张解释,将"伪造夫妻共同债务"扩大解释为"严重损害夫妻共同财产利益"的行为,只要夫妻一方的债务使另一方财产利益受到损害这一事实存在,就构成分割夫妻共同财产的正当性理由。夫妻双方既可以通过离婚分割夫妻共同财产,也可以在婚姻关系存续期间分割夫妻共有财产,再由债权人向法院申请强制执行举债方的相应份额,系为债权人提供救济的同时延续婚姻关系的最

---

[1] 参见张海燕:《执行程序中被执行人配偶追加问题研究》,载《当代法学》2019年第1期。

佳途径。[1]

从财产的独立性角度看,夫妻共同财产与债务人的个人财产之间的区隔并不足以完全抗衡债权人对债务人在夫妻共同财产中的潜在份额的强制执行。与按份共有相比,共同共有财产的独立性更明显,在共有关系中,每位共有人的权利都及于共有物整体,其行为的效力并非仅及于其财产份额,而是及于共有物之全部。在共有人不能清偿个人债务时,其债权人并不能直接通过强制执行的方式取得共有财产中的特定财产。但是,合伙相比夫妻共同共有,合伙关系中的财产独立性更进一步。因此可以将债权人强制执行债务人在夫妻共同财产中的潜在份额类比强制执行合伙人在合伙共同共有财产中的份额,债权人有权可以取得债务人在共同共有财产中的份额,并经其他共有人行使优先购买权等步骤分得份额的价值。[2] 无论是《民法典》第303条规定的"共同共有人在共有的基础丧失或者有重大理由需要分割时可以请求分割",还是该法第1066条规定的两项法定事由,均允许共同财产分割与婚姻关系的存续适度分离。[3] 在体系上,第1066条规定的是夫妻一方严重损害夫妻共同财产利益和危害另一方重大疾病治疗的行为,难以涵摄涉及债权人权利实现的事由。然而,第303条规定的"重大理由"属于兜底条款,可以涵摄债权人在债务人个人财产不足以清偿,不得不强制执行夫妻共同财产的情形,夫妻之间的潜在共有必须转化为按份共有。这可以为我国司法实践中大量存在的需要以债务人的夫妻共同财产清偿其个人债务,法院在强制执行过程中"不予追加债务人配偶+直接执行"的模式提供实体法上的规范依据。但是,在法院强制执行夫妻共同财产的过程中,仍然应当从实体法与程序法两个方面保护债务人配偶的利益不受损害,具体而言:(1)债权人对于公示(登记或者占有)在被执行人与其配偶共同乃至个人名下的不动产或动产,可以查封、扣押和冻结执行债务人的应有份额,并应通知其配偶;(2)当事人或者债务人的配偶对不动产和动产的归属以及共有份额划分有异议的,可以申请执行法院作出财产分割裁定,当事人可以对此提起异议之诉,此时从执行程序转为诉讼程序;(3)夫妻共同财产的分割,既可以实物分割(财

---

[1] 参见汪洋:《夫妻债务的基本类型、责任基础与责任财产》,载《当代法学》2019年第3期。
[2] 参见许德风:《破产法论:解释与功能比较的视角》,北京大学出版社2015年版,第24页。
[3] 参见朱虎:《夫妻债务的具体类型和责任承担》,载《法学评论》2019年第5期。

产为可分物),也可以拍卖、变卖该夫妻共同财产,进而对拍卖款进行分割;还可以对该夫妻共同财产中债务人所享有的财产份额进行处分,债务人的配偶享有优先购买权;(4)依据《民法典》第524条的规定,债务人的配偶可以作为利害关系人代位清偿该债务人的债务,在清偿之后获得对债务人的追偿权。

第五章　夫妻之间的财产给予行为及其效力

第一节　夫妻婚内财产给予行为及其效力

一、夫妻婚内财产给予行为概述

夫妻财产制契约是夫妻双方对婚前和婚姻关系存续期间的所得财产进行的约定,该约定既可以完全排除法定财产制的适用,亦可与法定财产制并存。与法定财产制并存的契约又称为部分的夫妻财产制契约。若夫妻财产制契约系针对个别或全部夫妻财产的约定,则其与夫妻之间特定或概括赠与均属于夫妻之间的财产给予行为,因而不易界分。其中,将夫妻一方的不动产约定为夫妻共同共有、将夫妻共同共有的不动产约定为一方单独所有的情形均具有个人财产与夫妻共同财产之间的归属转换性质,并均以夫妻共同体为财产归属转换的媒介,且可为《民法典》第1065条规定的夫妻财产制约定的三种类型,即各自所有、共同共有或者部分各自所有、部分共同共有所涵盖,因此不适用无偿赠与及任意撤销权规则具有合理性;但是第1065条规定的三种类型并不涵盖将一方财产约定为另一方所有的情形,后者并不具有个人财产与共同财产转换的属性,因此可以适用无偿赠与及任意撤销权规则。

在婚姻关系存续期间,夫妻一方为另一方的利益而进行了实物或金钱给予的约定,此种给予在形式上表现为无偿性,是对夫妻特定财产归属的改变。[1] 近年来,随着不动产在家庭财产中日益重要,夫妻之间就婚前与婚内的单独所有或共有的不动产给予另一方,或对不动产的所有权或份额进行约定的现象屡见不鲜。然而,由于普通人通常并不通晓法律,在约定时夫妻双方往往以"送给、给予、分割"或者"由双方共有"等字眼表达不动产或其份额的变动状况,由此产生法律上的疑义。

学说与实务上对此类约定存在三个疑问:(1)夫妻间给予不动产约

---

[1] 例如,夫妻房产给予约定可以分为一方的房屋约定为夫妻共同所有("加名")、夫妻共同所有的房屋约定为一方单独所有("除名")以及一方个人所有的房屋约定为另一方单独所有("换名")三种类型。依据我国司法实务,前两个类型通常被认为属于夫妻财产制契约,但是第三种类型则被认为属于夫妻赠与,主要理由是:"《婚姻法》规定的夫妻财产制约定包括'分别所有、共同共有和部分共同共有',但并不涵盖一方财产约定为另一方所有的情形。"参见吴卫义、张寅编著:《婚姻家庭案件司法观点集成》,法律出版社2015年版,第395—396页。

定的目的与性质如何？从形式上看，由于夫妻之间给予不动产的约定并不包含金钱上的对价，这与赠与合同的无偿特征极为类似。如丈夫甲与妻子乙约定，将甲单独所有的不动产份额给予乙而成为甲乙共有财产，乙无须支付相应的金钱。在尚未办理变更登记之前，若是认为该约定属于赠与合同，依据原《婚姻法司法解释（三）》第6条[1]，则甲在移转权利之前有权撤销该赠与；反之，若是认为该约定属于原《婚姻法》第19条规定的夫妻财产制契约，则乙可以要求甲履行不动产变更登记手续。《民法典婚姻家庭编司法解释（一）》第32条大体沿袭了该规定。[2]（2）夫妻之间给予不动产约定的效力如何？在未登记之前，该约定能否发生不动产物权变动的效力？对此学说上分歧明显。[3] 进而在体系上，该约定是属于基于法律行为的物权变动还是非基于法律行为的物权变动？（3）在夫妻之间达成给予不动产的约定之后，若是接受不动产的一方违反夫妻忠实义务或者请求立即离婚，给予不动产的一方能否获得妥当的救济？

夫妻之间给予不动产的约定问题，涉及合同法、物权法与婚姻法的交叉领域，学说分歧明显且极易给审判实践造成认识上的困难，从而导致同案不同判的违反正义之现象。笔者不揣浅陋，试图对夫妻之间给予不动产约定的目的、性质、效力及其救济等进行探讨，以期达到抛砖引玉的效果。

二、夫妻婚内给予不动产的目的分析

所谓夫妻之间给予不动产的约定，意指已缔结或即将缔结婚姻的男女之间，就一方的不动产所有权转让给另一方或与另一方共有，或者将双方共同所有的不动产份额分配给一方或者增加一方的共有份额的合同。原《婚姻法》第17条（《民法典》第1062条）所确立的法定财产制是婚后

---

[1]《婚姻法司法解释（三）》第6条规定："婚前或者婚姻关系存续期间，当事人约定将一方所有的房产赠与另一方，赠与方在赠与房产变更登记之前撤销赠与，另一方请求判令继续履行的，人民法院可以按照合同法第一百八十六条的规定处理。"

[2]《民法典婚姻家庭编司法解释（一）》第32条规定："婚前或者婚姻关系存续期间，当事人约定将一方所有的房产赠与另一方或者共有，赠与方在赠与房产变更登记之前撤销赠与，另一方请求判令继续履行的，人民法院可以按照民法典第六百五十八条的规定处理。"

[3] 肯定说参见薛宁兰、许莉：《我国夫妻财产制立法若干问题探讨》，载《法学论坛》2011年第2期；否定说参见杨立新：《最高人民法院〈关于适用《婚姻法》若干问题的解释（三）〉的民法基础》，载《法律适用》2011年第10期。

所得共同制,因而夫妻之间给予不动产的约定通常可以表现为四种情况:(1)夫妻一方将婚前或婚后单独所有的不动产约定为夫妻共有财产;(2)夫妻将共有的不动产约定为一方单独所有;(3)夫妻一方将婚前或婚后单独所有的不动产约定为另一方单独所有;(4)夫妻将共有的不动产约定为不同的比例按份共有。

夫妻之间给予不动产的约定的典型特征为:一是通常发生在夫妻婚姻关系存续期内,也可能发生在即将结婚之时,后者则以男女双方结为夫妻为生效要件;二是接受不动产给予的配偶一方无须付出相应的金钱对价,因而在形式上表现为"无偿性";三是该合同的性质属于财产行为,表现夫妻双方对特定不动产归属的改变。有学者认为,有关夫妻财产的约定属于附随的身份法律行为,以婚姻关系的成立为条件。[1] 尽管夫妻之间给予不动产的约定以婚姻关系为基础,但其以财产关系的设立、变更或终止为内容,而非导致亲属身份关系的变动,因此该约定应为财产(契约)行为而非身份行为。

夫妻之间给予不动产作为一种社会行为,必然存在某种行为的"动机"或者"目的"。"动机"就是意向的相互关系,在行为者本人或观察者看来,这种意向的相互关系似乎是一种举止的意向上的"原因"。[2] 动机理论不仅解释了每个物种(包括人类)普遍的"运动或者行为"模式,而且也解释了每个物种中不同个体的喜好和行为。[3] 通过解释夫妻之间给予不动产的行为动机,有助于准确把握适用该行为的正当行为规则。笔者认为,夫妻一方将不动产给予对方的行为,是希望对方在婚姻家庭关系上能够继续或者开始奉献更多的力量。概言之,夫妻之间订立无偿给予不动产合同的目的,通常是为了维系、巩固乃至增进夫妻情感与获得家庭幸福。主要理由如下:

第一,婚姻家庭关系内部遵循的是利他主义而非利己主义。亚当·斯密在《国富论》中曾经指出,人们在市场交易活动中总是自私的,交易的一方不是利用相对方的利他主义之心,而是利用相对方的利己主义之心来达到自己的目的。通过"看不见的手",人们不仅可以满足自己的需

---

[1] 参见许莉:《夫妻财产归属之法律适用》,载《法学》2007年第12期。
[2] 参见〔德〕马克斯·韦伯:《经济与社会》(上),林荣远译,商务印书馆1997年版,第45页。
[3] 参见〔美〕理查德·格里格、菲利普·津巴多:《心理学与生活》,王垒等译,人民邮电出版社2016年版,第351页。

要,而且可以使资源和劳动的配置优化,进而实现社会利益的最大化。然而,一般认为,在家庭内部利他主义却是十分重要的。亚当·斯密对此认为:"每一个人都会比其他人更敏感地感受到自己的快乐与痛苦……除了他们自己以外,通常与他们一起生活的家庭成员,配偶、父母、子女等,都是他们最为钟爱的对象,也就自然地经常成为对他们的幸福或者痛苦有着最大影响的人。"[1]在现代社会中,婚姻作为核心家庭的关键纽带,以婚姻双方排他性的情感依赖为重要基础。在加入婚姻共同体之后,婚姻双方的个性随之减弱。反之,合作意识在珍视和培养情感依赖的过程中得以优化。[2] 基于夫妻情感上的利他主义而形成的合作意识,必然对夫妻之间法律行为的方式、性质、目的等产生重大的影响,使之不同于市场交易的利己主义法则。

第二,夫妻之间的财产关系受伦理道德的规制,与纯粹的财产关系有差异。自近代以来,随着人类社会中商品经济的支配地位日益提升,传统意义上以家长制为核心的家庭关系,包括人身关系及处于附属地位的财产关系,受到市场法则的波及而逐渐解体。有观点认为,现代家庭法解读起来不再像描绘一个虚构的、自然伦理的生活关系,而是如同一个社团章程,在该章程中涉及名称、登记、婚姻事务执行权、家庭内部的收入平衡与清算程序。[3] 据此而言,婚姻家庭关系已被外部的财产关系完全同化,两者在本质上已经没有差异,在法律适用上也不应存在区别。然而,这一认识并不符合婚姻家庭内部法律关系的实际。家庭法律关系的本质是对于不完整的自身的补充,它是一种自然关系,此自然关系超越人类本质的界限。因此,对于家庭关系而言,它同时具有三种不可分离的统一形态——自然的、伦理的、法的。[4] 由此,家庭关系中只有一部分内容具有法律性质,并且,这三种性质在家庭关系中并非等量齐观。萨维尼对此写道:在人类崇高的道德法则超越了自然欲望,此道德法则应渗透并控制其存在包括欲望的所有方面,由此人的自然性没有被消灭或者削弱,而是被提升为人类存在的更高要素的参与部分。这也就是说,道德性较之其他

---

[1] [美]加里·S.贝克尔:《家庭论》,王献生、王宇译,商务印书馆1998年版,第325页。
[2] 参见熊丙万:《私法的基础:从个人主义走向合作主义》,载《中国法学》2014年第3期。
[3] 参见[德]罗尔夫·克尼佩尔:《法律与历史——论〈德国民法典〉的形成与变迁》,朱岩译,法律出版社2003年版,第114页。
[4] 参见[德]萨维尼:《当代罗马法体系Ⅰ:法律渊源·制定法解释·法律关系》,朱虎译,中国法制出版社2010年版,第268—269页。

两者更为重要,"不可否认,婚姻的本质是信任和奉献,而父权的本质是服从和尊敬;但这些关系中的最重要的要素处于道德保护而非法律保护之下,这种权力的行使大部分属于道德领域"[1]。因此,对于夫妻之间的财产关系,必须考虑其以夫妻人身关系制约的社会现实。

第三,夫妻之间给予不动产的行为主要不是一种经济交易,而是一种亲属之间身份关系的表达。从人类学的角度看,夫妻之间具有极为密切的人身关系,双方的财产给予行为不能以"经济人"的假设为基础,这就如同大多父母并不会对他们花费在子女身上的每一笔钱记账,他们所希望的是孩子们会尊重他们的文化传统,其中包括了他们对父母的爱、尊敬、忠诚和其他对父母应尽的义务。[2] 在双方存在极为密切的亲属关系的背景之下,一个人对另一个人给予财产,虽然不期望得到具体的或者即刻的回报,但是并非没有任何期待。夫妻一方通常是为了实现、安排、维持或保障双方的婚姻共同生活而给予另一方不动产或其份额。这就意味着,该不动产给予的约定不是无偿的,而是夫妻双方共同生活的结果或者预期。例如,丈夫在外工作,妻子料理家务多年,前者给予后者的不动产或其份额,代表他们在分工基础上的共同价值创造。[3]

因此,有关夫妻间无偿给予不动产的约定,既与未婚男女双方因婚约的成立而给予不动产的约定不同,也与发生在婚姻关系存续期内的离婚财产分割协议有异。在前者,未婚男女之间给予不动产的约定虽以缔结婚姻为最终目的,但是其直接目的则是为达成婚约,典型的如男方将不动产作为"彩礼"给付女方。学说通常认为,"彩礼"的给付属于附解除条件的赠与,即以婚约为解除条件。[4] 对于其效果,《婚姻法司法解释(二)》

---

[1] 虽然德国式民法总则被视为提取公因式的产物,但是其中的法律行为制度,系以买卖合同为样本而构建的(参见〔日〕大木雅夫:《比较法》,范愉译,法律出版社1999年版,第206页)。由此引出的问题是,民法总则之中的法律行为或者财产行为规范是否以及如何适用于亲属法上的私人自治行为,大大苦恼了民法学者,尤其是对研究亲属、继承法者,堪可称为迎面就压得透不过气来的学问上之重大压力。参见陈棋炎:《亲属、继承法与民法总则间之疑难问题》,载郑玉波主编:《民法亲属·继承论文选辑》,五南图书出版公司1984年版,第10页。
[2] 参见〔美〕康拉德·菲利普·科塔克:《人类学:人类多样性的探索》(第十二版),黄建波、方静文等译,中国人民大学出版社2012年版,第384—385页。
[3] 此系德国联邦普通法院的裁判观点。参见〔德〕迪特尔·施瓦布:《德国家庭法》,王葆莳译,法律出版社2010年版,第110—111页。
[4] 参见杨大文、龙翼飞主编:《婚姻家庭法学》,中国人民大学出版社2006年版,第109页。

第 10 条规定,双方未办理结婚登记手续,一方要求解除婚约时,当事人有权请求返还按照习俗给付的彩礼。在后者,离婚财产分割协议中对共有不动产归属的约定,是夫妻之间为了实现解除婚姻的目的而对共有财产所作的安排。对此,原《婚姻法》第 39 条第 1 款(《民法典》第 1087 条第 1 款)规定,"离婚时,夫妻的共同财产由双方协议处理"。据此,离婚财产分割协议以双方离婚为条件,属于附条件的法律行为。若是未离婚,该协议不能发生效力。比较而言,夫妻间无偿给予不动产的约定与未婚男女因婚约给予不动产的约定、夫妻离婚时不动产分割协议的区别,在形式上表现为约定订立时间点的差异,实质上则是各个主体在订立协议时所欲实现的目的或者动机的不同。

三、夫妻婚内给予不动产约定的性质争议

(一)我国相关司法实务与学说的分歧

从我国司法审判实务来看,对于夫妻之间给予不动产约定的性质,依据《婚姻法司法解释(三)》第 6 条的规定,可以有条件地认定为夫妻之间的赠与合同。对此,司法解释起草者认为:"经反复研究论证后,我们认为,我国婚姻法规定了三种夫妻财产约定的模式,即分别所有、共同共有和部分共同共有,并不包括将一方所有财产约定为另一方所有的情形。将一方所有的财产约定为另一方所有,也就是夫妻之间的赠与行为,虽然双方达成了有效的协议,但因未办理房屋变更登记手续,依照物权法的规定,房屋所有权尚未转移,而依照合同法关于赠与一节的规定,赠与房产的一方可以撤销赠与。"[1]《民法典婚姻家庭编司法解释(一)》沿袭了该解释的规定,其第 32 条规定:"婚前或者婚姻关系存续期间,当事人约定将一方所有的房产赠与另一方或者共有,赠与方在赠与房产变更登记之前撤销赠与,另一方请求判令继续履行的,人民法院可以按照民法典第六百五十八条的规定处理。"据此而言,在夫妻一方将其所有的不动产无偿给予为另一方所有,即前述第三种类型时,因为不能构成夫妻财产制契约,因而属于赠与。反之,若是前述第一、二、四种情形,即夫妻一方将单独所有的不动产约定为共有财产、夫妻将共有的不动产约定为一方单独所有或者夫妻将共有不动产约定为不同比例的按份共有的,是否构成夫

---

[1] 最高人民法院民事审判第一庭编著:《最高人民法院婚姻法司法解释(三)理解与适用》,人民法院出版社 2011 年版,第 13 页。

妻财产制契约,则并未明示。最高人民法院民一庭认为:婚姻家庭领域的协议常常涉及财产权属的条款,对于此类协议的订立、生效、撤销、变更等并不排斥合同法的适用。在实际生活中,赠与往往发生在具有亲密关系或者血缘关系的人之间,合同法对赠与问题的规定也没有指明夫妻关系除外。一方赠与另一方不动产或约定夫妻共有,在没有办理变更登记之前,依照《合同法》第186条的规定,是完全可以撤销的,这与婚姻法的规定并不矛盾。无论夫妻双方约定将一方所有的房产赠与对方的比例是多少,都属于夫妻之间的有效约定,实质上都是一种赠与行为。因此,夫妻将一方个人房产约定为共同共有或按份共有,赠与人在产权变更登记之前可以行使任意撤销权。[1]《浙江省高级人民法院民事审判第一庭关于审理婚姻家庭案件若干问题的解答》第12条规定:"《婚姻法司法解释(三)》第六条规定表明夫妻间赠与关系应受《合同法》关于赠与合同规定的调整。"夫妻双方约定一方个人所有的房屋归夫妻共同所有但未办理产权变更登记手续的,赠与方主张依据"《婚姻法司法解释(三)》第六条规定处理的,可予支持。"但是,该条与第8条之间存在矛盾。第8条规定:"……夫妻一方以其婚前财产全额出资在婚后购置房屋且产权登记在双方名下或对方名下的,或者夫妻以一方婚前财产及夫妻共同财产混合出资在婚后购置房屋的,该房屋属于夫妻共同财产。"

对于我国原《婚姻法》第19条(《民法典》第1065条)规定的约定财产制,学说通常认为,该条对夫妻约定财产制采取的是封闭式的规定,包括一般共同制、分别财产制与限定共同制三种类型。[2] 婚姻当事人只能在这三种夫妻财产制中选择其一,不能超出该范围进行选择,否则约定无效。[3] 如果夫妻将婚前、婚后所有财产(包括动产与不动产)约定为双方共有,则该约定自然构成夫妻财产制契约中的一般共同制。但是,不动产虽然重要,其也只构成夫妻共同财产的一部分而非全部,因此夫妻之间关

---

[1] 参见杜万华主编、最高人民法院民事审判第一庭编:《民事审判指导与参考》(第65辑),人民法院出版社2016年版,第122页。

[2] 参见余延满:《亲属法原论》,法律出版社2007年版,第285页;蒋月:《夫妻的权利与义务》,法律出版社2001年版,第175页。

[3] 参见杨大文主编:《婚姻家庭法学》,复旦大学出版社2002年版,第189页。相反观点认为,依据意思自治的原则,我国采取的是独创式的夫妻约定财产制。参见裴桦:《也谈夫妻间赠与的法律适用》,载《当代法学》2016年第4期。从我国的登记制度来看,至少对于不动产,支持的是限定共同制。

于不动产给予的约定难以构成一般共同制,即全部动产或者不动产均属于夫妻共同共有的情形理应被排除在外。针对夫妻间无偿给予不动产约定的性质,我国学说分歧明显,大体可以归纳如下:

其一,认为夫妻将婚前财产约定为双方共有时,该协议性质为约定财产制协议;夫妻将一方婚前财产约定归对方单独所有,而不是双方共同所有时,该协议内容已超出原《婚姻法》第 19 条规定的约定财产制的规范范围。如当事人一方将自己的婚前财产约定归对方所有,是一种赠与行为,应适用原《合同法》关于赠与关系的规定。[1] 但是,为了更好地体现婚姻法的价值,应将夫妻间赠与的任意撤销权调整为法定撤销权。法定撤销权可以设定为以下三种情况:严重违反婚姻义务而引发的法定撤销权、严重侵害赠与人或者赠与人的近亲属的法定撤销权、贫困法定撤销权。[2]

其二,认为夫妻之间给予不动产的约定首先推定为夫妻财产制契约,只有在当事人明示赠与的情况下,才能视为赠与行为。原《婚姻法》第 19 条(《民法典》第 1065 条)规定的共同所有、各自所有、部分各自所有、部分共同所有,实际上已经涵盖了夫妻双方财产归属可以约定的所有情形,是允许当事人通过约定将个人财产与夫妻共有财产加以任意变动。当事人无论是将夫妻一方的财产约定为夫妻共有财产,还是将夫妻共有财产约定归一方所有,抑或将夫妻一方所有财产约定归另一方所有,都属于夫妻财产约定范畴。夫妻之间关于房产的约定,隐含着其他财产的归属仍适用法定夫妻财产制的意思,属于夫妻财产约定范畴。[3]

其三,认为夫妻之间给予不动产的约定,由于其并非针对全部财产,仅仅构成婚内财产分割协议。夫妻财产制契约是夫妻双方从法律规定的财产制形态中进行选择的约定,因此它并非针对某个或某些特定的财产归属作出的约定,而是一般性地建构夫妻之间的财产法状态,对契约成立之后夫妻的财产关系将产生一般性的、普遍性的拘束力。婚内财产分割协议只是针对某个或某些特定财产归属作出的约定,并不具有普遍的拘束力,更不具有对未来夫妻财产关系的拘束力。它只是夫妻之间从事的

---

[1] 参见范李瑛:《夫妻财产约定的性质及法律适用》,载《烟台大学学报(哲学社会科学版)》2004 年第 2 期。
[2] 参见赵玉:《司法视域下夫妻财产制的价值转向》,载《中国法学》2016 年第 1 期。
[3] 参见许莉:《夫妻房产约定的法律适用》,载《浙江工商大学学报》2015 年第 1 期。

一般意义上的财产法性质的法律行为。[1]

(二) 对上述观点的评析

夫妻之间给予不动产的约定,原则上应当认定为夫妻财产制契约。除非夫妻明确表示该约定是赠与,或者明确表明该约定是可以撤销的。以婚姻为条件的给付与夫妻财产制契约的设立目的相同,均是为了实现、维持和保障婚姻生活关系,以婚姻的存续作为合同的行为基础。该合同的给予并非无偿,而是配偶双方生活分工的结果。除非夫妻之间特别约定属于赠与[2],双方约定的财产给予应当属于夫妻财产制契约。但是,如果夫妻之间的财产给予是以离婚为目的,则构成离婚财产处置协议。由于此类财产协议以夫妻身份关系的解除为生效要件,交织着夫妻人身关系与财产关系,在实质上属于夫妻婚姻关系解除下的财产清算协议。[3] 离婚财产清算协议是夫妻财产制关系终结后进行的清算合意,夫妻财产制契约则是与法定财产制并存的用以调整夫妻财产制的约定。[4] 具体理由如下:

其一,夫妻之间给予不动产的约定以夫妻身份关系为基础,以维系、巩固和增进婚姻家庭生活为目的,不同于一般的赠与。夫或妻作为各自独立的民事主体,自然可以订立一般财产法上的赠与合同,从而适用《民法典》合同编有关赠与合同的规范。但是,夫妻身份关系的特殊性,使其间有关给予不动产的约定与一般赠与不同,具体而言:(1) 一般赠与行为以个人自由为基础,尽管赠与人实施赠与行为通常是为了获取名声、宽慰自己的良心等,但是受赠人获得赠与财产是无偿的;而夫妻之间存在极为密切的人身关系,双方以合作互惠为基础,夫妻之间给予不动产的约定不是无偿的,而是将另一方在家庭中的给付行为视为此种给予行为的对价。(2) 婚姻是男女基于爱情期待共同生活的一个命运共同体,夫妻之间是存在最大信赖的相互扶助的"伦理人"。若是将夫妻之间给予不动产的约定视为赠与,并赋予给予不动产的一方任意撤销权,会对夫妻的信赖与

---

[1] 参见程啸:《婚内财产分割协议、夫妻财产制契约的效力与不动产物权变动》,载《暨南学报(哲学社会科学版)》2015 年第 3 期。

[2] 有学者认为原《婚姻法司法解释(三)》第 6 条的规定,夫妻之间约定房产赠与的,适用合同编的规定。只有在当事人明示赠与的情况下,才能适用该条。参见许莉:《夫妻房产约定的法律适用》,载《浙江工商大学学报》2015 年第 1 期。

[3] 参见陆青:《离婚协议中的"赠与子女财产"条款研究》,载《法学研究》2018 年第 1 期。

[4] 参见薛宁兰、许莉:《我国夫妻财产制立法若干问题探讨》,载《法学论坛》2011 年第 2 期。

期待造成巨大的伤害。因为对人类关系的信任、信赖和诚实有促进作用的才是合乎道德的决定,而造成不信任、猜疑和误解,设置障碍、破坏诚信的行为,则是不道德的,它们不是促使人们合作共事的能力,而是促使人们互相分离、破坏人们的交往能力。[1] 前述《婚姻法司法解释(三)》第6条及最高人民法院民一庭的意见,将两者以婚姻为基础的财产给予行为与一般财产给予行为赋予同等的效果,并未考虑两者之间的实质性差异,显然有失妥当。

其二,从比较法的角度看,德、法判例与立法通常不将夫妻之间给予不动产的约定视为赠与。在德国,对于夫妻一方在婚姻存续期间为另一方的利益而给予实物或金钱的行为,虽然该行为不存在对等的给予,但是判例也很少将夫妻间的给予行为认定为赠与,而是视为"以婚姻为条件的给予",从而不适用有关赠与的规定。另外,如果夫妻双方是为了追求某种明显超越一般婚姻共同生活的目的,判例就会认可内部合伙关系,从而适用有关内部合伙关系的规定。因此,夫妻之间给予财物的行为在性质上应为"以婚姻为目的的给予行为",如果当事人在想到离婚的可能性后仍然做出此种给予,才视为赠与。例如,丈夫拥有一块土地并修建了房屋,他将该不动产1/2的所有权转移给妻子。德国法认为该行为不是赠与,而是"以婚姻为条件的给付",因为丈夫期待婚姻会继续存在,并且他可以继续使用给付标的。[2] 概言之,在德国法上,依据夫妻约定的目的,夫妻之间的财产给予行为被划分为以超越夫妻共同生活的合伙为目的的财产给予行为、以维系婚姻为目的的财产给予行为以及以离婚为目的的财产给予行为。前者构成默示的配偶内部合伙关系,后者属于以婚姻为条件的给付。[3] 我国现行法采取与德国法不同的夫妻共同财产制,因此并无借鉴默示的内部合伙关系之必要。《法国民法典》第1525条第1款规定:"夫妻双方约定对共同财产各占不等份额以及不等额分配财产的条款,无论从其实质,还是从其形式,均不视为赠与,而仅仅属于有关婚姻财产的协议,且属于合伙人之间的协议。"比较而言,由于我国现行法上并无与德国法上"以婚姻为条件的给予"相对的概念,因此,参照法国法上将

---

[1] 参见[美]雅克·P.蒂洛、基思·克拉斯曼:《伦理学与生活》,程立显等译,世界图书出版公司2008年版,第6页。
[2] 参见[德]迪特尔·施瓦布:《德国家庭法》,王葆莳译,法律出版社2010年版,第109、112页。
[3] 同上书,第207页。

夫妻之间的不动产归属约定视为夫妻财产制契约更为适合。

其三,我国判例认为,夫妻双方就特定的不动产归属状态予以约定,构成我国现行法上的约定夫妻财产制契约。夫妻财产制契约所涉及的范围既包括夫妻全部财产,也涵盖夫妻的特定财产。正如学者所言:"夫妻财产契约不必及于全部财产,对于一定之个别财产,亦为可能。"[1] 此种情形,主要表现为限定共同制,即夫妻对于婚前和婚姻关系存续期间所得的财产,将部分财产设定为夫妻共同所有、部分设定为一方所有,这已为最高人民法院发布的公报案例所肯定。在"唐某诉李某某、唐某乙法定继承纠纷案"中,针对夫妻双方通过《分居协议书》将共有的不动产(共四套)分别分割为各自所有(各两套),法院认为,《婚姻法》第19条第1款对夫妻约定财产制作出明确规定:"夫妻可以约定婚姻关系存续期间所得的财产以及婚前财产归各自所有、共同所有或部分各自所有、部分共同所有。"本案所涉及的《分居协议书》中,唐某甲与李某某一致表示"对财产作如下切割",该约定系唐某甲与李某某不以离婚为目的对婚姻关系存续期间所得财产作出的分割,应认定为婚内财产分割协议,是双方通过订立契约对采取何种夫妻财产制所作的约定。夫妻之间达成的婚内财产分割协议是双方通过订立契约对采取何种夫妻财产制所作的约定,是双方协商一致对家庭财产进行内部分配的结果。[2] 从表述来看,夫妻之间就共有不动产分割为一方单独所有的婚内财产分割协议,其实质就是夫妻财产制契约的限定共同制类型。反之,若是将夫妻之间无偿给予不动产的约定认定为婚内财产分割协议并将两者并列,可能滋生不必要的困扰,因为"如无必要,勿增实体"。[3]

综上,对夫妻之间给予不动产约定的性质应当结合当事人的意图与夫妻财产制予以判断:(1)通常情形下,应当认定该约定为夫妻财产制契约;(2)夫妻之间明确表示该约定为赠与的即为赠与合同;(3)若是夫妻之间在考虑到离婚的可能性后仍然作出此种给予约定,则该约定可以认定为赠与合同。

---

[1] 史尚宽:《亲属法论》,中国政法大学出版社2000年版,第341页。

[2] 参见唐某诉李某某、唐某乙法定继承纠纷案,载《最高人民法院公报》2014年第12期。类似判决,参见周某甲、宋某、周某乙诉王某夫妻财产契约纠纷案,山东省青岛市中级人民法院(2015)青民五终字第1780号民事判决书。

[3] [美]弗兰克·梯利:《西方哲学史》,贾辰阳、解本远译,光明日报出版社2014年版,第228页。

四、夫妻婚内给予不动产的约定与不动产物权的变动

夫妻之间给予不动产的约定,若是属于赠与合同,依据原《物权法》第 9 条第 1 款前段的规定,不动产物权的设立、变更、转让和消灭,经依法登记,发生效力;未经登记,不发生效力。因此,除非双方依据《不动产登记暂行条例》所规定的程序,在该不动产所在地的不动产登记机构进行变更登记,否则不发生物权变动的效力。

如果夫妻之间给予不动产的约定属于夫妻财产制契约,依据原《婚姻法》第 19 条第 2 款(《民法典》第 1065 条第 2 款)的规定,夫妻对婚姻关系存续期间所得的财产以及婚前财产的约定,对双方具有约束力。通常认为,离婚清算协议仅具有债权效力,必须经公示之后才产生物权变动的效力。[1] 离婚协议有关财产给予的约定虽具有约束力但不得对抗债权人。[2] 但是,在例外情况下,可以类推适用《最高人民法院关于人民法院办理执行异议和复议案件若干问题的规定》第 28 条关于不动产买受人的规定,离婚协议清算约定所有权人享有执行异议的权利。理论上对于夫妻财产制契约的效力则认识不一。《民法典》婚姻家庭编规定夫妻财产制契约对夫妻双方均具有法律约束力,此处的"法律约束力"有以下三种解释方案:

其一,夫妻财产制契约的约束力仅表现为债权,物权的变动应当依据《民法典》物权编进行登记。有学者认为,在《婚姻法司法解释(三)》中有关夫妻共同财产的规则上,体现的是原《物权法》规定的调整物权法律关

---

[1] 参见王光、钟永玉、林荣达等股权转让纠纷、案外人执行异议之诉案,最高人民法院(2015)民一终字第 150 号民事判决书;刘会艳与周东方、河北融投担保集团有限公司等、郑磊案外人执行异议之诉案,最高人民法院(2018)最高法民终 462 号民事判决书。认为配偶一方基于离婚协议的约定而享有约定财产之物权判决,如武小平、张文怡申请执行人执行异议之诉案,最高人民法院(2018)民申 613 号民事裁定书。认为离婚协议对于房产归属的约定属于约定债权,但是该约定债权可以排除不动产债权人的强制执行,参见钟永玉与王光、林荣达案外人执行异议纠纷案,载《最高人民法院公报》2016 年第 6 期。
[2] 如蒋琳与邱建玉案外人执行异议之诉一案,法院认为:"离婚协议书对房产归属的约定,属于双方内部对夫妻共同财产的处分,该约定对配偶双方具有拘束力。但因本案所涉债务发生在夫妻关系存续期间,在债务尚未清偿的情况下,配偶双方在离婚协议书中约定该房屋归一方所有,涉及家庭外部关系即第三人的利益,故该约定对债权人不具拘束力。"参见广东省高级人民法院(2015)粤高法民二终字第 1046 号民事判决书;另参见吉林省高级人民法院(2015)吉民申字第 1160 号民事裁定书。

系的规则与原《婚姻法》规定的夫妻共同财产规则的一致性、统一性。原《物权法》规定不动产所有权的公示方法是登记,在《婚姻法司法解释(三)》中规定的关于夫妻财产关系的规则中,都符合原《物权法》第6条和第9条规定的规则。[1] 夫妻财产制契约仅具有债权效力,仍然必须依据《民法典》物权编进行相应的登记或交付才发生物权变动的效力。[2] 这就是说,夫妻之间无偿给予不动产的约定,非经登记不发生效力。从司法审判实践来看,亦有采纳此种观点的判决。在"王某某与许某某夫妻财产约定纠纷案"中,法院认为:在婚姻存续期间,夫妻对其财产有约定的,只要约定合法有效,应按约定处理……依据《物权法》第9条……经查,本案诉争房屋的转让未经登记。原审法院以王某某的诉请"证据不足,理由不充分"为由予以驳回并无不当。故对上诉人所提"取得诉争房屋的法律链条完整,是诉争房屋的合法所有人"这一上诉理由不予采纳。关于上诉人所提"未办理物权登记,不影响转让不动产物权合同的效力"这一上诉理由,因合同效力与物权效力并不等同,合同生效并不意味着物权转让即发生效力,故对该上诉理由亦不予采纳。[3]

其二,夫妻财产制契约的约束力不仅表现为债权,而且同时发生物权的变动,其构成原《物权法》第9条规定的但书条款。有学者认为,夫妻财产制契约的效力具有特殊性,与一般财产契约的效力不同,其直接发生夫妻财产法的效力,即当事人选定的财产制度替代法定财产制适用,无须再采取其他财产变动行为。对于引起财产契约所定的所有权之变更,不须另有物权的公示,如夫妻可以约定一方婚前父母所送的不动产归双方共同所有,也可以约定一方婚前不动产在婚后归对方所有。[4] 夫妻财产制契约可以直接发生物权的效力,而不必履行公示程序。[5] 婚姻法中关于财产关系的规则必须"将利他价值取向直接纳入"法律关系考量,而非以交易性的"功利目的"为取向。因此,婚姻法必须考虑夫妻共同体的利益,与物权法突出个人主义本位有所不同。在相关的具体案例中,原《婚

---

[1] 参见杨立新:《最高人民法院〈关于适用《婚姻法》若干问题的解释(三)〉的民法基础》,载《法律适用》2011年第10期。
[2] 参见贺剑:《论婚姻法回归民法的基本思路——以法定夫妻财产制为重点》,载《中外法学》2014年第6期。
[3] 参见辽宁省沈阳市中级人民法院(2015)沈中少民终字第00664号民事判决书。
[4] 参见薛宁兰、许莉:《我国夫妻财产制立法若干问题探讨》,载《法学论坛》2011年第2期。
[5] 参见田韶华:《婚姻领域内物权变动的法律适用》,载《法学》2009年第3期。

姻法》关于夫妻之间约定的效力的规定优先于登记规则得以适用。[1] 夫妻之间给予不动产的约定,非经登记即可在夫妻之间产生不动产物权变动的效力。由于该约定系以维护、保障婚姻家庭关系为基础,因而与一般的基于个人自由的合同关系不同。如果要求夫妻像普通的交易主体那样必须履行登记手续,在很大程度上会影响夫妻间相互信任、相互依赖的良好关系,不利于夫妻关系的良性发展。"夫妻财产契约之订立,以婚姻成立为前提,因结婚于配偶间及对于其继承人之关系,即发生财产之物权效力。对于一切标的财产,无论是不动产或动产,均可适用,但以夫妻财产法之范围为限。"[2] 在"张文婷诉郑有强物权案"中,法院认为:"根据《中华人民共和国婚姻法》第十九条第一款的规定,夫妻可以约定婚姻存续期间所得的财产以及婚前财产归各自所有、共同所有或部分各自所有、部分共同所有,故 2008 年 12 月 31 日的《房产约定》约定被告婚前财产为夫妻共同财产,系原、被告双方对被告婚前财产所有权归属的真实意思表示,不违反法律,合法有效。根据《婚姻法》第十九条第二款'夫妻对婚姻关系存续期间所得的财产以及婚前财产的约定,对双方具有约束力'的规定,原告要求确认讼争房产共有及办理变更登记的请求,本院予以支持。"[3]

其三,折中说。有学者认为,夫妻在婚姻关系存续期间所作财产制协议原则上只是在夫妻之间发生效力,不能对抗婚姻关系外的第三人,除非依据《民法典》物权编的规定进行相应的不动产登记或交付。[4] 我国最高人民法院的公报案例表明实践中采取折中说。法院认为,对于夫妻财

---

[1] 参见夏吟兰、薛宁兰主编:《民法典之婚姻家庭编立法研究》,北京大学出版社 2016 年版,第 56 页。
[2] 史尚宽:《亲属法论》,中国政法大学出版社 2000 年版,第 344 页。
[3] 在该案中,被告郑有强 2006 年 2 月 13 日购买房屋一套,登记在其名下。同年 8 月 10 日,原告张文婷与郑有强在南平市延平区民政局登记结婚。2008 年 12 月 31 日,原、被告双方作出书面的《房产约定》,约定永恒新村房产为夫妻共有财产。2012 年 6 月 8 日,原告向南平市延平区人民法院提起诉讼,要求与被告离婚。现原告要求被告履行《房产约定》,将永恒新村房产变更登记为原、被告共同共有。被告郑有强认为此《房产约定》系其将讼争房产部分赠与张文婷,郑有强庭审中要求撤销赠与,驳回张文婷的诉讼请求。参见福建省福州市鼓楼区人民法院(2012)鼓民初字第 3733 号民事判决书,载国家法官学院案例开发研究中心编:《中国法院 2014 年度案例:物权纠纷》,中国法制出版社 2014 年版,第 127 页。
[4] 参见程啸:《婚内财产分割协议、夫妻财产制契约的效力与不动产物权变动》,载《暨南学报(哲学社会科学版)》2015 年第 3 期。

产制契约的对内效力,应"厘清物权法与婚姻法在调整婚姻家庭领域内财产关系时的衔接与适用问题,以优先适用婚姻法的相关规定处理为宜……婚姻家庭的团体性特点决定了婚姻法不可能完全以个人为本位,必须考虑夫妻共同体、家庭共同体的利益,与物权法突出个人本位主义有所不同。在调整夫妻财产关系领域,物权法应当保持谦抑性,对婚姻法的适用空间和规制功能予以尊重,尤其是夫妻之间关于具体财产制度的约定不宜由物权法过度调整,应当由婚姻法去规范评价。本案中,唐某甲与上诉人李某某所签协议关于财富中心房屋的分割,属于夫妻内部对财产的约定,不涉及家庭外部关系,而应当优先和主要适用婚姻法的相关规定,物权法等调整一般主体之间财产关系的相关法律规定应作为补充。"[1]

虽然夫妻财产制度对财产法而言具有特别法之地位,但是因夫妻财产制契约不具有外部效力,因此在夫妻之间只具有债权约束力。主要理由如下:(1)物权说或者折中说一方面认为夫妻财产制契约可以直接发生物权变动的效力,另一方面又认为这属于基于法律规定而引发的物权变动,这显然是矛盾的。与之不同的是,遗嘱继承是由设立遗嘱(单方法律行为)和立遗嘱人的死亡(事件)两项法律事实的结合而引起,前者的主要功能在于决定遗嘱继承和遗赠"如何发生",而后者是引起遗嘱继承发生的直接根据。因而遗嘱继承导致的物权变动被纳入非基于法律行为导致的物权变动。[2] (2)折中说违背物权与债权区分的本质。在夫妻关系内部,物权与债权都是夫妻一方向另一方的权利请求,两者的经济结果相同。但是涉及第三人的外部关系时,物权与债权则明显不同。物权的本质为对任何人皆可主张的对特定物或权利的行为权,具有定分性;债权的本质则为对特定人享有的单纯行为或期待行为权,债权不具有定分性。[3] 一方面承认夫妻财产制契约在当事人之间具有物权效力,另一方面又认为该权利并无外部效力,这是矛盾的。[4] 从比较法上看,夫妻依

---

[1] 参见唐某诉李某某、唐某乙法定继承纠纷案,载《最高人民法院公报》2014年第12期。
[2] 参见尹田:《物权法》,北京大学出版社2013年版,第92—93页。
[3] 参见苏永钦:《寻找新民法》(增订版),北京大学出版社2012年版,第127—128页。
[4] 2019年7月18日江苏省高级人民法院实施的《家事纠纷案件审理指南(婚姻家庭部分)》第27条规定:"双方订立的夫妻财产制契约不宜以所有权登记作为确认不动产物权的唯一依据。但未办理转移登记不能对抗善意第三人。在不动产物权未办理转移登记的情形下,被执行人配偶依据夫妻财产制契约提出执行异议,请求排除执行的,不予支持。"

法约定为共同财产,属于依法律行为取得的方式。[1] (3)夫妻财产制契约与夫妻离婚财产分割协议仅存在缔约动机上的差异,目的均为分配夫妻财产,赋予前者物权效力而后者仅具有债权效力,违背"相同事物应作相同处理"的原理。

夫妻间给予不动产的约定构成夫妻财产制契约,若是认为夫妻财产制契约直接发生物权变动效力,在《民法典》物权编的体系定位上,其究竟属于基于法律行为的不动产物权变动还是非基于法律行为的不动产物权变动?[2] 有学者认为,夫妻财产制契约属于非基于法律行为的物权变动类型。在当事人通过夫妻财产制契约将婚后所得财产或一方名下的婚前财产约定为双方共有时,夫妻双方可以直接依法律规定取得共有权,而不必履行公示程序。此类契约就其内容而言,是选择夫妻财产制的约定,而并非直接发生物权变动的约定。由于当事人选择的夫妻财产制是法律规定的,法律对于某种夫妻财产制的效力自然也是明确规定的。如选择了一般共同所有制,就意味着婚前及婚后的财产均为夫妻共有。因此,当事人取得共有财产,并非基于财产制契约本身,而是基于婚姻法对其选择的财产制的效力的规定。[3] 在前述最高人民法院公报案例中,法院认为:"在夫妻财产领域,双方对婚后所得的财产即享有共同所有权,这是基于婚姻法规定的法定财产制而非当事人之间的法律行为。因为结婚作为客观事实,已经具备了公示特征,无须另外再为公示。而夫妻之间的约定财产制,是夫妻双方通过书面形式,在平等、自愿、意思表示真实的前提下对婚后共有财产归属作出的明确约定。此种约定充分体现了夫妻真实意愿,系意思自治的结果,应当受到法律尊重和保护,故就法理而言,亦应纳

---

[1] 参见〔德〕鲍尔、施蒂尔纳:《德国物权法》(上),张双根译,法律出版社2004年版,第386页。
[2] 不动产物权的变动依据其原因的不同,可以分为基于法律行为的物权变动与非基于法律行为的物权变动,前者由《民法典》第215条规定,典型方式是当事人之间的合同;后者是指因法律行为以外的法律事实引起的不动产物权的产生、变更、移转和消灭。两者区分的意义主要体现在公示方法上,前者原则上采取的是登记生效要件主义,非经登记不动产物权的变动不生效力;后者则自该法律行为之外的事实成就之时,物权变动效力即可发生,在体系上主要由《民法典》第229—231条所构成,包括人民法院、仲裁机构的法律文书或人民政府的征收决定等(第229条),继承(第230条),合法建造、拆除房屋等事实行为(第231条)。非基于法律行为的不动产物权变动通常是直接基于法律规定的原因而发生的,它不取决于当事人的意思,其大体上相当于传统民法中所说的"原始取得"制度。
[3] 参见田韶华:《婚姻领域内物权变动的法律适用》,载《法学》2009年第3期。

入非依法律行为即可发生物权变动效力的范畴。"[1] 然而,相反观点认为,将夫妻财产制契约引起的物权变动作为非基于法律行为的物权变动,不但在理论上是错误的,而且在实践中也是有害的。因为夫妻财产制契约是婚姻关系当事人即夫妻意思表示一致的产物,体现的是当事人合意。它属于典型的双方法律行为,由此引起的物权变动本身就是当事人所意欲的、追求的法律效果,而非直接依据法律规定发生的。最高人民法院公报案例中的二审法院在已经将《分居协议》认定为"充分体现了夫妻真实意愿,系意思自治的结果"的同时,又将由此产生的物权变动的依据界定为原《婚姻法》第19条,显然自相矛盾。[2]

在对外效力上,夫妻之间给予不动产的约定,经登记则可以对抗第三人与配偶的继承人。从比较法上看,《德国民法典》规定,夫妻财产合同中的约定不经登记也有效,但是对和配偶一方为法律行为或发生法律争议的第三者而言,夫妻财产登记根据《德国民法典》第1412条产生消极公示的效果。[3] 详言之,《德国民法典》第1412条规定的消极公示有如下效力:配偶不能将应登记而没有登记的事项作为抗辩提出,以对抗和第三人缔结的法律行为。但第三人也不能因此享有抗辩,即第三人不能根据该条对和未登记事项有关的法律行为提出抗辩。[4]《日本民法典》第756条(夫妻财产契约的对抗要件)规定:"夫妻已订立了与法定财产制相异的契约时,未经婚姻登记,不能以该契约对抗夫妻的承继人及第三人。"我国台湾地区"民法"第1008条亦有类似规定,其立法目的在于贯彻物权法定主义及保护交易安全,同时避免夫妻借登记夫妻财产制的方式,逃避其债权人的强制执行。[5] 比较而言,德国民法与日本民法、我国台湾地区"民法"仍然存在细微的差别:前者规定夫妻财产制契约非经登记不得

---

[1] 参见唐某诉李某某、唐某乙法定继承纠纷案,载《最高人民法院公报》2014年第12期。

[2] 参见程啸:《婚内财产分割协议、夫妻财产制契约的效力与不动产物权变动》,载《暨南学报(哲学社会科学版)》2015年第3期。

[3] 《德国民法典》第1412条规定:"(1)配偶双方已排除或变更法定夫妻财产制的,仅在夫妻财产合同在法律行为实施时已登记于夫妻财产制登记簿或为第三人所知时,他们才能由此向该第三人引出对在其中一方和该第三人之间所实施的法律行为的抗辩;对在配偶中的一方和该第三人之间所作出的有既判力的判决的抗辩,仅在夫妻财产合同在诉讼处于未决状态时已登记或为该第三人所知时,才是可准许的。(2)配偶双方以夫妻财产合同废止或变更已登记于夫妻财产制登记簿的夫妻财产制上的关系的规定的,亦同。"

[4] 参见[德]迪特尔·施瓦布:《德国家庭法》,王葆莳译,法律出版社2010年版,第124页。

[5] 参见王泽鉴:《民法概要》,北京大学出版社2011年版,第524页。

对抗善意第三人,而后两者并未区分善意与恶意第三人。如学者所言,我国台湾地区"民法"第1008条规定,如未登记,无论系基于何种原因,均不得对抗第三人。第三人知之,亦无不同。[1] 笔者认为,由于我国并未单独规定夫妻财产制契约的公示制度,因此夫妻财产制涉及不动产物权变动的,应当适用《民法典》物权编所规定的不动产登记制度。从保护第三人的合理信赖的角度看,对于夫妻财产制契约,凡第三人事先知道该契约的,则具有对抗第三人的法律效力,反之,第三人事先不知道该契约的,则不具有对抗第三人的法律效力。所谓不得对抗善意第三人,是指未经登记前不得以之对抗第三人,但善意第三人方可以对抗夫妻。如果未曾对夫妻财产制契约进行登记,则第三人可以主张为法定财产制;如果曾经对夫妻财产制契约进行登记,而嗣后变更又未为登记,则第三人可主张其登记上的财产制。第三人是否知晓,应当由夫妻承担举证证明。此外,第三人不包括配偶的继承人在内。对此,《日本民法典》第756条、《韩国民法典》第829条第5项均将继承人与第三人并列,即对于配偶及其继承人,虽未登记亦发生效力。

五、给予不动产之配偶所受损害的救济路径

夫妻之间达成给予不动产的约定,通常是为维系、巩固或者增进婚姻家庭关系。问题在于,如果接受不动产的一方在约定达成之后违反夫妻忠实义务,例如,发生一夜情或者与他人非法同居;或者接受不动产的一方侵害给予方的直系血亲利益,例如,伤害该方父母的人格权。针对此类情形,给予不动产的一方是否有适当的法律途径予以救济?以下结合夫妻之间给予不动产约定的性质予以综合判断。

(一)赠与不动产一方的任意与法定撤销权

夫妻之间明确表明该给予不动产的约定属于赠与合同的,如果不动产给予方的目的是维系、巩固和增进婚姻家庭关系,则相对方一旦接受,就负有与给予方共同维护、经营婚姻共同体的道德义务。夫妻双方均负有建立幸福美满的婚姻和家庭的义务,这关系夫妻和家庭感情,属于道德调整的范畴。[2] 因此,应将以促进婚姻家庭关系为目的的夫妻之间赠与不动产的约定视为具有道德义务性质的赠与合同。对于履行道德义务的

---

[1] 参见史尚宽:《亲属法论》,中国政法大学出版社2000年版,第345页。
[2] 参见余延满:《亲属法原论》,法律出版社2007年版,第9页。

赠与,由于当事人之间有着道德上的因素,如果允许赠与人任意撤销,则与道义不符。因此,此类的赠与不得由赠与人任意撤销。但是,接受赠与的一方严重侵害赠与人或者赠与人的近亲属、对赠与人有扶养义务而不履行或者不履行赠与合同约定的义务的,依据《民法典》第663条的规定,赠与不动产的配偶一方有权自知道或者应当知道撤销事由之日起1年内行使法定撤销权。

若是夫妻之间在考虑到离婚的可能性后仍然作出此种给予约定,虽亦构成赠与合同,但是该赠与并不存在维系、巩固和增进婚姻家庭关系的直接目的,属于普通的财产赠与类型。该合同未经过公证的,在办理变更登记之前,赠与不动产的一方配偶认为相对方违反夫妻忠实义务或者侵害其直系血亲的利益,无论该事实是否存在,其均有权行使任意撤销权。因为法律规定一般赠与合同的任意撤销,是源于赠与行为的无偿性。[1]

(二)给付不动产一方之情势变更请求权

如果夫妻之间无偿给予不动产的约定属于夫妻财产制契约,对于接受给予一方配偶违反忠实义务或者背信弃义的行为,给予不动产的另一方配偶是否具有合理的救济方式。

对此,有学者认为,我国原《婚姻法》第4条规定"夫妻应当互相忠实,互相尊重",这实际上确立了配偶权,即配偶之间因婚姻而成立的以互相忠诚为内容的权利。无论是丈夫还是妻子,违背忠诚义务而与第三人发生"一夜情"或与他人通奸、同居的,均构成对另一方配偶权的侵害。[2]还有学者认为,夫妻之间虽然互负忠诚义务,但配偶权于法无据,应当明确无过错方所受侵害系身份利益,以原《民法通则》第106条第2款(原《侵权责任法》第6条第1款)、原《侵权责任法》第22条为请求权基础,在构成要件上,主观需为故意,损害需达到与原《婚姻法》第46条所列情形相当之严重程度。[3]

针对接受不动产给予的配偶一方违反忠实义务或者伤害相对方近亲属的行为,从侵权责任法的视角考虑对过错方的非法行为予以制裁,明显存在问题:(1)受害人依据《民法典》第1165条(原《侵权责任法》第6条)

---

[1] 参见胡康生主编:《中华人民共和国合同法释义》(第二版),法律出版社2009年版,第280页。
[2] 参见程啸:《侵权责任法》(第二版),法律出版社2015年版,第177页。
[3] 参见张红:《道德义务法律化:非同居婚外关系所导致之侵权责任》,载《中外法学》2016年第1期。

所规定的一般条款抑或《民法典》第1091条(原《婚姻法》第46条)所规定的离婚损害赔偿,其足以涵摄接受不动产给予一方几乎所有的违反忠实义务或者背信弃义的行为。例如"一夜情"、与第三者生子、与他人非法同居、重婚、实施家庭暴力以及虐待、遗弃家庭成员等行为。尽管如此,接受给予不动产一方承担损害赔偿责任的范围,仍然不能与夫妻财产制契约涉及不动产的价值直接关联。易言之,无偿给予不动产的配偶一方并不能请求过错方返还,其最多可以作为法官考虑过错方承担损害赔偿责任的酌情因素。(2)如果接受不动产给予的一方在获得不动产之后立即以夫妻感情破裂为由离婚,由于我国原《婚姻法》对离婚标准采取的是夫妻感情破裂主义,即使无偿给予不动产的一方不同意,法院经调解无效,可以直接判决离婚。由于接受不动产的一方并无过错,无偿给予不动产的配偶一方既不能请求无过错方返还,也不能要求无过错方承担离婚损害赔偿责任。然而此种情形,由于给予人无任何救济途径,其实际上被置于人财两空之境地。

鉴于夫妻给予不动产的约定属于基于法律行为的物权变动类型,应当从合同法的角度出发,考虑给予不动产的配偶一方合法利益的救济。具体而言:

首先,夫妻给予不动产的约定无论是构成夫妻财产制契约还是属于含有道德义务的赠与,给予不动产的一方订立合同的目的是维护、巩固和增进婚姻家庭关系。尤其是夫妻之间的忠实义务,为《民法典》第1043条所明文规定。这是因为,婚姻为一男一女以终生共同生活为目的而为法律所承认之结合,夫妻间互负一定之义务,其中最重要的,是忠实与贞操义务。婚姻系以夫妻之共同生活为目的,配偶应互相协力,保护其共同生活之圆满、安全及幸福,而夫妻互守诚实之义务,系为确保其共同生活之圆满安全及幸福之必要条件。[1] 因此,接受不动产给予的配偶一方违反忠实义务、有伤害相对方近亲属的行为或者立即要求离婚的,实质上构成对夫妻无偿给予不动产约定的目的或者基础的破坏。

其次,在德国法上,根据联邦普通法院的见解,以"婚姻为条件的给予"的成立条件是:配偶一方以结婚为目的,或为了实现、安排、维持或保障双方的婚姻共同生活,此种期待或设想就是该给予行为的基础。进而,

---

[1] 参见王泽鉴:《干扰婚姻关系之侵权责任》,载《民法学说与判例研究》(第一册),北京大学出版社2009年版,第186页。

婚姻破裂意味着该合同的交易基础丧失。此时若不能合理期待做出给予的配偶一方愿意维持现有财产状况，就出现《德国民法典》第313条第1款规定的补偿请求权，支付请求权的数额视具体情况而定。在特定情况下，只要符合公平原则，甚至还可以要求返还所有已经履行的给付。[1]《德国民法典》第313条第1款规定的是交易基础障碍。依据判决，交易基础障碍首先是主观的标准（主观交易基础），是指以在合同订立之时即已存在的对方当事人能够认识并且没有提出异议的一方当事人的想法，或者双方当事人的共同想法为标准，法律效果意思即建立在这些想法之上。但是，在《德国民法典》第313条第1款的框架内，交易基础也可以根据纯粹客观的标准确定（客观交易基础）。如果双方当事人对交易基础没有想法，客观上重要的情况也能成为交易基础。[2]

最后，我国现行法上与交易基础障碍类似的制度是原《最高人民法院关于适用〈中华人民共和国合同法〉若干问题的解释（二）》[以下简称《合同法司法解释（二）》]第26条规定的"情势变更规则"。《民法典》第533条采纳了该司法解释的规定并予以完善。[3] 然而，学说认为，情势变更规则并不包括《德国民法典》第313条规定的主观交易基础障碍，而是与客观交易基础障碍相类似。[4] 但是，鉴于接受不动产给予的配偶之背信弃义的行为，实质上构成对夫妻给予不动产约定的目的或者基础的破坏。因此可以借鉴德国法的做法，类推适用《合同法司法解释（二）》第26条的法律效果。具体而言：(1) 夫妻之间给予不动产的约定的目的是维护婚姻家庭团体的和睦，即使该目的未能在约定中言明，但是构成夫妻双方均认可的理所当然的情势；(2) 接受给予的配偶一方违反夫妻忠实义务或者侵害另一方配偶及家庭成员的人格权（不法行为包括但不限于《民法典》第1091条规定的情形），或者在达成给予不动产约定之后立即要求离婚，而给予方对此并无过错；(3) 接受给予一方配偶的不法行为致

---

[1] 参见〔德〕迪特尔·施瓦布：《德国家庭法》，王葆莳译，法律出版社2010年版，第110—111页。

[2] Larenz/Wolf, Allgemeiner Teil des Burgerlichen Rechts, 9. Aufl., 2004, §38 Rn.5.

[3] 《民法典》第533条规定："合同成立后，合同的基础条件发生了当事人在订立合同时无法预见的、不属于商业风险的重大变化，继续履行合同对于当事人一方明显不公平，受不利影响的当事人可以与对方重新协商；在合理期限内协商不成的，当事人可以请求人民法院或者仲裁机构变更或者解除合同。人民法院或者仲裁机构应当结合案件的实际情况，根据公平原则变更或者解除合同。"

[4] 参见韩强：《情势变更原则的类型化研究》，载《法学研究》2010年第4期。

使夫妻之间给予不动产的约定的目的或者基础发生动摇而不复存在,对当事人而言离婚不可避免;(4)给予不动产的一方可以请求法院对该合同予以调整,或者请求解除合同。法院在考虑婚姻的持续时间、共同占有该不动产的时间以及家务料理、子女教育、双方的收入和财产关系等因素之后,可以要求对方全部或者部分返还不动产或者相应的价值。对此,应当考虑夫妻一方的不动产给予是对相对方经营夫妻共同生活结果的奖赏,还是对相对方经营夫妻共同生活的期望。若是属于前者,不应当完全剥夺,而只能予以适当的酌减,以体现经营夫妻共同生活这一结果的价值。

六、结论

法律的社会、道德和文化基础,以及贯穿和解释它的理论,与它的"条文"相比毫不逊色。[1] 从现实生活出发,我们不能忽略女性在家庭生活的营造上虽然付出更多,但是在社会分工上仍然扮演"第二性"的角色,由此导致家庭之中大部分不动产通常归男性所有。据此,夫妻之间给予不动产的一方往往是丈夫,而接受不动产的一方则是妻子。因而夫妻之间给予不动产的约定,显然并非一个形式逻辑与涵摄的问题。《婚姻法司法解释(三)》第6条以及《民法典婚姻家庭编司法解释(一)》第32条试图将财产关系的法则适用于家庭关系,忽视了两者之间的差异。

夫妻作为具有独立人格的民事主体,自然可以实施各种类型的法律行为。但是,由于婚姻关系基于伦理而形成了相互依赖的生活共同体,因此夫妻之间达成给予不动产的约定,不能与一般民事主体之间的法律行为等同视之。相反,应当探寻当事人订立该约定的意图,并结合我国《民法典》第1065条规定的夫妻财产制类型予以综合判断。具体而言:

第一,如果夫妻之间明确表示,给予相对方不动产的目的是赠与,而且即使离婚仍然不会放弃此种约定的,应当将其作为一般的赠与合同,适用《民法典婚姻家庭编司法解释(一)》第32条的规定。

第二,如果夫妻之间给予不动产的约定具有维护、巩固和增进婚姻家庭关系的目的,则通常应当将该约定作为夫妻之间缔结的财产制契约,或者依据夫妻双方的明确约定认定为含有道德义务的赠与。于此情形,给

---

[1] 参见〔英〕弗里德利希·冯·哈耶克:《法律、立法与自由》(第一卷),中国大百科全书出版社2000年版,第32—33页。

予不动产的约定一旦达成并生效,给予不动产的一方不得任意撤销。

第三,在夫妻之间达成不动产给予约定之后,如果接受给予的配偶一方违反夫妻忠实义务或者有其他背信弃义的行为,给予不动产的配偶一方以缔结合同的基础发生动摇为由,在离婚之时提出变更或者解除先前的约定时,人民法院可以类推适用情势变更规则使其获得合理的救济。

第二节 离婚协议中的夫妻财产给予及其效力

一、离婚协议中的夫妻财产给予条款概述

近几十年来,随着男女平等思想、个人主义以及契约自由意识对家庭法的逐渐渗透,法律允许夫妻双方对婚姻事务作出预先安排。[1] 夫妻双方就自愿离婚、子女抚养与财产分割问题等达成一致即可完成登记离婚,这最大限度地体现了离婚领域的意思自治。[2] 离婚财产的分割以夫妻共同财产与个人财产、夫妻共同债务与个人债务的区分为前提,包括积极财产与消极财产两个方面,致使婚姻关系存续期间"沉睡"的夫妻财产制度得以"苏醒"。

在不涉及第三人的情形下,夫妻共同财产原则上应均等分割(《最高人民法院关于人民法院审理离婚案件处理财产分割问题的若干具体意见》第8条),夫妻共同债务应当共同清偿(《民法典》第1089条)。然而,夫妻共同财产与债务的平均分割通常只是理想状态。配偶双方在离婚协议中可以约定不平均分割夫妻共同财产或夫妻共同债务,还可以约定将夫妻一方的个人财产给予另一方或者约定将夫妻共同财产或个人财产给予具有抚养关系的子女等。从形式上看,此类约定条款均具有一方配偶向另一方配偶无偿给予财产的属性,可以统称为"离婚夫妻财产给予条款"。在实质上,夫妻财产给予约定以夫妻共同财产及债务的平均分割为前提,属于配偶对夫妻共同财产份额与个人财产的处分,与离婚合意约定互相牵连,构成财产、身份关系相互交织的"混合协议"。

---

[1] 参见〔德〕凯塔琳娜·博埃勒-韦尔基等主编:《欧洲婚姻财产法的未来》,樊丽君等译,法律出版社2017年版,第74页。

[2] 参见夏吟兰:《离婚自由与限制论》,中国政法大学出版社2007年版,第67页。

我国《宪法》第49条第4款规定婚姻自由受国家保护,并从制度性保障的角度对立法者提出离婚自由"核心不得废止、边缘可以限制"的要求。[1] 然而,因现实生活中夫妻之间的议价能力往往存在差异,为避免处于优势地位的一方利用离婚协议损害弱势一方或者债权人的利益,离婚财产给予条款应当接受是否符合离婚法公平正义理念的司法检验。[2] 从我国现行理论与实务来看,离婚协议财产给予条款的争议问题主要包括以下三个方面:(1)在法律性质上,离婚协议中的夫妻财产给予条款溢出夫妻共同财产及债务的均等分割原则是否构成合同法上的赠与?(2)在内部关系上,夫妻财产给予条款的效力判断与实现路径有何特殊性及其表现?(3)在外部关系上,夫妻不动产给予约定是否具有排除该不动产登记方的金钱债权人强制执行的效力?学理对此应当如何构造?[3] 离婚协议中的夫妻财产给予条款的规制涉及《民法典》总则编、婚姻家庭编、合同编、物权编以及公司法、强制执行法等诸多领域,极具理论与实务价值。

二、离婚协议夫妻财产给予条款的法律性质争议

(一)离婚协议夫妻财产给予条款的解释路径争议

离婚夫妻财产给予条款系夫妻离婚时通过契约方式改变婚姻存续期间的法定或约定财产制确定的财产归属。离婚协议以登记离婚为延缓条件,在登记离婚之前,离婚财产给予条款不生效。如果夫妻之间的登记离婚未生效,从夫妻缔结离婚协议的真意出发,登记离婚的财产给予条款不能被作为配偶另行诉讼离婚的参考依据。[4] 从形式上看,离婚协议中的

---

[1] 参见王锴:《婚姻、家庭的宪法保障——以我国宪法第49条为中心》,载《法学评论》2013年第2期。
[2] 参见薛宁兰:《离婚法的诉讼实践及其评析》,载《法学论坛》2014年第4期。
[3] 最高人民法院新近判决认为,离婚协议中的不动产给予约定具有排除被执行标的金钱债权人强制执行的效力。参见钟永玉与王光、林荣达案外人执行异议纠纷案,最高人民法院(2015)民一终字第150号民事判决书;刘会艳与周东方、河北融投担保集团有限公司等案外人执行异议之诉案,最高人民法院(2018)最高法民终462号民事判决书。
[4] 参见吴卫义、张寅编著:《婚姻家庭案件司法观点集成》,法律出版社2015年版,第520页。夫妻在办理离婚登记之前达成离婚协议,如果夫或妻一方反悔改为采用诉讼离婚,则只能适用诉讼离婚的一般规则。此前达成的离婚协议因为未生效,不能成为当事人诉请履行的依据,仅对当事人的感情状况、财产状况等有一定的证明效力。参见陈敏、杨惠玲:《离婚协议中房产归属条款相关法律问题探析》,载《法律适用》2014年第7期。

财产给予条款具有无偿性,与赠与合同相类似。赠与合同的重要特征是赠与人在财产权利转移之前享有任意撤销权。针对夫妻财产给予条款的解释,我国学者主要围绕离婚协议经登记生效之后财产权利移转之前,财产给予方是否可以行使任意撤销权展开分析。

主张夫妻财产给予方享有任意撤销权的学者认为,合同法赋予赠与人任意撤销权,赠与人"出尔反尔"撤销赠与是依法行使其权利,合法的行为不应受到无端指责甚至限制。已经离婚的赠与人撤销离婚时的赠与允诺的确失信,但考虑到赠与系无偿法律行为,除了可能的信赖利益,撤销赠与后受赠人并无损失可言,故法律适用时不宜带有"惩戒"赠与方的偏向,因为法律既不赞赏"出尔反尔",也不赞赏"不劳而获"。除非受赠人能够证明该赠与具有道德义务性质,否则赠与方有权撤销。[1]

但是,我国多数学者对赠与方的撤销权持否定态度,主要包括以下三种观点:(1)有目的的赠与。基于离婚事由将夫妻共同财产进行分割或处分给子女的行为具有明显的目的指向性,其与一般赠与明显不同,如果单独予以撤销,那么夫妻双方以协议离婚方式解决离婚纠纷的目的就会落空。[2] (2)履行道德义务的赠与。夫妻财产给予发生在家庭内部,因而属于道德义务的性质,财产给予方不可撤销赠与。[3] 还有学者认为夫妻财产赠与的道德义务性并不具有普遍性,仅仅表现在两个方面:一是婚姻关系存续期间一方依靠对方扶养,双方对于离婚后继续扶养的约定;二是受赠人在婚姻关系存续期间因协助一方工作、照顾老人和子女付出较多义务,但无法基于原《婚姻法》第 40 条请求经济补偿。[4] (3)附条件的赠与。男女双方基于离婚事由将夫妻共同财产处分给子女的行为,可视为一种附协议离婚条件的赠与行为,在双方婚姻关系已经解除的前提下,基于诚信原则,也不能允许任意撤销赠与。[5]

---

[1] 参见国家法官学院编:《全国专家型法官司法意见精粹:婚姻家庭与继承卷》,中国法制出版社 2017 年版,第 155 页。

[2] 参见李静:《离婚协议中的赠与能否撤销》,载《人民司法》2010 年第 22 期。

[3] 参见吕春娟:《离婚协议中赠与方不得行使任意撤销权的探讨——兼评〈婚姻法司法解释(三)〉第 6 条》,载《天津法学》2012 年第 4 期。

[4] 参见国家法官学院编:《全国专家型法官司法意见精粹:婚姻家庭与继承卷》,中国法制出版社 2017 年版,第 156 页。

[5] 参见吴晓芳:《〈婚姻法〉司法解释(三)适用中的疑难问题探析》,载《法律适用》2014 年第 1 期。

前述肯定说与否定说均是从赠与的角度分析离婚夫妻财产给予条款的性质。此外,还有学者从赠与之外的视角认为夫妻财产协议属于婚姻关系解除的离婚财产清算协议。因婚姻属于身份法意义上的继续性合同,在婚姻关系解除时,离婚财产分割协议可以类比为继续性合同解除时的财产清算协议。夫妻之间的财产给予条款属于清算关系,夫妻针对子女的财产给予条款为第三人利益合同关系。夫或妻一方在离婚财产清算协议生效之后不得撤销。[1]

我国司法审判实践对于夫妻财产给予约定采纳的是赠与说。尽管有判决主张财产给予方可以行使任意撤销权,但是越来越多的判决持否定态度。[2] 法院的判决理由除"目的赠与说"之外[3],还有判决主张财产赠与和婚姻关系解除、子女抚养、共同财产分割、共同债务清偿、离婚损害赔偿等互为前提、互为结果,构成一个整体,因而不得撤销。[4]

(二)离婚协议夫妻财产给予条款的解释论分析

比较而言,上述有关离婚协议夫妻财产给予条款法律属性的典型观点均存在不足之处,具体而言:

其一,将离婚协议中的夫妻财产给予约定视为普通的赠与,如果允许夫妻一方就夫妻财产给予条款行使任意撤销权,而婚姻关系的解除与其他事项又具有不可逆性,这在法律效果上等同于宣告"尽管婚姻关系如当事人所希冀的得以解除,但是离婚协议中的财产给予条款无效"。协议离婚之中各项条款之间往往具有很强的关联性,夫妻财产给予条款因无偿而无效,然而其他条款却有效,这极可能有失公允。若对此不作任何限制,相当于变相激励配偶一方恶意利用赠与的任意撤销权达到既离婚又占有财产的目的,严重违背诚实信用原则。此外,夫妻财产给予条款可能涉及夫妻债务的清偿、离婚经济帮助、经济补偿以及损害赔偿、子女抚养

---

[1] 参见陆青:《离婚协议中的"赠与子女财产"条款研究》,载《法学研究》2018 年第 1 期。
[2] 参见肖峰、田源主编:《婚姻家庭纠纷裁判思路与裁判规则》,法律出版社 2017 年版,第 233 页。
[3] 参见最高人民法院民事审判第一庭编:《婚姻家庭案件审判指导》,法律出版社 2018 年版,第 113 页。
[4] 参见于某某诉高某某离婚后财产纠纷案涉及离婚协议中的财产"赠与条款"任意撤销的"典型意义",2015 年 12 月 4 日最高人民法院公布的"用公开促公正,建设核心价值"婚姻家庭纠纷典型案例。

等法定义务的履行，并非都是无偿的。[1]

其二，赠与双方通常不会约定特定的目的。我国立法上仅规定基于公益性目的的捐赠应当明确约定赠与目的。[2] 在捐赠中，受赠人应当按照协议约定的用途使用捐赠财产，改变用途需要征得捐赠人的同意（《公益事业捐赠法》第18条）。捐助人对于适用目的作出特定指定时，该赠与构成附负担的赠与，受赠人负有将捐助用于指定目的的义务。[3] 离婚财产协议包含自愿离婚、子女抚养、财产分割等内容，财产分割属于夫妻达成自愿离婚的协议时对财产关系的约定，并不构成离婚的目的。即使夫妻双方在离婚协议中明确约定夫妻之间的财产给予系以离婚为目的，按照"目的赠与说"的思路应属于"附离婚义务的赠与"。然而，离婚在法律性质上并非属于财产上的给付，且不得强制执行，以离婚为赠与之负担与婚姻之本质明显不相符。[4] 因此，将离婚协议中的夫妻财产给予约定解释为"目的赠与"并不妥当。离婚夫妻财产给予虽以登记为生效条件，但是赠与附条件并不排除赠与人的任意撤销权。

其三，离婚协议中的财产给予条款属于"有关身份关系"的约定，不可避免地具有伦理属性。但是，这并不表明离婚财产给予条款就必然具有道德义务的属性。在英美契约法上，赠与人曾受领他人重要而无偿的劳务或救助工作，出于补偿的目的而承诺赠与，该允诺的对价属于"过去的对价"，在性质上具备很强的道德性因而被称为"道德对价"。然而，由于"过去的对价"所包含的道德性湮没或遮蔽了合同的法律属性因此不属于对价，该允诺或合同因缺乏对价而不具有强制执行力。[5] 现代契约法上的道德义务理论仅在非常狭窄的领域被承认。[6] 夫妻虽然兼具"伦理人"与"经济人"的双重特征，但是在缔结离婚协议之时，夫妻自由终止婚姻并对财产予以相应的处置，更多地呈现出"理性—经济人"的面向，

---

[1] 参见许莉:《离婚协议效力探析》，载《华东政法大学学报》2011年第1期。
[2] 参见王利明:《合同法分则研究（上卷）》，中国人民大学出版社2012年版，第205页。
[3] 参见〔日〕我妻荣:《债权各论》（中卷一），徐进、李又又译，中国法制出版社2008年版，第19页。
[4] 参见林诚二:《民法债编各论（上）》，中国人民大学出版社2007年版，第225页。
[5] 参见刘承韪:《英美法对价原则研究》，法律出版社2006年版，第197—199页。
[6] Ewan Mckendrick, Contract Law, Palgrave Macmillan Publishers Ltd., 2000, 4th ed., p.102.

伦理性的因素并不显著。[1]

其四,将夫妻财产给予条款类比为继续性合同解除之后财产清算协议的观点,系从夫妻团体解除之法律后果的角度考量"离婚财产清算关系的整体性",并强调离婚合意的不可逆性。[2] 实际上,与继续性合同的解除相比,离婚协议更类似于合伙关系的清算。[3] 离婚财产清算是因夫妻共同体解散所产生的重要财产效力,有狭义与广义之分,前者仅指离婚时的夫妻共同财产分割制度,后者则包括离婚财产分割制度及离婚救济制度等。[4] "离婚财产清算协议说"从离婚协议的整体性考察婚姻关系解除与财产清算条款,表明离婚经济帮助、离婚补偿、子女抚养以及离婚损害赔偿等条款之间具有相互依存性与牵连关系,因此不得单独撤销。但是该观点并未阐释这些条款之间的关联性究竟为何,而且难以说明若离婚协议约定的超越离婚经济帮助、离婚补偿、子女抚养以及离婚损害赔偿等内容的财产给付条款(例如,离婚协议中约定一方就离婚损害赔偿而给予另一方一套别墅)是否具有无偿性及其是否可以撤销等问题。

(三)离婚协议夫妻财产给予属于法定义务范畴及其表现形态

在协议离婚时,夫妻之间的财产给予约定并不受夫妻财产平均分割与夫妻债务共同偿还原则的限制。但是,平均分割与共同偿还原则是判断离婚协议中是否存在夫妻财产给予条款的重要标准。在此原则之下,离婚协议的财产给予条款包括两个方面:一是父母对子女的法定抚养义务;二是夫妻之间的离婚救济制度。离婚后,一方抚养子女,另一方应负担必要的生活费和教育费。子女抚养费的数额依据子女的实际需要、父母双方的负担能力和当地的实际生活水平确定。离婚救济制度主要由离婚经济补偿制度、离婚后的抚养以及离婚损害赔偿制度三部分组成。具体而言:

第一,离婚经济补偿。在婚姻关系存续期间,夫妻一方为家庭牺牲教育目标和职业能力帮助另一方获得了文凭、资格,导致夫妻之间经济上的不平衡,在离婚时基于公平原则后者应对前者进行补偿。[5] 原《婚姻法》第40条规定的离婚经济补偿以分别财产制为前提,因与我国民众实施夫

---

[1] 参见〔美〕理查德·波斯纳:《法律的经济分析》,蒋兆康译,法律出版社2012年版,第209页。
[2] 参见陆青:《离婚协议中的"赠与子女财产"条款研究》,载《法学研究》2018年第1期。
[3] 参见胡苷用:《婚姻合伙视野下的夫妻共同财产制度研究》,法律出版社2010年版,第12页。
[4] 参见夏吟兰:《离婚自由与限制论》,中国政法大学出版社2007年版,第193页。
[5] Herring Jonathan, *Family Law*, Edinburgh: Pearon Education Limited, 2011, pp. 232—238.

妻共同财产制的习惯不相符,导致该条在实践中难以被适用。[1] 但是《民法典》婚姻家庭编第 1088 条将离婚经济补偿制度的适用范围扩张至所有的财产制类别。[2] 离婚经济补偿是获得人力资本的一方(例如,高等教育学位、医师或律师资格等)对另一方的贡献进行补偿性扶养。[3] 在美国,几乎所有的州都反对将职业资格作为婚姻财产,但是规定法院应考虑一方配偶对另一方配偶获得职业技能时所做的贡献,并在离婚时判决后者补偿前者所做贡献的价值。[4] 依据我国《民法典》第 1064 条的规定,学位与资格等人力资本不属于夫妻共同财产,但是基于夫妻对共同经营所取得的财产价值应共同分享的原则,在离婚时应通过夫妻一方给予另一方财产的方式进行补偿。参考的因素包括婚姻关系存续期间家务劳动的时间、强度以及技能,补偿方的经济收入以及人力资本的预期经济收益等。[5]

第二,离婚后的扶养。离婚后的扶养是为帮助夫妻一方离婚后生活的自立而给予的经济救助措施,在享有清算性财产分配和抚慰金之后生活仍然困窘的场合方得承认。[6] 离婚后的扶养与当事人的主观过错无关,仅以一方生活困难和另一方具有给予经济帮助能力为客观要件,不以请求扶养方无过错、扶养方有过错为前提。[7] 依据我国现行法及相关司法解释的规定,离婚后的扶养义务分为日常生活救助和住房救助两类。对于前者,通常应根据生产与生活需要定期给付或一次性给付;对于后者,依据《婚姻法司法解释(一)》第 27 条第 3 款的规定,可以是房屋的居住权或者所有权。鉴于房屋所有权通常价值较大,在离婚时由配偶一方提供住房所有权的方式实现对困难方配偶的住房救助并不合理,除非配偶一方借给付住房所有权达到一次性给付另一方日常生活费的目的。[8]

---

[1] 参见王歌雅:《离婚救济制度:实践与反思》,载《法学论坛》2011 年第 2 期。
[2] 《民法典》第 1088 条规定:"夫妻一方因抚育子女、照料老年人、协助另一方工作等负担较多义务的,离婚时有权向另一方请求补偿,另一方应当给予补偿。具体办法由双方协议;协议不成的,由人民法院判决。"
[3] L. J. Weitzman, *Marital Property in the Us. In Economic Consequences of Divorce*, Clarendon, 1991, p. 132.
[4] 参见〔美〕哈里·D. 格劳斯、大卫·D. 梅耶:《美国家庭法精要》,陈苇等译,中国政法大学出版社 2010 年版,第 226 页。
[5] 参见王歌雅:《离婚财产清算的制度选择与价值追求》,载《法学论坛》2014 年第 4 期。
[6] 参见〔日〕二宫周平:《家族法》(第四版),新世社 2014 年版,第 101 页。
[7] 参见林菊枝:《亲属法新论》,五南图书出版公司 2014 年版,第 127 页。
[8] 参见张学军:《论离婚后的扶养立法》,法律出版社 2004 年版,第 351—352 页。

第三,离婚损害赔偿。因夫妻一方的过错行为导致离婚对于无过错方造成损害,后者有权请求前者承担离婚损害赔偿责任。在日本现行法上,协议离婚财产分配制度的主要目的在于夫妻共同财产清算与离婚后的扶养,而离婚损害赔偿(抚慰金)仅构成个别的请求权。[1] 我国《民法典》婚姻家庭编沿袭原《婚姻法》规定了离婚赔偿制度并扩大该制度的适用范围。离婚损害赔偿既可以通过诉讼离婚的方式,也可以通过协议离婚的方式达成。在内容上,离婚损害赔偿包括精神损害赔偿与物质损害赔偿。前者依据配偶或近亲属人身伤害赔偿计算;后者应综合考量过错方配偶的过错程度、侵权方式、给无过错方造成的后果以及过错方的经济能力等因素予以判断。

在缔结离婚协议时,夫妻对子女的法定抚养义务和配偶之间的离婚救济义务均具有人身属性,并通过夫妻财产给予的方式表现出来。夫妻对于子女的法定抚养义务属于强制性规范的范畴;一方配偶对于另一方负担的离婚救济义务则属于仅强制一方当事人的"半强制性规范",另一方当事人可以明确表示放弃。此类"半强制性规范"是为保护社会或经济弱者、落实社会政策而设立。[2] 德国联邦普通法院对离婚协议的法定义务的审查极为严格,居于首位的是对子女的离婚后抚养,其次是因一方年老和疾病的离婚扶养,最后是离婚补偿。[3] 如果离婚协议中的夫妻财产给予条款所涉及的内容属于对法定义务的履行,是为实现离婚时对弱者利益的保护和救济,以凸显离婚法的公平观念,显然不具有无偿性而不构成赠与(如第202页图5-1所示"法定义务")。

(四)离婚协议夫妻财产给予属于约定义务范畴及其撤销权分析

夫妻财产给予超出法定义务的部分则属于夫妻财产给予约定义务的范畴,夫妻共同财产是否平均分割是离婚财产协议是否遵循法定义务以及约定给予是否超越法定义务程度的判定依据,其既可能是超出某项法定义务的条款,也可能是单独的夫妻财产给予条款。但是,离婚协议中的婚姻关系解除条款并不构成约定义务的对价。尽管将婚姻视为良好对价的做法具有悠久的历史和司法实践,但是现在该规则已经被废除。[4] 在德国法

---

[1] 参见〔日〕大村敦志:《家族法》(第三版),有斐阁2010年版,第161页。
[2] 参见朱庆育:《民法总论》,北京大学出版社2016年版,第55页。
[3] 参见〔德〕迪特尔·施瓦布:《德国家庭法》,王葆莳译,法律出版社2010年版,第121页。
[4] 参见〔美〕A.L.科宾:《科宾论合同》(上),王卫国等译,中国大百科全书出版社1997年版,第251页。

上,"以婚姻为条件的给予"是配偶一方以结婚为目的或为实现、安排、维持、保障双方的婚姻共同生活而给予另一方财物,其通常也不以债法上的对待给付为条件。但是,"以婚姻为条件的给予"在主观上并不具有无偿性,它是将另一方在家庭中的给付行为视为此种给予的对价,其可以表现为某种义务或给付,甚至可以是无形投入。[1] "以婚姻为条件的给予"系以夫妻共同生活及法定夫妻财产制(共同财产制或增益共同制)为交易基础,而离婚协议中的夫妻财产给予的约定义务并不具备类似的条件。

夫妻财产给予约定义务通常隐含着给予方对接受给予方情感的补偿。然而,有偿行为抑或无偿行为的判断系以有无对待给付为条件,作为对价的对待给付义务必须是可以履行的义务,通常是金钱给付,但其他义务之履行亦无不可。[2] 因此,无论是基于夫妻之间的情感还是夫妻对于具有抚养义务的子女的情感而作出的离婚协议中的约定财产给予行为,因情感或者伦理本身不能构成法律意义上的给付对价,夫妻财产给予的约定条款就不具有对价关系。通常,夫妻财产给予行为并无对价关系,这符合无偿法律行为的构成要件即属于赠与条款(如第202页图5-1所示"约定义务")。赠与的对象既可能是配偶,也可能是具有抚养关系的子女。前者构成夫妻之间的赠与,后者构成夫或妻分别或共同为子女利益的赠与。在例外情形,如果夫妻财产给予约定体现双方财产的互易,或者财产接受方为给予方承担个人债务等,则构成有对价的夫妻财产给予约定。离婚财产协议超越法定义务范畴的约定义务究竟是无偿抑或是有偿,均应该结合该协议中夫妻共同财产分割、积极财产给予和夫妻合同债务份额及个人债务的承担等条款进行整体性的衡量与阐释。

如果夫妻财产给予行为属于履行法定义务或者例外有对价的约定义务范畴,财产给予一方显然不得撤销。相反,如果夫妻财产给予行为属于无对价的约定义务范畴则构成赠与。依据原《合同法》第186条的规定,赠与人享有任意撤销权。但是,离婚协议属于典型的混合契约,离婚合意、子女抚养、夫妻共同财产分割、债务承担、夫妻财产给予的法定义务与夫妻赠与条款在形式上是一个具可分性的法律行为即夫妻共同体的解散。由于离婚协议中的离婚合意经登记生效之后通常具有不可逆性,其中的夫妻赠与条款是否可以因无偿而被撤销,应在离婚协议这一法律行

---

[1] 参见[德]迪特尔·施瓦布:《德国家庭法》,王葆莳译,法律出版社2010年版,第110—111页。
[2] Laren/Worf, Allgemeiner Teil des Bürgerlichen Rechts, 9. Aufl, 2004, § 23 R. 90.

为的整体性语境之下,基于夫妻财产给予约定条款和夫妻共同体解散的关联性,从法律行为部分无效理论视角予以分析。法律行为部分无效不仅可以适用于法律行为部分自始无效的情形,而且可以适用于法律行为因撤销而被视为部分自始无效的情形。然而,只有当法律行为未被撤销的部分不受被撤销部分的影响而仍为有效时,部分撤销的表示亦即法律行为仅部分无效的表示才能发生效力。[1] 在法律行为部分无效的情形下,法律行为其余部分应当有效抑或无效,取决于参与者的意愿与利益均衡的考量。[2] 具体而言:第一,判断夫妻之间的意愿所考察的是理性的夫妻是否会缔结婚姻,即使夫妻财产给予的约定义务被撤销,双方仍然达成愿意解散夫妻共同体的离婚协议。[3] 第二,权衡夫妻之间的利益所关注的是夫妻财产给予约定义务是否实质性地影响夫妻共同体的解散。例如,配偶一方为达成离婚合意而在夫妻财产给予约定义务上作出重大让步,则表明夫妻赠与条款不得撤销。尽管同意离婚条款不能作为夫妻财产给予条款的对价,但是可以从法律行为部分无效与整体有效的角度分析两者之间的关联性。

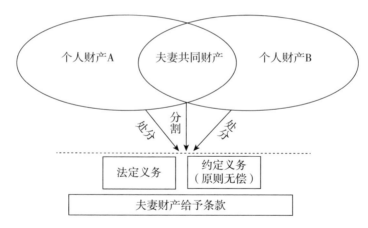

图 5-1 离婚协议夫妻财产给予条款的双重结构示意图

---

[1] 参见〔德〕维尔纳·弗卢梅:《法律行为论》,迟颖译,法律出版社 2013 年版,第 696 页。
[2] 参见陈甦主编:《民法总则评注》(下),法律出版社 2017 年版,第 1104 页。
[3] 在某某诉高某某离婚后财产纠纷案中,法院认为:在离婚协议中双方将共同财产赠与未成年子女的约定与解除婚姻关系,是"一揽子"的解决方案。如果允许一方反悔,那么男女双方离婚协议的"整体性"将被破坏。这蕴含了从法律行为的整体审查部分无效的解释路径。

三、离婚协议夫妻财产给予条款的效力判断及其实现路径

(一) 离婚协议夫妻财产给予条款的效力判断

近几十年来,因经济社会条件的变迁,家庭法上的超个人主义本位逐渐松动。人们不断地趋向有目的地强调婚姻法中的契约思想,也就是趋向婚姻双方在人身和财产关系中的平等地位和离婚的简单化。[1] 理性与自由主义在家庭法中的擢升是对家庭及夫妻关系的重新塑造,不仅使私人的自决和家庭生活得到尊重,还具有消解旧有的不平等的家庭伦理秩序的功能。家庭关系逐渐融入以主观权利为核心的现代法律秩序中。[2] 个人权利与契约自由甚至受到宪法与人权公约(例如,《欧洲人权公约》第8条)的保护,并依赖于基本权利与人权观念构建家庭法新的客观价值秩序。国家积极介入传统家庭领域,促使私法超越个人自治的目标,并致力于实现男女实质平等、儿童利益最大化以及保护妇女等目标,这构成"私法实质化"的重要组成部分。[3] 离婚协议之中,夫妻对子女的法定抚养义务和配偶之间的离婚救济义务均是立法政策上限制离婚自由与维护实质正义的重要方式,并通过夫妻财产给予予以展现。

离婚合意是夫妻财产给予条款的基础,后者的效力取决于前者是否主体适格与意思表示真实一致。夫妻双方必须具有完全民事行为能力,无民事行为能力人与限制民事行为能力人不得协议离婚,只能通过诉讼的方式。离婚合意与婚姻缔结均属于纯粹身份行为,引发身份关系的消灭与发生。《民法典》总则编意思表示瑕疵类型包括通谋虚伪表示、显失公平、欺诈、胁迫、重大误解等。除显失公平之外,多数规范均可以适用或者变通适用婚姻缔结瑕疵。[4] 但是,这并不意味着婚姻缔结瑕疵的相应规范就当然地可以适用离婚合意瑕疵。典型的如德国法对于离婚合意瑕疵就极少讨论。究其原因,根据《德国民法典》第1566条第1款规定,夫妻协议离婚必须分居满1年,否则不能提出离婚申请。即使双方都有离婚意愿,法院仍然要从客观角度判断婚姻是否破裂。德国现行离婚法还不打算将婚姻的存在与否完全交给配偶双方自由决定,以防止当事人随

---

[1] 参见〔德〕古斯塔夫·拉德布鲁赫:《法哲学》,王朴译,法律出版社2013年版,第102页。
[2] 参见刘征峰:《家庭法与民法知识谱系的分立》,载《法学研究》2017年第4期。
[3] 参见谢鸿飞:《中国民法典的生活世界、价值体系与立法表达》,载《清华法学》2014年第6期。
[4] 参见李昊、王文娜:《婚姻缔结行为的效力瑕疵》,载《法学研究》2019年第4期。

意轻率地离婚而不去考虑婚姻危机的症结。[1] 但是,《日本民法典》第764条规定协议离婚的欺诈、胁迫结婚的可撤销的准用。我国台湾地区"民法"对此虽无明文,但是学说上亦认为协议离婚的无效及撤销可类推适用关于婚姻缔结的相关规定。[2]

我国学者对于离婚合意的瑕疵认识不一,肯定说主张协议离婚应当区分无效与可撤销事由[3];否定说则认为既然解除婚姻关系的判决、调解书不得再审(《民事诉讼法》第202条),基于离婚协议确定性和既定力的要求,不应规定协议离婚无效和可撤销制度。[4] 结合《民法典》总则编意思表示瑕疵的规定来看,显失公平适用财产行为,重大误解亦不适用离婚合意。即使夫妻双方在达成离婚合意时构成内容的重大误解,陷入错误的一方实际上也同时是受欺诈方。尽管立法不允许离婚判决与调解书的再审,但是登记离婚以真实意思表示为基础,离婚登记的撤销与离婚判例和调解书的再审不可类比。因此,离婚合意可以适用《民法典》总则编及婚姻缔结的欺诈、胁迫规范(包括第三人欺诈与第三人胁迫)。另一方配偶或者第三人的行为符合欺诈、胁迫构成要件的,受害人可以请求人民法院撤销离婚合意。[5] 但是,如果另一方配偶已经与他人缔结婚姻的,为维护离婚登记"形式上的公示效力"和一夫一妻制原则,受欺诈或胁迫的离婚合意不得撤销。《民法典》婚姻家庭编为协调离婚自由与维护婚姻稳定两种价值,规定离婚协议受离婚冷静期的限制,以遏制轻率离婚行为的发生。从前述德国法的经验来看,离婚冷静期制度具有降低离婚合意瑕疵发生可能性的实际效果。若离婚合意被撤销,则离婚登记行为无效,夫妻双方的婚姻状况恢复到婚姻关系终止前的存续状态,离婚协议中约定的相应内容也不能产生相应的法律效力。这表明离婚合意及其财产性处分行为都具备因属性。[6]

---

[1] Staudinger / Voppel(2018),Vorbemerkung zu § § 1565 ff. Rn228.
[2] 参见郭振恭:《论虚伪之身分行为》,载《台大法学论丛》1995年第1期。
[3] 参见田韶华:《民法典编纂中身份行为的体系化建构》,载《法学》2018年第5期。
[4] 参见丁慧:《身份行为效力判定的法律基准——在身份法理念和身份法规范之间》,载《法学杂志》2015年第2期。
[5]《民法典》婚姻家庭编第1053条在胁迫婚姻之外,将欺诈作为结婚的可撤销事由,但是仅限于一方在结婚之时隐瞒患有严重疾病的情形,这显然过于狭窄。参见冉克平:《论婚姻缔结中的意思表示瑕疵及其效力》,载《武汉大学学报(哲学社会科学版)》2016年第5期。
[6] 参见马浩、房绍坤:《论意思表示不真实的非诉讼离婚协议之效力》,载《烟台大学学报(哲学社会科学版)》2014年第1期。

司法实践中争议较多的是"假离婚"现象,即夫妻双方"通谋"暂时解除婚姻关系,就财产、子女抚养等达成离婚协议,并完成登记离婚程序,约定特定目的(如计划生育指标、购房资格、拆迁款等)达成之后再复婚。有学者认为"假离婚"属于"通谋虚伪表示",离婚行为包含民政机关的形式审查、登记的公示公信效力以及诚实信用原则等因素,这些因素决定"假离婚"应该引发离婚的法律后果。[1] 实质上,虚假结婚与虚假离婚不同,前者是男女双方明知创设婚姻关系的意思表示不真实,因此构成通谋虚伪表示;而后者并非夫妻明知解除婚姻关系的意思表示不真实,因为夫妻办理离婚登记的目的就是解消法律上的婚姻关系,当事人不愿解除的只是事实上的共同生活关系。夫妻之间的"假离婚"不影响婚姻关系解除的效果,但是在财产法上的效果上仍然存在通谋虚伪表示,此时构成法律行为的部分无效。从司法审判实践来看,法院在审理"假离婚"案例中,普遍采取"隔离技术"即"区分身份行为与财产行为的原则"。对前者,既然当事人自愿签订离婚协议,民政机关亦依法办理了离婚登记,双方的婚姻关系即告终止,夫妻之间离婚的特定目的则被法院视为意思表示的动机,不存在所谓的意思表示瑕疵;对后者,法院通常会以损害债权人利益、违背诚实信用原则或者公平原则以及财产处置的内容未体现夫妻双方真实意思等理由否定其效力。[2]

《婚姻法司法解释(二)》第9条规定,若离婚协议中的财产分割约定存在欺诈、胁迫等情形,受害人有权撤销。有学者认为,此处的财产分割仅限于夫妻共同财产的分割,其与财产处分是两个不同的概念。[3] 然而,考虑到"财产分割"不仅包括平均分割夫妻共同财产,还包括夫或妻一方将共同财产的应有份额分割给另一方,后者与夫或妻处分个人财产具有相同的法律意义。因此可以对"财产分割"作广义解释,相当于离婚协议中夫妻对共同财产与个人财产的清算条款。除欺诈、胁迫与通谋虚伪表示之外,学者认为如果离婚财产分割协议显失公平则夫妻一方可以请求撤销。[4] 但是司法实务界对此持否定态度,认为是否等价有偿并非衡量离婚协议是否公平的唯一标准,尤其是一方为获得另一方配偶的迅

---

[1] 参见高憬宏主编:《审判案例研究》(第三卷),法律出版社2015年版,第31—32页。
[2] 参见蔡立东、刘国栋:《司法逻辑下的"假离婚"》,载《国家检察官学院学报》2017年第5期。
[3] 参见国家法官学院编:《全国专家型法官司法意见精粹:婚姻家庭与继承编》,中国法制出版社2017年版,第152—153页。
[4] 参见李洪祥:《离婚财产分割协议的类型、性质及效力》,载《当代法学》2010年第4期。

速同意离婚,约定将大部分或者全部夫妻共同财产均给予后者。一旦达到离婚的目的,前者又以离婚财产给予条款显失公平为由请求撤销该协议。[1] 如前所述,离婚财产给予条款超出法定义务的部分通常属于无偿赠与,其无法用等价有偿进行衡量。除非一方身处危困状态,选择自由几近丧失,另一方配偶明知这一状况,利用并提出苛刻的财产处分条件,可以构成显失公平。[2] 但是,如果一方配偶急欲离婚而在财产上作出让步甚至"净身出户",夫妻财产给予条款在整体上应属有效,但是应通过个案调整协议以避免结果对一方过于不利。[3] 鉴于我国夫妻共同财产与个人财产的认定在法律上极为复杂,若夫妻一方在缔结离婚财产协议时误以为夫妻共同财产属于个人财产或者个人财产属于共同财产,则可能构成"重大误解",误解方应当有权对误解的内容予以撤销。

在家庭关系外部,因给予方责任财产的减少,夫妻财产分配条款可能影响给予方个人债务的承担。如果坚持夫妻共同债务属于连带债务,则夫妻离婚财产给予条款不影响共同夫妻共同债务的承担。[4] 但是,如果主张夫妻共同债务的责任财产仅限于举债方的责任财产与夫妻共同财产,则离婚夫妻财产给予条款可能危及夫妻共同债务的清偿。[5] 具体而

---

[1] 最高人民法院民事审判第一庭编著:《最高人民法院婚姻法司法解释(二)的理解与适用》(第二版),人民法院出版社2015年版,第129页。

[2] 参见陈甦主编:《民法总则评注》(下),法律出版社2017年版,第1086页。

[3] 参见景春兰、袁善仪:《"净身出户"协议的效力探讨及裁判策略》,载《广西民族大学学报(哲学社会科学版)》2018年第5期。"净身出户"条款往往具有模糊性,法律应当保障"净身出户"的一方的住房使用权与个人生活用品所有权,否则有悖于公序良俗。参见齐恩平、赵香灵:《"净身出户协议"效力问题分析》,载《天津法学》2019年第3期。

[4] 如蒋琳与邱建玉案外人执行异议之诉案中,法院认为:离婚协议书对房产归属的约定,属于双方内部对夫妻共同财产的处分,该约定对配偶双方具有拘束力。但因本案所涉债务发生在夫妻关系存续期间,在债务尚未清偿的情况下,配偶双方在离婚协议书中约定该房屋归一方所有,涉及家庭外部关系即第三人的利益,故该约定对债权人不具拘束力。参见广东省高级人民法院(2015)粤高法民二终字第1046号民事判决书;另参见吉林省高级人民法院(2015)吉民申字第1160号民事裁定书。

[5] 依据《婚姻法司法解释(二)》第25条规定,夫妻就共同债务承担连带责任,则离婚协议中的财产的给予条款并不影响夫妻共同债务的承担。《民法典》对此并未规定。然而,最近理论界的有力说认为,夫妻共同债务应当以举债方的个人财产与共同财产为责任财产承担"有限责任"(参见龙俊:《夫妻共同财产的潜在共有》,载《法学研究》2017年第4期;缪宇:《美国夫妻共同债务制度研究》,载《法学家》2018年第2期)。相关判决参见江苏省高级人民法院(2014)苏民再提字第0057号民事判决书。准此以言,离婚夫妻财产给予条款可能影响夫妻共同债务或个人债务的承担。

言,如果接受财产给予的一方是举债方,因财产给予而导致责任财产增加,夫妻财产给予条款的效力不受影响。反之,如果给予财产的一方是举债方,因财产给予而责任财产减少。但是,如果离婚协议中的夫妻财产给予属于法定义务履行的范畴之内,即使该给予约定损害债权人利益,债权人也不得撤销。若是超出法定义务的部分而且属于夫妻之间或夫妻对子女的无偿给予,尽管该行为常常会难以避免地包含夫妻情感因素、子女情感补偿等,但是从利益衡量的角度看,债权人相比无偿接受财产给予的一方或子女而言显然更值得保护。因此,若夫妻财产给予条款无偿减少其积极财产致使有害于债权人的利益,债权人则可以依据《民法典》第538条规定行使撤销权。[1] 撤销权除斥期间的起算点不应限于债权人了解该离婚事实,而应从债权人知道或者应当知道夫妻离婚协议的财产处分害及自身债权的实现时开始计算。

(二) 离婚协议夫妻财产给予条款的实现路径:以夫妻股权给予为例

离婚协议生效,则婚姻关系解除,夫妻财产给予条款对配偶双方具有约束力。离婚财产协议的清算包括夫妻共同财产与各自的个人财产的清算。若夫妻双方在离婚协议中约定一方将个人财产给予另一方,则无论该财产的表现形态是物权还是知识产权、股权抑或是信托财产,均应遵循通常的权利转让规则。若夫妻双方在离婚协议中约定一方将共同财产给予另一方,则应先平均分割夫妻共同财产,再将超出的份额依据相应的权利变动规则发生财产给予的效果。

以夫妻共同财产用于设立或出资有限责任公司,若夫妻双方都是同一个公司的股东,离婚协议可以约定夫妻股权自由转让,除非公司章程另有规定,无须公司其他股东同意和行使优先购买权。[2] 然而,若仅夫妻一方持有股权,因有限责任公司具有人合属性,依据《婚姻法司法解释(二)》第16条规定,离婚时夫妻双方约定持股方给予配偶全部或部分股权,须履行《公司法》规定的法定程序,否则接受财产给予的离婚配偶只

---

[1] 有学者认为,在财产价值上超出必要的法定抚养费支出的限度,此时或可以类推适用"不合理的高价转让"规则,允许债权人对此类财产处理约定行使撤销权(参见陆青:《离婚协议中的"赠与子女财产"条款研究》,载《法学研究》2018年第1期)。由于超出法定义务的财产给予系无偿赠与,此时应直接适用《民法典》第538条而非类推适用"不合理的高价转让"之情形。

[2] 参见张伟、叶名怡:《离婚时夫妻所持公司股权分割问题研究》,载《法商研究》2009年第3期。

能获得出售股权的价值。这意味着,尽管有限责任公司的股权源于夫妻共同财产出资,但是与其他形态的夫妻共同财产在离婚协议中的处分相比,离婚夫妻约定给予股权的实现方式存在明显差异。[1] 该规则的理论基础源于股权自益权与共益权的双重结构,自益权属于夫妻共同财产,但是共益权并非夫妻共同财产,股权持有人在离婚时向配偶给予股权必须依据《公司法》关于股东向外转让股权的规定。[2]

现行学说与立法强调有限责任公司股权的人合属性及商事优先理念,却不当地忽略了夫妻离婚协议约定给予股权同无任何共有关系的普通民事主体之间的股权转让相比具有显著差异。如比较法上采夫妻共同财产制的《法国商事公司法》第 L223-13 条规定,公司股份可以在夫妻之间自由转让。学理认为,同一家庭的成员之间的股份转让被视为近似于经继承途径而发生股份"转手",或者被看成夫妻共同财产清算的结果。同一家庭的成员在某种程度上可以看作同一个人,成员间进行股份转让不会对有限责任公司的封闭性产生影响,因而原则上这种股份转让是自由的,除非公司章程另有规定。[3]《德国有限责任公司法》第 15 条第 1 款规定股东死亡后,继承人都可以成为公司的新股东。但是继承股份时对股份的分割必须获得其他股东的同意,以防止因继承而无限制地增加股东人数。[4] 我国《公司法》第 76 条亦有类似规定。离婚时夫妻共有财产分割发生的股权给予和股权的法定继承性质相同,均基于亲属身份的特殊关联。但是夫妻共同财产关系相比财产继承关系具有更强的法理基础,前者属于夫妻现实的共同共有,而后者属于继承人享有的继承期待权的实现。既然法律为保障股权继承而忽略有限责任公司的人合性,依据举轻以明重的原理,应当原则上允许基于夫妻共有财产发生的股权

---

〔1〕 "夫妻共同财产"中的"财产"不应解释为民法上的"财产权",否则会导致夫妻共同财产取得规则完全形式逻辑化而背离该制度的价值基础。若以夫妻共同财产购买不动产、债券或商标权,尽管不动产、债券或商标权登记在夫妻一方名下,但是该不动产或债券系夫妻共同财产的转化,因此仍然属于夫妻共同财产。股份有限公司属于资合性公司,股权的流动性极强,作为离婚财产的股权的分割、转让不涉及公司其他股东的同意及优先购买权。参见龙俊:《夫妻共同财产的潜在共有》,载《法学研究》2017 年第 4 期。
〔2〕 参见杜万华主编:《最高人民法院公司法司法解释(四)理解与适用》,人民法院出版社 2017 年版,第 211—212 页。
〔3〕 参见〔法〕伊夫·居荣:《法国商法》,罗结珍、赵海峰译,法律出版社 2004 年版,第 560 页。
〔4〕 参见〔德〕托马斯·莱塞尔、吕迪格·法伊尔:《德国资合公司法》,高旭军等译,法律出版社 2005 年版,第 506—508 页。

给予。[1]

在我国现实生活中，夫妻一方名义持股但出资属于夫妻共同财产的现象非常普遍。现行司法解释规定，离婚时夫妻双方约定持股方配偶给予另一方配偶股权必须经其他股东同意以及受优先购买权的限制，往往会导致非股东配偶在离婚财产分割中处于不利地位，有悖于《民法典》婚姻家庭编维系夫妻共同财产与保护弱者利益的价值理念。反之，如果法律允许夫妻间可以自由转让股权，对于有限责任公司的其他股东而言，虽然产生股东发生变化之后的磨合成本以及对原有股权结构信赖利益的损失（成本与损失难以计算且数额不大），但是不会对公司股权结构与董事会控制公司的状态产生根本影响。[2] 夫妻之间自由给予股权并不会影响有限责任公司的封闭性。为调和公司法与婚姻法之间的价值冲突，应从区分显名股东与隐名股东并区分股权的享有与股权的行使出发，以此为基础分析以夫妻共同财产出资与有限责任公司的法律结构。显名配偶作为股东记载于股东名册，反之属于隐名股东。在内部关系上，以夫妻共同财产出资购买的股权归属应当适用婚姻家庭编的夫妻共有制度，夫妻一方名下的股权由夫妻双方共有；在外部关系上，夫妻共有的股权只能由显名配偶行使，以保障交易安全和维护法律关系稳定。股权享有与股权行使既相互关联又相互独立，前者表征的是静的法律状态，其法律效力在于确定权利的归属；而后者表征的是动的法律状态，其法律效力在于实现权利的内容。[3] 因为出资系夫妻共同财产，所以显名股东行使权利时可以视为隐名股东的委托。否则，显名股东配偶系作为表见代理人依据"外观主义"行使股东权利。[4] 在离婚股权分割和给予之时，一方配偶从"隐名"股东变为"显名"股东，既非股权的让与也不必然支付对价，与普通民事主体之间的股权让与判然有别。因而不应受公司其他股东的同意和优

---

[1] 参见王建文：《有限责任公司股权转让限制的自治边界及司法适用》，载《社会科学家》2014年第1期。

[2] 参见葛伟军：《有限责任公司股权代持的法律性质》，载《法律科学（西北政治大学学报）》2016年第5期。合伙企业的人合属性极强，每个合伙人均系合伙企业的代理人。因此，《婚姻法司法解释（二）》第17条规定，涉及分割夫妻共同财产中以一方名义在合伙企业中的出资，另一方不是该企业合伙人的，夫妻离婚分割共同财产时合伙份额的转让应受其他合伙人的同意权与优先购买权的限制。相应地，《合伙企业法》第50条规定，合伙人资格的继承，按照合伙协议的约定或者经全体合伙人一致同意取得/发生。

[3] 参见蔡立东：《股权让与担保纠纷裁判逻辑的实证研究》，载《中国法学》2018年第6期。

[4] 参见王彬、周海博：《夫妻共有股权分割制度探析》，载《社会科学研究》2013年第1期。

先购买权的限制。[1] 为维护有限责任公司的人合性,公司章程可以另行规定。我国已有司法审判实践对离婚协议的股权分割持此种观点。[2]《民法典婚姻家庭编司法解释(一)》第 73 条应该予以修正,以避免立法政策上与股权继承规范出现评价上的不一致。

四、离婚协议夫妻财产给予约定排除强制执行的效力及构造

(一)夫妻财产给予条款排除强制执行的效力及其正当性分析

夫妻双方在离婚协议中可以约定分割夫妻共同财产以及处分各自个人财产。在离婚协议生效之后,依照"形式化原则",只要不动产仍然登记在被执行人名下或者动产由其占有,被执行人的债权人就可以请求法院对该登记不动产或动产实施查封或扣押。[3] 但是,由于权利外观未必反映权利的真实状态。一旦两者名实不符就可能侵害真实权利人的合法权益。在实质物权与权利外观存在差异时,实质物权人通过提供证据证明实质权利的正当性,就能够以实质物权排斥权利外观。如果执行案件当事人以外的第三人就执行标的物享有足以有效阻止执行的实体权利,其可以请求执行法院对执行标的物停止强制执行程序从而获得救济。[4] 若离婚双方约定平均分割夫妻共同财产,当该不动产或动产被登记或占有的一方配偶的债权人执行时,与权利外观不一致的另一方配偶作为物权实际享有者可以主张执行异议。但是因婚姻关系已经解除,双方由共同共有变为按份共有关系,人民法院可以直接执行被执行人在按份共有财产中的财产份额。[5]

如果离婚协议约定将登记在一方配偶名下的不动产或动产给予另一方配偶个人所有(该不动产或动产既可能是夫妻共同财产也可能是给予

---

[1] 参见张钢成、林挚:《夫妻共同股权分割"隐名股东显明化"的特性分析及法律适用》,载《法律适用(司法案例)》2019 年第 6 期。
[2] 在李福珍与李军、陈红确认合同无效纠纷案中,夫妻签订《离婚协议书》约定,丈夫作为名义股东将其名下持有的公司一半股权无偿转让给妻子。公司其他股东以股权转让侵害其优先购买权为由提起诉讼。法院认为:夫妻关系存续期间,一方以家庭共有财产投资,在有限责任公司记载为股东的,为显名股东,另一个为不显名股东,对夫妻存续期间共有财产的分割,是股东由隐名向显名的转化方式,无须其他股东过半数同意。参见北京市第一中级人民法院(2017)京 01 民终 5852 号民事判决书。
[3] 参见张卫平:《民事诉讼法》(第三版),中国人民大学出版社 2015 年版,第 415 页。
[4] 参见陈计男:《强制执行法释论》,元照出版有限公司 2012 年版,第 210—211 页。
[5] 参见江必新主编:《民事执行重大疑难问题研究》,人民法院出版社 2010 年版,第 157 页。

方个人财产),因离婚协议中的夫妻财产给予约定属于债权,接受动产给予一方配偶应当通过交付才能获得动产所有权;接受不动产给予的一方配偶应当经过登记才能享有不动产的所有权。然而,近年来实务界有相当数量的判决尤其是最高人民法院的相关判决认为,在登记离婚后、不动产变更登记之前,接受不动产给予一方有权提起执行异议之诉并排除不动产登记债权人的强制执行。[1] 为使此类裁判得以正当化,学理与判例的法律依据可以分为两类,依次展现并同时分析如下:

第一,依据离婚协议财产给予约定,接受给予一方享有登记不动产的实质物权。有观点认为,原《物权法》有关不动产物权变动属于一般规定,原《婚姻法》对夫妻财产关系的规定则属于特殊规定。经登记备案的离婚协议应适用原《婚姻法》,离婚协议夫妻财产给予的约定直接导致物权变动,接受给予的一方为实际物权人,虽未履行登记和公示程序,只是不具有对抗善意第三人的效力,但是可以提出执行异议之诉和排除登记名义人债权人的强制执行。[2]

夫妻共同体虽然有别于一般民事主体,但是这并不能表明前者在物权变动规则上应当适用与后者相异的特殊规则。《民法典》婚姻家庭编规定夫妻财产制契约对双方具有约束力。尽管有学者认为夫妻财产制契约无须进行公示就可以直接在夫妻之间发生物权,只是不得对抗第三人,[3] 然而,这也仅是针对夫妻财产制契约而言,离婚协议中的财产给予约定并不属于该条的适用范围。更何况,一方面承认夫妻财产制协议在当事人间具有物权效力,另一方面又认为该权利并无外部效力,这属于

---

[1] 参见钟永玉与王光、林荣达案外人执行异议纠纷案,最高人民法院(2015)民一终字第150号民事判决书,载《最高人民法院公报》2016年第6期。法院主要裁判理由可以归结为:(1)权利形成时间在先(约定债权在前,已在婚姻登记机构公示);(2)权利客体的关联性(约定债权不以逃避债务为目的,只涉及特定不动产具有针对性);(3)权利主体的特殊性(约定债权涉及情感补偿、生活礼仪照顾等伦理因素)。另参见刘会艳与周东方、河北融投担保集团有限公司等案外人执行异议之诉案,最高人民法院(2018)最高法民终462号民事判决书。

[2] 参见最高人民法院中国应用法学研究所编:《人民法院案例选(第96辑)》,人民法院出版社2016年版,第145—149页。相关判决参见内蒙古自治区高级人民法院(2015)内民一终字第00158号民事判决书。该案中法院认为"对于涉案的欧风丽景小区13-504号房屋,虽房屋的所有权证名字为康胜军,因郝佩琪与康胜军离婚时,将争议房屋分割给郝佩琪所有和使用。康胜军在离婚之后为包头普兴公司的债务提供担保,不因此担保责任,影响郝佩琪欧风丽景小区13-504号房屋所有权"。

[3] 参见裴桦:《夫妻财产制与财产法规则的冲突与协调》,载《法学研究》2017年第4期。

自相矛盾。[1] 涉及第三人时,物权与债权明显不同。物权的本质为对任何人皆可主张的对特定物或权利的行为权,具有定分性;债权的本质则为对特定人享有的单纯行为或期待行为权,债权不具有定分性。[2] 婚姻登记机构对离婚协议的公示并不具备物权公示的效力。如果离婚协议中的财产给予约定直接发生物权变动的效力,不仅危害物权公示原则而且损害交易安全,实质上是以牺牲离婚协议中财产给予方的债权人利益为代价优待接受财产给予一方配偶,缺乏足够的正当性。

第二,依据离婚协议中的夫妻财产给予约定,接受给予一方享有登记不动产的物权期待权。有观点认为,接受不动产给予的一方基于离婚协议享有交付请求权和物权变更登记请求权,该权利与一般债权不同,本质上属于物权期待权。[3] 依据《最高人民法院关于人民法院民事执行中查封、扣押、冻结财产的规定》第17条和《最高人民法院关于人民法院办理执行异议和复议案件若干问题的规定》(以下简称《异议复议规定》)第28条规定,执行法院应在一定条件下保护不动产买受人的物权期待权。离婚协议夫妻给予的不动产在婚姻解除之前通常为夫妻共有财产,相比普通金钱债权的申请执行人,接受给予的配偶与被执行不动产关联性更强。既然法律保护非因自身原因未变更登记的不动产买受人的物权期待权,离婚协议中非因自身原因未办理登记的配偶一方的物权期待权也应参照适用,否则有悖于公平原则。[4] 此外,如果接受不动产给予的一方已经长期居住于该不动产,还应奉行生存利益优先原则,以保障居住者的基本生活。[5]

《异议复议规定》的起草者创设"物权期待权理论",系引入德国法期待权概念的结果。物权期待权包括一般买受人对于不动产的物权期待权

---

[1] 2019年7月起江苏省高级人民法院实施的《家事纠纷案件审理指南(婚姻家庭部分)》第27条规定:双方订立的夫妻财产制契约不宜以所有权登记作为确认不动产物权的唯一依据。但未办理转移登记不能对抗善意第三人。在不动产物权未办理转移登记的情形下,被执行人配偶依据夫妻财产制契约提出执行异议,请求排除执行的,不予支持。

[2] 参见苏永钦:《寻找新民法》(增订版),北京大学出版社2012年版,第127—128页。

[3] 参见汤莉婷:《关于离婚协议能否排除执行的案外人执行异议之诉审查标准解析》,载《法律适用》2019年第10期。

[4] 参见赵晋山、王赫:《"排除执行"之不动产权益——物权变动到债权竞合》,载《法律适用》2017年第21期。

[5] 参见王毓莹:《离婚协议关于房屋产权的约定能否对抗申请执行人》,载《人民法院报》2017年11月22日。

(《异议复议规定》第28条)与消费者对于商品房的物权期待权(《异议复议规定》第29条),构成不动产受让人获得优先于金钱债权人的地位并排除登记名义人债权人强制执行的法理基础。[1] 德国法上的期待权理论系由学说发展而成,法律并无相关定义,买受人的期待权是其中最主要的类型。[2] 不动产买卖合同在完成登记之前,受让人尚不能获得不动产的所有权,而仅对未来取得不动产物权享有一种期待,这种期待的效力极为微弱,仅为一种单纯期待。如果第三人此时先提出申请,则受让人获得物权的期待就会落空。[3] 但是,受让人一旦就物权合意提出登记申请或已作出预告登记,其就取得一项受法律保护的法律地位即期待权。[4] 德国法上不动产买受人期待权的核心是不动产登记申请,而不要求不动产买受人必须占有不动产和支付对价。与之相比,我国《异议复议规定》第28条和第29条所赋予的"期待权"与不动产登记无关,而是依赖于不动产买卖合同的履行程度(交付不动产、支付价金)。[5] 德国法上的期待权不仅可以转让、质押或者成为扣押的对象,不动产登记申请后产生的期待权还可以作为"其他权利"受到第823条第1款的保护。同时,对于非法侵犯期待权的第三人,期待权人可以依据第988条和第1004条行使物上请求权。[6] 我国《异议复议规定》中的"期待权人"至多享有占有、使用、收益等权能,却不享有决定物权归属的处分权能。[7] 该"期待权人"无法处分在取得所有权之前的法律地位,如将其用于转卖或融资担保,由此使得第三人直接从出让人处取得期待权,亦不享有物权请求权,而且也难以受到侵权法的保护。此外,还有学者将《异议复议规定》中不动产受让人

---

[1] 参见江必新、刘贵祥主编:《最高人民法院关于人民法院办理执行异议和复议案件若干问题规定理解与适用》,人民法院出版社2015年版,第422页。
[2] Laren/Worf, Allgemeiner Teil des Bürgerlichen Rechts, 9. Aufl, 2004, § 15 R. 70.
[3] 参见申卫星:《期待权基本理论研究》,中国人民大学出版社2006年版,第82—84页。
[4] 〔德〕鲍尔、施蒂尔纳:《德国物权法》(上册),张双根译,法律出版社2004年版,第391页。
[5] 《最高人民法院关于人民法院民事执行中查封、扣押、冻结财产的规定》第25条第1款规定:"查封、扣押、冻结协助执行通知书在送达登记机关时,登记机关已经受理被执行人转让不动产、特定动产及其他财产的过户登记申请,尚未核准登记的,应当协助人民法院执行。人民法院不得对登记机关已经核准登记的被执行人已转让的财产实施查封、扣押、冻结措施。"这表明,已经核准登记的不动产买受人可以排除被执行人的强制执行,类似于德国法上已提出登记申请的不动产买受人地位。
[6] 参见申卫星:《期待权基本理论研究》,中国人民大学出版社2006年版,第85页。
[7] 参见庄加园:《不动产买受人的实体法地位辨析——兼谈〈异议复议规定〉第28条》,载《法治研究》2018年第5期。

的权利定位为事实物权,即一种居于债权与完全物权之间的中间型权利,由支付价款与交付占有两个要素构成。虽然不动产物权变动尚未公示,但是买受人已经享有占有、使用、收益等不完全的物权性权利。[1] 然而,事实物权不仅有悖于物权法定原则,而且其仅在不存在交易第三人的情况下才能对抗法律物权,亦与物权的绝对性相左。[2] 事实物权理论乃不动产登记制度不完备的过渡时期的产物。[3] 总之,离婚协议中的夫妻不动产给予约定既不能直接导致不动产物权的变动,也非德国法上具有物权归属意义的期待权。为使离婚协议中接受不动产给予一方具有排除债权人的强制执行效力,学理与实务从物权或物权期待权的角度构造理论基础并不合理。

(二)离婚夫妻财产给予条款排除强制执行的构造

案外人执行异议之诉取决于案外人对执行标的是否享有"足以排除强制执行的实体权益",这取决于案外人享有的实体权益与申请执行人享有的权益之间的优劣比较。[4] 从实体法的角度看,案外人享有的排他性权利主要是所有权、共同共有权、用益物权等物权类型或者物权化债权如预告登记、不动产租赁权。案外人基于买卖、赠与、信托等关系对执行标的享有的交付或移转登记请求权,并无排除强制执行的效力。[5]

然而,法律基于立法政策考量可以赋予特定债权以法定优先地位。例如,《民法典》合同编规定的建设工程承包人的优先权,即是法律为维护社会的公平和秩序而赋予债权人对某种特殊的债权(工程款请求权)享有优先于一般债权人而优先受偿的权利。[6] 在房屋的权属变动上,长期以来我国司法实践赋予房屋书面买卖合同、房屋交付与款项支付以法

---

[1] 参见陶丽琴、陈永强:《不动产事实物权的适用与理论阐释》,载《现代法学》2015 年第 4 期。
[2] 参见魏永、王全弟:《事实物权:理论困境与出路》,载《东方法学》2014 年第 4 期。
[3] 参见陈自强:《未登记已占有的房屋买受人的权利保护》,载《环球法律评论》2013 年第 3 期。
[4] 〔德〕罗森贝克、施瓦布、戈特瓦尔德:《德国民事诉讼法》(上),李大雪译,中国法制出版社 2007 年版,第 194 页。
[5] 参见杨与龄编著:《强制执行法论》,中国政法大学出版社 2002 年版,第 208 页。
[6] 参见王利明:《合同法分则研究》(上卷),中国人民大学出版社 2012 年版,第 436 页。

律意义。[1] 2016年《第八次全国法院民事商事审判工作会议(民事部分)纪要》第15条仍然规定涉及房屋多重买卖的审理应当按照变更登记、合法占有、合同履行、合同成立先后等顺序确定权益保护顺位。这必然对民众的交易习惯产生潜移默化且持久的影响。尽管2007年《物权法》原则上确立形式主义不动产物权变动规则,但是大量的农村房屋至今仍未完成初始登记,其权属变动亦不以登记为要件。由于城市辖区的大规模扩张,城市不动产的权属状态亦未完全明晰。由于现行法缺乏取得时效制度,长期、和平、自主占有不动产的状态无法得到救济。如果房屋买受人非因自身原因未办理登记,之后房屋又遭遇出卖人的债权人申请查封,法律应当为买受人提供适当的救济途径。[2] 因此,《最高人民法院关于人民法院民事执行中查封、扣押、冻结财产的规定》第17条和《异议复议规定》第28条和第29条规定不动产买受人优先于其他金钱债权人[3],实质上是司法实践对我国比较落后的不动产登记现状的妥协和回应,虽然有悖于《民法典》物权编所确立的物权公示公信原则,却是解决当下不动产登记制度不完善弊端的切实方案,合乎实质公平。从长远来看,随着《不动产登记暂行条例》的实施,在不动产登记制度不全面及缺失的弊病得以消除之时,《异议复议规定》第28、29条规定也应退出历史舞台。[4]

《异议复议规定》第28条和第29条均表达了买受人的期待权在特定条件下相比交易安全更值得保护的价值取向。前者对于所有类型的被执行人金钱债权人均可适用,被执行标的系登记在被执行人名下的不动产;

---

[1] 例如,早在1984年颁行的《最高人民法院关于贯彻执行民事政策法律若干问题的意见》规定:"买卖双方自愿,并立有契约,买方已交付了房款,并实际使用和管理了房屋,又没有其他违法行为,只是买卖手续不完善的,应认为买卖关系有效,但应责其补办房屋买卖手续。"(第56条)这一思路在1997年颁行的《城市房屋权属登记管理办法》中依然延续(第17条规定:"因房屋买卖……等原因致使其权属发生转移的,当事人应当自事实发生之日起三十日内申请转移登记。")
[2] 参见许德风:《不动产一物二卖问题研究》,载《法学研究》2012年第3期。
[3] 对于不动产买受人在金钱债权执行程序中的保护,《异议复议规定》第28条大致沿袭《最高人民法院关于人民法院民事执行中查封、扣押、冻结财产的规定》第17条,但是更为精细化:如在人民法院查封前不动产买受人必须订立书面买卖合同并合法占有该不动产,已支付全部价款或者已按照合同约定支付部分价款且将剩余价款按照人民法院的要求交付执行,非因买受人自身原因未办理过户登记。符合上述要求,不动产买受人就可作为案外人对登记在被执行人名下的不动产提出执行异议之诉。
[4] 参见王宝道:《案外人异议之诉权益冲突规则研究》,载《中南大学学报(社会科学版)》2019年第3期。

而后者指向特定的被执行人即房地产开发企业,系为保护消费者而专门针对房地产开发企业规定的特别条款,执行标的是登记在被执行的房地产开发企业名下的商品房。比较而言,离婚协议中接受不动产给予一方更类似于一般不动产买受人而非商品房消费者。私法中的每个规范都直接作用于两个在事实上接近的人之间,任何向特定主体分配的权利、利益或者机会,即意味着特定其他主体的直接义务、负担或者风险。[1] 尽管离婚协议包含情感与伦理因素,但是在该协议生效之后,夫妻之间财产关系已与普通人无实质性差异。为平衡当事人之间的利益关系,离婚协议中的夫妻不动产财产给予约定应当结合《异议复议规定》第28条规定的构成要件严格类推适用,否则被执行人的金钱债权人在查清交易方的不动产状况之外,还需要查清交易方的婚姻状况及离婚协议的内容,这会给交易安全带来难以预估的风险。具体而言:

其一,接受不动产给予一方未办理变更登记的原因。离婚协议生效之后,配偶双方未按照夫妻不动产财产给予约定履行变更登记的原因有,因房屋按揭贷款尚未还清而无从办理房屋变更登记,或者经济适用房出售年限未满以及不动产登记名义人拒绝办理登记等。上述这些原因之中,如果未办理不动产登记不可归责于接受不动产给予一方,则其与《异议复议规定》第28条规定的不动产买受人一样具有获得法律特别救济的正当性。接受不动产给予一方具有向不动产登记机构递交登记材料,或者向不动产给予方提出办理过户登记请求等积极行为,可以认定非因买受人自身原因未办理过户登记。反之,如果接受不动产给予一方是因限购而无法办理登记或者能够办理而不办理登记等,这属于对政策限制的忽略或者消极不行使登记权利,均可归责于不动产接受给予一方。[2]

其二,不动产给予约定应该属于法定义务或有偿的约定义务范畴,无偿的不动产给予约定应该被排除在外。《异议复议规定》第28条以不动产交易为前提。但如前所述,离婚协议中的夫妻不动产给予条款可以分为法定义务与约定义务。如果夫妻不动产给予约定系法定义务的履行,由于这属于离婚时法律对弱者利益的保护和救济,在法定义务的范围内,夫妻不动产给予约定亦可以类推适用《异议复议规定》第28条排除被执

---

[1] 参见朱岩:《社会基础变迁与民法双重体系建构》,载《中国社会科学》2010年第6期。
[2] 参见江必新、刘贵祥主编:《最高人民法院关于人民法院办理执行异议和复议案件若干问题规定理解与适用》,人民法院出版社2015年版,第424—425页。

行人的强制执行。超越法定义务的约定义务通常具有无偿性,如果系无偿的夫妻不动产给予约定未变更登记,接受不动产给予的一方的无偿债权不应该具有优先于不动产登记名义人的债权人的强制执行效力,否则在利益衡量上有失公平。反之,若是夫妻不动产给予约定属于有偿行为,例如接受不动产给予一方交付互易财产或者为给予方履行个人债务,则可以类推适用《异议复议规定》第 28 条对被执行人的债权人提起执行异议之诉。

其三,在人民法院查封不动产之前,离婚协议生效且接受不动产给予一方应当占有该不动产。但是,执行标的是接受不动产给予方的唯一家庭生活住房,并非离婚协议约定债权排除强制执行的构成要件。尽管《异议复议规定》第 29 条以"所购商品房系用于居住且买受人名下无其他用于居住的房屋"作为构成要件,但是该条系针对房地产开发企业而言,与建设工程合同工程款优先权具有类似性,显然与夫妻不动产给予约定不同。《异议复议规定》第 20 条对于被执行人的唯一财产设置了特别规定,法律倾向于保护被执行人的居住利益而非不动产所有权。既然被执行人所有的唯一生活住房原则上亦可执行,那么实质上属于债权的接受给予不动产的一方配偶就更不能据此提出执行异议之诉。

夫妻离婚协议中的不动产给予约定符合上述构成要件,则具有排除被执行不动产之上金钱债权的强制执行效力。但是,该债权仅可以对抗被执行标的上无担保的普通金钱债权人。如果申请执行人对案涉不动产享有担保物权,接受不动产给予一方不得提起执行异议之诉请求排除担保物权人申请的执行。被执行标的上的担保物权通常设立在登记离婚协议生效之前,即使产生于离婚登记生效之后,担保物权也优先于接受不动产给予一方的债权。

五、结论

离婚协议系身份与财产相互交织的具有整体属性的"混合契约"。离婚财产分配制度的立法政策目标是既要追求夫妻共同财产及债务的平等分割,又要尽可能实现对弱者利益的救济。[1] 离婚协议中的夫妻财产给予条款在形式上表现为对法定的平均分割夫妻共同财产和夫妻共同债务原则的偏离,因此平均分割原则是判断夫妻财产给予条款的重要标准。夫妻财产给予条款在实质上则集中呈现夫妻在离婚协议财产后果上的自

---

[1] 参见夏吟兰:《离婚自由与限制论》,中国政法大学出版社 2007 年版,第 193 页。

由及其限制、离婚协议适用《民法典》总则编法律行为规范的限度以及夫妻财产分配约定与债权人申请强制执行效力之间的矛盾等疑难问题。

其一,离婚财产给予条款法律属性的判断取决于内容,包括具有人身属性的法定义务与纯粹财产属性的约定义务两个方面。法定义务表现为父母对子女的法定抚养义务与夫妻之间的离婚救济制度,通过夫妻财产给予条款展现,均是立法政策上限制离婚自由与维护实质正义的重要方式。约定义务则是夫妻财产给予超出法定义务的部分,由于情感和伦理不能构成法律意义上的给付对价,通常夫妻财产给予的约定条款不具有对价关系,属于无偿赠与。除非夫妻财产给予约定还体现双方财产的互易或者财产接受方为给予方承担个人债务等。离婚协议中的无偿赠与条款是否可以被撤销,应从法律行为部分无效理论出发,只有离婚协议未被撤销的部分不受无偿赠与条款的影响而被视为有效时,无偿赠与条款才能单独被撤销。

其二,夫妻财产给予条款的法律效力取决于离婚合意的主体是否适格与意思表示是否真实一致。离婚合意可以类推适用《民法典》总则编的欺诈、胁迫规范,但是不得适用显失公平、重大误解及通谋虚伪表示规范。如果一方已经与他人缔结婚姻的,受欺诈或胁迫的离婚合意亦不得撤销。离婚协议中的夫妻财产给予约定应当依据相应的权利变动规则发生财产权属变更的法律效果。离婚股权分割与股权继承相类似,不属于股权让与,原则上应当允许基于夫妻共有财产发生的股权给予,不应受公司其他股东同意和优先购买权的限制,除非公司章程另有规定。《民法典婚姻家庭编司法解释(一)》第73条应该予以修正,以避免立法政策上与股权继承规范出现评价上的不一致。

其三,离婚协议中的夫妻不动产给予约定既不能直接导致不动产物权的变动,也非德国法上具有归属意义的物权期待权。学理和实务界为使离婚协议中接受不动产给予一方具有排除被执行债权人的强制执行效力所构造的理论缺乏依据,《异议复议规定》第28、29条规定不动产买受人优先于其他金钱债权人,是基于立法政策考量而对特定债权赋予的特别优先地位,尽管有悖于《物权法》教义,但是合乎实质公平。由于《异议复议规定》第28条适用不动产交易行为,因此,夫妻不动产给予约定类推适用《异议复议规定》第28条仅限于法定义务或有偿的约定义务范畴才具有排除被执行不动产上的金钱债权强制执行的效力,无偿的不动产给予约定应该被排除在外,否则在利益衡量上有失公平。

第六章 夫妻财产制度的双重结构及其理性化维度

第一节　夫妻财产制度的双重结构及其价值体系

一、概述

《民法典》婚姻家庭编以亲属身份关系与亲属财产关系为调整对象,夫妻财产制度是亲属财产法的核心。一方面,夫妻财产制度受夫妻身份伦理秩序的制约;另一方面,又具有物权编、合同编等一般财产法属性。夫妻身份伦理秩序以家庭主义为基础,承载道德、公平等价值的实现,属于夫妻团体内部关系层面。一般财产法则以个人主义为本位,追求交易效率与信赖保护,相对于夫妻团体内部属于外部关系层面。上述夫妻财产制度的双重结构可以分别表达为财产法的形式理性化与家庭法实质理性化两个维度,即经济上可计算性、效益和个人化的价值与伦理的、政治的、身份的、平均主义以及友爱的价值之间的对立。[1]

在抽象价值层面,我国夫妻财产制度的理性化维度主要表现为两个命题:一是夫妻财产制度如何展现《民法典》婚姻家庭编的伦理价值与团体观念,尤其是如何回应"将市场逻辑引入到婚姻家庭编中"的理论质疑[2];二是夫妻财产制度如何与《民法典》物权编、合同编中的交易安全保护、物权变动以及债务清偿等规则之间相互协调,在财产法规则的普适性基础上兼顾夫妻关系的伦理价值。在具体规则层面,调整夫妻财产制度的内部关系与外部关系规范之间的张力主要表现为:(1)在夫妻财产的归属上,来自外部的财产应当如何在夫妻内部进行适当分配[3],取得规则与财产法相比有何差异?(2)对于夫妻财产的约定与处分,如何调和夫妻内部财产关系与物权法之间的冲突,是适应物权法规则抑或是构造特殊规则?(3)就夫妻共同债务的认定及清偿,如何协调外部债权人与内部举债方

---

[1] 参见苏国勋:《理性化及其限制——韦伯思想引论》,商务印书馆2016年版,第226页。
[2] 参见强世功:《司法能动下的中国家庭》,载《文化纵横》2011年第1期。
[3] 如我国有学者认为,夫妻财产制度的精神气质应回归至以家庭命运共同体伦理性为依归,司法视域下夫妻财产制度应充分彰显婚姻法的伦理关怀,应将婚后财产全部推定共同共有原则,但当事人另有约定除外。参见赵玉:《司法视域下夫妻财产制的价值转向》,载《中国法学》2016年第1期。

配偶的利益冲突？相关学说争议并未因立法的改弦更张而平息。[1]

二、夫妻财产制度的双重结构

19世纪的私法均以财产的归属与交易为重心,建构于个人主义与有机团结的社会基础之上,在概念上抽离于具体的物质条件与精神状态,具有体制中立的显著特征。[2] 虽然家庭法被纳入民法典之中,但是其与财产法之间存在明显的对立。财产法上"理性人"被设定为民法上"人"的通常形象,相反,家庭法上的"伦理人"形象则往往被有意或无意的忽略。[3]

财产法规范将市民之间的财产归属与交易归结为一种经济上可以计算的关系,属于典型的目标理性。[4] 财产法以权利为核心,个人权利不仅是正当利益的固定,还是个体追求正当利益的行为自由。[5] 财产法规范通过尽可能地消除一切限制目标理性扩展的外在强制性因素(如信仰、伦理等),并通过市场交易中的"理性人"假设,使个人自由获得极大的扩张,仅在例外情形受到公序良俗、诚实信用等原则的遏制。即使是自然人的集合亦被视为以目标理性为导向的"工具性人格"。以法人、合伙等"经济团体"为例,它们被认为是结合体关系(Vergesellschaftung)。在经济团体的内部,其成员只是投入了与经营事项相关的人格,成员之间的关系属于理性的、可计算性的结合,其相互关系可以取代。[6] 在经济团体的外部,其与自然人一道,共同构建一个"庸俗的""无历史的""无性别的""无时间的"商品世界为基础的财产法。[7] 简言之,无论是团体成员

---

[1] 参见叶名怡:《"共债共签"原则应写入〈民法典〉》,载《东方法学》2019年第1期;汪洋:《夫妻债务的基本类型、责任基础与责任财产》,载《当代法学》2019年第3期;朱虎:《夫妻债务的具体类型和责任承担》,载《法学评论》2019年第5期。

[2] 参见苏永钦:《私法自治中的国家强制》,中国法制出版社2005年版,第4—12页。

[3] 例如[日]星野英一:《私法中的人》,王闯译,中国法制出版社2004年版,第1页及以下;又如谢鸿飞:《现代民法中的"人"》,载《北大法律评论》(第3卷第2辑),法律出版社2001年版。前者限定了以财产法为中心;后者并未涉及家庭法中的人。

[4] 参见[德]马克斯·韦伯:《社会学的基本概念》,顾忠华、康乐、简惠美译,广西师范大学出版社2011年版,第53—54页。

[5] 参见彭诚信:《现代权利理论研究》,法律出版社2017年版,第315页。

[6] 参见[美]麦克尼尔:《新社会契约论》,雷喜宁、潘勤译,中国政法大学出版社2004年版,第12页。

[7] 参见[德]罗尔夫·克尼佩尔:《法律与历史:论〈德国民法典〉的形成与变迁》,朱岩译,法律出版社2003年版,第111页。

内部抑或是团体外部关系,法律对经济团体的规制均以目标理性为导向。

与之不同的是,夫妻团体属于共同体关系(Vergemeinschaftung)。在夫妻团体内部,双方表现的是全方位的人格投入,成员之间的关系属于情感的、不可计算性的结合,其内容深受风俗、伦理、宗教、道德的影响。[1]夫或妻被假设为"伦理人"对内营造夫妻共同生活,与之相应的身份法规范源于亲属伦理关系并与后者高度重叠。[2]在夫妻团体外部,夫妻二人组成的共同体并不具有独立的人格,不能以"家"为民事主体对外开展财产性法律关系。我国《民法典》所规定的农村承包经营户与个体工商户并非一类独立的民事主体,而是自然人作为民事主体参与经济活动的特殊形式,可以将自然人营业这一范畴归为商自然人。[3]除夫妻双方基于意思自治共同与第三人产生法律关系、理应共同承担责任之外,若夫或妻单独与第三人设立、变更、终止财产性法律关系,其活动的范围已经从家庭领域进入市场领域,其主体地位通常即脱离"夫妻共同体"的范畴(夫或妻一方行使日常家事代理权可以被视为例外),而被假定为抽象的、理性的经济人参与社会经济生活,并主要通过夫妻财产的取得(法定归属)、夫妻财产的约定与处分以及夫妻债务的承担及其清偿等予以展现,资源和财富在家庭与社会之间"系统循环"。由此形成的财产法律关系受物权法、债法、公司法等一般财产法调整。与经济团体相比,夫妻共同体的对内财产关系受亲属身份关系的支配,主要建立在实质理性法的基础之上;调整夫或妻单独或共同产生的对外财产关系属于财产法的组成部分,受形式理性法的支配。

三、夫妻财产制度外部与内部关系的价值体系

自19世纪晚期以来,由于经济权力分布的不平衡得到了法律的承认,意思自治产生与宗教伦理或政治适当性背道而驰的结果。[4]一方面,人与人之间实际的强弱差距和不平等现象,致使财产法上"抽象而平

---

[1] 参见[美]戴维·波普诺:《社会学》,李强译,中国人民大学出版社2015年版,第194—195页。

[2] 参见[德]萨维尼:《当代罗马法体系Ⅰ:法律渊源·制定法解释·法律关系》,朱虎译,中国法制出版社2010年版,第287页。

[3] 参见肖海军:《民法典编纂中商事主体立法定位的路径选择》,载《中国法学》2016年第4期。

[4] 参见[德]马克斯·韦伯:《论经济与社会中的法律》,张乃根译,中国大百科全书出版社1998年版,第228页。

等的个人"丧失之后出现了具体人格,随之引发形式正义下法的安定性向实质正义下的社会妥当性转化。[1] 为实现实质正义的目标,立法强调社会均衡或弱者保护原则,而不是纯粹遵循逻辑规则,私法出现了实质化倾向。[2] 另一方面,由于现代社会不断细化的社会分工及交易的日渐复杂性、专业性,财产法的价值取向从自由转向安全,合理信赖保护已被提升为私法的核心原理。[3] 信赖保护体现为社会共同交往中意思自治的边界,使其可以通过适度的谨慎形成稳定的行为预期,以在当事人之间达成利益平衡[4],具体表现为表见代理、善意取得、公信力以及安全保障义务等。

调整夫妻财产内部关系的家庭法长期以来被认为是自然伦理的产物,被理解为一种超个人主义式的生活图景,延续着古老的父权和家长制思想。[5] 然而,自20世纪以来,工业化和城市化的扩张在全球范围内推动了家庭结构的方向性趋同,个体的流动性与专业化导致传统大家庭逐渐解体。[6] 由此导致家庭法领域的自然伦理秩序经历重大的社会变迁。一方面,夫妻人格独立与经济自主等形式理性化因素逐渐增强,个人主义的家庭观适时地取代了家长制的超个人主义家庭观。由于市场力量的持续发展,已由经济领域侵入到非经济领域,哈贝马斯称之为"目标理性对生活世界的殖民"。[7] 近几十年,日本民法以及我国台湾地区"民法"均以分别财产制取代了传统的夫权色彩浓厚的联合财产制。法国、意大利等国家民法采纳婚后所得财产共同制,但是夫或妻各自独立的财产则得以扩大。[8] 另一方面,随着人权哲学理论的兴起,人权和宪法基本权利

---

[1] 参见梁慧星:《从近代民法到现代民法》,载梁慧星主编:《民商法论丛》(第七卷),法律出版社1997年版,第228—254页。
[2] 参见朱广新:《超越经验主义立法:编纂民法典》,载《中外法学》2014年第6期。
[3] Bailey H. Kuklin, The Justification for Protecting Reasonable Expecations, 29 Hofstea L. Rev. 863, 864. (2001).
[4] 参见叶金强:《信赖原理的私法结构》,北京大学出版社2014年版,第84—85页。
[5] 参见[德]罗尔夫·克尼佩尔:《法律与历史:论〈德国民法典〉的形成与变迁》,朱岩译,法律出版社2003年版,第118页。
[6] E. Nathaniel Gates, Bondage, *Freedom and the Constitution*: The New Slavery Scholarship and Its Impact on Law and legal Historiography, Cardozo law Review, Vol.18, Part II, 1996, p.863.
[7] 参见石元康:《从中国文化到现代性:典范转移?》,生活·读书·新知三联书店2000年版,第282页。
[8] 参见林秀雄:《夫妻财产制之研究》,中国政法大学出版社2001年版,第100页。

的客观价值秩序取代传统伦理秩序成为家庭法新的价值基础。[1] 男女实质性平等、尊重个人和家庭生活、儿童利益最大化等原则重新塑造了家庭法规范。[2] 法国法上的夫妻共同财产与个人财产之间的补偿、离婚后的补偿金给付,德国法上的财产增益共同制、离婚扶养请求权等均是上述原则的体现。

夫妻财产制度的外部价值体系表现为个人主义、信赖保护与社会均衡(弱者保护)原则;夫妻财产制度的内部价值体系可以表达为人格独立、男女实质性平等与夫妻共同体的维护。人格独立是个人主义的具体表现,同时也维护了交易的安全[3];男女实质性平等是社会均衡原则在婚姻家庭编的具体体现;"婚姻共同体"所表达的是婚姻家庭编保护家庭和稳定婚姻,以及实现儿童权利优先的理念。[4] 其中,个人主义(人格独立)与信赖保护原则属于形式理性化的范畴,而男女实质性平等(弱者保护)与夫妻共同体的维护则属于实质理性化的范畴,它们共同构成夫妻财产关系的"价值之网"。

我国婚姻法被重新纳入《民法典》,夫妻财产制度的内部规范如夫妻共同财产与个人财产的分配,通常不具有外部效力,主要体现弱者保护与夫妻共同体的维护。但是,夫妻财产制度上夫妻财产的处分、夫妻债务的认定及清偿等制度具有外部效力,此时面临着《民法典》物权编、合同编等财产法的价值与婚姻家庭编价值之间的冲突。对此,由于我国婚姻家庭法学界极为注重婚姻家庭法律的伦理属性,被认为是法律调整婚姻家庭关系的出发点与价值目标,在两者发生冲突时往往强调婚姻家庭编的固有伦理而忽略财产法的价值体系。[5] 在财产交易中,当事人作为"抽象的、自治的个人"实施法律行为,一方是否已婚通常并不构成另一方当事人所考察的一项因素。夫妻财产规范的伦理特殊性理应在夫妻双方的内部规范中消化,而不应影响外部财产规范。这是由财产法与婚姻法的调整范围所决定的,前者无须考虑夫妻关系的"特殊",后者却不能不顾

---

[1] 参见〔德〕迪特尔·施瓦布:《德国家庭法》,王葆莳译,法律出版社2010年版,第7页以下。
[2] 参见刘征峰:《家庭法与民法知识谱系的分立》,载《法学研究》2017年第4期。
[3] 参见王泽鉴:《民法概要》,北京大学出版社2011年版,第528页。
[4] 参见夏吟兰:《民法分则婚姻家庭编立法研究》,载《中国法学》2017年第3期。
[5] 参见巫若枝:《三十年来中国婚姻法"回归民法"的反思》,载《法制与社会发展》2009年第4期。

财产法规则的"普适"。[1] 在财产法的中立视角下,应以行为人无婚姻状态的利益保护为基准。因此,在涉及外部财产规范时,婚姻家庭编应承担与财产编相对接的重任。在外部财产关系方面,虽然婚姻法让位于财产法,但是由于财产法也具有确保生存权、保护弱者等社会功能[2],因此财产法规则可以作适当的调整以实现实质理性的目标。[3]

四、我国夫妻财产制度的理性化图景

传统的中国家庭本质性上表现为"同居共财"的生活样式,属于一种整体主义和具有历史延续性的文化性存在。[4] 自西学东渐以来,源于西方的自由、平等的个人主义观念与中国古老的家庭等级伦理秩序产生了剧烈的碰撞,自由的个体逐渐成为社会新的构成元素。[5] 自改革开放以来,原《婚姻法》及其相关司法解释有关夫妻财产的归属、处分以及债务的清偿等规则所呈现的价值脉络大体可以归纳如下:

第一,在夫妻财产制度的内部关系上,夫妻共同体、弱者保护渐趋弱化,而个人主义的价值则显著增强。1980年《婚姻法》及《最高人民法院关于人民法院审理离婚案件处理财产分割问题的若干具体意见》,体现出比较浓厚的夫妻共同体观念与伦理色彩,夫或妻的个人财产极少,夫妻共同财产与夫妻共同债务的范围非常广泛,而且夫或妻的婚前个人财产经过一定时间转化为夫妻共同财产,这体现了传统家庭"同居共财"的理念。[6] 如前所述,2001年《婚姻法》修正案及随后颁布的《婚姻法司法解释(一)》、2003年《婚姻法司法解释(二)》、2011年《婚姻法司法解释(三)》大幅度修改和增加了夫妻财产制度的内容,废除了婚前财产经过

---

[1] 参见贺剑:《论婚姻法回归民法的基本思路——以法定夫妻财产制为重点》,载《中外法学》2014年第6期。
[2] 参见谢鸿飞:《中国民法典的生活世界、价值体系与立法表达》,载《清华法学》2014年第6期。
[3] 对于家庭的唯一住房的处分是否应当受到限制,学理上有肯定说[陈苇、姜大伟:《论婚姻家庭住房权的优先保护》,载《法律科学(西北政法大学学报)》2013年第4期]与否定说(参见裴桦:《夫妻财产制与财产法规则的冲突与协调》,载《法学研究》2017年第4期)。笔者认为,这属于夫妻共同财产的处分,婚姻法应当让位于财产法,以保障登记公信力以及维护交易安全。但是,由于财产法本身具有保护弱者的价值目标,依据《异议复议规定》第20条的规定,可以保障被执行人的居住权。
[4] 参见[日]滋贺秀三:《中国家族法原理》,张建国、李力译,法律出版社2003年版,第57页。
[5] 参见张龑:《论我国法律体系中的家与个体自由原则》,载《中外法学》2013年第4期。
[6] 参见贺剑:《论夫妻个人财产的转化规则》,载《法学》2015年第2期。

一定时间转换的规则,夫或妻个人财产的范围大大增加。

第二,在夫妻财产制度的外部关系上,人格独立、交易安全与夫妻共同体之间的价值权衡不融贯。原《婚姻法》规定夫妻共同体对共同财产有平等的处理权,但必须经双方同意。这会引发大量的无权处分现象,虽然夫或妻一方对非日常生活需要所为的财产处分行为适用善意取得,但是这仍然给遵循个人主义的财产法带来挑战。[1]《婚姻法司法解释(二)》第24条规定的夫妻共同债务"时间推定规则"虽然有利于保护债权人的利益,但是将夫妻视为一体实施"人格捆绑主义",增加了无辜配偶负债的风险。[2] 2018年1月,最高人民法院公布《最高人民法院关于审理涉及夫妻债务纠纷案件适用法律有关问题的解释》颠覆了"时间推定规则",注重夫妻各自的独立人格,但是因不利于交易安全的保护以及有悖于夫妻共同财产制又引起新的争论。[3]

理论界对于婚姻法及系列解释评价不一。赞同的观点认为,《婚姻法司法解释(三)》体现尊重个人财产的原则精神。[4] 反对的观点则认为夫妻财产制度过多适用"物本化"规则和"市场化"规则,不再体现弱者保护与人文关怀。以财产法的思维来建构夫妻之间的财产关系,将导致婚姻家庭关系被解构和异化的结果。[5] 还有学者认为,《婚姻法司法解释(三)》撕下了罩在家庭关系上温情脉脉的面纱,在家庭中建立资本主义式的个人财产制。当夫妻关系被视为资本主义合伙企业之时,该司法解释不再是《婚姻法》的一部分,而是《物权法》或者《合伙企业法》的一部分。[6]

对于夫妻财产的内部关系而言,随着市场化进程的深入,重视权利和

---

[1] 例如,为化解夫妻共同财产出资形成的个人股权交易与交易安全之间的冲突,有学者认为,股权的归属自有依照公司特殊运行要求而设计的规则予以判断,基于成员权与成员资格分离之禁止的考虑,股权属于股东名册所载之股东的权利。股东对外转让所持有股权的行为为有权处分,无须其配偶的同意。参见贺辉、梁晓征:《婚姻关系存续期间股权转让的效力》,载《人民司法(案例)》2017年第35期。

[2] 参见孙若军:《论夫妻共同债务"时间"推定规则》,载《法学家》2017年第1期。

[3] 参见叶名怡:《"共债共签"原则应写入〈民法典〉》,载《东方法学》2019年第1期。

[4] 参见杨立新主编:《最高人民法院婚姻法司法解释(三)理解与运用》,中国法制出版社2011年版,第4页。

[5] 参见丁慧:《夫妻财产关系法律异化和回归之反思》,载《浙江工商大学学报》2013年第4期。

[6] 参见赵晓力:《中国家庭资本主义化的号角》,载《文化纵横》2011年第1期。

自我实现的个人主义思想迅速在我国社会兴起,[1] 夫妻"同居共财"的"共同体"因素则被不断削弱。这一切都源于婚姻立法从家族主义到个人主义的转型,个人已被视为社会的基本构成单元,成为价值的最终源泉和终极的权利主体。[2] 因此,体现个人主义价值在内部关系上增强的规则具有合理性,只是在具体规则的阐释上仍存在较大争议。但是,对于夫妻财产的外部规则而言,由于财产法相比婚姻法具有普遍性,如何基于婚姻家庭编内部的伦理性实现后者与外部财产法规则的体系融贯及法适用上的对接整合,是我国夫妻财产制度面临的理论与实务难题。

第二节　夫妻财产的对外处分:婚姻家庭编与物权编的对接

一、夫妻共同财产对外处分之效力冲突:债权方案与物权方案的比较

如果夫妻共同财产的"名"与"实"不相符,夫或妻一方处分由其占有的动产或登记在其名下的不动产或权利(如股权),则面临着另一方配偶的共有权与交易第三人合理信赖保护之间的矛盾,这实质上是夫妻共同体维护与交易安全保护之间的冲突问题。"名"与"实"不符的夫妻共同财产被处分引起夫妻共同财产的内部结构与外部结构之间的协调问题,由此引发对夫妻共同财产法律本质的争论。

我国学理与实践中的主流观点认为,《民法典》第 1062 条(原《婚姻法》第 17 条)规定的"夫妻共同所有"即《民法典》物权编第 299 条规定的"共同共有",以夫妻之间的特殊身份关系为基础。[3] 如果显名权利人未经隐名配偶的同意处分共同共有财产就属于无权处分。为化解隐名配偶与交易第三人之间的利益冲突,《婚姻法司法解释(一)》第 17 条规定夫或妻一方对夫妻共同财产作重要处理决定,另一方不得以不同意或不知道为由对抗善意第三人。《婚姻法司法解释(三)》第 11 条明确规定夫妻一方擅自出售夫妻共同共有的房屋应当适用善意取得。该方案可被称为"物权方案"。

---

[1] 〔美〕络德睦:《法律东方主义》,魏磊杰译,中国政法大学出版社 2016 年版,第 62—63 页。
[2] 参见金眉:《婚姻家庭立法的同一性原理——以婚姻家庭理念、形态与财产法律结构为中心》,载《法学研究》2017 年第 4 期。
[3] 参见王利明:《物权法研究》(上卷),中国人民大学出版社 2013 年版,第 722 页。

但近年来,将原《婚姻法》第 17 条规定的"夫妻共同所有"解释为"共同共有"受到一些质疑。有学者认为,如果依据"物权方案",婚姻家庭编的法定夫妻财产制将对物权编的占有、登记两种公示方法的准确性构成极大挑战,尤其是不动产登记簿的绝对公信力可能面临丧失的不利结果,公示错误的概率随着已婚人士取得物权的比重提高而不断攀升。由于财产法具有普遍性,为了交易安全,《婚姻法》应当进行单方面调整,以"债权方案"回归民法体系。[1] 还有学者从功能主义的角度认为,当夫或妻一方处分名实不相符的共同财产时,会产生强大的负外部性。交易第三人不仅要查阅不动产或股权登记簿,还必须调查交易对象的婚姻状况,这会极大地增加交易成本,对属于夫妻共同财产投资形成的基金或股权交易尤其不利,因此在对内关系上夫妻对于夫妻共同财产只是潜在共有,即"潜在共有理论"。[2] "债权方案"与"潜在共有理论"的实质相同,在对外关系上为分别财产制,一方处分由其占有的动产或登记在其名下的不动产或权利(如股权)均属于有权处分,避免因婚姻家庭编的特别制度扰乱外部财产法秩序,最大限度地保护交易安全;在对内关系上则表现为增益共同制,夫妻对共同财产即增益在婚姻存续期间表现为价值共有,只有在离婚或继承发生时增益才显现为物权共有。但是两种方案在增益范围上略有差异:一是夫或妻一方婚前财产在婚姻关系存续期间的孳息,依据"债权方案"应属于在离婚或继承时由夫妻双方分享的收益,而依据"潜在共有理论"应归为夫妻个人财产[3];二是在离婚的情形下,"债权方案"仅产生债权请求权,不会影响外部关系,而"潜在共有"转变为"共有",共有将波及外部关系。因此"债权方案"被视为"潜在共有理论"的升级版。[4]

"债权方案"通过改变婚后所得共同制的含义,将夫妻双方由物权属性的共有人变更为债权属性的共有人,从而抑制夫妻共同财产的外部效

---

[1] 参见贺剑:《论婚姻法回归民法的基本思路——以法定夫妻财产制为重点》,载《中外法学》2014 年第 6 期。

[2] 参见龙俊:《夫妻共同财产的潜在共有》,载《法学研究》2017 年第 4 期。

[3] 若是婚前个人财产的婚后收益均属于夫妻共同财产,即采取"夫妻命运共同体"说,则"债权方案"与"潜在共有理论"并无任何差异。参见贺剑:《夫妻个人财产的婚后增值归属》,载《法学家》2015 年第 4 期。

[4] 参见贺剑:《夫妻财产法的精神——民法典夫妻共同债务和财产规则释论》,载《法学》2020 年第 7 期。

力,通过调整《婚姻法》的规范实现与《民法典》物权编、《公司法》等外部财产法之间的对接,借此改变"物权方案"因夫妻财产共同共有的外部效力导致物权或股权公示在一定程度上失效的弊端。然而,该方案在现行法的体系之下存在难以解决的问题:(1)依据"债权方案",尽管配偶一方有权独立管理和处分自己的财产,但是法律对这种处分自由设有若干重要限制。例如,在德国法上,一方处分其全部财产(《德国民法典》第1365条)、大部分财产以及婚姻家庭物品(《德国民法典》第1369条)必须获得另一方的同意,增益补偿须对比初始财产和终结财产,其计算极为复杂;并严格区分真正的赠与和以婚姻为条件的给予,前者不纳入初始财产。而我国现行法上欠缺与"债权方案"相适应的配套制度。(2)将夫妻共同财产的共同共有改弦更张为增益共同制,虽然具有增强占有和不动产登记簿的准确性及保障交易安全的功能,但是夫妻由共同共有人降为债权请求权人,会给《民法典》的相关制度造成强烈的体系震荡。依据"债权方案",《婚姻法司法解释(一)》第17条、《婚姻法司法解释(三)》第10条(夫妻特殊共有产权类型)和第11条均会失去适用的价值;配偶一方请求在夫妻共有不动产的登记簿上"添加"名字亦丧失法律依据;《民法典》第1066条[《婚姻法司法解释(三)》第4条]规定的婚内分割共同财产重大事由的适用也会完全不同。[1] 此外,夫妻一方基于共同共有人所享有的份额及其优先购买权亦将不复存在。在强制执行程序中,登记名义人的债权人基于形式化原则即可以查封该不动产而无须考虑该不动产实质上是夫妻共有财产的状况。[2] 实质上,无论是"物权方案"还是"债权方案"均是实现立法价值的手段,制度成本亦属于交易成本的范畴,同样不应被忽视。(3)由于我国"同居共财"的传统观念仍然存续,在现阶段采纳分别财产制尚不具备经济与社会条件,对于妇女的权益保护极为

---

[1] 《婚姻法司法解释(三)》第4条制定的依据是《物权法》第99条,即以承担夫妻之间对共同财产的共同共有为前提[参见最高人民法院民事审判第一庭编著:《最高人民法院关于婚姻法司法解释(三)理解与适用》,人民法院出版社2015年版,第79页及以下]。在"债权方案"之下,夫妻处分各自的财产属于有权处分,是否"严重损害"夫妻共同财产只能进行整体上的价值衡量;而在"物权方案"之下,夫妻处分各自的财产属于无权处分,是否"严重损害"夫妻共同财产可以进行单项判断。在欠缺如德国法上的相关配套制度的情况下,无权处分是阻止夫妻共同财产流失的重要方式。

[2] 参见任重:《民事诉讼法教义学视角下的"执行难":成因与出路——以夫妻共同财产的执行为中心》,载《当代法学》2019年第3期。

不利。分别财产制通常以夫妻双方经济独立为目的[1],而现阶段,城乡家庭收入差别较大、男女经济地位不平衡现象仍普遍存在于我国,如果采用分别财产制将会对广大妇女的家庭经济地位造成冲击。为维护保全夫妻共同共有财产,立法者已经作出了努力,不仅将《婚姻法司法解释(三)》第4条纳入《民法典》第1066条,还通过《民法典》第1092条完善了"隐藏、转移共同财产"的离婚财产分割制度。因此,以"物权方案"阐释《民法典》第1062条规定的"夫妻共同财产归共同所有"和"夫妻对共同财产有平等的处理权"更为合理。依据《民法典婚姻家庭编司法解释(一)》第28条规定:"一方未经另一方同意出售夫妻共同所有的房屋,第三人善意购买支付合理对价并已办理不动产登记,另一方主张追回该房屋的,人民法院不予支持。夫妻一方擅自处分共同所有的房屋造成另一方损失,离婚时另一方请求赔偿损失的,人民法院应当予以支持。"该条规定通过善意取得制度保护交易的安全,表明司法解释采取的是"物权方案"。

此外,如果夫妻一方(显名配偶)在婚姻关系存续期间擅自处分夫妻共同财产,在"物权方案"之下,也可以通过灵活适用权利外观制度,在风险归责、弱者保护、交易效率与安全之间进行适当的权衡。例如,依据《婚姻法司法解释(一)》第17条,不动产交易通常属于夫妻双方共同决定的事项。由于登记簿具有较高的公信力,不动产显名配偶处分不动产时,该无权处分行为应当适用《民法典》第311条规定的不动产善意取得制度,但交易第三人并不负有查明该不动产是否属于夫妻法定共有财产的义务。[2] 不动产隐名一方本可以通过《民法典》第220条规定的变更登记作为共同登记人,或者提出异议登记提前预防。考虑到夫妻之间通常所具有的亲密关系,应该将该不动产交易的风险分配给处分人的配偶承担,除非其能够证明交易第三人知道或者应当知道登记簿存在错误,否则就应当推定第三人主观上是善意的。但是,如果交易第三人举证证明隐名配偶知道或者应当知道显名配偶处分该不动产的事实而未提出异议的,可以将该处分行为通过目的性扩张解释适用《最高人民法院关于适用〈中华人民共和国担保法〉若干问题的解释》(已废止)第54条有关共同共有人擅自设立抵押权的规定(其他共有人知道或者应当知道而未提出

---

[1] 参见林秀雄:《夫妻财产制之研究》,中国政法大学出版社2001年版,第36页及以下。
[2] 参见程啸:《不动产登记簿之推定力》,载《法学研究》2010年第3期。

异议视为同意),该隐名配偶的沉默应当被推定为同意,以平衡隐名配偶与交易第三人之间的利益。

二、夫妻共有股权的处分

我国商事法律规范回避了股权共有问题,采取严格的外观主义,自然人享有的股权均记载于确定的个人名下,并未考虑其背后的共有关系。我国理论界据此认为,应当依据外观主义判断股权的归属,股权本身不属于夫妻共同财产,股东的配偶享有的是股权收益权。[1] 实务中有相当数量的判决认为,股东独立行使和处分股权的行为属于有权处分,其配偶并不享有股权,仅对股权的收益享有共有权。[2] 事实上,股权是股票持有者的权利表现形式,如果持有者以夫妻共有的工资、生产经营等所得购买公司的股票,股权则作为股票的权益形态与物权、债权一样本身即属于夫妻共同财产的范畴。[3] 但是,夫妻共同财产制对股权的调整仅限于直接影响共有财产数额增减的行为(如夫妻直接处分股权),而不涉及商事组织的内部治理,因此股权的管理性权利只能由显名股东行使。[4] 在承认夫妻准共有股权的情形之下,如果显名股东擅自处分夫妻共有股权,应当区分被处分的夫妻共同股权属于公众公司还是非公众公司:对于前者,应当按照交易规则进行交易,不得以夫妻法定财产制规范改变其交易结果,婚姻家庭编的内部结构不得影响外部结构的效力,该股权是否属于夫妻股权以及另一方配偶的意思表示则不在考虑之列;对于后者,应当考虑非公众公司的人合性,显名股东擅自处分封闭性公司的夫妻共有股权属于无权处分,在注重商事外观主义的同时应兼顾夫妻共同共有股权的实质。在参照适用善意取得制度时,应当区分股权的对内转让与股权对外转让:股权受让人与显名权利人均系有限责任公司的股东时,受让人的善意标准应当适当提高;但是在股权对外转让时,除非擅自处分股权的配偶可以

---

[1] 参见国家法官学院编:《全国专家型法官司法意见精粹:婚姻家庭与继承卷》,中国法制出版社 2017 年版,第 320—320 页。
[2] 参见最高人民法院(2017)最高法民终 281 号民事判决书;江苏省高级人民法院(2018)苏民申 2371 号民事裁定书。
[3] 参见最高人民法院民事审判第一庭编:《婚姻家庭案件审判指导》,法律出版社 2018 年版,第 158 页。
[4] 参见王涌、旷涵潇:《夫妻共有股权行使的困境及其应对——兼论商法与婚姻法的关系》,载《法学评论》2020 年第 1 期。

举证证明第三人明知或因重大过失而不知股权属于夫妻共同财产,否则应当视为善意,以适应商事交易的便捷与效率的客观要求。[1]

三、结论

夫妻财产制度的双重结构由内部与外部财产关系组成。规制夫妻共同体的对内财产关系受亲属身份关系的支配,主要建立在实质理性法的基础之上,在价值体系表达为人格独立、男女实质性平等与夫妻共同体的维护。随着市场化进程的深入,重视权利和自我实现的个人主义思想迅速在我国社会兴起。夫妻内部财产关系的伦理性因素被逐渐削弱。调整夫或妻单独或共同产生的对外财产关系属于财产法的组成部分,受形式理性法的支配。在价值体系上表达为意思自治、信赖保护与社会均衡原则等。在涉及外部财产规范时,婚姻家庭编应承担与财产编相对接的重任,其特殊伦理应在内部规范中消化。

夫妻财产制度的内部规范如夫妻共同财产与个人财产的分配应当坚持婚姻法的实质性"贡献"或"协力"理论,并据此划定孳息、投资收益与增值之间的界限;夫妻之间内部的财产给予行为(夫妻财产制契约还是离婚财产分割协议)仅具有债权约束力。夫妻共同财产在内部关系上属于共同共有,对于夫或妻单方对于共同财产的处分的外部效力应采纳"物权方案",通过灵活适用善意取得制度在风险归责、弱者保护与交易安全之间进行适当的权衡。夫妻共同债务外部关系应实现夫妻共同财产制与债的相对性的有机衔接,结合获利可能性、风险合理分配以及人格独立等因素认定合意之债、日常家事代理权之债与为家庭增益的单方之债类型。关于夫妻之间的责任财产关系,可以将夫妻共同体类比为普通合伙或有限合伙,个人意志与团体意志相同或被视为相同的合意之债、日常家事代理权之债,夫妻共同债务等同连带债务;为夫妻共同生活与夫妻共同生产经营所负单方之债,除非共同财产与个人财产发生混同,举债方配偶已经从类似于无限合伙人转变为有限合伙人的法律地位。如果一方配偶对外承担了超过所应当承担的债务份额,其有权向另一方追偿。

---

[1] 参见姚明斌:《有限公司股权善意取得的法律构成》,载《政治与法律》2012年第8期。

第七章　夫妻身份权的法律保护及其限度

第一节　夫妻身份权的社会基础
　　　　与权利属性分析

一、近现代夫妻身份权的演变及现行法的确立

在传统社会，个人主要依附于各种身份等级团体之中，家庭作为极其重要的团体类型，长期扮演着社会基本单元的角色。在罗马法上，家父享有法律上唯一的自权人身份，对全部家庭财产与家子均拥有支配的权力。[1] 人法虽以人格为基础展开，但是建立在身份的基础之上，自由人、罗马市民以及家父是构成法律上完整人格的三种身份类型。可见人格与身份关系密不可分，身份法与人格法实为一体。[2]

随着近代西方资本主义制度的逐步确立，"从身份到契约"的运动，致使封建社会的身份等级制度被废除，个人自由与权利观念迅速觉醒，自由和平等的价值构成市民社会法律秩序的基础。在近代社会转型的过程中，由于工商业的逐渐发展，个人逐渐脱离曾经隶属的"身份等级共同体"而自由实施经营与消费活动，据此取得民事权利能力与民事行为能力。[3] 从这个角度看，法律只是自主个体相互连接的表现形式，只不过这种连接的目的并不在于形成一个以集体意识为基础的共同体，而是通过自由缔结契约的方式实现特定的个人目的。[4] 因经济活动日益由个人或者个人的联合所主导，个人对家族血缘的依附关系逐渐减弱，平等、自由的思潮亦逐渐渗透至传统的家庭法领域。资本主义将由房屋、院落、家庭成员组成的生产团体强行地打碎，家庭被个人主义式地溶解为家庭元素，这在经济上也是合理的。[5] 根据启蒙运动中的自然法学派创设的天赋人权理论，生命、身体、自由等被认为是个人与生俱来的自然权利。人的人格与身份不应有任何联系，由此导致代表社会阶层的身份关系从

---

[1] 参见〔英〕巴里·尼古拉斯：《罗马法概论》，黄风译，法律出版社2000年版，第69页。
[2] 参见尹田：《民法典总则与民法典立法体系模式》，载《法学研究》2006年第6期。
[3] 参见〔奥〕欧根·埃利希：《法社会学原理》，舒国滢译，中国大百科全书出版社2009年版，第148页。
[4] 参见〔美〕罗杰·科特威尔：《法律社会学导论》，彭小龙译，中国政法大学出版社2015年版，第298页。
[5] 参见〔德〕古斯塔夫·拉德布鲁赫：《法哲学》，王朴译，法律出版社2013年版，第171页。

社会领域大幅度退缩,蜕变为仅仅与婚姻亲属之伦理关系相联系的一种民事地位,身份权只限于亲属身份权。

然而,19世纪的家庭法所规范的亲属身份关系仍然残留大量保守性与威权性的制度,其所反映的镜像是一种以父权制结构为主导形式的超个人主义的大家庭形态,丈夫在妻子和未成年的子女面前是一家之主,在涉及家庭共同生活的事务方面都享有最后的决定权[1]。20世纪以来,随着经济与社会条件的变迁,传统的婚姻家庭观念随之发生深刻的转化。第二次世界大战之后,随着人权哲学理论的兴起,人权和宪法基本权利的客观价值秩序,例如,男女平权、自由权、尊重个人和家庭的生活等取代自然伦理秩序构成家庭法的新的价值基础[2]。

中国历史上,享有父权的家长如同罗马法上的家父,在家庭之中处于支配地位[3]。"家庭"作为社会结构的基本单元,在家庭内部形成长幼有序、尊卑有别的伦理秩序和差序格局,形成家国同构的宗法社会,并以"礼"作为家与国的价值和规范体系[4]。夫妻身份权表现为"夫权",丈夫处于支配地位而妻子则处于从属地位。夫权是古代社会权力和男女性别不平等的象征。我国原《婚姻法》脱胎于革命根据地时期的婚姻立法。从立法目的上看,是为了废除以宗族与家族为本位,具体涵盖包办强迫、男尊女卑、漠视子女利益的封建主义的婚姻家庭制度,从而在家庭法领域实现妇女解放和男女平等的革命理想[5]。我国《宪法》第48条、第49条分别确立了夫妻平等、婚姻自由和婚姻、家庭受国家保护的宪法原则。1980年颁布的《婚姻法》、2001年修订的《婚姻法》注重维护男女平等原则、保护婚姻制度和强化家庭责任[6]。

原《民法通则》在"人身权"一节从宏观层面规定婚姻、家庭受法律保护(第104条)。学理上通常认为,身份权是基于自然人的婚姻、家庭身份而产生的权利,包括配偶权、监护权、探望权等[7]。与人格权相比,我国

---

[1] 参见〔德〕K.茨威格特、H.克茨:《比较法总论》,潘汉典等译,法律出版社2003年版,第228页。
[2] 参见〔德〕迪特尔·施瓦布:《德国家庭法》,王葆莳译,法律出版社2010年版,第7页以下。
[3] 参见吕思勉:《中国制度史》,上海教育出版社2005年版,第八章"宗族"。
[4] 参见梁治平:《寻找自然秩序中的和谐》,中国政法大学出版社2002年版,第15—16页。
[5] 参见杨大文、马忆南:《新中国婚姻家庭法学的发展及我们的思考》,载《中国法学》1998年第6期。
[6] 参见夏吟兰:《民法分则婚姻家庭编立法研究》,载《中国法学》2017年第3期。
[7] 参见梁慧星:《民法总论》,法律出版社2016年版,第123页。

身份权相关理论显得较为薄弱。究其原因,一是随着现代社会的发展,人格权在民事权利体系中地位凸显,民事权利呈现从财产到人格的发展趋势,[1] 与人格权逐渐勃兴的趋势相反,身份权领域则大大萎缩,权利类型相比人格权要少得多,如传统的近亲属身份权在现代社会已经归于消灭。二是《民法通则》仅仅规定婚姻、家庭受法律保护。但是婚姻、家庭既非民事主体,亦非民事权利,而且该法并未明确规定身份权类型,其中能够被定型化为权利的均为人格权,身份权则一直被认为属于学理上的概念。由于原《婚姻法》并未明文规定配偶权,由侵扰他人婚姻关系的第三人承担侵权责任就欠缺充分的法律依据,这是我国司法实践长期以来拒绝承认第三人侵害配偶权的主要理由。[2]《最高人民法院关于确定民事侵权精神损害赔偿责任若干问题的解释》第2条仅仅规定监护权受侵害的精神损害赔偿责任,并未对夫妻身份权或配偶权作出规定。[3]

《民法典》第112条明确规定,自然人因婚姻家庭关系等产生的人身权利受法律保护。相比《民法通则》,该法增加了"人身权利"术语,其规范目的是通过对各项身份权利的合理界定和妥善保护,为和谐、稳定的婚姻家庭关系提供制度保障。[4] 人身权利包括人格权与身份权,因人格权不可能因婚姻关系而产生,故该条"因婚姻产生的人身权利"实质上即夫妻身份权,学理上又称为配偶权,这是我国在立法上首次明确规定夫妻身份权利。由于《民法典》总则编具有统摄《民法典》各分编的功能和效力,该法有关身份权利的宣示规定属于立法上的巨大进步,表明夫妻身份权或配偶权已经成为我国实证法上的概念。

二、夫妻身份权的法律结构

夫妻身份权或配偶权的内涵有广义与狭义之分。前说认为,配偶权

---

[1] 参见王利明:《人格权法研究》,中国人民大学出版社2012年版,第126页。
[2] 最高人民法院民事审判第一庭:《婚姻法司法解释的理解与适用》,中国法制出版社2002年版,第104页。
[3] 2021年1月1日起实施的《最高人民法院关于确定民事侵权精神损害赔偿责任若干问题的解释》(2020年修正)第2条沿袭了《最高人民法院关于确定民事侵权精神损害赔偿责任若干问题的解释》(2001年)第2条,规定:"非法使被监护人脱离监护,导致亲子关系或者近亲属间的亲属关系遭受严重损害,监护人向人民法院起诉请求赔偿精神损害的,人民法院应当依法予以受理。"
[4] 参见陈甦主编:《民法总则评注》(下),法律出版社2017年版,第792页。

包括夫妻同居的权利和义务、夫妻互负忠实义务、婚姻住所商定权、夫妻互相扶养的权利和义务、日常家事代理权等。[1] 后说认为,配偶权仅包括夫妻同居的权利义务和互相忠实的义务。[2] 亲属身份关系属于自然的、本质的社会结合,身份关系的内容由伦理秩序确定。[3] 就上述观点而言,婚姻住所商定权、日常家事代理权属于自由权(liberty right)的范畴,夫妻行使此两种权利时不受法律所加诸义务的限制,能够自由地实现期待的目标,此两项权利通常不具有被第三人侵害的可能性。[4] 夫妻扶养的权利和义务具有财产权的内容,并非纯粹的身份权利,亦应排除在外。广义说将配偶权作为一项综合性的权利或者权利束,会因为权利内容含混不清而导致司法无序的不当结果。因此从夫妻身份权或配偶权属于夫妻共同生活的本质内容出发,该权利的内涵应采取狭义说,仅包括夫妻互相忠实的权利义务与夫妻同居的权利义务两项内容。第三人侵扰夫妻身份权,必然涉及通奸方配偶违背夫妻互相忠实的权利义务;若通奸方配偶与第三人重婚或同居,还涉嫌侵害另一方配偶同居的权利义务。

从历史上看,夫妻身份权属于支配权并具有绝对性。但是近代以来,夫妻身份权经历了从支配权向请求权的历史转变过程。由于男女平等原则与夫妻共同财产制的贯彻实行,致使丈夫对于妻子的支配地位无论在财产关系还是身份关系上均呈现衰落之势。[5] 现代民法上的身份权中的权利与义务是平等和对应的,因而现代意义上夫妻身份权并不是一种对他人人身具有支配效力的权利。夫妻身份权既不支配对方人身,也不支配身份利益,本质上是一种相互的请求权,是夫妻共同保持婚姻生活圆满及幸福的权利。[6] 无论是夫妻相互忠实的权利义务抑或是同居的权利义务,均是夫妻之间请求对方履行特定的身份行为。前者表现为夫妻一方可以请求对方不得与他人发生婚姻外的性关系,属于消极意义上的请求权;后者表现为夫妻一方可以请求对方与之同居,属于积极意义上的

---

[1] 参见蒋月:《配偶身份权的内涵与类型界定》,载《法商研究(中南政法学院学报)》1999年第4期。
[2] 参见马强:《配偶权研究》,载《法律适用》2000年第8期。
[3] 参见陈棋炎、黄宗乐、郭振恭:《民法亲属新论》,三民书局2010年版,第12页。
[4] 参见陈彦宏:《权利类属理论之反思——以霍菲尔德权利理论为分析框架》,载《法制与社会发展》2011年第6期。
[5] 参见陈棋炎:《亲属、继承法基本问题》,三民书局1980年版,第109页。
[6] 王泽鉴:《民法总则》,北京大学出版社2009年版,第96—97页。

请求权。夫妻身份权在权利内容上符合请求权的基本结构。以霍菲尔德的权利理论为分析框架,"请求权"(claim-right)的相关概念是"义务"(duty),相对概念是"无请求权"(no-claim right)。当请求权人主张权利时,由相对的个人或团体履行特定行为(作为或不作为),反之亦然。请求权具有强制性特征,能够产生拘束相对人的义务。[1] 然而,因夫妻互相忠实的权利义务与同居的权利义务具有强烈的人身专属性和伦理道德属性,法律不得通过强制的方式履行,以避免损害人的尊严。在此意义上,夫妻身份权属于"弱意义上的请求权"。

我国学说长期以来陷入夫妻身份权是绝对权还是相对权的争论,试图在此基础上论证夫妻身份权是否属于侵权责任法的保护客体。前说认为,夫妻身份权或配偶权是绝对权,其他任何人都必须尊重夫妻之间的婚姻关系。夫妻身份权的对世性和对人性构成了其显著特征。[2] 夫妻身份权具有独占性和排他性,夫妻之外的一切不特定的人均负有法定的不作为的义务,违反该义务而作为即构成侵权行为。[3] 还有学者认为,夫妻之间的同居、忠实等请求权是身份权的核心内容,第三人侵扰他人婚姻关系即可产生请求权,作为辅助性权利发挥保护夫妻身份权不被他人侵害的功能。[4] 后说认为,夫妻身份权属于相对权和特殊的债权类型,第三人侵扰他人婚姻关系,第三人并非侵权责任的主体,应由过错方配偶向无过错方配偶承担违约责任弥补其损失。[5] 还有折中说认为,夫妻身份权具有对内的相对权和对外的绝对权的双重属性。[6]

依据传统民法理论,债权属于典型的相对权,物权、人格权则属于典型的绝对权。相对权的类型和内容主要由当事人约定,绝对权的类型和内容则由法律予以规定。但是,夫妻身份权与"相对权属于约定权利、绝对权属于法定权利"的通常观念并不相同。一方面,夫妻身份权作为存在于夫妻之间的权利,与相对权类似,夫妻双方的权利义务完全相同而且对

---

[1] 参见〔英〕约翰·菲尼斯:《自然法与自然权利》,董娇娇等译,中国政法大学出版社2005年版,第161页。
[2] 参见杨立新主编:《民法总则重大疑难问题研究》,中国法制出版社2011年版,第437页。
[3] 参见贾静:《论第三者侵犯配偶权的法律责任》,载《政法论丛》2013年第5期。
[4] 参见彭诚信:《现代权利理论研究》,法律出版社2017年版,第344页。
[5] 参见周安平:《性爱与婚姻的困惑——"第三者"民事责任的理论与现实之探讨》,载《现代法学》2001年第1期。
[6] 参见裴桦:《配偶权之权利属性探究》,载《法制与社会发展》2009年第6期。

等;另一方面,夫妻身份权的类型和内容却并非基于当事人的约定,夫妻忠实的权利义务与同居的权利义务源于亲属伦理关系,法律只是对此加以确认而已。[1] 夫妻身份权在主体上与相对权类似,在类型和内容上又和绝对权相似。由于兼具绝对权与相对权的特点,夫妻身份权成为民事权利体系中一种特殊的权利类型。[2] 与之不同的是,同属于身份权的父母与未成年子女之间的亲权却具有支配权的属性,因为亲子关系存在事实上的屈从关系。[3] 如德国联邦最高法院认为,父母对子女监护的权利属于《德国民法典》第823条第1款意义上的绝对权力,并在判决理由中援用了《德国民法典》第1623条。根据该条的规定,父母对子女人身监护的权利包括向所有违法地对父母双方或一方扣留了孩子的人请求返还子女的权利(第1款),还包括对子女的交往作出不利或有利于第三人的决定(第2款)。[4] 由此可见,虽然夫妻身份权与亲权均属于身份权类型,但是在权利属性上,后者更接近于支配权的人格权;而前者属于强制性较弱的请求权,与人格权大不相同。

概言之,父母与未成年子女之间的亲权与人格权相比具有高度的类似性,可以参照人格权的保护方法予以救济。但是,鉴于夫妻身份权的权利结构、属性与人格权相比具有极大的不同,将其完全参照人格权的保护进行救济,显然忽略了第三人侵扰婚姻关系的特殊性与复杂性。

第二节 夫妻之间侵权的损害赔偿

一、夫妻婚内侵权概述

在现代社会,家庭暴力、虐待、遗弃行为或者配偶一方侵害另一方的财产权利等问题日益突出,这些行为不仅严重破坏夫妻之间的关系,还成为导致离婚的主要原因,而且侵害了受害一方配偶的人身权和财产权,使

---

[1] 参见〔德〕萨维尼:《当代罗马法体系Ⅰ:法律渊源·制定法解释·法律关系》,朱虎译,中国法制出版社2010年版,第287页。
[2] 参见〔德〕卡尔·拉伦茨:《德国民法通论》(上册),王晓晔等译,法律出版社2003年版,第300—303页。
[3] 参见徐国栋:《论民事屈从关系——以菲尔麦命题为中心》,载《中国法学》2011年第5期。夫妻身份权与亲权均属于身份权,但前者为请求权,而后者兼具请求权与支配权的属性。这体现了身份权内容的复杂性与类型的异质性。
[4] BGZ. NJW1990,2060.

受害一方配偶遭受财产损失与精神损害。夫妻之间的侵权行为,成为威胁夫妻关系和谐与家庭关系和睦的主要因素。

我国原《民法通则》第106条第2款规定:"公民、法人由于过错侵害国家的、集体的财产,侵害他人财产、人身的,应当承担民事责任。"这一规定被认为是侵权责任的一般规定。[1] 原《侵权责任法》第2条结合第6条表述了与之相同的规范内容。《民法典》第1165条规定:"行为人因过错侵害他人民事权益造成损害的,应当承担侵权责任。依照法律规定推定行为人有过错,其不能证明自己没有过错的,应当承担侵权责任。"由于夫妻之间实施家庭暴力、虐待等侵害人身权和财产权的行为本质上仍然属于侵权行为,若依据这一规定,则夫妻之间侵权损害赔偿不仅应包括夫妻之间侵害人身权的行为,还应该包括侵害财产权的行为;无论夫妻双方是否离婚,受害一方配偶都可以主张侵权损害赔偿。

但是,由于夫妻这一特殊身份关系的存在,夫妻之间的侵权行为与普通人之间的侵权行为有着很大的差异。对此,2001年《婚姻法》修正案规定了离婚损害赔偿制度。该法第46条规定:"有下列情形之一,导致离婚的,无过错方有权请求损害赔偿:(一)重婚的;(二)有配偶者与他人同居的;(三)实施家庭暴力的;(四)虐待、遗弃家庭成员的。"为了更好地适用这一制度,依据《婚姻法司法解释(一)》第28条规定:"婚姻法第四十六条规定的'损害赔偿',包括物质损害赔偿和精神损害赔偿。涉及精神损害赔偿的,适用最高人民法院《关于确定民事侵权精神损害赔偿责任若干问题的解释》的有关规定。"该解释第29条第3款进一步规定:"在婚姻关系存续期间,当事人不起诉离婚而单独依据该条规定提起损害赔偿请求的,人民法院不予受理。"对此,有学者认为,原《婚姻法》第46条规定的离婚损害赔偿制度与原《民法通则》第106条第2款以及原《侵权责任法》第2条结合第6条规定的一般侵权损害赔偿制度之间,构成特别法与一般法的关系。依据特别法优于一般法的原则,在配偶一方过错行为侵害对方的人身权时,应该适用原《婚姻法》第46条规定的离婚损害赔偿制度。由于离婚损害赔偿以离婚为前提,因此,在婚姻关系不解除的情况下,对夫妻之间发生侵害权利的损害不应该予以赔偿。[2]《民法典》第

---

[1] 参见张新宝:《侵权行为法的一般条款》,载《法学研究》2001年第4期。
[2] 参见薛宁兰:《我国离婚损害赔偿制度的完善》,载《法律适用》2004年第10期。

1091条沿袭并完善了原《婚姻法》第46条。[1]《民法典婚姻家庭编司法解释(一)》第86条与第87条第3款则沿袭了《婚姻法司法解释(一)》第28条和第29条第3款。

在体系上,我国《民法典》婚姻家庭编第1091条规定的离婚损害赔偿与侵权责任编第1165条之间,果真是特别法与一般法之间的关系吗? 如果对此予以肯定,则夫妻之间侵害财产权的情形,即使一方以离婚为条件,也得不到任何救济;夫妻之间侵害人身权的情况下,受害人必须以离婚为条件,否则不能主张侵权损害赔偿。

如果是这样,显然不利于保护受害者的合法权益。为了更好地发挥侵权责任法的作用,以保护夫妻之间发生侵权行为时受害人的合法权益,有必要从离婚损害赔偿责任的实质入手,就离婚损害赔偿与婚内损害赔偿两个方面,探讨夫妻之间侵权行为的损害赔偿问题,并就离婚损害赔偿、婚内损害赔偿与保持夫妻关系的本质、维护夫妻共同体之圆满、安定与和谐的目的以及我国《民法典》婚姻家庭编所规定的法定夫妻财产制——婚后所得共同制相协调的问题予以回答,同时从体系化的角度对我国《民法典》侵权责任编与婚姻家庭编相关规范的协调作出阐释。

二、离婚损害赔偿的实质、性质及其范围

(一)离婚损害赔偿的实质

离婚损害赔偿制度源于1907年的《瑞士民法典》,该法典第151条规定:"因离婚,无过错的配偶一方在财产权或期待权方面遭受损害的,有过错的一方应支付合理的赔偿金。因导致离婚的情势,配偶一方的人格遭受重大损害的,法官可判与一定金额的赔偿金作为慰抚。"20世纪20年代北欧诸国的婚姻法也对此予以规定。1941年修正后的《法国民法典》也设立了离婚损害赔偿的规定。该法典第266条规定:"如离婚的过错全在夫或妻一方,则该方得被判赔偿损害,以补偿他方因解除婚姻而遭受的物质或精神损害。"我国台湾地区"民法"第1056条规定:"夫妻之一方,因判决离婚而受有损害者,得向有过失之他方,请求赔偿。前项情形,虽非财产上之损害,受害人亦得请求赔偿相当之金额。但以受害人无过失

---

[1] 《民法典》第1091条规定:"有下列情形之一,导致离婚的,无过错方有权请求损害赔偿:(一)重婚;(二)与他人同居;(三)实施家庭暴力;(四)虐待、遗弃家庭成员;(五)有其他重大过错。"

者为限。前项请求权，不得让与或继承。但已依契约承诺或已起诉者，不在此限。"2001 年，我国《婚姻法》修正案借鉴先进国家或地区的立法，第一次规定了离婚损害赔偿制度。这一制度的设立，有利于减少婚姻关系存续期间的过错行为，保障婚姻关系的稳定，进一步提高当事人的人格独立、民主、平等意识，从而成为《婚姻法》修正案中的一个亮点。[1]

对于离婚损害赔偿制度中"离婚损害"的实质，传统民法理论认为，所谓离婚损害可以分为两种：一种是离因损害，即夫妻一方的行为是构成离婚原因的侵权行为时，他方可请求因侵权行为所产生的损害赔偿。例如，因杀害、伤害而侵害对方的生命健康权，或因重婚、通奸等贞操义务之违反而侵害对方的配偶身份权等都属于离因损害。另一种是离异损害，即离异本身所构成的对夫妻一方的损害。离异损害与离因损害不同，不具备侵权行为之要件，离异本身即为构成损害赔偿的直接原因。例如，因虐待他方配偶的直系血亲而离婚时，对他方配偶并不构成侵权行为，但他方配偶仍得以请求损害赔偿。[2] 简言之，离因损害赔偿是因配偶一方的过错行为给对方所造成的损害赔偿责任，属于侵权损害赔偿；离异损害赔偿是因离婚本身给另一方配偶所造成的损害赔偿责任，并非侵权损害赔偿。

对于我国《民法典》第 1091 条所规定的离婚损害赔偿责任的实质，理论上认识不一。有学者认为，此条中规定的"损害赔偿"是指离因损害赔偿，并认为，由于家庭暴力、虐待或遗弃的对象并不仅限于夫或妻，还包括子女、父母等家庭成员，因此，离婚时损害赔偿请求权的主体不应仅限于夫或妻，还应当允许其他受害人提起，否则将有悖于民事诉讼法的诉讼主体规则。[3] 但是，有学者则认为此条所规定的是离异损害赔偿，否则就没有必要使用"导致离婚"的字眼。[4]

《民法典》第 1091 条所规定的"损害赔偿"应该是离异损害赔偿而不是离因损害赔偿。具体理由如下：

首先，依据文义解释，《民法典》第 1091 条规定的是"有下列情形之一，导致离婚的，无过错方有权请求……"这表明，离婚是无过错方请求有

---

[1] 参见张贤钰：《离婚自由与过错责任的法律调控》，载《法商研究》1999 年第 4 期。
[2] 参见吴岐：《中国亲属法原理》，中国文化服务社 1947 年版，第 157 页；林秀雄：《婚姻家庭法之研究》，中国政法大学出版社 2001 年版，第 114—115 页。
[3] 参见巫昌祯主编：《婚姻家庭法新论》，中国政法大学出版社 2002 年版，第 354 页。
[4] 参见余延满：《亲属法原论》，法律出版社 2007 年版，第 362 页。

过错方损害赔偿的原因,而《婚姻法》第 46 条所列举的四种情形,只是配偶一方有过错的具体表现;或者说,配偶一方的过错行为是导致离婚的原因,而离婚本身则是导致离婚损害赔偿的原因,配偶一方有过错只是其承担离婚损害赔偿的主观要件;同时,根据体系解释,如果该条规定的损害赔偿是配偶一方的过错行为对无过错一方的损害,那么,在《民法典》婚姻家庭编之中有没有必要专门规定离婚损害赔偿制度本身就值得怀疑。因为所谓离因损害是"离因"构成侵权行为的结果,自应适用侵权行为法的规定。婚姻法中所特别规定的离婚损害赔偿只可能针对离异损害赔偿而言,并不可能也没有必要针对离因损害。[1]

其次,在离婚原因行为对他方配偶并不构成侵权行为的场合,比如虐待、遗弃其他家庭成员的情形中,将离婚损害赔偿解释为侵权责任过于牵强。因为虐待、遗弃其他家庭成员的行为,显然不属于对于无过错配偶一方的侵权行为。如果本条规定的是离因损害赔偿,则没有必要对此作出规定。此外,如果本条规定的是离因损害赔偿,为什么该条对于配偶一方侵害对方名誉权、姓名权等人格权而导致离婚的侵权行为又没有规定?而这些权利与健康权、身体权一样,同属于人身权的范畴。进一步而言,为什么该条仅仅规定配偶一方侵害对方生命权、身体健康等人身权的损害赔偿,而没有规定配偶一方侵害对方财产权的损害赔偿?

最后,从各国或地区的相同规定来看,例如,我国台湾地区"民法"第 184 条规定了侵权行为之损害赔偿,第 1056 条则规定了离婚损害赔偿。学说上有认为第 1056 条第 2 项之非财产上之损害,包括受害人因离婚所受之精神上之痛苦及因他方虐待、遗弃、通奸、重婚等所受之痛苦。唯解释上,因离婚所受之损害赔偿属于第 1056 条之范围,至于因虐待或通奸等所受之痛苦,则依第 184 条及第 195 条之规定,请求损害赔偿(1966 年台上字第 2053 号判例),二者应属不同之范畴。[2] 可见,把离婚损害与一般侵权行为之损害分开,分别明文规定,乃是多数国家或地区共同之倾向。[3]

由此可以看出,《民法典》第 1091 条所规定的损害赔偿的实质是离异损害赔偿。无过错的配偶一方之所以能请求离婚损害赔偿,是因为有过错配偶的行为导致的离婚本身对无过错配偶一方造成了损害。离婚损害

---

[1] 参见余延满:《亲属法原论》,法律出版社 2007 年版,第 362 页。
[2] 参见林秀雄:《婚姻家庭法之研究》,中国政法大学出版社 2001 年版,第 115 页。
[3] 同上书,第 118 页。

赔偿制度是为了保障无过错一方配偶的利益,维护婚姻关系的和睦而规定的一种制度。离婚损害赔偿的适用,必须以夫妻一方实施了原《婚姻法》列举的四种情形,并解除婚姻关系为条件。概言之,我国《民法典》婚姻家庭编第1091条规定的离婚损害赔偿与侵权责任编第1165条规定的一般侵权损害赔偿之间,并非特别法与一般法的关系。

(二)离婚损害赔偿的性质及其范围

既然《民法典》第1091条规定的损害赔偿是因配偶一方实施法律所规定的四种过错行为导致的离婚本身对无过错一方的损害赔偿,那么,这一损害赔偿的性质是什么呢?对此,理论上认识并不一致,归纳起来主要有以下几种观点:(1)侵权损害赔偿说,即认为一方有责的离婚原因是对他方权利的侵害。至于是何种权利受到了侵害,主要有人格权侵害说、配偶权侵害说、合法利益侵害说等[1]。(2)违约损害赔偿责任说,即认为婚姻是契约,因而无过错一方因离婚而获得的赔偿是违约损害赔偿[2]。(3)特别民事责任说,即认为离婚损害赔偿既不是违约责任,也不是合同责任,而是婚姻法新创设的一种民事责任[3]。(4)保护政策说,认为离婚损害赔偿是为救济因离婚所生之不利益而设之法的保护政策较为妥当[4]。

比较而言,违约责任说更为合理。就侵权损害赔偿说而言,由于婚姻的解除即离婚本身并非一种侵权行为,因此该说显然值得商榷;就特别民事责任说而言,其并没有说明为何离婚损害赔偿责任既不是侵权责任也不是违约责任,而是一种特别的民事责任;就保护政策说而言,这种学说几乎是无须理由的学说,因为侵权责任在某种程度上也是保护政策的结果。比较而言,违约责任说显然更为合理。尽管对于婚姻是不是契约(合同),在我国理论上存在争议[5],但在立法上,《民法典》第464条规定:"合同是民事主体之间设立、变更、终止民事法律关系的协议。婚姻、收养、

---

[1] 参见史尚宽:《亲属法论》,中国政法大学出版社2000年版,第517页;腾淑珍:《离婚损害赔偿的理论依据及其构成要件》,载《政法论丛》2002年第2期。

[2] 参见[美]理查德·波斯纳:《法律的经济分析》,蒋兆康译,法律出版社2012年版,第181—185页。

[3] 参见王洪:《婚姻家庭法》,法律出版社2003年版,第197页。

[4] 参见罗丽:《论日本的离婚抚慰金制度》,载《法学评论》2002年第2期。

[5] 我国许多学者主张婚姻是一种制度,但一些学者主张采纳传统大陆法系认为婚姻是契约的观点。参见余延满:《亲属法原论》,法律出版社2007年版,第135页;王洪:《婚姻家庭法论》,法律出版社2003年版,第62页。

监护等有关身份关系的协议,适用有关该身份关系的法律规定;没有规定的,可以根据其性质参照适用本编规定。"依据该规定,立法者认为婚姻、收养等行为也属于契约,只是其性质上属于身份契约,在有关身份关系的法律没有规定的情况下,可以依照其性质参照合同编的规定,这为身份关系的协议参照适用合同编提供了广阔的空间。既然婚姻本质上是一种身份契约,此身份契约因一方的过错行为解除之后,有过错的一方应该赔偿无过错方因此受到的损害,这就是说,离婚损害赔偿的性质是配偶一方因过错行为导致离婚,从而使婚姻契约解除而给对方造成的损害所给予的赔偿。[1]

离婚损害赔偿的范围,主要包括物质损害赔偿(财产损失)与精神损害赔偿。《民法典婚姻家庭编司法解释(一)》第86条规定:"民法典第一千零九十一条规定的'损害赔偿',包括物质损害赔偿和精神损害赔偿。涉及精神损害赔偿的,适用《最高人民法院关于确定民事侵权精神损害赔偿责任若干问题的解释》的有关规定。"但是,对于物质或财产损害的范围,上述解释对此并未作明确规定。

对此,有学者认为,这里的所谓财产损害主要是指重婚和与他人同居给无过错方造成的对夫妻共有财产权利的侵害,以及家庭暴力和虐待、遗弃所造成的医疗、务工方面的损失。[2] 我国司法实践也认为,所谓物质损害是指配偶一方重婚、与他人同居、实施家庭暴力及虐待、遗弃家庭成员而给另一方造成的财产上的损失。[3]有学者认为,离婚财产上的损害包括积极损害(财产方面发生的现实的损害)和消极损害(可预期利益的损失)。对消极损害应区别对待,凡属过错配偶违法行为所造成的夫妻共同财产可预期利益的丧失,应包括在离婚财产损害范围之内。但配偶继承权、保险受益权、夫妻扶养请求权等期待权的丧失,则不应包括在内,因为这些权利的取得除具有配偶身份外,尚需其他条件[4]。对于精神损害赔偿,并不是对因为离婚原因而引起的受害一方配偶的精神损害而给予的赔偿,离婚原因损害赔偿金与由于离婚本身而产生的精神损害赔偿是完全不同的。[5]

---

[1] 参见余延满:《亲属法原论》,法律出版社2007年版,第365页。
[2] 参见杨大文主编:《亲属法(第四版)》,法律出版社2004年版,第199页。
[3] 参见最高人民法院民事审判第一庭编著:《婚姻法司法解释的理解与适用》,中国法制出版社2002年版,第102页。
[4] 参见陈苇主编:《婚姻家庭继承法学》,法律出版社2002年版,第79页。
[5] 参见罗丽:《论日本的离婚抚慰金制度》,载《法学评论》2002年第2期。

既然我国《民法典》第 1091 条所规定的损害赔偿为离异损害赔偿而非离因损害赔偿,因此因配偶一方侵权行为造成的损害,如重婚、同居以及实施家庭暴力及虐待、遗弃家庭成员而给另一方造成的财产上的损失,显然不属于离婚损害赔偿的范围。从离婚损害的含义及其性质而言,离婚损害赔偿的范围主要包括因离婚导致的财产损害、期待权损害与精神损害。财产损害是财产方面发生的现实的损害,期待权损害是指应该取得但因离婚而未取得的收益,精神损害是指因为离婚本身给无过错方带来的精神上的痛苦。在借鉴其他国家或地区立法的基础上,财产损害(物质损害)应该包括现实损害与可得利益的损害,前者如夫或者妻之生活保持请求权,夫妻财产因离婚分割所引起的损害以及离婚诉讼费用等;后者是指若不离婚则可以取得的利益,但配偶继承权、保险收益权以及夫妻扶养请求权则不应包括在内,因为这些权利的取得除具有配偶身份外,还需具备其他条件。精神损害应该是指因配偶一方的过错行为导致的离婚本身给无过错方造成的精神上的痛苦。但是,《民法典婚姻家庭编司法解释(一)》第 86 条所适用的《最高人民法院关于确定民事侵权精神损害赔偿责任若干问题的解释》,并未对婚姻这一身份关系的解除本身特别规定精神损害赔偿金。由此可见,《民法典婚姻家庭编司法解释(一)》第 86 条所规定的精神损害赔偿指的是因配偶一方的过错行为,如实施家庭暴力、虐待而侵害对方身体权、健康权等所导致的对方精神上的痛苦而给予的赔偿,即该条所规定的离婚精神损害赔偿金实质是离婚原因损害赔偿金,这显然混淆了离因损害赔偿与离婚损害赔偿,不利于保护受害一方配偶的利益。因此,《民法典》婚姻家庭编及其司法解释宜区分离因精神损害赔偿金与离异精神损害赔偿金,分别作出规定。

三、婚内损害赔偿制度确立的必要性

在婚姻关系存续期间,配偶一方对另一方实施《民法典》第 1091 条规定的过错行为,即重婚或者与他人同居、实施家庭暴力、虐待、遗弃的行为以及有其他重大过错,或者超出前述情形,配偶一方实施侵害另一方的人身权或者财产权等行为时,受害人在不要求离婚的情况下,是否可以请求加害配偶承担损害赔偿责任呢?

从一些国家或地区的立法与司法实践来看,帝政以前的罗马家庭中,家父拥有至高无上的权利,他作为自权人对他人行使权利,不存在侵权的可能。但是,帝政以后随着妇女地位的提高。"无夫权婚姻"盛行,已婚

妇女已不再处于夫权之下,立法者鉴于婚内侵权的事件时有发生,允许夫妻间进行诉讼。[1]《法国民法典》规定:"妻对于夫有请求补偿的权利。""夫因不为适当保存行为致其妻的个人财产受损害者,应负赔偿责任。"《瑞士民法典》规定:"配偶一方为履行夫妻共同生活的义务或其行为对他方有危险、污辱或损害时,他方可据此向法官提起诉请。"1970年联邦普通法院在"交通事故导致身体伤害案"中,准许了夫妻之间损害赔偿的请求。[2] 丹麦1925年婚姻法案、英格兰1962年法律改革法案均已废除了禁止配偶间相互起诉的规定。总之"那些禁止配偶之间相互起诉的法律规定在今天的欧洲均已被废除了"[3]。美国普通法中,传统侵权法中对家庭内的侵害使用特殊免责。但自1884年起,已婚妇女保护法赋予了妇女独立的人格和对个人财产独立的所有权以后,许多州已准许夫妻间提起侵权赔偿的诉讼了。如,美国大多数州已经全部或部分废除了夫妻人身侵权豁免理论,夫妻间侵权诉讼普遍涉及交通事故伤害赔偿、性病传染以及家庭暴力。[4] 而我国台湾地区的判例认为,夫妻间侵权损害赔偿请求权禁止于婚姻关系存续中行使。[5] 但有学者认为,民法既然采夫妻别体主义,承认夫妻各有独立的人格及财产能力,自宜解释夫妻间应可成立侵权行为,而于婚姻关系存续中亦得请求损害赔偿,唯其请求显然有破坏夫妻间的圆满与和谐之虞者,则不许之。最近实务上亦倾向此立场[6]。

从我国司法实践来看,存在肯定与否定两种完全不同的判决。[7] 在理论上,学者对此也认识不一。[8] 持否定说的学者认为:(1)夫妻之间因夫妻关系的特殊性,使其有着共同的目标和利益,夫妻之间是和睦的整体,其在生活中所产生的加害行为不具有反社会性,夫妻之间侵权行为具

---

[1] 参见曾尔恕、张志京:《论中国古代法和罗马法中的夫权》,载杨振山、[意]斯奇巴尼主编:《罗马法·中国法与民法法典化》,中国政法大学出版社1997年版,第493页。
[2] 参见张学军:《论离婚后的扶养立法》,法律出版社2004年版,第33—34页。
[3] [德]克雷斯蒂安·冯·巴尔:《欧洲比较侵权行为法》(下卷),张新宝译,法律出版社2001年版,第147页。
[4] 参见夏吟兰:《美国现代婚姻家庭制度》,中国政法大学出版社1999年版,第128页。
[5] 参见林菊枝:《亲属法新论》,五南图书出版公司1996年版,第126页。
[6] 参见陈棋炎、黄宗乐、郭振恭:《民法亲属新论》,三民书局2010年版,第252页。
[7] 参见张素凤:《析我国婚损害赔偿制度的立法缺陷》,载《合肥工业大学学报(社会科学版)》2005年第3期。
[8] 参见范李瑛:《婚内损害赔偿与夫妻共同财产制的冲突和协调》,载《烟台大学学报(哲学社会科学版)》2006年第3期;孙若军:《论离婚损害赔偿制度》,载《法学家》2001年第5期。

有天生的阻却违法性。因为夫妻乃以爱情为基础所组成的终身命运共同体,保持共同体之圆满、安定与和谐,是夫妻最大之目标及最关心之要务。因此,夫妻间因日常生活所产生的加害行为,应认为不具反社会性,无违法性或可以阻却违法。(2)认为夫妻间虽然可以成立侵权行为,被损害配偶亦享有赔偿请求权,但因为夫妻财产关系的特殊性,该请求权只是"观念上的抽象的存在",不得行使,因而这种侵权之债是一种自然之债,不受法律保护。为弥补夫妻间侵权责任的缺失,法律例外允许离婚时被侵害配偶享有赔偿请求权,因为此时婚姻关系的特殊性已经丧失,保护夫妻个人的权利高于维护婚姻的稳定。[1] (3)夫妻关系是一种典型的伙伴关系,夫妻之间的感情裂痕有着很强的自我愈合力,法律的干涉只会增加婚姻中的不稳定因素,促使夫妻关系恶化,加速婚姻的解体,夫妻间侵权责任的建立达不到理想的结果。在我国司法实践中,夫妻离婚分割财产时历来有照顾无过错方的规定,它可以取代夫妻间侵权行为的民事救济。[2] (4)如果承认夫妻之间可以成立侵权损害赔偿责任,但配偶一方除共有财产外别无其他可用于负担损害赔偿的个人财产时,如何承担夫妻之间侵权损害赔偿责任的问题便显现出来,因为夫妻间共有财产是共同共有,在婚姻存续期间,不可能对该共有财产进行分割,以用来负担损害赔偿责任。正因如此,2001年的《婚姻法》修正案规定了离婚损害赔偿制度。[3] 与此相反,持肯定说的学者认为:(1)侵权行为的成立与否与侵权行为人与受害人之间是否存在婚姻关系无关。(2)从夫妻一体主义到夫妻别体主义理论是婚内侵权损害赔偿制度构建的权利基础。古代社会的夫妻一体主义理论在法律上表现为夫本位的特点,夫妻双方的权利义务不平等,妻子没有自己独立的人格。由于缺乏人格的独立与平等这一权利基础,各国或地区都没有建立婚内侵权损害赔偿制度。然自近代以来,随着社会经济的发展和社会文明程度的提高,妇女在社会中的独立性越发凸显出来,尤其是在日益高涨的妇女解放运动的强大压力下,夫妻一体主义理论逐渐为夫妻别体主义理论所取代。夫妻人格的平等与独立为夫妻间民事责任的承担奠定了主体上的可能性。(3)个人特有财产制是

---

[1] 参见陈苇主编:《婚姻家庭继承法学》,法律出版社2002年版,第376页。
[2] 参见陈志伟:《夫妻间侵权行为的民事责任救济制度研究》,载万鄂湘主编:《婚姻法的理论与适用》,人民法院出版社2005年版,第224页。
[3] 参见王洪:《婚姻家庭法》,法律出版社2003年版,第197页。

婚内侵权损害赔偿制度得以构建的财产基础。(4)该制度的构建不会引起大量家庭的解体。其一,家庭的安宁是来自对对方权利的尊重,是夫妻共同创造的,而不是以牺牲一方应获保护的权利来换取家庭的安宁。其二,家庭矛盾可能是婚内侵权之诉的原因,却不可能是诉讼的结果。其三,原《婚姻法》上婚内侵权的规定只能是授权性的规范,是否提起诉讼由当事人决定。如果受害人认为维护家庭的和睦比维护自己的权利更为重要,他决定忍受来自家庭成员的侵害,那么他可以选择不适用这一制度;反之,这一制度只不过是使法律对受害人的救济更为有效而已。[1]

夫妻之间侵权的损害赔偿请求权能否在婚姻关系存续期间行使,取决于立法政策的考量。在我国现阶段,立法与司法实践都对婚内损害赔偿制度予以肯定。除上述持肯定观点的学者的理由之外,还基于以下因素的考量:

第一,不可否认,婚姻关系作为典型的亲属身份关系,具有其特殊性。人类所经营的社会生活关系,可以划分为"目的的社会结合关系"和"本质的社会结合关系"。前者是作为的、便宜的、目的的结合。该结合关系的构成成员皆怀有特殊的目的,因偶然的动机而结合,因此仅是意欲的结合关系而已。如合伙成员的结合,公司股东的结合等。反之,后者是指自然的、必然的、本质的结合,是一种不得不结合的社会结合关系。例如,婚姻关系、父母子女间的结合关系,是自然发生的,无法推却的全面的结合。[2] 正是由于婚姻关系是本质的结合关系,有着共同的目标和利益,许多国家或地区的立法和司法实践曾经认为,夫妻之间的侵权行为不具有反社会性,而具有天生的阻却违法性。但是,在现代社会,随着社会经济的发展进步以及人权观念的日益深入,人们普遍认为,家庭的和睦应当建立在对个人的尊重和权利保障基础之上,夫妻之间的和谐的确需要宽容和谅解,但更有赖于双方的平等沟通。当一方配偶多次故意实施伤害、侮辱、虐待、遗弃等后果严重的侵权行为时,仍一味强调对配偶的宽容忍让,不仅不利于彻底化解矛盾,反而可能助长婚内侵权行为的泛滥,致使夫妻关系进一步恶化。建立夫妻间侵权损害赔偿制度,有利于创建男女平等、人格独立、互相尊重、和睦和谐的家庭关系。自近代以来,西方各国

---

[1] 参见张素凤:《析我国离婚损害赔偿制度的立法缺陷》,载《合肥工业大学学报(社会科学版)》2005年第3期。
[2] 参见陈棋炎:《民法亲属论》,三民书局1975年版,第2页。

的立法逐步注重个体利益,夫妻关系立法实行夫妻别体主义(又称夫妻分离主义),即夫妻婚后仍各是独立的主体,各有独立的人格。夫妻双方虽受婚姻效力的约束,仍各自有法律行为能力和财产权利,故应认为可以成立侵权行为。夫妻之间侵权损害赔偿请求权的行使,也不一定会破坏婚姻共同体的圆满、和谐,尤其是在请求保险之情形,不但不违反维护婚姻共同体之目的,甚至可以增进共同体的福祉与实益。因而现代许多国家或地区的婚姻法已废除"婚姻侵权豁免原则"。[1]

第二,在理论上与司法实践中,反对婚内损害赔偿的重要理由,是婚内损害赔偿不存在必要的物质基础。由于我国原《婚姻法》第 17 条规定的法定财产制是婚后所得共同制,在夫妻关系存续期间,夫妻之间侵权的损害赔偿即使得到人民法院的支持,但如果对方没有个人特有财产,也没有约定的个人财产,则夫妻之间侵权损害赔偿就难以执行,从而使婚内侵权损害赔偿在法律上无法得到实现,因而必须以离婚为条件。这一认识是值得商榷的。理由在于:(1)虽然原《婚姻法》第 17 条所规定的是婚后所得共同制,但并不意味着夫妻任何一方不存在个人财产。根据原《婚姻法》第 18 条的规定,即使在夫妻双方实行婚后所得共同制的情况下,一方的婚前财产、一方因身体受到伤害获得的医疗费、残疾人生活补助费等费用、遗嘱或赠与合同中确定只归夫或妻一方的财产、一方专用的生活用品以及其他应当归一方的财产,仍然属于夫或妻一方的财产。这就意味着婚内损害赔偿具备实现的物质基础。在夫妻双方根据原《婚姻法》第 19 条的规定,约定限定共同制以及分别共同制的情况下,婚内损害赔偿同样具备实现的物质基础。(2)即使夫妻双方约定的是一般共同制,或者说在上述情况下,夫妻一方的个人财产不足以赔偿另一方所受到的损害,可以借鉴法国、德国、瑞士、意大利等国民法,设立特别法定夫妻财产制。所谓特别的法定夫妻财产制,又称为非常的法定夫妻财产制。非常的夫妻财产制是相对于普通的夫妻财产制而言的一种财产制度,它是指在特殊情况下,当出现法定事由时,根据法律的规定而当然适用分别财产制;或者经夫妻一方、第三人的申请由法院宣告,撤销原依法定或约定设立的夫妻财产制而改为适用分别财产制的制度。与普通的夫妻财产制相比,它具有以下特征:其一,非常的夫妻财产制是在特殊情况下,因法定事由的出现而必须适用的一种财产制度;其二,非常的夫妻财产制不是当事人合

---

[1] 参见王洪:《婚姻家庭法》,法律出版社 2003 年版,第 197 页。

意的结果,而是法律的强制要求,因而这一财产制具有强制执行的性质,当事人必须遵从;其三,在非常的夫妻财产制之下,夫妻财产关系一律按分别财产制的原理解决。[1] 特定法定财产制的设立,在法定夫妻财产制的立法模式中增加了可变因素,使得国家对夫妻关系的调整更为灵活与全面。同时赋予双方当事人依法解除原法定财产制类型的权利,可以保护个人财产利益不受夫妻财产关系出现巨大变化的损害,并可以应对日益变化的社会现实。特定法定财产制是通常法定财产制不可缺少的必要补充,两者相辅相成,以适应调整夫妻财产关系一般情况与特殊情况的需要。因此,在完善我国《民法典》婚姻家庭编的时候,应当借鉴法国、德国、瑞士、意大利等国民法,设立特别的法定财产制[2],从而解决夫妻之间婚内损害赔偿的物质基础问题。具体而言,在夫妻之间发生侵权行为时,从判决生效之日起,其法定的夫妻财产制转变为分别财产制,各自对其财产独立行使占有、使用、收益和处分的权利,并独自承担由此而产生的财产责任。非常夫妻财产制的设立,不仅为实施侵权行为的配偶一方承担侵权损害赔偿提供了财产基础,而且避免了受害一方配偶因损害赔偿而获得的财产又为夫妻共同财产的矛盾局面的发生。

第三,对夫妻之间侵权的婚内损害赔偿制度的肯定,并不意味着受害一方配偶必定要行使这一权利。如果受害人认为维护夫妻之间的感情、家庭的和睦比实现自己的权利更为重要,他可以放弃这一权利或者对配偶的过错行为予以宽恕。这样,既可以保护受害一方配偶的合法权利,也可以有效地维护夫妻共同体之圆满、安定与和谐。

四、婚内损害赔偿的法律依据

既然夫妻之间侵权的婚内损害赔偿应该予以肯定,那么,在配偶一方侵害对方的人身权或和财产权时,受害一方配偶在不离婚的情况下,其主张对方应该承担婚内损害赔偿时,所依据的法律规范是什么呢?以往的理论认为,在配偶一方因侵害另一方配偶的身体权、健康权、名誉权、姓名权、隐私权等人身权或者财产权而构成一般侵权行为时,受害一方配偶可以依据原《民法通则》第106条第2款、第120条以及原《侵权责任法》第2条结合第6条、第15条主张侵权损害赔偿请求权。对此,在理论与实务

---

[1] 参见杨晋玲:《非常的夫妻财产制问题研究》,载《现代法学》2004年第5期。
[2] 参见陈苇:《完善我国夫妻财产制的立法构想》,载《中国法学》2000年第1期。

上都没有疑义。但是,配偶一方重婚、与他人同居或者与他人通奸,即违反忠实义务,是否属于侵害配偶的人身权的侵权行为,这在理论上与司法实践中都存在争议。

在理论上,关于违反忠实义务的一方应承担的损害赔偿责任的性质或者依据,一种观点认为其为侵权的民事责任,即认为配偶一方与配偶以外的人通奸是对他方配偶权利的侵害,故应承担侵权的民事责任。在我国台湾地区,对于侵害的具体权利,主要有亲属权侵害说、身份权侵害说、夫权侵害说、配偶自由权侵害说、配偶权侵害说及名誉权侵害说等。[1] 另一种观点则认为其为债务不履行的责任。该说认为,通奸配偶的通奸行为,是对婚姻契约义务的违反,故应负债务不履行的责任。在日本,通说认为亲属义务者的义务违反为债务不履行,不构成侵权行为。[2]

从司法实践来看,配偶一方违反忠实义务,如重婚、与他人同居,绝大多数国家或地区的立法或司法实践认为其可为请求离婚或别居的原因。[3] 但是,对于夫妻中忠诚的一方是否可针对另一方的婚外关系提出侵权行为法上的赔偿损失的请求,德国联邦最高普通法院经历了一个从否定到肯定的过程。对于根据《德国民法典》第 823 条第 1 款而提出的、针对不忠的一方的诉讼请求,联邦最高法院原则上不予支持。[4] 对此,联邦最高法院的理由是:损害某些法律关系,可以导致产生赔偿损失的一般的请求权,但婚姻不属于这些法律关系之列,夫妻间的关系由家庭法的条款进行专门调整。假如让不忠的一方承担共同责任,与《德国民法典》中对违反婚姻义务的封闭性的规定(即对于违反婚姻义务,由家庭法的条款以其特有的原则进行专门规定,从而排除其他法律规范对此的介入)不相一致;另外,在此也无法明确界定赔偿损失请求的范围。对于将婚姻中

---

[1] 参见史尚宽:《亲属法论》,中国政法大学出版社 2000 年版,第 194 页。
[2] 参见罗丽:《日本关于第三者插足引起家庭破裂的损害赔偿的理论与实践》,载《法学评论》1997 年第 3 期。
[3] 参见《瑞士民法典》第 137 条、《法国民法典》第 242 条、《日本民法典》第 770 条以及我国台湾地区"民法"第 1052 条。
[4] 被驳回的诉讼请求有:要求赔偿离婚费用(BGH NJW 1956,1149)、要求赔偿撤销婚姻关系费用(BGHZ23,215)、要求赔偿孩子的抚养费用以及分娩费用(BGHZ26,217)。但应当注意的是,有可能通过其他请求权的基础而得到赔偿,参见 BGHZ 26,217(要求偿还分娩的费用)。转引自〔德〕马克西米利安·福克斯:《侵权行为法》,齐晓琨译,法律出版社 2006 年版,第 44 页。

的不忠行为视为侵害一般人格权的观点,联邦最高法院也不予接受。[1]然而,德国联邦最高法院在下面的一类案件中,对提起侵权行为法上的赔偿损失的可能性却予以了肯定:在缔结婚姻关系之前,女方欺骗男方而宣称其怀孕是与该男方的关系所致。德国联邦最高法院认为:"案件中的后果是由于导致婚姻破裂的行为而产生的,从而使婚姻和家庭法中的规范对一般侵权行为法中的请求权的适用产生了排斥。但即使如此,如果在这种情况中,又出现了其他的损害事实时,也不排除《德国民法典》第826条中侵权行为的特别规范作为一种'较高类别的法律规范'而得以适用……据此,当在导致婚姻破裂的情况中,如果配偶一方还做出了其他的、违反道德的损害行为,并且该行为是出于故意(也有可能是出于间接故意)时,《德国民法典》第826条也可能在损害夫妻性关系的情况下作为例外而得以适用……如果评判违反道德的价值标准不是出于婚姻生活的共同体,而是出于独立的评判范畴,则会因此而可能产生适用《德国民法典》第826条的前提要件。"[2]我国台湾地区的判决认为,"婚姻关系"具有权利性质,婚姻系以夫妻之共同生活为目的,配偶应互相协力,保护其共同生活之圆满、安全及幸福,而夫妻互守诚实,系为确保其共同生活之圆满安全及幸福之必要条件,故应解为配偶因婚姻契约而互相诚实之义务,因配偶一方行为不诚实而破坏共同生活之圆满及幸福,即为违反婚姻契约之义务而侵害他方之权利。[3] 简言之,由于夫妻之间忠实义务是法律规定的,因而配偶一方重婚或者与第三人同居而违反忠实义务的,构成侵害另一方配偶权利的侵权行为。

由此可见,上述国家或者地区的民法理论均认为对于配偶一方违反忠实义务的行为应该承担损害赔偿责任。但是,对于该损害赔偿责任的性质存在着侵权责任与债务不履行责任的分歧。对此,本书认为,这是由婚姻在本质上属于身份契约,以及夫妻之间的权利义务所具有的特殊性质决定的。一方面,夫妻之间的权利义务由婚姻这一契约产生,一方配偶违反忠实义务显然与身份契约的本质相违背,因此一些国家或地区的理论和实践认为,配偶一方违反忠实义务的行为,应当承担

---

[1] [德]马克西米利安·福克斯:《侵权行为法》,齐晓琨译,法律出版社2006年版,第45页。
[2] 同上书,第45—46页。
[3] 参见王泽鉴:《干扰婚姻关系之侵权责任》,载王泽鉴:《民法学说与判例研究》(第一册),中国政法大学出版社1998年版,第347—348页。

债务不履行的责任。另一方面,在传统民事理论中,绝对权为对世权,相对权为对人权。然而,随着社会的发展,出现了一些混合形式,即有些权利一方面它们是只是"相对的",但另一方面它们又是"绝对的"(对抗所有人)。在婚姻家庭法领域,亲属身份权即是典型,由于其为一种法定权利,与人格权一样为绝对权,但又与人格权有区别,即它是在身份法关系上针对一个他人的。[1]

我国2001年修正的《婚姻法》第4条规定:"夫妻应当互相忠实,互相尊重;家庭成员间应当敬老爱幼,互相帮助,维护平等、和睦、文明的婚姻家庭关系。"《民法典》第1043条第2款规定:"夫妻应当互相忠实、互相尊重,互相关爱;家庭成员应当敬老爱幼,互相帮助,维护平等、和睦、文明的婚姻家庭关系。"上述规定是否意味着原《婚姻法》及《民法典》已经规定了夫妻忠实义务,在理论上存在争议。[2] 就体系解释而言,由于该法并未在夫妻人身关系中对忠实义务做出规定,仅在总则作出了一个倡导性规定,因而,可以认为原《婚姻法》并未明确规定夫妻忠实义务。但是,因为"夫妻应当彼此尊重,互守忠实义务,而维持共同生活,此致关系对当事人具有重大利益,应受法律保护,而予以权利化,此在现代已成为通说"[3]。因此,我国应该借鉴其他国家或地区的先进立法,在夫妻人身关系中明确规定夫妻忠实义务。由于夫妻忠实义务是婚姻当事人都必须遵循的法定义务,是夫妻人身关系的重要组成部分。因此,配偶一方违反忠实义务本身就是一种侵害受婚姻法保护的亲属身份权的行为,应该承担侵权损害赔偿责任。

值得注意的是,若配偶一方实施《民法典》第1091条所规定的过错行为,另一方同时提起侵权行为之诉与离婚损害赔偿之诉时,应该如何处理?有观点认为,离婚损害赔偿请求权和婚内损害赔偿请求权依据的法律规范不同,必然会出现权利人同时有两个请求权可以行使的现象,从而发生请求权的竞合。对离婚损害赔偿请求权和侵权损害赔偿请求权发生竞合时的处理,《婚姻法司法解释(一)》规定,在婚姻关系存续期间,当事人不起诉离婚而单独依据原《婚姻法》第46条规定提起损害赔偿请求

---

[1] 参见[德]卡尔·拉伦茨:《德国民法通论》(上册),王晓晔译,法律出版社2003年版,第300—303页。
[2] 参见蒋月:《夫妻的权利与义务》,法律出版社2001年版,第39—44页。
[3] 王泽鉴:《民法学说与判例研究》(第一册),中国政法大学出版社1998年版,第347页。

的,人民法院不予受理。对原《婚姻法》第 46 条规定的侵权行为,《婚姻法司法解释(一)》显然采用了规范排除的竞合,即离婚损害赔偿请求权规范排除侵权损害赔偿请求权规范,以致只适用第一种。[1] 这一观念显然值得商榷。一方面,该认识片面理解了《婚姻法司法解释(一)》第 29 条第 3 款所规定"在婚姻关系存续期间,当事人不起诉离婚而单独依据该条规定提起损害赔偿请求的,人民法院不予受理"。这里的"损害赔偿"的含义,依据文义解释,指的是《民法典》第 1091 条规定的离婚损害赔偿。对于离婚损害赔偿,如果当事人不提出离婚,当然不能向人民法院提起损害赔偿请求;另一方面,该认识将离因损害赔偿与离异损害赔偿混为一谈。由于我国《民法典》第 1091 条规定的"损害赔偿"的实质是离异损害赔偿,即离婚本身所生的损害,因此,凡因侵权行为而致离婚时,既可以依据《民法典》侵权责任编第 1165 条请求侵权损害赔偿,也可以依据《民法典》婚姻家庭编第 1091 条及其司法解释请求离异损害赔偿。受害一方配偶享有的离异损害赔偿请求权与侵权损害赔偿请求权并不是因为加害一方配偶违反同一义务产生的,而是配偶一方违反婚姻这一身份契约而导致离婚,以及不得侵害配偶的健康权、身体权以及不得违反夫妻忠实义务这类法定义务引起的,因此并不存在请求权竞合的前提。

五、结论

婚姻关系存续期间,夫妻之间发生侵害人身权或者财产权的行为,不仅破坏夫妻关系的和睦与稳定,还常常成为离婚的主要原因,而且使无过错方遭受财产上的损失以及精神上的损害。2001 年《婚姻法》第 46 条首次规定了离婚损害赔偿制度,对无过错一方遭受的损害予以救济,具有非常积极和正面的意义。《民法典》第 1091 条对此予以继受。但是,原《婚姻法》第 46 条与《民法典》第 1091 条规定的离婚损害赔偿的实质是离异损害赔偿,究其原因,在于有过错配偶的行为导致的离婚本身对无过错配偶一方造成了损害给予的赔偿,在性质属于违约损害赔偿,并非侵权损害赔偿。因此,《民法典》婚姻家庭编第 1091 条规定的离婚损害赔偿,与侵权责任编第 1165 条规定的一般侵权损害赔偿之间,并非特别法与一般法的关系。在夫妻之间发生侵害人身权或者财产权的行为时,受害一方提

---

[1] 参见范李瑛:《婚内损害赔偿与夫妻共同财产制的冲突和协调》,载《烟台大学学报(哲学社会科学版)》2006 年第 3 期。

出离婚损害赔偿,也不影响其依据《民法典》第1165条的规定提出侵权损害赔偿。不仅如此,为了更好地维护夫妻之间的合法权益,我国立法与司法实践应该明确肯定婚内损害赔偿制度。在我国现行立法上,夫妻之间侵权的婚内损害赔偿的法律依据仍然是《民法典》侵权责任编第1165条之规定。由于我国原《婚姻法》规定了婚前财产及一方因身体受到伤害获得的医药费、残疾人生活补助费等费用为个人财产,同时承认约定财产制,这不仅为实施侵权行为者承担损害赔偿提供了财产基础,还避免了受害者因损害赔偿而获得的财产又为夫妻共同财产的矛盾局面。鉴于我国目前仍只有少数夫妻采约定财产制的现实,为避免受害人主张的损害赔偿可能是从夫妻共同财产中支出情况的发生,在完善我国有关立法时,宜增设非常法定夫妻财产制,在发生婚内侵权时,如果侵权人无个人财产赔偿损害时,受害人可依法请求实行夫妻分别财产制。

第三节 第三人侵扰夫妻身份权的民事责任

一、第三人侵扰他人婚姻关系概述

第三人与婚姻关系的一方(通常是异性亦可能是同性)实施重婚、同居等侵扰婚姻关系的行为,处于道德伦理与法律规范的交接地带,系婚姻家庭法领域中的经典问题。不同国家(或地区)或者同一国家(或地区)在不同时期的理论与实务都对此问题争议颇大,显示出社会道德观念的多元化与复杂性。

第三人侵扰他人婚姻关系,无过错方配偶获得民事救济的可能路径包括侵权法与家庭法两个方面:第一,原《侵权责任法》第2条列举的民事权利虽无"配偶权",但是学理上对于无过错方配偶能否依据"人身权益"这一概括条款获得损害赔偿分歧极大,有肯定说与否定说。前说又分为配偶权说[1]、一般人格权说[2]、身份法益说[3]、绝对权属性的民事

---

[1] 参见杨立新:《论侵害配偶权的精神损害赔偿责任》,载《法学》2002年第7期;余延满:《亲属法原论》,法律出版社2007年版,第244页;曾祥生:《论配偶权的侵权责任法保护》,载《法学评论》2014年第6期;杜启顺:《配偶权立法必要性的理论检讨与实践基础》,载《东北大学学报(哲学社会科学版)》2017年第5期。

[2] 参见孙维飞:《通奸与干扰婚姻关系之损害赔偿——以英美法为视角》,载《华东政法大学学报》2013年第3期。

[3] 参见张红:《道德义务法律化:非婚同居婚外关系所导致之侵权责任》,载《中外法学》2016年第1期。

利益说[1];后说则认为配偶权不应当受侵权法的保护。[2] 而司法实务通常持否定态度。[3] 第二,2001年《婚姻法》第4条规定"夫妻应当互相忠实、互相尊重"。然而,《民法典婚姻家庭编司法解释(一)》第4条却否认该条可以单独作为请求权基础规范。原《婚姻法》第46条规定夫妻一方重婚或者有配偶者与他人同居的,无过错方享有离婚损害赔偿请求权,但是其只能向有过错的配偶主张,而不得针对第三人[《民法典婚姻家庭编司法解释(一)》第87条]。理论上有学者认为,应当修改第46条,明确规定第三人应当对无过错方配偶承担损害赔偿的民事责任。[4]

2019年4月,全国人大法工委发布的民法典草案二审稿在人格权编第一章"一般规定"中增加第782条之一,规定"自然人因婚姻、家庭关系等产生的身份权利的保护,参照适用本编人格权保护的有关规定"。这一规定最终形成《民法典》第1001条,该条规定:"对自然人因婚姻家庭关系等产生的身份权利的保护,适用本法第一编、第五编和其他法律的相关规定;没有规定的,可以根据其性质参照适用本编人格权保护的有关规定。"人格权与侵权责任法之间的关系密切,后者是前者的主要保护方式。立法上明确规定身份权参照人格权保护规定,这无疑给第三人侵扰夫妻身份权的相关理论与实务带来了新的挑战。

第三人侵扰夫妻身份权,受害人能否以《民法典》第1001条的规定为依据要求第三人承担侵权责任,涉及夫妻双方与第三人之间复杂的价值判断与利益权衡。一方面,法律需要保护无辜的受害人的合法权益;另一方面,也要避免"道德法律化"而过度干涉人的婚姻、情感,致使人的自由发展空间受到压制。针对前述《民法典》第1001条的内容,由此产生的疑问是:(1)夫妻身份权的社会基础与权利属性以及人格权有何异同?(2)比较法上第三人侵扰夫妻身份权的实然状态如何?对我国有何启发意义?

---

[1] 参见朱晓峰:《配偶权侵害的赔偿责任及正当性基础》,载《浙江大学学报(人文社会科学版)》2017年第6期。
[2] 参见周安平:《性爱与婚姻的困惑——"第三者"民事责任的理论与现实之探讨》,载《现代法学》2001年第1期;冉克平:《论配偶权之侵权法保护》,载《法学论坛》2010年第4期。
[3] 根据中国裁判文书网,近年来判决配偶权受法律保护的比较少见。在田湘海与彭强保一般人格权纠纷案中,法院认为:"配偶权既是相对权又是绝对权,具有对世性和法定公示力。配偶权受害人请求加害人承担侵权责任的法律依据可以是身份权的保护规定,也可以是人格权的相关规定,两者所保护的利益在很多情况下是交叉或者重合的。"参见湖南省隆回县人民法院一审(2017)湘0524民初2158号民事判决书。
[4] 参见贾静:《论第三者侵犯配偶权的法律责任》,载《政法论丛》2013年第5期。

(3)夫妻身份权的保护如同人格权受侵权责任法保护,是否具有足够正当性?如何妥当实现法律与道德各自的价值目标?

二、比较法上第三人侵扰夫妻身份权的实然状态

《法国民法典》第212条和第215条分别规定夫妻相互忠实与共同生活的义务。夫妻一方与第三人通奸则违反忠实义务。传统上,过错方配偶需分别在家庭法与侵权法两个领域承担相应的责任:在前者,过错方配偶因其唯一过错而被判离婚的,可能承担离婚经济补偿与离婚损害赔偿;在后者,过错方配偶需承担侵权损害赔偿责任(《法国民法典》第1382条)。通奸第三人属于过错方配偶的共犯,两者基于第1382条对无过错方配偶所遭受的精神损害承担连带赔偿责任。但是自2000年以后,法国最高法院认为,夫妻忠实义务只约束配偶双方,第三人与一方配偶通奸并不构成对忠实义务的违反,一方配偶的过错不等于通奸第三人的过错,除非第三人具有"引发公愤的态度""有伤害无过错方配偶的故意"或者"意图使过错方配偶抛弃其原配"。但是这在司法实践中难以证明。[1] 由于法国民法采取的是大的一般侵权条款模式,通常不考虑被侵害权利的类型。相反,行为人的过错则是构成一般侵权行为的必要条件。既然通奸的第三人没有过错,通奸损害赔偿之诉即不能成立。

德国法原则上并不支持受害方配偶对于第三人的诉讼请求。德国法采取的是三位阶的侵权条款模式,一般侵权行为必须以权利受侵害为要件。然而,德国判例认为,婚姻不属于可以导致产生赔偿财产损失的法律关系之列。德国联邦最高法院也不接受将过错方配偶违反夫妻忠实义务视为侵害一般人格权的观点,而是认为婚姻关系应由家庭法条款予以专门调整。基于婚姻关系而产生的配偶之间的权利义务虽然得到了法律明文确认,但原则上不能被强制执行,也不引起罚金和损害赔偿,它们只能由当事人根据道德习俗的约束和根据良心所提出的要求而自愿履行。[2] 当第三人侵扰他人婚姻关系之时,若是让第三人与过错方配偶共同承担责任,这有违《德国民法典》对于违反纯粹婚姻权利义务的封闭性规定;

---

[1] 参见叶名怡:《法国法上通奸第三者的侵权责任》,载《华东政法大学学报》2013年第3期。
[2] 参见庄加园:《德国法上干扰婚姻关系与抚养费追偿》,载《华东政法大学学报》2013年第3期。

反之,如果仅让第三人承担责任,这显然有失公平。[1] 如果过错方配偶通过虚假陈述,致使无过错方配偶相信孩子是亲生骨肉,无过错方配偶可以依据《德国民法典》第826条获得损害赔偿请求权,但是相对人仅限于过错方配偶,并不涉及侵扰婚姻关系的第三人。这表明,该法第826条所保护的乃是更高层次的一般法益,而不是违反配偶之间基于婚姻关系所发生的人身义务,与家庭关系领域无涉。但是,德国联邦最高法院创造了"对婚姻物理空间的权利",无过错方配偶可以据此要求过错方配偶和第三人至少不在婚姻住所地约会。[2]

意大利民法对于受害方配偶是否有权请求通奸的第三人承担侵权损害赔偿责任,也经历了一个从肯定到否定的过程。相关司法判决认为,第三人侵扰他人婚姻关系,无过错配偶并不享有针对第三人的损害赔偿的权利。主要理由在于,夫妻之间并不互相享有以家庭为客体的、能够对抗第三人的绝对权,因而也就不能去论证由第三人承担一个概括性的、避免去干涉他人家庭生活的法定义务。若是肯认该法定义务,将会导向把家庭视为夫或妻个人所拥有的财产的观点,而这一陈旧的观点早已与时代不相容。家庭是一个自由人组成的共同体,夫妻之间彼此享有权利和承担义务,均是具有独立人格与判断能力,以及能够自主地做出选择的主体。不能认为是第三人诱使过错方配偶违背了婚姻义务,第三人并不承担不干涉他人婚姻的义务。[3]

英国普通法经历了侵扰他人婚姻关系的第三人从有责至无责的转变。英国《1970年法律改革(杂项规定)法令》(Law Reform [Miscellaneous Provisions] Act 1970)第4条明确废除了针对第三人的通奸损害赔偿之诉。在美国,通奸损害赔偿之诉在绝大多数州都已消失。但是,在过错方配偶生下子女,而无过错方配偶在不知情的情况下对该非亲生子女进行欺诈性抚养的诉讼仍有出现。不过,州最高法院以原告的主张实质上就是已经废除的通奸损害赔偿之诉,为实现州立法废除该诉所要实现的公共政策为由予以否决。[4]

---

[1] 参见〔德〕马克西米利安·福克斯:《侵权行为法》,齐晓琨译,法律出版社2006年版,第45页。

[2] 参见〔德〕克雷斯蒂安·冯·巴尔:《欧洲比较侵权责任法》(下卷),张新宝译,法律出版社2001年版,第145—149页。

[3] 参见薛军:《干扰婚姻关系的损害赔偿:意大利的法理与判例》,载《华东政法大学学报》2013年第3期。

[4] *Koestler v. Pollard*, 471 N.W.2d 7.

我国台湾地区"民法"对于第三人侵扰婚姻关系持肯定态度。1971年台上字第498号判决认为,婚姻系以夫妻之共同生活为目的,而夫妻之间互相忠诚系为确保婚姻共同生活圆满安全及幸福的必要条件。如果夫妻一方为不诚实的行为破坏共同生活的平和安定及幸福,则过错方配偶违背婚姻契约义务并侵害无过错配偶的权利,无过错配偶可以获得相应的财产损害赔偿与非财产损害赔偿;对于侵扰他人婚姻关系的第三人,无过错配偶可以向过错方配偶及第三人依侵权行为的一般规定(第184条第1项后段"故意以背于善良风俗之方法,加损害于他人")请求财产法上的损害赔偿。[1] 由此可见,一方面,无过错方配偶可以请求过错方配偶承担侵权责任,而且不以离婚为限;另一方面,无过错方配偶可以要求第三人承担侵权责任。我国台湾地区"民法"对于第三人侵扰婚姻关系的行为制裁严厉,与通奸行为至今仍然未被除罪化有关。

比较而言,欧美诸国近几十年来普遍废除了针对侵扰他人身份权的第三人的通奸损害赔偿责任。由此产生的责任仅限于夫妻双方,通常表现为离婚损害赔偿制度。相反,我国台湾地区的学说与判例普遍承认受害人针对通奸第三人请求其承担侵权损害赔偿责任,而且配偶与第三人承担共同侵权责任。

三、比较法上侵权法原则上排除夫妻身份权的原因分析

构建夫妻共同生活是男女双方缔结婚姻的本质。夫妻共同生活包括男女双方在精神和财产两方面的结合,夫妻身份权利如夫妻忠实义务与同居义务正是夫妻共同生活在精神层面的具体表现。然而,比较法上关于夫妻身份权的保护在侵权法体系逐渐式微,究其原因,主要有以下几个方面:

首先,伴随着个人主义价值的扩张,传统婚姻共同体价值观逐渐消融,两者呈现此消彼长的状态。夫妻团体本质上属于典型的初级联合体,夫妻团体的内容与效力与伦理及社会习俗密切关联,属于共同体关系。[2] 长期以来,婚姻共同体的价值受到法律的优先保护。为了捍卫家庭的优势地位,第三人侵扰他人婚姻关系甚至可以构成通奸罪。然而,由

---

[1] 参见林秀雄:《婚姻家庭法之研究》,中国政法大学出版社2001年版,第112页。
[2] 参见〔美〕戴维·波普诺:《社会学》,李强等译,中国人民大学出版社2007年版,第194—195页。

于个人主义在整体上正在转变成一种人类的唯一性的现代观念,大多数当代法律也都直接地体现了这种观念。[1] 导致近几十年来,个人主义的价值观逐渐渗透至家庭法领域,超个人主义的传统婚姻价值观逐渐式微,婚姻关系的神圣性得以"祛魅",婚姻共同体日益被视为两个具有自由人格的个体所组成的生活共同体。

其次,婚姻共同体已经并不具有超越个人自由和发展的法律位阶。人格的自由发展逐渐成为宪法和法律所保障的基本价值。与之形成对比的是,婚姻共同体的法律位阶后移。虽然夫妻彼此享有权利、承担义务,但是双方各自独立的人格并未因此而受限制。第三人侵扰他人婚姻关系,究竟是从第三人与婚姻共同体之间的角度来看待,还是从两个独立的具有自主判断能力与选择能力的个体的角度加以评判,这涉及第三人与无过错配偶之间利益的权衡与价值的判断。对此,意大利司法判例认为,虽然宪法上确立了保护家庭的价值,这无疑有利于无过错方配偶。但是也必须要考虑到,第三人自由展示人格的权利亦受宪法保障,第三人与已婚人士自愿发生婚外关系被看作自由展示其人格的行为。因此,法律并未对第三人施加一项概括地避免与已婚人士产生婚外情感或性关系的消极不作为的法定义务。[2]

再次,夫妻之间并不基于婚姻关系使彼此之间就拥有了某种独占的、排他的身份权。夫妻身份权属于"弱意义上的请求权",不足以构成侵权法的保护客体。夫妻忠实和同居的权利义务虽源于伦理秩序并由法律加以规定,但时至今日,上述权利已不具有传统夫权那样的绝对效力和排他性。在传统英美法上,通奸损害赔偿之诉的核心是将夫对妻的性行为的利益作为一种权利,该权利属于侵权法的保护对象。但近几十年来司法实践已经取消通奸之诉,意味着独享配偶性行为的利益不再被法律作为可受侵权法保护的权利。夫妻任何一方都是一个独立自主的人,谁都不是对方独享的财产之观念越来越多地被接受。[3] 此外,通奸损害赔偿之诉为夫妻合谋敲诈和勒索第三人提供了便利之机;在诉讼调查过程中极有可能侵害他人的隐私权。

---

[1] See L. M. Friedman, *The Republic Choice: Law, Authority, and Culture*, Harvard University Press, 1990.

[2] 参见薛军:《干扰婚姻关系的损害赔偿:意大利的法理与判例》,载《华东政法大学学报》2013年第3期。

[3] See W. Page Keeton et al. (eds.), *Prosser and Keeton on Torts*, fifth edition, West Group, 2004, p.930.

最后,婚姻契约与财产契约具有本质差异,因第三人侵扰婚姻关系并不构成侵害债权的行为。现代婚姻虽然被认为属于契约关系,但是夫妻团体是"情感—文化"共同体,夫妻身份权利建立在伦理和情感之上,并不具有财产给付的内容,不属于合同法意义上的"给付",也不能进行财产上的估价。夫妻一方违反忠诚义务或者同居义务,不构成合同法意义上的不履行,而是类似于债法上的不真正义务。该义务的一方当事人通常并没有要求义务人履行该义务的给付请求权,只有等到发生可归责性的违反义务行为时,才导致进一步承担责任。[1] 由于夫妻之间的权利义务以人伦秩序为基础,夫妻忠实义务与同居义务的效力更弱于不真正义务。

概言之,夫妻身份权利是否受侵权法保护与婚姻共同体的法律地位及其背后的价值观念密切相关。个人主义价值观的扩张及其对家庭法的重塑,传统婚姻共同体价值观念的变迁及其法律位阶的相对后移,婚姻关系的保护与人格自由相比在价值位阶上并不具有优先性。这是近几十年来第三人侵扰婚姻关系的行为仅被视为道德伦理问题,原则上不构成侵权行为的社会原因。第三人是否存在法律上的过错或者夫妻身份权是否具有绝对属性等问题,只是为该社会基础的转化披上了一层合理化法律论证的外衣。

四、侵权责任的规范路径分析

第三人侵扰他人婚姻关系,受害方配偶是否有权要求第三人承担侵权责任,学者主要从第三人的侵害客体与身份权受保护的正当性两个方面进行论证。前者属于规范层面,需要结合请求权基础与司法实务予以综合判断;后者属于价值层面,应当围绕婚姻共同体的价值观念予以分析。

在规范层面上,无论是赞同还是反对的学者均围绕原《侵权责任法》第6条第1款(一般过错侵权)并结合第2条(侵权法保护对象)展开。因为我国原《侵权责任法》第6条第1款虽然形式上类似于《法国民法典》第1382条的立法模式,但是通常认为必须对其进行目的性限缩,在实质上按照德国模式确定其构成要件予以构造。侵权一般条款的保护范围应解释为仅包括绝对权乃至于特定的绝对权。只有这样才能够在行为自

---

[1] 参见[德]迪特尔·施瓦布:《民法导论》,郑冲译,法律出版社2006年版,第136页。

由和权益保障之间取得适当的平衡。[1] 如前所述,夫妻身份权并非绝对权,而是属于"较弱意义上的请求权",不可能直接依据原《侵权责任法》第6条得到保护,这也是反对夫妻身份权受侵权法保护的重要理由。

于此情形,赞同第三人侵扰他人婚姻关系侵权责任的观点,考虑的是受害方配偶的何种权益形态被原《侵权责任法》第2条规定的"人身权利"所涵括。《民法典》第1164条规定:"本编调整因侵害民事权益产生的民事关系。""民事权益"包括财产权利、人身权利以及合法利益。具体而言:(1)名誉权。有学者主张,第三人干扰他人婚姻关系侵害的是受害方配偶的名誉权。[2] 我国台湾地区也有学者认为,婚姻系男女双方以永久共同生活为目的而组成的特别结合关系,夫妻当事人之一方对于婚姻关系之圆满负有人格利益。第三人干扰他人婚姻关系,侵害无过错方配偶的身份权与人格利益(尤其是名誉权)。[3] (2)一般人格利益。有学者认为,过错方配偶单纯违背夫妻忠实义务给过错方配偶造成的精神损害不予赔偿;但无过错方配偶因受欺骗抚养非亲生子女而产生的精神损害,可以依据《侵权责任法》第22条作为侵犯一般人格利益造成的精神损害获得救济。[4] (3)身份法益。有学者认为,在第三人侵扰他人婚姻关系时,应当以原《侵权责任法》第6条第1款、第22条为请求权基础,典型如欺诈性扶养,无过错方所受侵害系身份法益。[5] (4)圆满安全幸福生活的利益。有观点认为,干扰婚姻关系侵害配偶另一方基于婚姻关系享有的圆满安全幸福生活的利益,这属于受害方配偶的"人身权益",应援引原《侵权责任法》第2条予以保护。[6] (5)绝对权属性的民事利益。有学者认为,虽然夫妻身份权或配偶权未被法律规定为典型的权利,但是其符合绝对权的特征,因而应归为具有绝对权属性的权益范畴,受侵权责任法一般条款的保护。在第三人侵扰他人婚姻关系时,若其依据一般人的注意义务即可发现相对方为已婚人士而仍与之发生不正当关系的,则

---

[1] 参见葛云松:《〈侵权责任法〉保护的民事权益》,载《中国法学》2010年第3期。
[2] 参见杨立新:《论妨害婚姻关系的名誉损害赔偿》,载《河北法学》1988年第6期。
[3] 参见王泽鉴:《民法学说与判例研究》(第一册),北京大学出版社2009年版,第190页。
[4] 参见孙维飞:《通奸与干扰婚姻关系之损害赔偿——以英美法为视角》,载《华东政法大学学报》2013年第3期。
[5] 参见张红:《道德义务法律化:非婚同居婚外关系所导致之侵权责任》,载《中外法学》2016年第1期。
[6] 参见于晓:《干扰婚姻关系的侵权损害赔偿救济》,载《东岳论丛》2011年第1期。

第三人应当向婚姻中的无过错方承担侵权责任。[1]

比较而言,前述夫妻身份权规范基础的观点可以分为人格权与身份利益两种类型。具体而言:其一,就名誉权而言,夫妻一方与第三人通奸,尽管可能导致受害方配偶的自我评价即名誉感遭受认知上的减损,但是社会评价未必降低。如我国台湾地区"最高法院"多次强调:"夫妻之关系虽甚密切,而人格则各自独立,妻与人通奸时,虽应受刑事处分,但夫之名誉或自由固不能因此而认为被侵害。"[2]我国司法审判实践通常亦不认可第三人侵害了无过错方配偶的名誉权。一般人格权说强调受欺骗抚养非亲生子女而产生的精神损害可依据原《侵权责任法》第22条(《民法典》第1183条)救济,但是一般人格权说实质上否定第三人侵扰他人婚姻关系侵害了受害方配偶的身份权。其二,圆满安全幸福生活的利益说、绝对权属性的民事利益说与身份法益说的内涵实质相同,可以归纳为"身份利益说"。圆满安全幸福生活利益说意味着必须分为婚姻关系破裂的情形和未达到破裂程度的情形。因为在婚姻关系已经破裂但是夫妻双方不离婚的情形下,是否存在损害、被害配偶的索赔是否构成权利滥用等均有疑问,而且在案件调查过程中举证会变得尤其困难。身份法益说与绝对权属性的民事利益说必须回答,夫妻身份法益何以具有对抗第三人的效力?尤为重要的是,《民法典》总则编第112条已经明确规定夫妻身份权,再从"身份利益"的角度寻求侵权法的保护路径,显然已经不合时宜。此外,我国现行法原则上并不对侵权纠纷中遭受精神痛苦的间接受害人予以救济,除非直接受害人死亡的情形,才例外承认死者近亲属享有精神损害赔偿请求权。因此,在第三人侵扰他人婚姻关系的纠纷中,即使过错方配偶因此而丧失生育能力(例如,因流产导致不孕),无过错方配偶亦不享有固有的精神损害赔偿请求权。概言之,第三人侵扰夫妻身份权,名誉权说不符合现代社会夫妻人格独立的现状,人格法益与身份权是否受侵权法保护无关。身份利益说的观点需要解答实质性的问题:因婚姻共同体产生的身份权利是否具有优先于个人的人格和独立价值?该问题必须从价值层面予以论证。

在价值层面上,赞成的学者主要从以下三个方面分析夫妻身份权受

---

[1] 参见朱晓峰:《配偶权侵害的赔偿责任及正当性基础》,载《浙江大学学报(人文社会科学版)》2017年第6期。

[2] 王泽鉴:《民法学说与判例研究》(第二册),北京大学出版社2009年版,第211页。

侵权责任法保护的正当性。(1)目的论的视角。应当通过立法列出夫妻身份权或配偶权的清单,不仅可以为民众的婚姻生活提供一个夫妻恩爱、相互扶助、荣辱与共的相处范式,而且能够为司法审判中援引侵权责任法提供明确的法律依据。[1] (2)社会观念的视角。在当前的主流社会观念中,性的专属性仍是婚姻和夫妻权利义务的本质之一,夫妻身份权通过婚姻的传统仪式与婚姻登记向共同体成员公示,由此取得了其他任何人皆不得侵害的绝对权属性。[2] (3)功能主义的视角。婚姻共同体结构的规范性、稳定性以及持续性,关系着国家的正常存续与健康发展,对婚姻共同体的法律保护,实际上体现着法律对通过婚姻共同体而维系的社会公共利益的关注与保护。第三人侵扰他人婚姻关系,不但是对无过错配偶合法权益的侵害,而且在实质上危害了以稳定的婚姻共同体为存在基础的社会公共利益。[3]

在我国传统观念上,家庭具有特殊的价值。古代中国从家出发,构造出家国同构的以伦理为本位的社会。[4] 近代以来,源自西方的现代性侵入我国,传统的家庭开始被自由的个人取代。随着家族本位在婚姻家庭领域的进一步式微,传统的夫权、父权观念被摒弃,以传统的父权为主导的家庭结构日趋瓦解,家长制家庭逐渐退出历史舞台。改革开放以来,社会全面释放商业精神,个人自由作为立法者主要意识形态,对整个社会的渗透愈发深入,婚姻家庭观念所主导的传统生活世界不断退守。[5] 我国《宪法》第 49 条第 1 款规定:"婚姻、家庭、母亲和儿童受国家的保护。"婚姻、家庭制度围绕各自的制度核心形成不同的规范,在夫妻关系方面包括婚姻自由、计划生育义务与生育权以及男女平等。[6]

近几十年来,随着经济社会条件的变迁,家庭法上的超个人主义本位逐渐松动。社会结构渐趋扁平化发展,妇女经济能力和受教育水平提升,

---

[1] 参见赵玉:《婚姻家庭法中的利他主义》,载《社会科学战线》2018 年第 10 期。
[2] 参见赵文杰:《第三人侵扰婚姻关系比较研究之总结报告》,载《华东政法大学学报》2013 年第 3 期。
[3] 参见朱晓峰:《配偶权侵害的赔偿责任及正当性基础》,载《浙江大学学报(人文社会科学版)》2017 年第 6 期。
[4] 参见梁漱溟:《中国文化要义》,学林出版社 1987 年版,第 77 页。
[5] 张翔:《论我国法律体系中的家与个体自由原则》,载《中外法学》2013 年第 4 期。
[6] 参见王锴:《婚姻、家庭的宪法保障——以我国宪法第 49 条为中心》,载《法学评论》2013 年第 2 期。

核心家庭逐渐成为家庭模式的典范。直系血亲之外的伦常关系几乎和陌生人之间的关系没有差别。即使是伦常的互动关系,也已经被契约性的互惠关系所侵蚀和渗透。[1] 相比传统家庭,现代家庭所承载的功能要少得多。例如,文化传承功能被学校所替代;经济功能被企业所替代;民生福利功能则被国家所替代等。由于现代家庭的社会功能大幅度地减少,其社会价值亦相对降低。

大家庭思想是超个人主义家庭的表现,个人主义家庭规则与核心家庭相适应。[2] 认为夫妻身份权具有绝对权属性的观点,源自康德所认为的"夫妻属于排他性的性爱关系"[3] 然而,时至今日,人们不断地趋向于有目的地强调婚姻法中的契约思想,也就是趋向于婚姻双方在人身和财产关系中的平等地位和离婚的简单化。同时,为使非婚生子女和婚生子女的法律地位尽可能接近,婚外同居的拘束力近似于一种松散婚姻。婚姻日益被视为两个独立、自主的个人之间形成的"情感—文化"共同体与经济共同体的联合。婚姻共同体与个人主义在价值位阶上呈现此消彼长的趋势。

婚姻关系虽然被认为属于身份契约,但是与财产契约存在重要区别。婚姻登记虽具有公示效力,但是其与不动产物权登记仍然具有本质的差异。不动产物权登记是物权变动的唯一依据,而婚姻存在事实婚姻的情形;不动产物权登记具有公开性,而婚姻登记属于隐私的范畴。夫妻身份权具有高度的人身性,而且不可强制履行,表明国家公权力已经拒绝对夫妻之间的身份权利义务施加强制,而无过错方提出的精神损害赔偿请求权与国家强制干预措施并无差异。前述观点以财产法上的一般义务标准来衡量婚姻法上的身份权利义务,忽略了夫妻身份权利义务(忠诚和同居的权利义务)所具有的倡导属性。夫妻之间互相忠诚属于情感的范畴,是法律和道德伦理的合理预期。而情感是一个人道德上的自主选择,是人格尊严和人格自由的重要内容。[4] 但是,若是对这种情感的合理预期施加外在的法律强制,不仅意味着人的情感可以通过法律予以索取,而且有

---

[1] 参见熊秉元:《正义的成本:当法律遇上经济学》,东方出版社2014年版,第36页。
[2] 参见〔德〕古斯塔夫·拉德布鲁赫:《法哲学》,王朴译,法律出版社2013年版,第102页。
[3] 〔德〕康德:《法的形而上学原理——权利的科学》,沈叔平译,商务印书馆1991年版,第102页。
[4] 参见〔英〕亚当·斯密:《道德情操论》,谢宗林译,中央编译出版社2008年版,第10页。

悖于另一方配偶为宪法所保障的人格尊严和人格自由。[1] 第三人与过错方配偶发生婚外性关系属于两个具有道德选择能力的成年人的自愿行为。[2] 从自由的角度而言,将处置婚外性行为的权力交给警察和国家,无疑会导致每一个人自由生活空间的缩小。[3]

概言之,在价值层面,并不能得出法律对婚姻共同体的保护优于个人的行为自由的价值的结论。进而在规范层面,身份利益或者夫妻身份权利均不具有绝对效力。第三人侵扰他人婚姻关系,无过错方不得依据侵权法向第三人主张夫妻身份权受侵害的赔偿责任。我国相关司法审判实务通常对受害方配偶向第三人主张侵权损害赔偿持否定态度,具有规范与价值上的正当性。无过错方配偶也不得依据侵权法向过错方配偶主张夫妻身份权遭受侵害的赔偿责任,过错方配偶违反夫妻忠实义务或同居义务,只能产生婚姻法层面的特定法律后果,例如,对离婚时夫妻分割财产的数额、抚养请求权的行使等事项产生影响。

尽管第三人与过错方配偶的单纯通奸损害赔偿请求权应当被否认,但是应当认可无过错方配偶因遭受欺骗而抚养非亲生子女的精神损害与物质损害赔偿,因为前者涉及的是"夫妻身份权所具有绝对的效力",而后者涉及的则是与之有所不同的一般人格利益。这种人格利益受侵害造成的精神损害不是指尊严或名誉受损,而是指因和非亲生子女共同生活等所建立的情感纽带遭受打击,以致情感上的失落,甚至还可包括错过生育自己亲生子女的机会或最佳机会所带来的精神伤害。[4] 因此,如果在婚姻关系存续期间,妻子与他人通奸怀孕而生育子女,其丈夫遭受欺骗误以为是亲生子女而抚养,其因此而产生的精神损害可依据原《侵权责任法》第22条,作为一般人格利益受侵害造成的损害后果予以赔偿。无过错方配偶受欺骗而抚养非亲生子女的抚养费赔偿或返还,可依据不当得

---

[1] 薛军:《干扰婚姻关系的损害赔偿:意大利的法理与判例》,载《华东政法大学学报》2013年第3期。

[2] 在张稳与郭玥一般人格权纠纷案中,法院认为:"需要指出的是,被告(第三人)的行为虽然尚不构成法律意义上的侵权,但根据本案查明的事实,被告在知道原告与其丈夫婚姻关系未解除的情况后,仍有与原告丈夫交往的情形,本院对此予以批评,希望被告树立正确的婚恋观,妥善处理好感情问题,利己善他。"参见北京市石景山区人民法院(2015)石民初字第5139号民事判决书。

[3] 参见李银河、信春鹰、苏力:《配偶权、婚外性关系与法律》,载《读书》1999年第1期。

[4] 参见孙维飞:《通奸与干扰婚姻关系之损害赔偿——以英美法为视角》,载《华东政法大学学报》2013年第3期。

利制度解决。若是婚内配偶与第三人在婚前进行性行为而在婚后生育,其丈夫误以为是亲生子女。第三人的行为虽有违人情与道德,但并不构成对配偶另一方的人格权侵权。[1]

五、婚姻家庭法的规范路径分析

第三人侵扰他人婚姻关系,受害方配偶原则上只能依据婚姻法的相关规定获得救济,主要是离婚损害赔偿制度。原《婚姻法》第46条规定的离婚损害赔偿涵盖了夫妻一方违背夫妻忠实义务与同居义务的两种情形,即重婚或者有配偶者与他人同居的。依据《婚姻法司法解释(一)》第2条的规定,"'有配偶者与他人同居'的情形,是指有配偶者与婚外异性'不以夫妻名义'持续、稳定地共同居住。"因此,通奸并不必然构成所谓的"同居",离婚损害赔偿限于夫妻之间。由于原《婚姻法》第46条规定的情形不能涵盖夫妻违背忠实义务与同居义务的所有类型,《民法典》婚姻家庭编第1091条在离婚损害赔偿责任中增加"有其他重大过错"作为兜底条款,以涵盖重婚、同居之外的通奸行为类型。

传统民法理论认为,离婚损害赔偿分为离因损害赔偿与离异损害赔偿。前者是指夫妻一方的行为是构成离婚原因的侵权行为时,他方可请求因侵权行为所生的损害赔偿。后者是指离婚本身所构成的对夫妻一方的损害。离异损害与离因损害不同,不具备侵权行为之要件,离异本身即为构成的对夫妻一方的损害赔偿的直接原因。[2] 我国学者对此认识不一。有学者认为原《婚姻法》第46条规定的是离因损害赔偿[3];还有学者认为,无过错方的配偶一方之所以能请求离婚损害赔偿,是因为有过错配偶的行为导致的离婚本身对无过错的配偶一方造成了损害,因此该条规定的损害赔偿是离婚损害赔偿。[4]

夫妻一方违背夫妻忠实义务或同居义务,系侵害无过错方的身份权的行为。由于身份权属于法定权利,因此尽管夫妻关系被视为婚姻契约,但是该行为构成侵权行为。离婚损害赔偿制度所要保护的是因婚姻而产

---

[1] 参见张某诉李某一般人格权纠纷案,浙江省宁波市中级人民法院(2009)浙甬民一终字第760号民事判决书。
[2] 参见林秀雄:《婚姻家庭法之研究》,中国政法大学出版社2001年版,第114—115页。
[3] 参见薛宁兰:《我国离婚损害赔偿制度的完善》,载《法律适用》2004年第10期。
[4] 参见余延满:《亲属法原论》,法律出版社2007年版,第362页。

生的身份利益。[1] 虽然第三人与过错方配偶的行为侵害夫妻身份权,并导致夫妻身份利益的丧失。但是由于家庭法具有封闭性,因此应当在家庭法的框架内构造离婚损害赔偿制度。第三人侵扰他人婚姻关系,无过错方依据离婚损害赔偿制度请求过错方配偶承担责任,应当具备以下条件:(1)夫妻一方在婚姻关系存续期间重婚或者与他人同居或者有其他重大过错行为,严重违背夫妻忠实义务或同居义务;(2)前述行为损害了夫妻身份权,导致夫妻感情彻底破裂而离婚的法律后果;(3)夫妻一方违背夫妻忠实义务或同居义务的行为与离婚之间具有相当因果关系;(4)夫妻一方存在侵害夫妻身份权的故意。

第三人侵扰他人婚姻关系,过错方配偶承担离婚损害赔偿责任包括财产损害赔偿与精神损害赔偿两个方面的内容。具体而言:(1)精神损害赔偿。无过错方配偶因过错方配偶违反夫妻忠实义务或同居义务遭受的精神损害,可以获得赔偿。精神损害赔偿是夫妻身份权受侵害的主要赔偿形态。最高人民法院 2015 年 11 月通报的 30 起婚姻家庭纠纷典型案例,其中有两例涉及离婚损害赔偿,一例是配偶一方在分居期间侵害夫妻身份权[2];另一例是配偶与第三人生育非婚生子女[3],法院均支持了精神损害赔偿。(2)财产损害赔偿。财产损害包括所受损害与所失利益。无过错方配偶因过错方配偶违反夫妻忠实义务或同居义务很少遭受财产损害。若违反忠实义务的一方生育非婚生子女,则无过错方配偶可能遭受财产损害,包括非婚生子女出生前的必要医疗和检查费用、出生期间的医疗费、营养费、护理费等,以及出生之后的抚养费等,均可以获得相应的赔偿。

第四节 介于道德与法律之间的夫妻身份权利

夫妻身份权产生于合法婚姻关系,是法律为保护婚姻共同体而对个

---

[1] 参见孙若军:《论离婚损害赔偿制度》,载《法学家》2001 年第 5 期。
[2] 在陆某诉陈某离婚案中,法院认为:"陈某在分居期间确与其他婚外异性存在不正当关系,应认定在导致双方感情破裂问题上,陈某具有过错,对陆某要求陈某承担精神损害赔偿,本院予以支持,数额由本院酌定。"参见《最高人民法院通报 30 起婚姻家庭纠纷典型案例》,载中国法院网,2015 年 11 月 19 日。
[3] 在周某诉张某离婚后损害责任纠纷案中,法院认为:"在离婚后发现被告的婚姻存续期间的出轨行为,请求精神损害赔偿,人民法院依法予以支持,以彰显法律的公正和道德力量。"参见《最高人民法院通报 30 起婚姻家庭纠纷典型案例》,载中国法院网,2015 年 11 月 19 日。

人自由发展予以的必要规范和限制。在我国当前社会背景下,《民法典》承认夫妻身份权并加以实证化,对落实《宪法》第 49 条规定的婚姻、家庭受国家保护的重要任务,无疑具有积极的意义。

超个人主义的价值观念与大家庭相对应;而个人主义的理念与核心家庭相适应。长期以来,家庭在整个社会结构之中居于重要的地位,由此形成的超个人主义的家庭秩序是道德伦理观念得以型构的基石,个人被掩盖于家庭之中。然而,改革开放 40 多年来,一方面,随着市场经济的发展,个人主义的价值观获得空前发展,人格尊严以及人格自由的发展成为《宪法》与普通法律的重要价值;另一方面,核心家庭的普遍化以及家庭功能渐趋被市场经济与国家职能所替代,致使超个人主义的家庭观念趋于消亡。相反,个人主义的婚姻家庭观念逐渐形成并得以强化。

在现代社会,身份权的削弱与财产权、人格权的开放性与多元化发展形成鲜明对比。从社会发展的整体趋势以及比较法上不断变革的实践经验来看,婚姻共同体所衍生的夫妻身份权,越来越让位于强调个人自主决定的价值观。尊重个人的复杂心理需求与感情的自由选择,严格限制夫妻身份权的保护范围,扩大以人格尊严和人格自由发展为基础的行为自由领域,成为一个不可否认的发展趋势。建立在个人主义基础之上的婚姻共同体并不具有产生排他效力的夫妻身份权,由此导致夫妻身份权对第三人的法律拘束力不断失去正当性基础。"婚外情"涉及思维方式、内心情感、个人隐私等复杂因素。近几十年来,侵扰他人婚姻关系的第三人逐渐脱离法律规制,成为道德评判的对象。

夫妻身份权虽无对外效力,但是具有对内效力。在婚姻共同体秩序之内,夫妻关系建立在特定的人伦秩序基础之上,夫妻之间互相忠实,不仅为我国主流道德所提倡,而且是维系家庭观念的重要条件。因夫妻一方严重违背夫妻忠实义务或同居义务侵害另一方的夫妻身份权,并导致身份利益丧失即婚姻解除的,法律允许无过错方通过离婚损害赔偿获得相应的财产损害赔偿与精神损害赔偿,既是对个人感情的自由选择的尊重,也是对无过错配偶的身份权受侵害所给予的保护。第三人侵扰他人婚姻关系,侵害身份权处于道德与法律的交界地带,应该在婚姻家庭法的框架内予以救济,这体现了婚姻家庭法的封闭性以及侵权责任法的谦抑性,显示了人性的复杂以及现代社会价值的多元性。

第八章 "婚姻家庭受国家保护"原则的体系化阐释

第一节 "婚姻家庭受国家保护"的法律性质及其价值表达

一、概述

我国《民法典》以平等主体的市场经济关系与婚姻家庭生活为规范对象,标志着长期以来独立运行的婚姻法向民法体系的回归。为避免体系强制对家事法理产生不当影响,《民法典》婚姻家庭编仍然维持独立的原则体系。通常认为,婚姻自由、一夫一妻与男女平等原则构成我国婚姻家庭制度的三大支柱与基石,为各项具体的婚姻家庭规则提供价值指引和法理依据[1]。然而,《民法典》第1041条第1款开篇新增"婚姻家庭受国家保护"条款作为婚姻家庭编的首要原则,系婚姻法复归民法典最重大的变化之一。在法律渊源上,"婚姻家庭受国家保护"原则系对我国《宪法》第49条第1款规定的"婚姻、家庭、母亲和儿童受国家的保护"之承继[2]。

"婚姻家庭受国家保护"原则具有显著的宣示功能与体系价值。"婚姻家庭受国家保护"原则与《民法典》第3条规定的"合法权益受保护"原则在类型上相似:后者属于不具有独立裁判功能的一般法律思想或法律理念[3],前者亦是如此。然而两者相异的是,"合法权益受保护原则"表达的是个人本位思想,意味着确认并严格保护作为个体的民事主体的合法权益,从而使民事主体获得受法律保护的自我发展的广泛行为空间[4]。由于婚姻家庭所包含的夫妻共同体与家庭共同体均不属于民事主体的范畴,"婚姻家庭受国家保护"原则体现的是国家对婚姻家庭的重视和保护[5]。

婚姻家庭关系深受传统道德和习俗的影响,属于最能体现民族传统

---

[1] 参见夏吟兰主编:《中华人民共和国婚姻法评注·总则》,厦门大学出版社2016年版,第177页。
[2] 原《民法通则》第104条第1款规定:"婚姻、家庭、老人、母亲和儿童受法律保护",与《宪法》表述存在些许差异。
[3] 参见于飞:《民法基本原则:理论反思与法典表达》,载《法学研究》2016年第3期。
[4] 参见易军:《民法基本原则的意义脉络》,载《法学研究》2018年第6期。
[5] 参见黄薇主编:《中华人民共和国民法典婚姻家庭编解读》,中国法制出版社2020年版,第11页。

和文化的固有法。自晚清以降,中国社会开始转型,传统的以父权和夫权为主导的家庭结构日趋瓦解,家长制家庭逐渐退出历史舞台。改革开放以来,随着工商业的发达、城市化进程的加速以及人口的快速流动,在个人主义思潮和工具价值优位的影响下,人们的婚姻观念、家庭伦理以及传统的家国关系均面临巨大的挑战。一方面,婚姻自由、家庭自治是公民个人的权利,涉及个人的幸福和利益;另一方面,保护家庭中的妇女、儿童等弱者的利益,维护家庭关系的团结和稳定,承载国家意志和社会利益的价值判断。在市场经济向社会生活各个层面全面渗透、家庭观念所主导的传统生活世界不断退守的背景之下,现代民法中的"人"与中国社会中的家庭本位之间、延续至今的"家"的价值与现代的个体自由价值之间形成的对立和冲突,成为我国婚姻家庭制度中的重大难题之一。[1]

婚姻家庭关系一方面属于民法调整的平等主体之间的人身和财产关系的范畴,另一方面具有伦理性与团体本位化等独有的法理特征。婚姻家庭制度既嵌入宏大社会变迁的浪潮之中,折射出时代的精神面貌与社会特征,又将推动着宏观社会结构和社会制度的变迁。[2] 在我国随着《民法典》的实施,婚姻家庭编法教义学的体系化构建包含三个维度:强调制度普适性的世界维度、注重符合我国国情民意的中国维度以及追求长远持续而又尚未定型的时代维度。[3] 相应地,"婚姻家庭受国家保护"原则的体系化阐释可归纳为以下三个方面的问题:(1)如何借鉴比较宪法上的相关理论和经验阐释"婚姻家庭受国家保护"条款分别在我国《宪法》与《民法典》上所表达的意涵及其关联性?(2)"婚姻家庭受国家保护"原则应当如何发挥兼顾家庭本位与个人主义,维护家庭优良家风的价值导向与指引功能?(3)保护妇女、儿童以及老年人等合法权益,是"婚姻家庭受国家保护"原则的重要内核,如何构建该原则与婚姻自由、家庭自治及其具体制度之间的意义关联,尽可能实现婚姻家庭领域的实质正义?

---

[1] 2001年出台的《最高人民法院关于适用〈中华人民共和国婚姻法〉若干问题的司法解释(三)》曾引发巨大争议,所触及的实质是"家庭个体化"的问题。参见赵晓力:《中国家庭资本主义化的号角》,载《文化纵横》2011年第1期。
[2] 参见薛宁兰:《社会转型中的婚姻家庭法制创新面向》,载《东方法学》2020年第2期。
[3] 参见谢鸿飞:《〈民法典〉制度革新的三个维度:世界、中国和时代》,载《法制与社会发展》2020年第4期。

二、"婚姻家庭受国家保护"在宪法上的法律性质争议

婚姻系男女双方依法自愿缔结的、以永久共同生活为目的的结合体。除父母子女关系可经由出生和收养形成之外,婚姻是构成家庭的主要桥梁。家庭是成员间互享法定权利、互负法定义务的共同生活的亲属团体。[1] 相比婚姻,家庭的概念更为开放,由配偶、父母、子女和其他共同生活的近亲属所组成(《民法典》第 1045 条第 3 款),属于最基本的社会单位。在不同的法律体系下,非婚同居、同性伴侣等是否属于法律意义上的家庭,取决于对于家庭涵义是由其结构和组成抑或是功能来定义。[2] 在我国,即使当事人具有实质同居共处和永久共同生活的目的,其所形成的只是社会学意义上的"家庭"。[3] 我国宪法学者通常认为,《宪法》第 49 条第 1 款系在公民普遍享有的权利和自由之外,对特定主体或群体的权利予以特别保护。[4] 这类群体包括老年人、残疾人、未成年人、青年人甚至家庭与婚姻。[5] 国家保护婚姻家庭是为了保护夫妻双方以及家庭其他成员的合法权益,同时也相应要求夫妻双方及家庭其他成员履行法定的义务从而使社会获得稳定的社会关系基础。[6]

从比较法上看,中国《宪法》第 49 条第 1 款与德国《基本法》第 6 条第 1 款"婚姻和家庭受国家之特别保护"的规定相似。经过数十年的实践与理论发展,该条款包括三个方面的法律意义:一是构成传统基本权利意义上的自由权,该自由权要求构架保护作为特定个人空间的婚姻和家庭免受外力的侵害,并在家庭领域促进人的独立和自我责任;二是包含了特殊的平等原则,该原则要求对婚姻和家庭的待遇不得低于其他生活或教育形式(例如,税法上禁止歧视);三是基本法设定了有约束力的价值判断,在所有的公法与私法领域应当提供与家庭法的基本原则相应的制度保障,一方面禁止国家损害或妨碍婚姻和家庭,另一方面也要求国家保

---

[1] 参见杨大文主编:《婚姻家庭法》(第三版),中国人民大学出版社 2006 年版,第 3 页。
[2] 参见〔美〕凯特·斯丹德利:《家庭法》,屈广清译,中国政法大学出版社 2004 年版,第 9 页。
[3] 参见张燕玲:《家庭权及其宪法保障——以多元社会为视角》,载《南京大学学报(哲学·人文科学·社会科学版)》2011 年第 4 期。
[4] 参见胡锦光、韩大元:《中国宪法》(第四版),法律出版社 2018 年版,第 290 页。
[5] 参见秦奥蕾:《基本权利体系研究》,山东人民出版社 2009 年版,第 95 页。
[6] 参见董和平:《宪法学》(第三版),法律出版社 2015 年版,第 292 页。

护婚姻和家庭不受其他力量的妨碍,并采取促进家庭的措施。[1] 此种宪法上的特殊保护不但保障婚姻家庭不受国家公权力的侵害,而且国家负有维护婚姻与家庭的积极任务。[2] 上述涵义实质上是从基本权利的视角观察"婚姻家庭受国家保护"条款的结果。德国联邦宪法法院认为,基本权利既是个人可以诉请法院对抗国家侵害的主观防御权,亦是一切公权力必须遵守并负有保护义务的客观规范。[3] 基本权利的"主观权利"与"客观法"的性质分别发挥着基本权利的防御权功能、受益权功能与客观价值秩序的功能,依次对应着国家的不侵犯义务、给付义务和保护义务。作为"主观权利",基本权利的权利主体可以请求国家作为与不作为;作为"客观法",国家应当架构保障家庭权的一系列法律制度。例如,婚姻家庭法律制度、社会保障制度、社会福利政策、税收优惠制度以及继承法制度,以维护良好的婚姻家庭秩序。[4]

然而,我国有学者主要从德国宪法学者卡尔·施米特的制度性保障理论角度出发,认为我国宪法上的"婚姻家庭受国家保护"条款属于制度性保障,系位于基本权利部分但不具有基本权利形式的条文。主要理由在于:婚姻自由通常并不被视为基本权利,该条款呈现的是"权利+义务"的内容。制度性保障与基本权利的保护义务不同,前者只是课以立法者不得废止制度核心的消极义务,代表着过度禁止的精神;后者赋予立法者积极的义务,代表着不足禁止的精神,两者可以互补。[5] 制度性保障理论要求维护制度的现状,但是当核心价值观随着社会的变迁发生改变时,制度性保障也应因时而变,恪守成规并非其主旨。例如,我国传统的婚姻家庭制度中的男尊女卑、父权中心主义因与男女平等的宪法精神相冲突而逐步被废弃。[6] 但是,与之相对的观点则认为,我国《宪法》第49条第1款规定的"婚姻、家庭、母亲和儿童受国家保护"系从宏观层面展

---

[1] 〔德〕迪特尔·施瓦布:《德国家庭法》,王葆莳译,法律出版社2010年版,第8—10页。
[2] BVerf GE 6,55(71 ff.).
[3] 参见陈新民:《德国公法学基础理论》(上),山东人民出版社2001年版,第148页。
[4] 参见张燕玲:《家庭权及其宪法保障——以多元社会为视角》,载《南京大学学报(哲学·人文科学·社会科学版)》2011年第4期。
[5] 参见王锴:《婚姻、家庭的宪法保障——以我国宪法第49条为中心》,载《法学评论》2013年第2期。
[6] 参见蔡维音:《论家庭之制度保障——评释字第五零二号解释》,载《月旦法学杂志》2000年第63期。

现基本权利的保护功能,对公民基本权利负起积极的责任,运用各种方法消除公民基本权利实现上可能遇到的阻碍,促使公民的基本权利能真正实现,保证处于社会弱势的群体能够享有与强者相当的基本地位。[1] 这是凭借基本权利功能的拓展导出国家对基本权利的保护义务,国家不仅不得主动侵犯公民的基本权利,还必须积极维护和促进基本权利的实现。[2]

三、"婚姻家庭受国家保护"在宪法上的法律地位及其意涵

"婚姻家庭受国家保护"条款属于制度性保障抑或基本权利保护义务的争议,其实质是对宪法规定的"国家保护婚姻家庭"法律性质的理解。在德国宪法上,基本权利的保护义务源自联邦宪法法院,其依据宪法中基本权利的文义,例如,基本权利规范所使用的"不可侵害"或"保护"等用语,认为国家对生命、健康、身体自由、人格权、学术研究、婚姻及家庭、儿童和母亲、职业自由、财产权等基本权利负有保护义务,特别是负有防止个人不受第三人侵害的义务。[3] 广义的保护义务系指基本权利的"客观价值秩序功能"所针对的国家的所有义务,包括制度性保障义务、组织与程序保障义务以及使公民免受第三人侵害的保护义务。卡尔·施米特提出的制度性保障理论具有特定的历史背景,其认为制度性保障规范无论是在逻辑上还是在法律上都完全不同于基本权利的结构,因此对两者应当予以区分,这并非为保护宪法上的基本权利,而是为保障《魏玛宪法》制定之前即已存在的特定的法律制度,以限制普通立法对此类重要制度的废止。[4] 虽然制度性保障不直接指向基本权利,但是因"制度"具有宪法位阶,立法者不得侵犯该制度的核心内容,从而在客观上起到了保障某些基本权利的效果。[5]

但是,"二战"以后,随着德国宪政理论与实践的发展,基本权利的"客观法律秩序"所具有的积极要求,立法者保障和促进基本权利实现的功能被认为属于制度性保障的范畴。新的"制度性保障"不再是消极的

---

[1] 参见张翔:《基本权利的双重性质》,载《法学研究》2005年第3期。
[2] 参见陈征:《论部门法保护基本权利的义务及其待解决的问题》,载《中国法律评论》2019年第1期。
[3] 参见陈新民:《德国公法学基础理论》(上),山东人民出版社2001年版,第148页。
[4] 参见〔德〕卡尔·施米特:《宪法学说》,刘锋译,上海人民出版社2005年版,第182页。
[5] 参见许育典:《宪法》,元照出版有限公司2008年版,第115—117页。

现状担保,而是每一项基本权利的应有之义。广义的制度性保障包含现代意义上的国家保护公民基本权利应当履行的组织和程序保障义务、国家给付义务等所有义务。[1] 在基本权利保护的实践运行中,制度性保障功能与基本权利的程序保障功能、受益权功能以及保护义务功能产生相当程度的重叠,在某些情况下存在很大的交集甚至有相混淆的态势。[2] 从古典的制度性保障理论的角度理解我国《宪法》第 49 条第 1 款规定的"婚姻、家庭、母亲和儿童受国家的保护",在一定程度上忽略了制度性保障理论的发生脉络及其流变,更为重要的是忽视甚至否认婚姻家庭属于基本权利的法律性质。近年来,婚姻家庭权作为一项基本人权为国际性人权文件所规定,并渐次进入各国宪法。越来越多国家的宪法明文规定家庭受法律保护。1948 年生效的《世界人权宣言》第 16 条最早宣告了成员国公民的婚姻家庭权,其规定"……成年男女,不受种族、国籍或宗教的任何限制有权婚嫁和成立家庭……家庭是天然的和基本的社会单元,并应受社会和国家保护"。依据国际人权法的基本权利理论,婚姻家庭权的宪法保障范围包括组建家庭权、维持家庭存续权、维护家庭和谐权和维持家庭成员亲属关系权四项内容。无论是公法还是私法上的制度构建则应以此功能的实现为目标。例如,对少年儿童的特别保护、对家庭暴力的防治、亲权和监护等。[3] 由于家庭多元化的现象越来越突出,家庭已不局限于通过结婚的方式,还包括同居家庭、单亲家庭等。总的来看,婚姻与家庭作为基本权利,两者已有分离的趋势。

我国《宪法》第 49 条第 1 款并非空泛的国家任务的规定,其表达了婚姻家庭作为基本权利的法律地位。宪法不仅是包括民法典在内的整个法律规范体系的依据,更是整个法律价值体系的聚集地。从基本权利的客观价值秩序的角度,国家对于婚姻家庭基本权利的实现负有积极的以各种方式保障和创造条件的宪法义务。宪法规定基本权利的根本目的是真正实现公民的自由与平等,为了婚姻家庭这一基本权利的具体落实。立法机关应当跨越公法与私法两个领域建构和维护的具体的制度,它们构成婚姻家庭基本权利最终落实的前提性因素。[4] 婚姻家庭这一基本权

---

[1] 参见许宗力:《宪法与法治国行政》,元照出版有限公司 2007 年版,第 204 页。
[2] 参见那艳华:《"制度性保障"宪法理论的流变及现代价值》,载《北方法学》2016 年第 2 期。
[3] 参见张燕玲:《家庭权的私法保障》,载《法学论坛》2012 年第 5 期。
[4] 参见张翔:《基本权利的双重性质》,载《法学研究》2005 年第 3 期。

利包含婚姻与家庭两方面的价值,由各自的核心内容所构成。基本权利的核心反映了该基本权利对于公民人格发展所具有的重要意义,是国家通过立法确定基本权利保护范围的判断基准。[1] 从我国《宪法》规定的婚姻家庭这一基本权利出发,其在宪法上的核心意涵包含三个方面的内容,具体而言:(1)从自由权的角度,国家有义务尊重和保障婚姻自由、生育自由、人身自由与夫妻在家庭领域享有的各项私人决定的自由,例如,夫妻可以自行安排他们的家务劳动和职业工作。国家公权力对家庭自治的干预应当遵守法定原则,对婚姻家庭关系的介入必须有法律依据,否则不得非法干预。[2] (2)从客观价值秩序的角度,《宪法》第49条第1款"婚姻、家庭、母亲和儿童受国家的保护"为我国公法与私法领域有关婚姻家庭制度的立法与阐释提供了价值判断标准。国家有义务尊重和促进婚姻家庭的和谐、团结以及父母对未成年子女的监护职责;适度介入家庭生活保护以保障家庭中弱者的合法权益,保障婚姻自由、一夫一妻、男女平等原则在具体的人身与财产制度上的贯彻及其实现。宪法条款虽然不能作为法院的判决依据,但是通过引入宪法条款所体现的价值判断标准,通过民事判决中的合宪性论证,可以增强判决的权威性与说服力。[3] 相应地,"禁止破坏婚姻自由,禁止虐待老人、妇女和儿童"则构成对婚姻家庭受国家保护立法及其阐释的内在限制。[4] (3)基本权利通常具有深厚的伦理道德基础,良善秩序的构建有赖于推行法治与重振道德两个方面的内容,因而必须重建传统并再建共识。[5] 国家应当大力弘扬文明进步的婚姻家庭伦理道德观念,在家庭生活中发扬我国"尊老爱幼"的传统美德。[6]《宪法》第49条第1款"婚姻、家庭、母亲和儿童受国家的保护"构成《民法典》第1043条规定的"家庭应当树立优良家风,弘扬家庭美德,重视家庭文明建设"的宪法基础。

---

[1] 参见陈慈阳:《基本权核心理论之实证化及其难题》,翰芦图书出版有限公司2002年版,第166页。
[2] 参见宋豫主编:《国家干预与家庭自治:现代家庭立法发展方向研究》,河南人民出版社2011年版,第11页。
[3] 参见杜强强:《合宪性解释在我国法院的实践》,载《法学研究》2016年第6期。
[4] 参见王锴:《基本权利保护范围的界定》,载《法学研究》2020年第5期。
[5] 参见梁治平:《论法治与德治》,九州出版社2020年版,第51页。
[6] 参见焦洪昌:《宪法学》(第六版),北京大学出版社2020年版,第368页。

四、"婚姻家庭受国家保护"原则在民法上的价值表达

《民法典》第1041条第1款规定"婚姻家庭受国家保护",被置于婚姻家庭编的原则条款之首。宪法既要承认和确认作为一个整体的私法制度及其根本基础,但同时又以其价值准则来衡量私法制度,并将它纳入整个法律制度的一体化之中。[1] 作为客观秩序的基本权利实质上是给定的强制施加给民法的完整价值体系基准,并通过民事立法、国家管制与司法来完成。[2]《民法典》与《宪法》在相同条款的互动上具有密切联系,将我国《宪法》规定的基本权利所蕴含的意涵和价值注入民法之中,在实践层面实现民法所承担的部分"宪法功能",对于激活宪法条款和推动我国《民法典》的全面实施具有双重意义。[3] 在民法方法论上,制定法包含两类客观的—目的论的解释标准:一是被调整事物领域的具有实存状态的结构;二是隐藏于规则体之后的法伦理性原则。[4] "婚姻家庭受国家保护"原则属于法伦理原则,与婚姻自由、男女平等、一夫一妻等原则一同形成婚姻家庭编的"内在体系"。由这些原则形成的"价值之网",虽受社会基础变迁的影响,它们仍能时刻处于价值矛盾的张力之中并呈现强弱之分。[5] 内在体系无法脱离外在体系,只有借助这些婚姻家庭编的内在价值体系,婚姻家庭制度与家事法理之间的意义关联才能被了解和阐释,并通过具体概念、规范和制度予以表达,进而在相关司法实务中发挥法律解释与漏洞补充的动态价值裁量功能。

从历史传统上看,婚姻和家庭构成中华文明的总体性范畴。在数千年的生活实践中,"家"作为一种文化价值符号已成为日常生活的基本思维方式,尽管历经剧烈的经济与社会变迁,至今却仍然如此,由此形成两个亟待调和的价值面向:一方面,现代社会的婚姻家庭制度根植于人格独立与婚姻自由,事关个人身份关系的变更与幸福,具有明显的个体自由倾向;另一方面,婚姻家庭制度具有保障人伦秩序、维护家庭和睦、繁衍人口、扶老育幼、组织消费等社会性功能,以"家"的整体性为基本价值取

---

[1] 参见〔德〕卡尔·拉伦茨:《德国民法通论》(上册),王晓晔等译,法律出版社2003年版,第115页。
[2] 参见姚辉:《民法学方法论研究》,中国人民大学出版社2020年版,第131页。
[3] 参见秦前红、周航:《〈民法典〉实施中的宪法问题》,载《法学》2020年第11期。
[4] 参见〔德〕卡尔·拉伦茨:《法学方法论》,黄家镇译,商务印书馆2020年版,第419页。
[5] 参见朱岩:《社会基础变迁与民法双重体系建构》,载《中国社会科学》2010年第6期。

向,涉及公共利益与社会的和谐稳定。[1]《民法典》婚姻家庭编确立"婚姻家庭受国家保护"原则具有概括性和包容性,既立足于我国婚姻家庭的价值形态与基本结构,又体现了婚姻家庭法在社会发展与变化中的成长性,反映了立法者对于婚姻家关系中的传统伦理与现代法理、家庭本位与个体自由、国家管制与家庭自治等理念的贯彻与平衡。"婚姻家庭受国家保护"原则所表达的三个层面的理念表明婚姻家庭编具有多元化的目标,为明确婚姻双方和家庭成员的权利义务和责任,发挥对具体婚姻家庭制度的阐释、指引及漏洞补充功能,维护社会主义婚姻家庭制度具有重大价值。

第二节 婚姻家庭编家庭伦理与现代法理的共治

一、婚姻家庭领域"去家庭化"的历史演变及其原因分析

按照萨维尼以来的家庭法观念,家庭法主要调整亲属身份关系,注重保护弱者权益和维护家庭稳定,以利他主义和责任关系维系;财产法调整财产关系,重在促进自由和增进效率,以个人主义和权利关系维系。财产法是陌生人意志共存的领域,仅仅涉及经济,因而是普适的规则。相反,家庭法不仅属于自然的而且是文化的范畴,关乎特定族群的道德[2];在古代中国,儒家文明对社会伦理、政治以及经济关系的建构,始终是从"家"出发形塑家国一体的秩序体系,进而构成我国传统文明的制度和伦理底色。[3] 传统社会以长幼有序、尊卑有别的差序格局为基础形成宗法社会,并以"礼"作为家庭和社会的价值和规范体系。[4] 合乎家庭伦理的良善美德不仅是社会伦理的重要来源,还是架构社会秩序的重要价值基础。

19世纪中后期以来,源自西方的自由、平等的价值观念与古老的家庭等级伦理秩序产生了剧烈的碰撞,传统中国社会面临前所未有的危机。

---

[1] 参见薛宁兰、谢鸿飞主编:《民法典评注·婚姻家庭编》,中国法制出版社2020年版,第11页。

[2] 参见〔德〕萨维尼:《当代罗马法体系Ⅰ:法律渊源·制定法解释·法律关系》,朱虎译,中国法制出版社2010年版,第286—287页。

[3] 参见肖瑛:《"家"作为方法:中国社会理论的一种尝试》,载《中国社会科学》2020年第11期。

[4] 参见梁治平:《寻求自然秩序中的和谐:中国传统法律文化研究》,中国政法大学出版社1997年版,第28页。

晚清以来的"思想先驱"对传统的婚姻家庭制度和价值观念进行了激烈的批判,"家庭革命"甚嚣尘上,家庭结构和传统的家国关系频受挑战,家庭在国家的视野中逐渐边缘化。[1] 在反封建的浪潮中,传统的家庭被贴上"封建旧家庭"的标签而沦为革命的对象,强调差序格局的纲常伦理被彻底抛弃,支撑家庭的孝道、礼教因失去了伦理与法律的支撑而不断撤退。与此形成鲜明对比的是,在中西文明的碰撞之下,自由与平等的理念在中国超越政治范畴,进入家庭伦理的领域。[2] 新理念强调人之于自身的重要性,主张个人应该拥有超越家庭的、属于自己的关切和相应权利,由此逐渐产生一种个人主义和独立自主的价值观。[3] 随着传统家庭形象的急转直下,传统的家庭教育的地位日渐式微。

改革开放以来,整个社会全面释放商业精神,市场力量持续发展,个人自由和权利意识的价值观念所具有的现实基础愈加坚实。市场理性已由经济领域侵入到非经济领域,大有占领整个社会生活领域之势。家庭法深受工具理性的侵蚀导致伦理因素削弱和家庭情感疏淡,家庭观念所主导的传统生活世界不断退守,被誉为"工具理性对生活世界的殖民"。[4] 在家庭法领域,婚姻双方不再只被认为是一个具有情感和心灵的实体,而是被视为两个具有独立思想和精神的个人的联合。以个人主义和功利主义的角度来打量"家",将其视为纯粹的权利、利益和权力关系的承受体,导致传统的自然伦理作为家庭法权威来源与基础的式微。任何旨在教化个人品德的伦理被认为是对行为人自由的羁绊和过度侵犯,非伦理性的品性成为私法的中流砥柱,所必要的只是最小剂量的底线伦理。[5]

在现代民法上,"去家庭化"的趋势与伦理因素的不断削弱,源于财产法与家庭法之间的天然断裂,以及在近代以来的社会中前者相对于后者的强势地位。其一,私法上最为常见的"理性人"假设是"经济人",即通过实施社会行动,以最小的成本获取最大的财产法主体。[6] "经济人"

---

[1] 参见郑全红:《中国家庭史·民国时期》,广东人民出版社2007年版,第344—444页。
[2] 参见赵妍杰:《为国破家:近代中国家庭革命论反思》,载《近代史研究》2018年第3期。
[3] 参见〔美〕易劳逸:《家族、土地与祖先:近世中国四百年社会经济的常与变》,苑杰译,重庆出版社2019年版,第132页。
[4] 参见石元康:《从中国文化到现代性:典范转移?》,生活·读书·新知三联书店2000年版,第282页。
[5] 参见易军:《私人自治与私法品性》,载《法学研究》2012年第3期。
[6] 参见〔英〕亚当·斯密:《国富论》(下卷),郭大力、王亚南译,译林出版社2011年版,第27页。

假设所蕴含的财产法中心主义的立场常常被视为整个私法相关研究证成的逻辑起点。通常认为,《法国民法典》与《德国民法典》均建构于个人主义与形式理性的基础之上。相反,家庭在私法上既非权利的主体亦非权利的客体,长期以来家庭法领域的"伦理人"受到人们有意或无意的忽略,被认为是属于超个人主义式的产物。[1] 其二,在立法技术上,财产法规制客观化的商品与货币关系,是对个人自由的极大扩张,通常不以道德为出发点。民法典可以从市场关系中抽象出一般规则,而将家庭生活关系的法律化难度较大,民法典对家庭关系的调整范围相当有限,亲属成员之间血浓于水的情感并不在其内。家庭成员之间的身份关系只能被处理为成员之间的财产关系,通过设置亲权、监护义务、抚养扶养赡养义务等方式予以规范。[2] 其三,由于大家庭逐渐解体,加之受计划生育政策和人员快速流动因素的影响,直系血亲之外的伦常关系与传统社会已经不可同日而语,即使是近亲属之间的伦常关系,也已经深受契约性的互惠关系的渗透和影响。[3] 其四,通常认为,与契约自由相比,婚姻家庭的自治具有明显的限度。自然人一旦决定进入婚姻家庭,家庭法领域则以大量不可选择的强行性规范,试图将人们的婚姻家庭生活引入公共秩序、善良风俗的轨道而被法律加以定型。因此在婚姻家庭法领域适用的是"类型强制原则"。[4] 然而,随着经济与社会的发展进步,婚姻家庭领域的契约自由思想得到前所未有的认同,相应地传统伦理观念则受到削弱。

二、婚姻家庭编在家庭伦理上"再家庭化"的成因及规范形式

然而,近年来,家庭和家庭文明建设由边缘向中心移动,使得家庭文明建设重新成为我国社会理论研究的重要课题。[5] 全球化的发展使家庭在人力资本培育中的基础性作用得以凸显。国家竞争力在全球化的进

---

[1] 例如,〔日〕星野英一:《私法中的人》,王闯译,中国法制出版社2004年版,第1页及以下;又如谢鸿飞:《现代民法中的"人"》,载《北大法律评论》(第3卷第2辑),法律出版社2001年版。前者限定了以财产法为中心;后者并未涉及家庭法中的人。

[2] 参见谢鸿飞:《中国民法典的生活世界、价值体系与立法表达》,载《清华法学》2014年第6期。

[3] 参见熊秉元:《正义的成本:当法律遇上经济学》,东方出版社2014年版,第36页。

[4] 参见〔德〕卡尔·拉伦茨:《德国民法通论》(下册),王晓晔等译,法律出版社2003年版,第435页。

[5] 参见朱明哲:《毁家建国:中法"共和时刻"家庭法改革比较》,载《中国法律评论》2017年第6期。

程中日益重要,而人力资本是国家竞争力的重要的构成部分,这使家庭教育被注入了关乎国家竞争力的新的社会内涵。在现代化的过程中,家庭承担了的社会保障功能和福利功能,提升了家庭的重要性。例如,我国许多地区提出的居家养老模式;疫情期间的居家隔离、居家办公和学习等,都使人们认识到家庭的在国计民生中的重要性已大大提升。家庭在现代社会仍然是人们繁衍生息、情感交流的重要场所。家庭是所有文明的基础,而浸透在人伦日用之中的家庭教育是个人社会化以及个人认同的基础。通过家庭教育灌输的伦理道德既有利于强化家庭的稳定,也可以增进文化传承的力量。[1] 家庭承载法治和道德观念与组织社会秩序中的社会作用重新得到凸显,并成为民法学者的共识。[2] 实质上,私法上的"非伦理性"只是市场经济的伦理体现,不但不具有家庭道德建设的功能,而且还易导致将财产性的利益交换原则处理为所有人际交往的基准类型。婚姻家庭法异于财产法的"例外论"为国家保障婚姻家庭和向家庭灌输道德观念提供了支持。

党的十八大以来,加强家庭文明建设与家庭伦理已经越来越受到国家与社会的重视。我国传统文化的个性突出表现为家在传统社会中处于特殊地位,传统文化是以家文化为核心,因而我国自古以来就重视家庭教育及家风、门风等家族制度的建设。[3] 婚姻家庭法是传统伦理与现代法理共治的重要场域。德法互补、共治是我国古代国家治理的成果经验,也是历史发展在法律上的体现。[4]《民法典》婚姻家庭编在很大程度上承担了"再家庭化"的重任,立法者在其中注入了"树立优良家风"的精神内核,强调在家庭中培育个体的德性。家风系指家庭文明建设所形成的立身之本、处世之道、伦理观念以及道德风尚的总称。[5]《民法典》第1043条规定"树立优良家风,弘扬家庭美德,重视家庭文明建设",同时明确规定"夫妻应当互相忠实,互相尊重,互相关爱;家庭成员应当敬老爱幼,互相帮助,以维护平等、和睦、文明的婚姻家庭关系"。这体现了国家对家庭成员维护家庭和家庭感情的教化和伦理要求,该条是《民法典》婚姻家

---

[1] 参见肖瑛:《"家"作为方法:中国社会理论的一种尝试》,载《中国社会科学》2020年第11期。
[2] 参见王轶:《民法典的立法哲学》,载《光明日报》2016年3月2日,第14版。
[3] 参见梁漱溟:《中华文化要义》,上海人民出版社2011年版,第17页。
[4] 参见张晋藩:《论中国古代的德法共治》,载《中国法学》2018年第2期。
[5] 参见王歌雅:《民法典婚姻家庭编的价值阐释与制度修为》,载《东方法学》2020年第4期。

编编纂践行社会主义核心价值观的典型体现。但是从体系上与立法目的角度看,该条则是第1041条第1款"婚姻家庭受国家保护"原则的重要表现,这不仅有助于弘扬中华传统美德的国家治理目的,而且符合民众的切实利益与情感期待,有利于维护婚姻家庭的和谐与稳定,从而将家庭成员培养成为人格独立、平等和自由的公民。

三、婚姻家庭编德法共治的具体表达与规范阐释

近年来,个人离婚率上升、结婚率下降、夫妻"婚外情"的比例不断上升,有关家庭财产、子女抚养与父母赡养等纠纷频发,家庭的传统功能被不断削弱,是受市场因素、多元观念、社会矛盾等综合因素交织的结果。[1] 在此背景下,《民法典》婚姻家庭编将"婚姻家庭受国家保护"作为重要原则并强调德法共治,共同发挥法律规范与伦理道德的社会治理功能就显得尤为重要。

在现代化的进程中,传统与现代并非截然对立,社会的发展进步需要弘扬优良的历史和文化传统。婚姻家庭编既要注重保障公民的人格尊严和自由,完善婚姻家庭的权利体系;又要重视和维护健康文明、和谐有序的家庭伦理观念,弘扬家庭美德,维护婚姻家庭秩序,促进社会公正。在现代社会,"每个人都被视为目的本身而存在"(康德语),个人不再是他人意志的工具,该法则为判断道德是非提供了一项普遍原则。[2] 因此,与人格尊严和自由相悖的传统伦理道德,不可避免地会被抛弃。婚姻家庭法是法律评价与道德评价相结合的重要领域,有利于实现德法共治。[3]《民法典》第1041条第1款与第1043条所形成的体系脉络与意义关联,其宗旨在于追求家庭共同体的完整和睦、家庭成员在情感与利益上的互利互助与个人尊严、自由与幸福的自我实现之间的平衡。主要表现在以下方面:(1)《民法典》第1045条和第1050条以法定亲属类型和近亲属共同居住生活为依据,确定了家庭成员身份。(2)第1015条规定,自然人除特定情形外,应随父姓或者母姓氏,目的也在于维系家在法律上

---

[1] 参见王歌雅:《〈民法典·婚姻家庭编〉的编纂策略与制度走向》,载《法律科学(西北政法大学学报)》2019年第6期。

[2] 参见〔英〕史蒂文·卢克斯:《个人主义》,阎克文译,江苏人民出版社2001年版,第117页。

[3]《最高人民法院关于深入推进社会主义核心价值观融入裁判文书释法说理的指导意见》第1条规定:"一、深入推进社会主义核心价值观融入裁判文书释法说理,应当坚持以下基本原则:(一)法治与德治相结合……"

和情感上的连续性。(3)第1084条规定离婚后的父母子女关系依然不变,离婚后,子女无论由父或者母直接抚养,仍是父母双方的子女。(4)第1062条第1款第2项规定生产、经营、投资的收益属于夫妻共同财产,使夫妻共同财产的基础更为厚实,更有利于维护和睦的夫妻关系。(5)第1059条规定夫妻有相互扶养的义务;第1067条规定未成年子女或者不能独立生活的成年子女,有要求父母给付抚养费的权利,缺乏劳动能力或者生活困难的父母,有要求成年子女给付赡养费的权利。体现了婚姻家庭编强化夫妻互相关爱、家庭成员尊老爱幼的道德价值理念。(6)第1077条新增离婚冷静期的规定,既体现了法律父爱主义,又彰显了立法者对婚姻稳定的期待。[1] (7)第1079条第3款规定的过错离婚制度,包括重婚或者与他人同居,实施家庭暴力或者虐待、遗弃家庭成员,赌博、吸毒等恶习屡教不改等情形。第1091条将对婚姻忠诚、和睦的伦理义务纳入离婚损害赔偿之中。

《民法典》第1041条第1款作为婚姻家庭编的基本原则,第1043条该原则的具体表现,本身不属于裁判规范。[2] 两者的规范意义在于:第一,完善婚姻家庭编的内在价值体系。"树立优良家风"作为"婚姻家庭受国家保护"原则的具体表现,可以与婚姻自由、一夫一妻与男女平等原则一道完善婚姻家庭的内在价值体系的构建[3];第二,对于蕴含"树立优良家风"条款的法律规范的法律适用,《民法典》第1041条第1款与第1043条可以作为案件裁判的重要的价值判断标准,以实现法律原则与规范的一致性;第三,可以发挥弥补法律漏洞的功能。例如,《民法典》第1086条仅规定离婚后父母对于子女的探望权,而未规定"隔代探望权"。从有利于未成年人健康成长、有利于亲属建立感情融和的角度,可以允许老人进行隔代探望。

---

[1] 参见谢鸿飞:《〈民法典〉中的"国家"》,载《法学评论》2020年第5期。
[2] 《民法典婚姻家庭编司法解释(一)》第4条规定:"当事人仅以民法典第一千零四十三条为依据提起诉讼的,人民法院不予受理;已经受理的,裁定驳回起诉。"
[3] 参见张力:《"优良家风"写进民法典的法治意义》,载《检察日报》2020年1月8日,第7版。

第三节　婚姻家庭编家庭本位与个体自由的兼容

一、婚姻家庭法价值本位的嬗变

在传统社会,家庭系依据婚姻和血缘关系而形成极为重要的团体类型,长期扮演着社会基本单元的角色,并形成超越个人主义的家庭(族)本位思想。历经启蒙哲学和近代自然法论,个人主义与形式理性日益成为近代法律的价值理念。[1] 家庭本位和个人主义之间的矛盾则逐渐凸显:现代性就是"走出家",而传统主义就是"走不出家"。随着工商业的发达,个人逐渐脱离曾经隶属的身份等级共同体而实施个别化的经济活动,个人对家庭(族)共同体的依附关系逐渐减弱,并将伦理建立在个人主义的基础之上,从而为普遍主义的经济伦理标准提供了可能性,为市民社会在欧洲的产生和壮大创造了关键性的精神和心理基础。[2] 个人愈少受到共同体意志尤其是家族的约束,他们就愈可作为自由的主体,相互之间按照契约关系将各不相同的功能组合在一起构成新的社会系统。[3]

自20世纪以来,工业化和城市化的扩张在全球范围内推动了家庭结构的转变。[4] 核心家庭大量形成,职业女性的人数在近几十年大幅度增加。传统的"家庭主妇"婚姻模式逐渐消解,"职业妇女"婚姻模式演变成重要类型。[5] 传统家庭在诸多方面呈现去功能化的趋势,如生产、经营活动就由效率更高的市场或其他组织取而代之。[6] 到20世纪下半叶,欧洲各国已经承认家庭中妻、夫和子女的个体性和与此相连的自治和契

---

[1] 参见陈聪富:《韦伯论形式理性之法律》,载许章润主编:《清华法学》(第二辑),清华大学出版社2003年版,第23页。

[2] 参见〔奥〕欧根·埃利希:《法社会学原理》,舒国滢译,中国大百科全书出版社2009年版,第178页。

[3] 参见〔德〕费迪南·滕尼斯:《共同体与社会》,林荣远译,商务印书馆1999年版,第71页。

[4] E. Nathaniel Gates, Bondage, *Freedom and the Constitution: The New Slavery Scholarship and Its Impact on Law and legal Historiography*, Cardozo law Review, Vol. 18, Part II, 1996, p. 863.

[5] 〔英〕安东尼·吉登斯、〔英〕菲利普·萨顿:《社会学》(第五版),赵旭东等译,北京大学出版社2015年版,第404页。

[6] 参见〔美〕加里·S.贝克尔:《家庭论》,王献生等译,商务印书馆2014年版,第421页。

约架构。[1] 个人主义在整体上正在转变成一种人类的唯一性的现代观念，而大多数当代法律都直接地体现了这种观念。[2] 依据个人主义理念，作为生产团体的家庭被溶解为家庭元素，这在经济上亦属合理。[3] 依据西方自由主义的主流价值观，个人不再是家庭的成员而是自主的个体，个人和国家的关系取代了家庭共同体与国家的关系。[4] 例如，在德国家庭法领域，占统治地位的是个体主义思想，家庭首先表现为成员互相主张的各种权利，其次才是一个整体。[5] 尽管如此，"家"在西方自由主义社会理论中仍有位置。个人主义是枢纽性的但并非自足的价值，现代性仍然需要"家"的扶助，承托起普通人无法割舍的情感依恋、互惠与利他主义诉求，构成人们理解个人主义和现代性的重要载体。[6]

二、我国婚姻家庭编的价值本位

中国传统文化不可能独立产生作为现代性核心的个人观念。[7] 韦伯在对比古代文明类型的基础上，认为我国古代是独特的家产官僚制社会：一方面是理性主义的官僚制，另一方面是传统主义的家产制。[8] 这是一个悖论性的支配模式，"家"以多种形式对官僚制的渗透和浸润，构成两千余年中国社会循环往复的基本结构。我国传统的家庭结构所蕴含家庭本位和集体主义的理念，不仅构成政治国家的意识形态载体之一，也是家庭财产法的重要价值基础。我国古代家庭（族）的生活样式可以概

---

[1] 参见〔德〕罗尔夫·克尼佩尔：《法律与历史：论〈德国民法典〉的形成与变迁》，朱岩译，法律出版社 2003 年版，第 103 页。

[2] L. M. Friedman, *The Republic Choice: Law, Authority, and Culture*, Harvard University Press, 1990.

[3] 参见〔德〕古斯塔夫·拉德布鲁赫：《法哲学》，王朴译，法律出版社 2013 年版，第 171 页。由于个体存在相互交往的需求，因此个人主义并不排斥个体之间的共同合作。参见熊丙万：《私法的基础：从个人主义走向合作主义》，载《中国法学》2014 年第 3 期。

[4] Maxine Eichner, *The Supportive State: Families, Government, and America's Political Ideals*, New York: Oxford University Press, 2010.

[5] 参见〔德〕迪特尔·施瓦布：《德国家庭法》，王葆莳译，法律出版社 2010 年版，中文版序，第 3 页。

[6] 参见肖瑛：《"家"作为方法：中国社会理论的一种尝试》，载《中国社会科学》2020 年第 11 期。

[7] 参见金观涛、刘青峰：《观念史研究：中国现代重要政治术语的形成》，法律出版社 2009 年版，第 178 页。

[8] 参见〔德〕马克斯·韦伯：《宗教社会学：宗教与世界》，康乐、简惠美译，广西师范大学出版社 2011 年版，第 320—326 页。

括为"家族共产制"亦即"着眼于维持家计"的"同居共财",这一制度渊源反过来强固血缘这一中国式的自然法。[1]

近几十年来,随着城市化和工业化的深度推进,乡土社会解体导致家庭退出社会体系主导地位,其所遗留下的真空则由工商社会基础上形成的"个人"逐步填补。重视权利和自我实现的个人主义思想迅速在我国社会兴起。[2] 市场经济及其工具理性日益渗透至婚姻家庭关系的内容,个人主义价值观在婚姻家庭关系的影响得到前所未有的增强。当代婚姻家庭关系存在着"团体主义"与"个人主义"两种理念:前者强调家庭共同体的维护,以感情、理想作为婚姻家庭生活的本质;后者注重个人幸福的保障,以经济状况作为衡量婚姻家庭关系是否实惠和实在的基础。关于我国婚姻家庭法的价值本位,理论上认识不一,具体而言:其一,婚姻家庭应当遵循私法整体意义上的个人主义本位。该观点通常从私法的整体出发,认为作为民法基本原则的意思自治所保障的是个人自由而非集体自由,无论是所有权自由、契约自由还是婚姻自由、遗嘱自由,它们都是个人自由在私域的具体展开与呈现。[3] 其二,个人权利为基础的家庭本位。婚姻家庭法必须矫正现代社会对家庭功能的扭曲,家庭内个人权利的平等本来就与传统家庭价值相抵触,应当在着重个人的权利、平等、自由以及个人长进的基础上,同时提升家庭团体精神价值,后者系基于家庭团体认同下的互助关怀。[4] 其三,个人独立下的团体本位。婚姻家庭的核心价值是关爱、责任、互惠、利他、奉献,而非追求经济利益最大化。婚姻家庭法的价值选择是人格独立下的团体主义,在保障个人利益的同时要维护婚姻家庭关系的稳定、幸福和安宁,实现婚姻家庭维持人伦秩序的圆满维持,实现家庭幸福安宁、实质正义与弱者保护功能。[5]

现代私法上以工具理性与个人主义为基础的"人"与我国社会中的家庭本位之间的矛盾,实质是《民法典》之中处于主导地位的财产编与婚姻家庭编之间在价值理念上的差异。我国《民法典》婚姻家庭编应当采

---

[1] 参见[日]滋贺秀三:《中国家族法原理》,张建国、李力译,商务印书馆2013年版,第65—77页。
[2] 参见易军:《私人自治与私法品性》,载《法学研究》2012年第3期。
[3] 参见易军:《私人自治的政治哲学之维》,载《政法论坛》2012年第3期。
[4] 参见曹贤信:《亲属法在民法典定位中的价值取向难题之破解与对策》,载《华中科技大学学报(社会科学版)》2014年第4期。
[5] 参见夏吟兰:《婚姻家庭编的创新和发展》,载《中国法学》2020年第4期。

取兼顾个人尊严、自由与团体主义的价值本位。主要理由在于:(1)个人主义方法论是分析现代民法的重要工具。《民法典》婚姻家庭编在个人主义的基础上注重个体的幸福,可以增加并优化该编与《民法典》财产编之间的共性。然而不可否认的是,由于深受传统社会价值体系的影响,我国婚姻家庭法上个人自由的空间历来并不宽松。从古代的家族本位向近现代的个人本位发展演变的过程中,个人价值和个人自由仍然呈现出渐趋彰显得清晰态势。(2)随着城市化和工业化的深度推进,我国的家庭结构并非以线性化的方式演进。尽管总体上我国家庭结构趋于小型化。现代化、城市化背景下我国民众婚育观念和选择的多元化似乎在撼动传统大家庭,然而年轻夫妇在城市化进程中所面临的抚幼、购房、家庭团聚(祖孙三代)的需求,在很大程度上依赖于传统大家庭来化解,因而与家庭结构小型化并存的是传统大家庭在近年来的相对稳定。[1] 家庭在应对老龄化社会的现实养老等问题上仍然具有独特且重要的功能,通过政府、市场等系统与家庭的合作关系可以使中国绵延千载的传统养老文化得以传承与进化。[2] (3)个人主义的价值取向与家庭主义之间并非完全对立,而是可以兼容。"家"作为个体生命存在的完整形态包含了个人所追求的自由和幸福的价值,两者是相互依存的对立统一体。[3] 以"家"为方法检视权利和利益等个人主义观念、市场理性和工具主义对于中国人的家庭观念和实践的再生产机制和效果,并在婚姻家庭编对作为民法典基本价值取向的私法自治进行必要的限制,以实现个人利益与家庭利益之间的衡平。[4]

《民法典》总则编强调意思自治原则(第5条),婚姻家庭编又规定"婚姻家庭受国家保护"原则(第1041条第1款),并强调家风建设、夫妻互相忠实以及家庭成员之间敬老爱幼、互帮互助等,表明婚姻家庭编维系和兼容家庭的团体属性与个人自由的立法思路。然而,在价值层面上并不能笼统地得出《民法典》婚姻家庭编对婚姻家庭共同体的保护是由于

---

[1] 参见汪建华:《小型化还是核心化?——新中国70年家庭结构变迁》,载《中国社会科学评价》2019年第2期。
[2] 参见彭希哲、胡湛:《公共政策视角下的中国人口老龄化》,载《中国社会科学》2011年第3期。
[3] 参见张龑:《论我国法律体系中的家与个体自由原则》,载《中外法学》2013年第4期。
[4] 参见肖新喜:《论民法典婚姻家庭编的社会化》,载《中国法学》2019年第3期。

个人的自由的结论,对此应当结合法律规范的目的具体分析。[1]

三、我国婚姻家庭编价值理念的规范阐释

《民法典》婚姻家庭编是在尊重个人尊严和自由的基础上维护家庭团结与和睦的规范,主要表现如下:(1)结婚与离婚条件更加强调意思自治原则。《民法典》(第1053条)删除禁止"患有医学上认为不应当结婚的疾病"者结婚的规定[原《婚姻法》第7条第(二)项]。增设一方婚前患有严重疾病但在结婚登记前不告知对方作为可撤销婚姻的事由,受欺诈方可以向人民法院请求撤销该婚姻,表明立法者对当事人婚姻自主权的尊重。为避免离婚案件"久调不判",第1079条新增"经人民法院判决不准离婚后,双方又分居满一年,一方再次提起离婚诉讼的,应当准予离婚",以保障当事人的离婚自由。(2)设立离婚冷静期(第1077条),确保夫妻双方协议离婚的决定是出于真实的意愿和审慎考虑后的结果,也有利于保障未成年子女的最佳利益。体现了立法者在离婚自由、防止轻率和冲动离婚与维护家庭稳定之间进行适当平等的价值取向。但是,有证据表明一方存在家庭暴力、虐待、遗弃等行为,可以免除离婚冷静期的适用。[2] (3)生育权重新归属于家庭。因近年来人们生育观念日益多元化,夫妻之间的生育权冲突可能加剧。司法实践中否认有关生育权的侵权责任,而是将该纠纷纳入法定离婚事由[《民法典婚姻家庭编司法解释(一)》第23条]。(4)《民法典》新增日常家事代理权作为夫妻共同生活的基础,肯定了夫妻双方对日常家庭生活相关事项都享有平等的家事决定权,有利于维护夫妻和家庭的团结与和睦。(5)通过离婚时的财产分配制度保障夫妻和家庭成员的和睦和团结。离婚时,夫妻共同财产的分割判决依据照顾子女、女方和无过错方权益的原则判决(第1087条第1

---

[1] 例如,根据《民法典》第1001条的规定,身份权的保护可以依据其性质参照适用人格权保护的相关规定。由此产生的问题是,如果第三人侵害他人婚姻关系,无过错方能否依据向第三人主张夫妻身份权遭受侵害的损害赔偿责任? 我国司法审判实务通常对受害人向第三人主张侵权损害赔偿持否定态度,因为建立在个人自由基础之上的婚姻共同体并不具有阐释排他效力的夫妻身份权的效力,其基于特定的人伦秩序,仅仅具有对内效力。这属于比较法上的趋势。参见孙维飞:《通奸与干扰婚姻关系之损害赔偿——以英美法为视角》,载《华东政法大学学报》2013年第3期。

[2] 参见杨立新、蒋晓华:《对民法典婚姻家庭编草案规定离婚冷静期的立法评估》,载《河南社会科学》2019年第6期。

款);夫妻一方因养老育幼、协助另一方工作等负担较多义务的,离婚时可以请求另一方补偿(第 1088 条);离婚时无过错方有权请求损害赔偿,并新增"其他重大过错"作为兜底条款(第 1091 条)。(6)《民法典》采取婚后所得共同制作为法定的夫妻共同财产制,并明确区分夫妻共同财产(第 1062 条)与夫妻个人财产(第 1063 条),并将投资的收益明确写入夫妻共同财产,扩大了夫妻共同财产的范围,并规定"夫妻对共同财产,有平等的处理权"(第 1062 条)。然而,《民法典婚姻家庭编司法解释(一)》第 26 条规定:"夫妻一方个人财产在婚后产生的收益,除孳息和自然增值外,应认定为夫妻共同财产。"但是,收益与孳息两个概念难以区分。因夫妻一方婚前财产的自然增值与非投资经营性收益(例如,银行存款与不动产增值部分)与另一方配偶的贡献无关,将其排除在"投资的收益"之外作为夫妻个人财产,符合人们的正义观念;相反,股票、基金、租金等具有风险性的投资收益,通常离不开另一方配偶的帮助和支持,应当作为"投资的收益"属于夫妻共同财产。[1] 这样解释亦符合婚姻家庭编维护夫妻团结与和睦的价值取向。(7)夫妻共同财产系夫妻共同生活的重要物质基础,婚姻关系存续期间,通常不得通过诉讼方式请求分割夫妻共同财产,以维护家庭的团结。但是一方具有严重损害赔偿共同财产利益的行为或者不同意支付相关医疗费用的情形除外(第 1066 条)。(8)《民法典》在夫妻共同债务与个人债务的认定上(第 1064 条),确立了"个人债务推定"规则,除非债权人举证证明债务的负担系基于双方的共同意思表示或用于夫妻的共同生活或者共同生产经营,否则均为个人债务。这倾向于有利于举债方配偶的个人利益,并兼顾债权人的利益与夫妻共同体的维护。然而,《民法典》并未涉及夫妻一方侵权之债究竟属于夫妻共同债务还是个人债务的问题,可以将该行为是否在社会观念上认为是为家庭共同体增益而实施作为判断标准。(9)《民法典》规定夫妻共同债务应当共同偿还,共同财产不足以清偿的则取决于夫妻协商与法院判决(第 1089 条)。但该条并未规定夫妻共同债务的清偿方式。在夫妻"共债共签"与单方为家庭日常生活所负债务的情形,由夫妻双方承担连带清偿责任;但在用于夫妻共同生活、共同生产经营所负债务以及单方侵权之债情形,夫妻共同债务的责任财产同样仅包括举债方的个人财产和夫妻共同财产,

---

[1] 参见冉克平:《夫妻财产制度的双重结构及其体系化释论》,载《中国法学》2020 年第 6 期。

不包括举债方配偶的个人财产。[1]

第四节　婚姻家庭编国家管制与家庭自治的平衡

一、家庭自治在现代家庭法领域的勃兴

近代以来，随着西方资本主义制度的逐步确立，"从身份到契约"的运动使民事主体平等、意思自治原则成为市民社会法律秩序的基础。私人自治原则被奉为民法的圭臬，是"个人通过其意思自主形成法律关系的原则"[2]。私法自治原则系存在一个由国家法律的给定范围内，使私人的自由意志借国家的力量提供保护并予以实现。[3] 婚姻自由与收养自由均以创设、解除夫妻关系与亲子关系为目的，而家庭自治指在家庭内部，夫妻以及家庭成员之间基于平等、自由的价值理念处理私人和家庭生活事务的并得到法律尊重的自由。与婚姻自由、收养自由相比，家庭自治具有更为丰富的内涵和适用领域。《欧洲人权公约》第8条第1款规定"人人有权享有使自己的私人和家庭生活得到尊重的权利"。20世纪末美国一些州赋予夫妻通过订立婚姻契约来对包括离婚在内的事情作出预先安排，并且尽力维护婚姻关系协议的效力，这表明契约自由逐渐向婚内事务扩张的趋势。[4]

我国1980年颁布的《婚姻法》、2001年修正的《婚姻法》以及2020年《民法典》婚姻家庭编均是以不断扩大个人的自由权利、完善家庭自治为立法理念。随着经济与社会的进步，人们不断地趋向于有目的地强调婚姻双方在人身和财产关系中的契约思想，与不平等的家长制结构相比，夫妻和家庭关系的契约化本身意味着理性与自由主义的擢升。契约的概念在现代婚姻法中已经从单纯的婚姻缔结扩展到婚姻生活的内容、婚姻的终止等各个方面，法律对婚姻家庭生活强制的减少与契约之债的扩张互为表里。现代家庭关系中的婚姻形象是平等的伴侣型婚姻，这种平等的

---

[1] 参见朱虎：《夫妻债务的具体类型和责任承担》，载《法学评论》2019年第5期。
[2] 〔德〕维尔纳·弗卢梅：《法律行为论》，迟颖译，法律出版社2013年版，第2页。
[3] 参见〔德〕迪特尔·施瓦布：《民法导论》，郑冲译，法律出版社2006年版，第298页。
[4] 参见邓丽：《婚姻法中的个人自由与社会正义——以婚姻契约论为中心》，知识产权出版社2008年版，第92页。

伴侣型婚姻包含夫妻人格独立、个人自治和分工合作等特征。依据《民法典》的规定，夫妻双方都有各自使用自己姓名的权利，以及参加生活、工作、学习和社会活动的自由。在夫妻财产法上，契约自由得到广泛的适用，从单一的法定共同财产制到法定财产制与约定财产制并立，夫妻共同决定其财产状况的自由权利不断扩大。在登记离婚中，当事人就离婚、子女的抚养、财产分割等问题达成一致，经一个月的离婚冷静期，即可通过婚姻登记机关解除婚姻关系。在离婚的救济上，经济帮助权、家务劳动补偿权、离婚损害赔偿等制度均以当事人一方的请求为前提，体现以意思自治为原则的自我处分。家庭关系包括夫妻关系、未成年的亲子关系以及其他家庭成员之前的关系。因为夫妻关系、其他家庭成员之间的关系在形式上是平等的，因此是家庭自治适用的主要领域。然而，父母与未成年子女之间属于"民事屈从关系"，双方并不具备平等的要素，不可能亦无必要实现平等。[1]

二、婚姻家庭领域的国家管制及其限度

家庭自治在婚姻家庭领域勃兴的同时，国家公权力强化了对家庭自治领域介入的力度。我国《宪法》第 49 条第 1 款规定"婚姻、家庭、母亲和儿童受国家的保护"。从基本权利体系的角度看，这表明妇女、儿童等属于受国家保护的特定主体。[2]《民法典》婚姻家庭编第 1041 条第 3 款规定"保护妇女、未成年人、老年人、残疾人的合法权益"。婚姻家庭权利既是公民的基本权利亦是民事权利，国家应当最大限度地对家庭这一社会机制的保障目标，保护家庭中妇女、儿童等弱者的合法权益。[3] 在体系上，该条第 3 款是第 1 款"婚姻家庭受国家保护"原则的具体表达。

国家对婚姻家庭领域的干预和管制源于两个方面的原因。一方面，夫妻与家庭成员之间力量存在强弱结构。在婚姻家庭内部，家庭成员之间实力强弱的差异非常普遍。因为受制于伦理道德因素，尽管与财产法上的消费者/生产者、劳动者/雇佣者等市场关系有所不同，但是矫正自由主义的流弊，则是现代民法的共同目标。国家介入婚姻家庭领域并非以

---

[1] 参见徐国栋：《论民事屈从关系——以菲尔麦命题为中心》，载《中国法学》2011 年第 5 期。
[2] 参见胡锦光、韩大元：《中国宪法》（第四版），法律出版社 2018 年版，第 280 页。
[3] 参见张燕玲：《家庭权及其宪法保障——以多元社会为视角》，载《南京大学学报（哲学·人文科学·社会科学版）》2011 年第 4 期。

财产为对象,而是以家庭中的权威和实力为对象。通过国家的强力介入,使家庭成员养成独立和平等的观念。[1] 另一方面,婚姻家庭关系自身具有动态性与复杂性。婚姻家庭关系可能涉及外部环境(例如,疾病或工作状况、子女的出生)以及内部关系(例如,情感、个性、偏好等)的变化。由于夫妻和家庭成员对于未来的变化会作出怎样的调整难以预测,因而很难通过充分议价而缔结公平的人身或财产契约。有必要从实质公平的角度出发,对婚姻家庭领域的自治行为进行管制。[2] 简言之,通过协调婚姻家庭编"他治"与"自治"的关系,是为实现婚姻家庭成员利益的平衡,以有效保护妇女、儿童、老人合法权益,维护婚姻家庭关系的稳定。国家对婚姻家庭关系的管制,可以称为"婚姻家庭法的公法化"。[3] 国家对婚姻家庭的干预与管制是私法公法化在民事身份法中的具体表现,从而使婚姻家庭法兼具私法与公法属性。[4]

《民法典》婚姻家庭编的"国家管制"有两种方式:国家权力干预的他治与社会权力介入的他治。国家权力干预系指通过强制性规范干预家庭自治行为,是对家庭自治的强限制。例如,"子女应当尊重父母的婚姻权利,不得干涉父母离婚、再婚以及婚后的生活"(《民法典》第1069条);离婚救济制度中的家务劳动补偿规则,不再以夫妻分别财产制为前提(第1088条),促进了形式平等与实质正义。[5] 为保护未成年人的合法权益,扩大被收养人范围(第1093条),明确规定"收养应当遵循最有利于被收养人"和"禁止借收养名义买卖未成年人"(第1044条),规定收养人"无不利于被收养人健康成长的违法犯罪记录"的前提条件(第1098条)等;预防和制止家庭暴力行为,明确反家庭暴力是国家、社会和每个家庭的共同责任,国家禁止任何形式的家庭暴力(《反家庭暴力法》第3条)。社会权力介入是指妇女联合会、居民委员会、村民委员会等行使社会权力的社会组织依法介入婚姻家庭关系,是对家庭自治的弱限制。社会权力可以充分利用人情、村规民约,以及家庭道德风俗等非正式约束来消除当事人之间的对立情绪、化解家庭矛盾等方式介入家庭自治,预防侵害妇

---

〔1〕 参见谢鸿飞:《〈民法典〉中的"国家"》,载《法学评论》2020年第5期。
〔2〕 参见〔德〕凯塔琳娜·博埃勒-韦尔基等主编:《欧洲婚姻财产法的未来》,樊丽君等译,法律出版社2017年版。
〔3〕 参见夏吟兰:《民法分则婚姻家庭编立法研究》,载《中国法学》2017年第3期。
〔4〕 参见薛宁兰、谢鸿飞主编:《民法典评注·婚姻家庭编》,中国法制出版社2020年版,第10页。
〔5〕 参见王歌雅:《民法典婚姻家庭编的价值阐释与制度修为》,载《东方法学》2020年第4期。

女、儿童以及老人等家庭侵权行为的发生。[1]

《民法典》婚姻家庭编以家庭为本位，团体主义色彩浓厚，因此须对婚姻家庭领域的家庭自治设置较多的限制。国家公权力或者社会权力对婚姻家庭关系既要适度介入，保障家庭成员的基本权利，又要尊重个人对婚姻家庭生活的自我决定权，给家庭自治以适当的空间，这亦是"婚姻家庭受国家保护"原则的重要方面。[2] 国家对婚姻家庭关系的管制必须遵循以下规则：一是法律保留原则，即国家对家庭生活事务干预须具有法律上的依据；二是比例原则，即国家干预在时机、方式与程度上须与保护弱者权益的需要相对称，不能过度干预。[3]

三、结论

婚姻家庭法是最能体现民族文化的固有法。尽管自20世纪初以来，在舶来的个人主义和自由主义思潮影响下，家庭结构和模式、传统的家国关系频受挑战，"家庭革命"甚嚣尘上。但是，作为"文化—心理结构"的"家"并没有被根本撼动，反而自觉不自觉地成为重建个人主义、自由主义和其他思想的重要依据和价值基础。《民法典》第1041条新增"婚姻家庭受国家保护"原则，并置于该编原则之首，实质上是新时代背景之下婚姻家庭编对于我国重视"家庭"的传统文化观念的回应和反映。

我国《宪法》第49条第1款规定的"婚姻、家庭、母亲和儿童受国家的保护"并非空泛的国家任务的规定，其表达婚姻家庭作为基本权利的法律地位。该条不仅为我国公法与私法领域有关婚姻家庭制度的立法与阐释提供了价值判断标准，而且表明国家有义务尊重和保障婚姻自由、生育自由、人身自由与夫妻在家庭领域享有的各项私人决定的自由。《民法典》第1049条第1款系将我国《宪法》第49条规定的基本权利所蕴含的意涵和价值注入民法之中，在实践层面实现民法所承担的部分"宪法功能"。

---

[1] 参见肖新喜：《论民法典婚姻家庭编的社会化》，载《中国法学》2019年第3期。

[2] 《欧洲人权公约》第8条第2款规定："公共机构不得干预私人和家庭生活自由权利的行使，但是，依照法律规定的干预以及基于在民主社会中为了国家安全、公共安全或者国家的经济福利的利益考虑，为了防止混乱或者犯罪，为了保护健康或者道德，为了保护他人的权利与自由而有必要进行干预的，不受此限。"

[3] 参见宋豫主编：《国家干预与家庭自治：现代家庭立法发展方向研究》，河南人民出版社2011年版，第11页。

《民法典》婚姻家庭编中的"婚姻家庭受国家保护"条款属于法伦理原则，与婚姻自由、男女平等、一夫一妻等原则一同形成婚姻家庭编的"内在体系"。该原则既立足于我国新时代婚姻家庭的价值形态与基本结构，又体现了婚姻家庭法在社会发展与变化中的成长性，反映了立法者对于婚姻家关系中的传统伦理与现代法理、家庭本位与个体自由、国家管制与家庭自治等理念的贯彻与平衡。具体而言：

第一，家庭伦理与现代法理的共治。在现代化的进程中，传统与现代并非截然对立，社会的发展进步需要弘扬优良的历史和文化传统。婚姻家庭编既要注重保障公民的人格尊严和自由，完善婚姻家庭的权利体系；又要重视和维护健康文明、和谐有序的家庭伦理观念，弘扬家庭美德，维护婚姻家庭秩序，促进社会公正。从体系上与立法目的角度看，《民法典》第1043条规定"树立优良家风"条款是第1041条第1款"婚姻家庭受国家保护"原则的重要表现，其宗旨在于追求家庭共同体的完整和睦、家庭成员在情感与利益上的互利互助与个人尊严、自由与幸福的自我实现之间的平衡。

第二，家庭团体与个人主义的兼容。现代私法上以工具理性与个人主义为基础的"人"与我国社会中的家庭本位之间的矛盾，其实质是《民法典》之中处于主导地位的财产编与婚姻家庭编之间在价值理念上的差异。《民法典》婚姻家庭编规定"婚姻家庭受国家保护"原则（第1041条第1款），并强调家风建设等伦理道德，表明婚姻家庭编维系和兼容家庭的团体属性与个人自由的立法思路。然而，在价值层面上并不能笼统地得出《民法典》婚姻家庭编对婚姻家庭共同体的保护优于个人的自由的结论，对此应当结合法律规范的目的具体分析。

第三，家庭自治与国家管制的平衡。随着经济与社会的进步，夫妻和家庭关系具有契约化的趋势，这意味着理性与自由主义的擢升。婚姻家庭自治扩张的重要表现形式是《民法典》第464条第2款，该条系针对婚姻、收养和监护等身份关系协议"参照适用"合同编的原则性规定。然而，在现代化进程中婚姻家庭编具有公法化的趋势。"婚姻家庭受国家保护"原则包含的实质正义理念为法官对有关身份关系协议进行形式控制与法律审查提供了价值基础，有利于妥当平衡家庭法领域个人的自治权与弱者获得实质公平之间的冲突。

第九章 "身份关系协议"准用《民法典》合同编的体系化释论

第一节 《民法典》第464条的法律性质与方法论意义

一、概述

《民法典》实现了家事法向民法典的回归,改变了长期以来我国《婚姻法》《收养法》各自独立发展的状态。[1]《民法典》以市场经济秩序与家庭生活世界为规范对象,其所包含的众多法条以不同的方式相互关涉,彼此交织,发生共同作用,从而形成一个体系化的规范整体。[2]《民法典》体系化的重要表现即"参照适用"条款。"参照适用"又被称为准用,旨在联结不同分编之间的法律规范的适用,对类似的法律问题适用相同的法律规范,可以补充制度和规范的缺漏并实现科学精简的结构,增强民法典内部的体系化结合。[3]

《民法典》第464条第2款系关于婚姻、收养和监护等身份关系协议参照适用合同编的原则性规定。[4] 学理上通常认为,原《合同法》第2条指明,该法主要调整财产关系,婚姻、收养和监护等身份关系协议被排除在外。[5]《民法典》第464条第2款在文义和价值取向上明显修改了原《合同法》第2条第2款的规定,使身份关系协议在婚姻家庭编没有对其作出规定的情况下可以根据其性质参照适用合同编之规定。依据《民法典》合同编第508条,身份关系协议的效力又可以进一步转致总则编的法律行为规范。《民法典》第464条第2款实质上成为架构婚姻家庭编与合同编乃至总则编的重要桥梁。

《民法典》婚姻家庭编与合同编存在价值理念与体系结构上的差异,

---

[1] 参见李拥军:《民法典时代的婚姻家庭立法的突破与局限》,载《法制与社会发展》2020年第4期;巫若枝:《三十年来中国婚姻法"回归民法"的反思——兼论保持与发展婚姻法独立部门法传统》,载《法制与社会发展》2009年第4期。
[2] 参见〔德〕卡尔·拉伦茨:《法学方法论》,黄家镇译,商务印书馆2020年版,第336页。
[3] 参见薛军:《中国民法典编纂:观念、愿景与思路》,载《中国法学》2015年第4期。
[4] 参见黄薇主编:《中华人民共和国民法典合同编解读》(上册),中国法制出版社2020年版,第15页。
[5] 参见胡康生主编:《中华人民共和国合同法释义》(第二版),法律出版社2009年版,第4页。

两者必然产生碰撞。[1] 前者呈现出浓厚的道德伦理属性,包含保护家庭弱者权益、维护家庭稳定的特殊原则,并带有一定程度的社会保障和社会公共利益的色彩。[2] 后者调整的是基于平等、自愿等原则而发生的交易关系,具有强烈的工具理性,性质上为交易法。[3] 如果说合同编形成的是法学内的实证体系,那么家庭法导向的则是法学外的、经验主义的实证体系。[4] 在《民法典》实施的背景下,如何使婚姻家庭制度既融入法典的外在体系,又贯彻法典的内在价值,对于长期独立发展的婚姻法而言,是全新的挑战。

身份关系协议是意思自治原则在婚姻家庭法领域的具体表达。现代社会中的身份关系协议形式多样,如夫妻忠诚协议、离婚财产分割协议等。通过"参照适用"条款发挥《民法典》的体系化效益,回应日益变迁的经济和社会发展需要,显得尤为重要。《民法典》第464条第2款的体系化阐释,既要充分发挥准用条款为身份关系协议提供规范供给的功能,又要避免以工具理性为核心的合同编危害植根于家庭伦理的身份共同体价值。笔者拟分析身份关系协议准用《民法典》合同编的价值基础及界限,并从身份关系协议的类型出发,阐释身份关系协议参照适用合同编以及总则编的具体规则,希冀为相关法教义学的构造略尽绵薄之力。

二、《民法典》第464条"参照适用"的法律性质

"参照适用"条款所针对的是拟处理的案型与被援引的法条所规范的案型。鉴于这两种案型在抽象的法律事实上虽不相同但类似,立法者基于平等原则,对它们作出"相应的适用",以保障实现法律评价体系的无矛盾性。[5]《民法典》第464条第2款规定的"参照适用"条款表明,法官可以将并不属于交易关系的身份关系协议参照适用实质上系交易规则的《民法典》合同编条款。该"参照适用"条款与被法官援引的《民法典》合同编乃至总则编之规范共同构成对具体的身份关系协议产生法律拘束

---

[1] 参见谢鸿飞:《民法典的外部体系效益及其扩张》,载《环球法律评论》2018年第2期。
[2] 参见肖新喜:《论民法典婚姻家庭编的社会化》,载《中国法学》2019年第3期;黄文艺:《民法典与社会治理现代化》,载《法制与社会发展》2020年第5期。
[3] 参见〔美〕E. 艾伦·范斯沃思:《美国合同法》,葛云松、丁春艳译,中国政法大学出版社2004年版,第22页。
[4] 参见刘征峰:《家庭法与民法知识谱系的分立》,载《法学研究》2017年第4期。
[5] 参见〔德〕卡尔·恩吉施:《法律思维导论》,郑永流译,法律出版社2004年版,第143页。

力的依据，属于待决争议案件的源规范。[1]"参照适用"条款属于指示参照性法条，后者包括指示适用法条、法律上的拟制条款与参照适用条款三种类型，它们均有助于梳理法条、规范乃至篇章元素之间的体系关联，使之呈现出清晰可辨的意义脉络。

《民法典》第464条第2款这一"参照适用"条款所拟处理的案型与被援引法条所规范的案型只是相似而非相同，两者存在大同中的小异，此点与指示适用性规范应适用完全相同之案型不同。基于此小异，可能需要先对被援引法条的法律效果作出必要的限制或修正，而后再适用拟处理的案型。[2] 如果拟处理的案型与被援引的法条所规范的案型高度相似，则属于法律评价相同的限定参照；反之，如果拟处理的案型与被援引的法条所规范的案型之间的差异具有法律意义，则法官仍需进行二次探寻，寻找妥当的法律效果，这属于法律效果应当适当修正的概括参照。在特定案例中，"参照适用"条款究竟属于限定参照，还是属于概括参照，应对其进行价值判断，尤其是要考察所涉及法条的规范意旨，从而作出与被援引法条的法律效果相同或者相似的结论。[3] 即使在限定参照的情形下，参照适用与指示适用也仍然采用两种完全不同的思维过程。前者系将拟处理的案型涵摄于被援引的法条规范而直接适用的结果，法律适用的确定性较高，而后者是对拟处理的案型与被援引的法条所规范的案型进行类比评价的结果。

依据《民法典》第464条第2款，身份关系协议的法律适用包括规范解释、类似性判断以及价值评判三个过程。对身份关系协议的认定属于法律解释的范畴，但是身份关系协议的类型具有开放性，不同类型之间具有较大的异质性，这无疑会增加待决案件的类型判断以及相应的参照适用。对身份关系协议与被参照适用的《民法典》合同编乃至总则编的法律行为规范的类似性判断，不仅是按照形式思维进行的逻辑操作，还是围绕身份关系协议的性质建立在《民法典》合同编和婚姻家庭编基础上的价值评价过程，包括积极确定与消极确定两个方面。一方面，法官应当依据待决身份关系协议的性质，引入并发掘具体被援引法条的规范意旨和价值基础，从而建构法律适用的大前提。必须回到被援引法条的规范意

---

[1] 参见易军：《买卖合同之规定准用于其他有偿合同》，载《法学研究》2016年第1期。
[2] 参见黄茂荣：《法学方法与现代民法》，法律出版社2007年版，第174页。
[3] 参见〔德〕齐佩利乌斯：《法学方法论》，金振豹译，法律出版社2009年版，第49页。

旨及基本思想之上，才能认识法定事实构成中哪些要素对于法定评价具有重要性以及为什么具有意义。[1] 另一方面，被援引法条的规范意旨和价值基础与《民法典》婚姻家庭编的原则以及待决身份关系协议的本质不应相互排斥。通过对被援引法条的规范意旨的考量，可以限制法官，使其在进行类似性认定时不会作出较为任意的判断。[2] 因此，参照适用兼具归纳和演绎两种方法：从身份关系协议出发，寻求被援引的合同编的相关法条，并从该法条反思性地获取规范的目的、根据和理由，而且被援引法条的规范意旨不应被其他应然判断（如其他法律原则、层级更高的法律规范等）所排除或推翻，在此基础上，《民法典》合同编的相关法条被演绎得适用于婚姻家庭编未调整的身份关系协议。[3]

通常，"参照适用"条款所援引的对象是法条的法律效果，典型如《民法典》第174条。然而，对于"参照适用"条款是否包括完全规范的构成要件，理论上认识不一。有学者认为，"参照适用"仅限于参引被援引规范的法律效果，那些认为参照适用的对象既包含构成要件又包含法律后果的观点，值得商榷。[4] 对此，应当结合参照适用的具体对象作出分析。如果被援引的法条具有明确的指向，则参引对象系该法条的法律效果。相反，如果"参照适用"条款对所援引的对象仅作了概括性的指引（如《民法典》第646条），并没有明确指出可以直接参照的法律规范，那么，法官需要将目光在待决案型与可能被援引范围内的法条之间反复流转，才能决定是否参照适用。[5] 在这一过程中，参照适用所援引的对象究竟只限于法律效果，还是兼及构成要件，属于带有价值判断的法律解释问题，不能由法条的外在形式完全厘清。[6] 被援引规范的抽象化程度越高，立法赋予法官的自由裁量幅度就越大，反之亦然。被援引的规范究竟是关涉价值的规则，还是仅涉及技术的规则，对于参照适用亦非常重要。例如，对基于重大误解而成立的婚姻，是否可以参照《民法典》总则编的重大误

---

[1] 参见〔德〕卡尔·拉伦茨：《法学方法论》，黄家镇译，商务印书馆2020年版，第480页。
[2] William Sacksteder, *The Logic of Analogy*, Philosophy and Rhetoric, Vol. 7, No. 4（1974）, p.236.
[3] 参见纪海龙：《法律漏洞类型化及其补充——以物权相邻关系为例》，载《法律科学（西北政法大学学报）》2014年第4期。
[4] 参见张弓长：《〈民法典〉中的"参照适用"》，载《清华法学》2020年第4期。
[5] 参见刘风景：《准用性法条设置的理据与方法》，载《法商研究》2015年第5期。
[6] 参见黄茂荣：《法学方法与现代民法》，法律出版社2007年版，第189页。

解规则予以撤销,这关涉价值规则的参照适用,而撤销权行使方式的参照适用则关涉技术规则,对前者的判断无疑比对后者的判断复杂得多。

《民法典》第464条第2款规定的身份关系协议所援引的法条涵盖整个《民法典》合同编乃至于总则编中的法律行为效力制度。该条款既未指明身份关系协议应参引《民法典》合同编或者总则编中的哪一具体规范,也未明示如何援引《民法典》合同编或者总则编的规范来处理有关身份关系协议的案型。由于援引的对象不仅包括法条的法律效果,还包括构成要件,所以,这一条款属于高度概括的"参照适用"条款。即使确定待决案件属于与身份关系协议相关的案件,但由于被参照适用的法律规范过于抽象概括,而且数量过多,所以,这无疑极大地增添了参照适用的难度,亦不利于有效监督法律实施活动。

三、《民法典》第464条第2款的方法论意义

《民法典》第464条第2款采用的是"可以……参照适用……"的表达,类似于授权性规范。如果立法上欠缺"参照适用"条款(如原《合同法》第2条第2款),那么,尽管法官可以在个案中自行采用类推适用合同法的方式解决身份关系协议案件,但这与《民法典》第464条明文规定的"参照适用"具有极大的差异。具体而言,如果没有立法上的参照指引,则学说与判例完全可能采用反对解释,认为原《合同法》第2条第2款属于立法者有意的沉默,不得将身份关系协议适用合同法。[1]《民法典》第464条设置"参照适用"条款,蕴含着身份关系协议可以类比适用合同编的价值取向,法官必须在"参照适用"条款的指引下,尝试将身份关系协议类推适用合同编的规定。[2] 因此,一旦学说与判例针对该条逐渐形成稳定的法教义学及案例类型,则法官的自由裁量权仅体现在如何将身份关系协议参照适用《民法典》合同编乃至总则编的规范上。

参照适用与类推适用的思维过程极为相似。在方法论上,类推适用系填补立法者因未能预见而无意形成的法律漏洞的主要方式。制定法漏洞所描述的是实在法违反计划的不完整性状态。[3] 依据法律漏洞是否

---

[1] 参见崔建远:《合同法总论》(第二版),中国人民大学出版社2011年版,第1页。
[2] 参见朱广新、谢鸿飞主编:《民法典评注:合同编》,中国法制出版社2020年版,第14—15页。
[3] Vgl. Canaris, Die von Lücken im Gesetz: eine methodologische Studien über Voraussetzungen und Grenzen der richterlichen Rechtsfortbildung praeter legem, 2. Aufl., 1983, S.33.

源于立法者有意识地忽视或遗漏了某一特殊的利益状态,其可分为无意的漏洞与有意的漏洞。针对有意的漏洞,法院被立法机关有意识地赋予按照现行法解决待决案件的自由裁量权,如概括条款和"参照适用"条款被认为属于"授权漏洞"。[1] 此时,法律并未提供直接可供适用的答案,而是需要法官作进一步的澄清、价值评判和具体化,因而有意的漏洞又被称为"法内漏洞"。[2]《民法典》第464条第2款的"参照适用"条款表明,立法者承认关于身份关系协议的规范体系存在漏洞,有完整地调整婚姻家庭编未能规定的待决案型的意图,属于"有意的漏洞"或称"法内漏洞"。然而,"参照适用"条款究竟是属于法律解释的范畴,还是属于法律漏洞的填补方式,理论上认识不一。有学者认为,参照适用属于由立法者授权的类推适用,而类推适用具有造法功能,因此,法官运用参照适用的裁判活动已超越法律解释的阶段,进入了法律内的法的续造的范畴。[3] 相反观点则认为,类推适用的前提是存在法律漏洞,而参照适用并非法律漏洞的填补方法。[4] 对待决案件而言,立法者通过参照适用,已经有意识地填补了法律漏洞,法律漏洞不再存在,因而参照适用不属于授权式类推适用,而属于介乎法律解释和法律续造之间的特殊的法律适用方法。[5]

法律适用通常包含法律解释、制定法内的法律续造以及制定法外的法律续造三个阶层,相比于法律解释,法官对制定法进行漏洞填补的合法性门槛更高,论证负担更重。[6] "参照适用"条款与概括条款均是立法者基于公平正义的价值目标,授权法官解决无限社会生活与有限法律规定之间矛盾的方式。如前所述,如果"参照适用"条款所援引的条款具体而明确,则"参照适用"条款属于法律解释的范畴;反之,如果"参照适用"条款所援引的对象抽象且模糊,则"参照适用"条款与概括条款具有相似性,且被参引的对象愈是抽象,两者愈是相似。因此,"参照适用"条款与概括条款非常接近制定法的漏洞。通常认为,对概括条款的具体化仍然

---

[1] 参见〔奥〕恩斯特·A. 克莱默:《法律方法论》,周万里译,法律出版社2019年版,第161页。
[2] Vgl. Rüthers, Rechtstheorie mit juristischer Methodenlehre, 6. Aufl., 2011, S.503.
[3] 参见易军:《买卖合同之规定准用于其他有偿合同》,载《法学研究》2016年第1期。
[4] 参见王利明:《法律解释学导论:以民法为视角》,法律出版社2009年版,第503页。
[5] 参见张弓长:《〈民法典〉中的"参照适用"》,载《清华法学》2020年第4期。
[6] 参见〔德〕齐佩利乌斯:《法学方法论》,金振豹译,法律出版社2009年版,第102页。

属于法律解释的范畴。概括条款在个案中的具体含义需要法官在学说的帮助下加以确定,这一条款可以直接作为法官的裁判工具。立法者委托法官在学说的帮助下确定概括条款在个案中的具体含义,因此概括条款可以直接成为法官的裁判工具。[1] 例如,对于公序良俗和诚实信用条款,司法的作用常常不过是一步步地对有关法律用词的涵义空间加以明确。[2] "参照适用"条款有异于概括条款之处在于,"参照适用"条款受制于规范目的的约束,而不是从外部把某种东西添加给法律规范。既然概括条款不属于漏洞填补的方式,则"参照适用"条款亦应如此。"法内漏洞"的概念已经受到批判,如果立法者有意设置一个假定的漏洞并通过指引来实现规制,则法的续造就不被允许。即使将此类情形称为"漏洞",进而予以漏洞补充,也不具有意义,因为法律虽未提供直接可供适用的答案,但是法官可以依据"参照适用"条款的指引,探求表述模糊的规范的确切内涵,这实为法律解释的问题。[3]

从立法权与司法权的关系出发,我国的审判实务一直秉持"以事实为依据,以法律为准绳"的裁判原则,法官通常只能探求立法者的意图并在其意图范围内进行解释[4],很少能够对法律条文进行自由的、超越制定法的漏洞填补。在遇到疑难案件时,我国司法实践多年来已形成征求最高人民法院的权威意见的路径依赖。[5] 依据依法裁判原则,法官作出的判决必须生成于既有法律规范,法官大多会承认自己对法律作出了"解释",而很少承认自己对法律漏洞进行了补充。[6] 在我国的法律语境之下,"参照适用"条款属于法律明文规定的裁判依据,未被定义为制定法漏洞。例如,2018年最高人民法院发布的《关于加强和规范裁判文书释法说理的指导意见》第7条规定,"……民事案件没有明确的法律规定作为裁判直接依据的,法官应当首先寻找最相类似的法律规定作出裁判……"因此,身份关系协议在形式上受到《民法典》第464条第2款

----

[1] 参见于飞:《民法基本原则:理论反思与法典表达》,载《法学研究》2016年第3期。
[2] 参见易军:《民法基本原则的意义脉络》,载《法学研究》2018年第6期。
[3] 参见〔瑞〕贝蒂娜·许莉蔓-高朴、〔瑞〕耶尔格·施密特:《瑞士民法:基本原则与人法》(第二版),纪海龙译,中国政法大学出版社2015年版,第62页。
[4] 参见赵一单:《依法立法原则的法理阐释——基于法教义学的立场》,载《法制与社会发展》2020年第5期。
[5] 参见姚辉:《民法学方法论研究》,中国人民大学出版社2020年版,第286—287页。
[6] 参见曹磊:《法律漏洞补充行为的失范与规制》,载《法学论坛》2019年第4期。

"参照适用"条款的指引,其在本质上是一个法官受到立法者指引和概括授权的价值评价条款,并未偏离立法者的意志,仍然属于法律解释的范畴。鉴于立法者有意放弃对身份关系协议之法律适用的精细化构造,这一概括授权方式为司法机关依据身份关系协议的性质处理有关案件预留了较为广泛的价值判断空间,法官应当肩负明晰"参照适用"条款的构成要件与法律效果的任务,并通过对被参引规范与待决案件之间的类比,借助判例、学说,引导身份关系协议及其参照适用的类型化和具体化,从而为相关疑难案件的解决提供法律依据。

第二节 依据身份关系协议的"性质"准用合同编的判断

一、对身份关系协议准用合同编的积极判断:以历史变迁为视角

《民法典》婚姻家庭编仅有79条。现代社会不断涌现的各类身份关系协议致使家庭法难以提供有效的规范供给,进而形成了"规范不足"或"体系漏洞"的局面。因此,通过"准用"条款连接身份关系协议与《民法典》合同编就显得尤为必要。身份关系协议能否准用《民法典》合同编,取决于具体身份关系协议的性质与相关规范所涵摄的事实在重要的评价点上是否一致。事物的本质或性质(der sache)是指,在客观上可以确定的现实事物在逻辑上的结构,对于法规范的解释与补充具有重要意义。[1] 法律规范的形成、解释以及补充均必须取向于所规范之事物的性质,如此,才不会使法律因与人类的社会生活关系脱节而成为经济社会生活的障碍。

婚姻、亲子之间个人的、情感的和不容置换的关系包含每个个体的多种角色与利益。[2] 无论是婚姻、收养还是监护关系,均立足于自然血缘与超越功利的情感,此类利他的、非计算性的情感表达是精神获得满足的重要来源。身份关系协议的性质植根于相应的身份共同体,深受婚姻家庭伦理秩序的制约。家庭法上的人伦秩序并不是一种事实状态,它具有

---

[1] 参见〔德〕阿图尔·考夫曼、温弗里德·哈斯默尔主编:《当代法哲学和法律理论导论》,郑永流译,法律出版社2013年版,第250页。
[2] 参见〔美〕戴维·波普诺:《社会学》,李强等译,中国人民大学出版社2007年版,第195页。

规范性,是确定受《民法典》婚姻家庭编调整之生活关系的决定性因素。[1]

19世纪以来,追求理性化与体系化的民法典在内容上涵盖了财产法与家庭法。虽然立法者将民事主体无差别地抽象为"理性人",然而在个人主义本位之下,"理性人"实质为"经济人"。[2] 与财产法相比,家庭法仍然比较保守,体现的是超个人主义的以家长制为主导的自然伦理思想。家庭关系长期以来被认为具有超实证法的特征,并不完全属于法规范。[3] 在我国传统观念中,婚姻从未被视为契约,而是被认为属于姻缘,由外在的命定、般配以及说媒等因素所塑造。[4] 然而,自20世纪中叶之后,家庭法开始经历重大变革,成为民法典内部变革最为活跃的部分之一。

第一,市场关系已经由经济领域侵入婚姻家庭领域,这使后者深受工具理性影响。随着人权哲学的兴起,宪法上的基本权利所形成的客观价值秩序逐渐取代了自然伦理秩序,构成家庭法的新的价值基础。[5] 由于社会伦理观念趋于开放,财产法的工具理性逐渐渗透到家庭内部,市场关系已经由经济领域扩展到整个生活世界,工具理性已经堪称民法的一般品性。[6] 自改革开放以来,在工业化和城市化的浪潮下,重视权利和自我实现的个人主义迅速在我国兴起。婚姻、收养和监护关系虽然包含家庭成员之间的情感表达,但是当事人之间若是有意识地以"协议"来构建身份关系,则属于"价值理性"的理想类型。[7]《民法典》合同编调整的交易关系属于工具理性的理想类型,身份关系协议则可被视为身份关系在一定程度上的工具理性化。

第二,由于个人主义和契约思想的扩张,家庭内部的自治倾向越来越

---

[1] 参见徐涤宇:《婚姻家庭法的入典再造:理念与细节》,载《中国法律评论》2019年第1期。
[2] 参见[日]星野英一:《私法中的人》,王闯译,载梁慧星主编:《民商法论丛》(第八卷),法律出版社1999年版,第178页。
[3] 参见[德]萨维尼:《当代罗马法体系Ⅰ:法律渊源·制定法解释·法律关系》,朱虎译,中国法制出版社2010年版,第265页及以下。
[4] 参见翟学伟:《爱情与姻缘:两种亲密关系的模式比较》,载《社会学研究》2017年第2期。
[5] 参见[德]克劳斯-威尔海姆·卡纳里斯:《基本权利与私法》,曾韬、曹昱晨译,载《比较法研究》2015年第1期。
[6] 参见易军:《私人自治与私法品性》,载《法学研究》2012年第3期。
[7] 参见[德]马克斯·韦伯:《社会学的基本概念》,康乐、简美惠译,广西师范大学出版社2011年版,第51—54页。

显著。随着市场化进程的深入,超个人主义的传统家庭观念和职能都备受冲击,开始出现家庭契约化趋势。[1] 契约的概念在现代婚姻法中已经从单纯的婚姻缔结扩展到婚姻生活的内容、婚姻的终止等各个方面,法律对婚姻家庭生活强制的减少与契约之债的扩张互为表里。现代家庭关系中的婚姻是平等的伴侣型婚姻,这种平等的伴侣型婚姻具有夫妻人格独立、个人自治和分工合作等特征。现代家庭法不再像是对一个虚构的自然伦理的生活关系的描绘,而是如同一个社团章程。[2] 夫妻双方在选择生活方式并受这种选择约束方面享有了更多的自由。现代家庭法在整体上趋向长期债之关系,在规范层面,家庭成员间的关系大部分可以化约为债权债务关系。[3]

第三,合同法的新发展为身份关系协议的参照适用提供了范式和基准。一是关系契约理论为继续性合同提供了适用范式。依据关系契约理论,家庭成员之间属于社会性的交换关系[4],与继续性合同的经济交换关系相似。例如,夫妻可以获得人身与财产两方面的满足,即除了进行经济交换之外,还进行社会性的交换。[5] 二是现代合同法开始接纳"具体人格",例如消费者、承租人、劳动者等,合同法超越个人自由的目标,致力于实现实质正义。[6] 在私法领域,合同法、家庭法均出现了相似的"实质化"倾向。三是当事人之间的通知、协助、保密等附随义务不断增长。合同法不仅为交易关系提供法律准则,还规制当事人之间的信赖保护与协作义务,以协作为中心的附随义务法定化,尤其体现于租赁契约、雇佣契约等具有人身信任性质的持续性债务关系中。这与婚姻、收养和监护等亲密协作关系具有类似性。

---

[1] 参见谢鸿飞:《〈民法典〉制度革新的三个维度:世界、中国和时代》,载《法制与社会发展》2020年第4期;张剑源:《家庭本位抑或个体本位?——论当代中国家事法原则的法理重构》,载《法制与社会发展》2020年第2期。

[2] 参见[德]罗尔夫·克尼佩尔:《法律与历史:论〈德国民法典〉的形成与变迁》,朱岩译,法律出版社2003年版,第114、192—195页。

[3] 参见刘征峰:《论民法教义体系与家庭法的对立与融合:现代家庭法的谱系生成》,法律出版社2018年版,第117页。

[4] 参见黄文艺:《民法典与社会治理现代化》,载《法制与社会发展》2020年第5期。

[5] 参见[美]麦克尼尔:《新社会契约论》,雷喜宁、潘勤译,中国政法大学出版社1994年版,第7、12、13页。

[6] 参见[德]弗朗茨·维亚克尔:《近代私法史——以德意志的发展为观察重点》(下),陈爱娥、黄建辉译,上海三联书店2006年版,第588页。

概言之,意思自治原则适用领域的扩大以及合同法和家庭法中人与人关系趋近的价值理念,为身份关系协议参照适用合同法创造了可能性,而《民法典》婚姻家庭编的内在价值体系为身份关系协议准用《民法典》合同编提供了充分的价值基础。《民法典》婚姻家庭编的价值体系包括男女平等、婚姻自由、保护妇女儿童等弱者合法权益以及新增的婚姻家庭受国家保护条款和树立优良家风条款[1],它们共同构成了调整婚姻家庭关系的"价值之网"。男女平等、婚姻自由以及家庭自治属于其中的核心价值,是意思自治原则在人身关系领域发挥作用的重要表现。[2] 由于当事人的地位在实质上的不平等性,因此,法律通过弱者保护原则之上的各种分权制衡策略来更好地实现其调整,以保障被规训者维系自由平等主体的本性。[3] 婚姻家庭受国家保护条款包含的实质正义理念,为法官对身份关系协议进行形式审查与法律审查提供了价值基础,有利于妥当平衡家庭法领域个人自治权与弱者获得实质公平之间的冲突。

二、身份关系协议准用合同编的消极判断

合同的各方参与人是为达到典型交易目的而形成的单元,其以利己主义为导向,并应确保当事人获得利益期待。以继续性合同为例,双方当事人为追求和实现利己的、可计算的、可预测的经济目标,在抽象价值、缔约目的、具体手段和附带结果这四个因素上均有表现出高度工具理性化的行为。[4] 尽管工具理性的急剧扩张导致人类价值理性的式微,致使身份关系协议在实现缔约目的具体手段的选择和具体结果的锚定上倾向于工具理性,但是在抽象价值与缔约目的上,仍然带有明显的价值理性指向。以婚姻关系为例,男女双方缔结婚姻是为了形成一个利益共享、不分彼此的"家庭共同体",因而夫妻之间应当彼此忠诚,互相支持。

法官在援引"参照适用"条款时,除那些被规定于既有法规范之中可

---

[1] 参见龙翼飞:《编纂民法典婚姻家庭编的法理思考与立法建议》,载《法制与社会发展》2020年第2期。
[2] 参见孙宪忠:《民法典总则编"法律行为"一章学者建议稿的编写说明》,载《法学研究》2015年第6期。
[3] 参见汪志刚:《论民事规训关系——基于福柯权力理论的一种阐释》,载《法学研究》2019年第4期。
[4] 参见纪海龙:《比例原则在私法中的普适性及其例证》,载《政法论坛》2016年第3期。

识别的立法者的价值判断是其实现补充工作的标准之外,尤为重要的是,应与实在法秩序的全部评价机制保持协调一致。《民法典》设置树立优良家风条款,表明我国立法始终视家庭的本质为伦理实体,采取的是团体本位之下的人格独立的价值取向:一方面,承认家庭成员的人格独立、意思自主以及夫妻之间的伴侣型关系;另一方面,注重婚姻家庭的团体性价值,以期实现家庭人伦秩序的圆满维持与经营,弘扬传统文化中的优良风俗和家庭美德,而非追求经济利益最大化。[1]《民法典》第464条第2款规定了身份关系协议可参照适用合同编之规定,但不得违背《民法典》婚姻家庭编特有的价值秩序,具体包括婚姻家庭的团结、对身份的伦理考量、未成年子女的利益最大化等,否则,该"参照适用"条款可能成为通过《民法典》的体系化以合同编的市场关系"反噬"婚姻家庭编的身份关系的通道。[2]

亲属身份关系包括人身性内容与财产性内容两个方面。前者如夫妻之间的同居与忠实义务,后者如夫妻之间的扶养请求权、子女对父母的抚养请求权等。[3] 相比于身份关系的经济性内容,人身性权利义务受到法律与伦理更为严格的制约。夫妻之间的同居、忠实等权利义务具有由主体独享、不能转让、无法用金钱衡量的特性,当事人即使违反义务,也不能强制执行,只能由当事人自觉自愿履行。[4] 家庭成员之间的抚养权、赡养权、监护权、代理权等属于"他益权"。[5] 权利本质的利益论无法合理解释此类"权利"的强制属性,即权利人不得单方面放弃或者转让其权利;权利本质的意志论则无法忽视此类权利并不必然使权利人获益的事实。[6] 从《民法典》婚姻家庭编特有的价值体系和权利属性出发,应将

---

〔1〕 参见夏吟兰:《婚姻家庭编的创新和发展》,载《中国法学》2020年第4期。
〔2〕 在民法典制定过程中,有学者担忧婚姻法回归民法典有可能导致婚姻家庭伦理性的丧失,因而对此持否定态度。参见巫若枝:《三十年来中国婚姻法"回归民法"的反思》,载《法制与社会发展》2009年第4期。《欧洲示范法民法典草案》第Ⅲ-1:101条规定:在规定债务的释放范围时,排除对家庭中权利和义务的适用。这种排除至少表明:如果不将家庭排除在法律行为和债的适用范围之外,可能会导致过多的例外。人们对于是否将法律行为和债的普遍性规则适用于家庭领域,分歧过大,很难达成共识。
〔3〕 参见〔德〕迪特尔·施瓦布:《德国家庭法》,王葆莳译,法律出版社2010年版,第76页。
〔4〕 参见〔意〕阿雷西奥·扎卡利亚:《债是法锁——债法要义》,陆青译,法律出版社2017年版,第32—33页。
〔5〕 参见朱广新:《论监护人处分被监护人财产的法律效果》,载《当代法学》2020年第1期。
〔6〕 参见彭诚信:《现代权利理论研究》,法律出版社2017年版,第112页。

《民法典》合同编与总则编中的下列规范排除在身份关系协议参照适用的范围之外：

一是《民法典》合同编中商事色彩鲜明的规范。"商人"具有追逐利润和自私自利的特性，组织性、强行性和公法化的特征在精神实质上有异于民法的特征，所以，"商人"与《民法典》婚姻家庭编中的"伦理人"分别处在民商法体系的两极。《民法典》合同编总则部分的相关规定，例如格式条款规制（第496—499条）、无权代表行为的效力（第504条）、当事人超越经营范围的合同效力（第505条）、提存（第570—574条）、合伙合同、保理合同、仓储保管合同等，因具有鲜明的商业色彩，不得被援引适用于身份关系协议。对于债务人实施的身份行为，如结婚、协议收养或终止收养等，债权人都不能主张代位权和撤销权。[1]

二是《民法典》合同编、总则编中与婚姻家庭伦理属性相背离的规范。因与身份关系的伦理属性相悖而不能被参照适用的《民法典》总则编、合同编的法条包括：效力待定法律行为（第145条）、显失公平（第151条）、附条件和附期限的法律行为（第158—160条）、行政审批合同的效力（第502条）、无权代理行为的效力（第503条）、悬赏广告（第499条）、选择之债（第515—516条）、按份之债与连带之债（第517—521条）等。

三是合同权利义务构造与身份权利义务相互排斥的规范。因与身份权利义务相冲突而不能被参照适用的《民法典》合同编的法条包括：合同的转让（第545—556条）、清偿抵充顺序（第560—561条）、抵销（第567—569条）等。

第三节 身份关系协议的规范阐释及其类型分析

一、身份关系协议的规范解释

《民法典》第464条第2款列举了婚姻、收养和监护等身份关系协议。身份关系协议的上位概念是身份法律行为与民事法律行为。身份法律行为作为在亲属法领域发生效力的法律行为，包括结婚、调整夫妻财产关系

---

[1] 参见王洪亮：《债法总论》，北京大学出版社2016年版，第142、150页。

的合同、确认非婚生子女的父子关系等,适用类型法定原则。[1]

关于亲属法上的法律行为的范围,理论上存在"三分说"与"两分说"的分歧。日本民法的代表性观点被称为"三分说",即依据法律行为的效力状态,将亲属法上的法律行为划分为形成的身份行为、支配的身份行为和附随的身份行为三种。形成的身份行为系指直接产生身份关系变动之法律行为,如结婚、收养协议等;支配的身份行为系指基于自己身份而对他人所为之身份法上的支配行为,如亲权人的保护教养、财产管理等行为;附随身份行为系指附随于身份的变动所为之行为,如附随于结婚行为的夫妻财产协议、协议离婚行为中的子女亲权协议等。我国台湾地区"民法"的代表性观点被概括为"两分说",系根据身份法律行为是否具有财产内容为标准,将其划分为纯粹的身份行为与身份财产行为。前者指直接以发生或丧失身份关系为目的之法律行为,如结婚、协议离婚、对非婚生子女的自愿认领、对婚生子女的否认、收养及协议终止收养等;后者指基于身份关系而发生的以变动财产关系为目的之行为,如夫妻日常家事代理行为、夫妻财产制契约行为、遗产分割协议行为、抛弃继承行为等。[2]

与前述比较法上依据发生法律效果所在领域界定身份法律行为的方式不同,我国民法学说主要从身份关系或者身份法律效果的角度阐释身份法律行为。具体而言:其一是纯粹身份关系说。该说认为,既然身份行为是个人将要进入或脱离某种共同生活关系,以亲属身份之取得与丧失为目的的行为,其就既不包括附有财产内容的身份财产行为,也不包括亲属身份上的支配行为。纯粹的身份行为具体包括结婚行为、协议离婚行为、收养行为、协议终止收养行为以及任意认领行为五类。[3] 还有学者认为,纯粹身份法律行为包括创设性身份行为(如结婚、收养等)、解消性身份行为(如协议离婚、协议解除收养等)以及变更性身份行为(如签订离婚后或分居后子女抚养协议等)。[4] 其二是身份与财产关系交织说。该说认为,身份法律行为以引发身份关系以及身份关系当事人之间的财产关系的设立、变更或者终止等身份法律效果为目的。除结婚、收养协议

---

[1] 参见[德]维尔纳·弗卢梅:《法律行为论》,迟颖译,法律出版社2013年版,第14页。
[2] 参见陈棋炎:《亲属、继承法基本问题》,三民书局1980年版,第124页。
[3] 参见张作华:《亲属身份行为基本理论研究》,法律出版社2011年版,第25页。
[4] 参见田韶华:《民法典编纂中身份行为的体系化建构》,载《法学》2018年第5期。

之外,离婚协议、夫妻财产约定等均属于典型的能够引发财产法后果的身份法律行为。[1] 其三是折中说。该说认为,所谓"身份关系协议"是指主要以设立、变更或终止身份关系为内容的协议。夫妻财产协议虽然附属于夫妻身份,但主要以财产关系为内容,因此应当被排除在外。然而,遗赠扶养协议主要是为了设立扶养人与被扶养人之间的身份关系,亦属于一种有关身份关系的协议。[2]

二、"身份关系协议"的涵义及其类型分析

对法律行为与身份法律行为进行逻辑演绎,固然有助于明晰"身份关系协议"的涵义及类型,然而,对形式概念的体系演绎分析具有局限性,它易忽略婚姻家庭法领域的身份关系协议所包含的特殊价值。"身份关系协议"的涵义及类型应当结合亲属身份生活的秩序并透过家庭法的内在目的去分析。

其一,纯粹身份法律行为是自然人以设立或者终止身份法律关系为目的的法律行为,是构建身份生活秩序的基础行为,具有浓厚的人伦道德色彩,例如,结婚创设夫妻身份,离婚废止夫妻身份,收养成立亲子关系等。由于自愿认领和否认在性质上属于单方法律行为,离婚协议通常包含财产分割及子女抚养等内容,所以它们均非纯粹的"身份关系协议"。因此,纯粹身份法律行为仅限于结婚、协议收养以及协议解除收养这三种形成亲属身份的行为类型。婚约是男女双方以结婚为目的而作出的事先约定,由于我国现行法对于婚约"既不提倡也不保护",即婚约并非契约,而是一种具有道德拘束力的情谊行为,因此,对婚约不得准用《民法典》第495条规定的"预约"规范。婚约解除所涉及的彩礼返还责任和损害赔偿责任并非婚约的法律效果,而是赠与行为的效果或者一方实施侵权行为的结果。

其二,基于身份关系而发生或解除的与财产相关的协议是以身份关系与财产关系为内容的混合协议。家庭成员均具有各自独立的人格,所以,近亲属之间以自然人为角色缔结的合同(例如,借贷、委托合同)应当直接适用《民法典》合同编。然而,如果当事人之间的身份关系和角色对于财产契约的缔结、效力和履行等具有重要影响,那么,基于身份关系而发生或解除的财产契约属于身份关系协议。以离婚协议为例,离婚协议

---

[1] 参见王雷:《论身份关系协议对民法典合同编的参照适用》,载《法学家》2020年第1期。
[2] 参见朱广新:《合同法总则研究》(上册),中国人民大学出版社2018年版,第14页。

通常包含夫妻的离婚合意、共同财产的分割、共同债务的清偿、子女的抚养等内容,它们均是针对夫妻身份关系解除所作出的在人身和财产关系上的安排,形成了一个不可分割的整体。[1] 离婚协议实质上是一种以身份关系与财产关系为内容的混合协议。混合协议是只有一个合同关系但具备数个典型合同构成要素的合同形态,其与表现为数个在交易目的上一体、效力上相互依存的合同联立不同。[2] 基于身份关系而发生或解除的包含财产内容的协议包括婚内夫妻财产协议、夫妻日常家事代理范围协议、婚内夫妻财产分割或补偿协议、离婚财产分割协议、离婚财产补偿协议以及离婚协议中的给予子女财产协议等。

其三,身份权利行使、义务承担并附带金钱给付义务的协议是平权型家庭成员自由选择生活方式的反映。家庭成员为了圆满地经营或维持婚姻家庭生活,以相互之间的权利享有与义务履行为必要。自然人因婚姻家庭关系而产生的人身权利包括亲权、夫妻之间的身份权利、以其他近亲属关系为基础的亲属权以及探望权等。[3] 家庭成员行使纯粹的身份权利,是对既得利益的享有或实现,属于权利的应然内容或者权能,行为人通常并无设立一定法律效果的意图,因此,纯粹身份权利的行使行为自应被视为事实行为,有别于民事法律行为。[4] 当夫妻双方不存在明确的合同或可推知的合同时,应当推定当事人无创设法律关系的意图。例如,根据夫妻就家庭分工而作出的约定,通常就不能认定双方存在合同关系,而应认为双方是在履行夫妻间的法定的相互扶助义务或协力义务,除非夫妻之间采纳分别财产制。

然而,近年来,家庭成员之间缔结的以身份权利行使、义务承担为内容并附带金钱给付义务的协议的类型逐渐增多,典型如"夫妻忠诚协议""夫妻空床费协议""探望权补偿协议""抚养费给付协议"等。有学者将"夫妻忠诚协议""夫妻空床费协议"归入当事人彼此之间不具有受法律约束的意思的道德调整领域或者身份情谊行为,认为不应该赋予这些协议法律约束力。[5] 对此类协议持否定态度的学者认为,将夫妻感情、亲情契约化,难免会使亲友间的相互宽容、理解、扶持与帮助金钱化、功利

---

[1] 参见陆青:《离婚协议中的"赠与子女财产"条款研究》,载《法学研究》2018 年第 1 期。
[2] 参见陆青:《合同联立问题研究》,载《政治与法律》2014 年第 5 期。
[3] 参见陈甦主编:《民法总则评注》(下),法律出版社 2017 年版,第 792 页。
[4] 参见陈棋炎:《亲属、继承法基本问题》,三民书局 1980 年版,第 123 页。
[5] 参见余延满:《亲属法原论》,法律出版社 2007 年版,第 13—14 页。

化,进而以财产关系取代伦理关系,使亲友间的关系过度紧张。[1] 此类新型的身份关系协议既体现了法律与伦理、家庭与市场、情理与法理、国家与社会的互动,也反映了国家、社会与个人的博弈,其究竟是属于"法外空间",还是具有法律意义,主要不是法律技术问题,而是价值衡量和选择的问题,映照着国家对社会的治理智慧。[2] 家庭成员之间达成的关于身份权行使或义务履行的协议是对家庭身份生活作出的预先安排,双方对损害赔偿计算方式或违约金的约定,是一种旨在使预先安排得以实现的法律手段,实质上是现代社会中平权型家庭的成员在生活方式上选择自由的表达。为增强婚姻家庭生活的透明度和世俗生活的规则化,使婚姻家庭领域的新兴诉求在司法领域得到确认和保护,避免成文法在回应社会现实需求方面的滞后性,我国司法实践应当以灵活的方式回应此类对身份关系协议的社会需求。[3] 司法判决本质上是一种由社会决定的产物,其目的就在于回应更多的社会需求。[4]《民法典》第464条第2款规定的"参照适用"条款无疑是司法裁判最为恰当的路径。

其四,监护人与被监护人之间的身份关系能够影响监护协议的参照适用。根据监护的设立方式,除法定监护与指定监护之外,监护还包括遗嘱监护与意定监护。[5] 意定监护是指具有完全行为能力的成年人与其近亲属、其他个人或者组织缔结监护合同,将自己的监护事务部分或者全部委托给合同相对人的成年监护制度。意定监护将被监护人自我决定权置于优先的地位,是意思自治原则的具体表现。[6] 自20世纪中叶以来,由于人权保障思潮的兴起和社会老龄化压力的增大,发达国家的成年监

---

[1] H. K. Lucke, *The Intention to Create Legal Relations*, Adelaide Law Review, Vol. 3, No. 4 (1967 – 1970), p. 419.
[2] 参见谢鸿飞:《论创设法律关系的意图》,载《环球法律评论》2012年第3期。
[3] Brian Leiter, *American Legal Realism*, in Martin P. Golding and William A. Edmundson(eds.), The Blackwell Guide to the Philosophy of Law and Legal Theory, Blackwell Publishing Lt., 2005, p. 56.
[4] 参见李拥军:《当代中国法律对亲属的调整:文本与实践的背反与统合》,载《法制与社会发展》2017年第4期。
[5] 根据《最高人民法院关于贯彻执行〈中华人民共和国民法通则〉若干问题的意见(试行)》第22条的规定,监护人可以将监护职责部分或者全部委托给他人。但是该条只是规定了受托人在被监护人侵害他人时的过错责任,并未涉及如何解决监护人与受托人之间的合同权利义务及责任的问题。
[6] 参见杨立新:《我国民法典立法思想的选择和坚守——从〈民法总则〉制定中的立法思想冲突谈起》,载《法制与社会发展》2018年第4期。

护制度由以他治为主的保护逐渐转为以自治为主的支援或辅助,立法理念从法律父爱主义转向以被监护人的自立与自我决定为中心。[1] 当父母、配偶、成年子女及其他近亲属担任意定监护的监护人时,监护人与被监护人之间具有鲜明的伦理色彩,涉及赡养、扶助、保护等人身关系内容,监护人与被监护人的身份关系是构建监护制度的重要基础。近年来兴起的以协助决策为模式的新型成年监护要求最大限度地尊重被监护人的真实意愿,以财产关系为主要内容,而关于人身权利的内容(诸如医疗行为的同意权)则被排除在意定监护协议之外。[2] 尽管意定监护协议涉及人身权利保护的内容,但其主要表现为财产属性,伦理属性较弱。而且,监护人未必是被监护人的近亲属,尤其是当社会机构(民政部门、居委会或村委会)担任监护人时,将监护人与被监护人之间的关系看作身份关系,并无任何实质意义。[3]《民法典》第33条还规定了协议监护,系指在具有监护资格的人之间达成的确定实际由何人担任监护人的约定。就意定监护协议、委托监护协议以及协议监护协议而言,如果监护人与被监护人之间具有法律上的近亲属身份关系,则它们属于《民法典》第464条第2款规定的"有关身份关系的协议",可以参照适用合同编,并应考量亲属身份关系的固有伦理特征。反之,可以适用与之最为类似的合同类型。

其五,《民法典》伦理属性是继承编中有关亲属身份关系的财产协议的一个重要特征。继承法上的法律行为通常以被继承人与继承人之间的身份关系、各继承人之间的身份关系为前提,具有鲜明的伦理属性。夫妻共同遗嘱、继承人之间订立的遗产分割协议等属于《民法典》继承编中的"有关身份关系的协议"。遗赠扶养协议是与法定继承、遗嘱继承并列的遗产转移方式,系自然人与继承人以外的组织或个人签订的有偿协议,受遗赠人负有对遗赠人生养死葬的义务,享有接受遗赠人之遗赠财产的权利。遗赠扶养协议在效力上优先于遗嘱继承和法定继承,具有身份法的色彩。[4] 遗赠扶养协议应当被归为《民法典》第464条第2款所规定的"有关身份关系的协议",可以依据其性质参照适用合同编。继承协议是继承人之间就继承遗产、赡养父母等问题经协商一致而达成的协议。为

---

[1] 参见李霞:《成年监护制度的现代转向》,载《中国法学》2015年第2期。
[2] 参见李国强:《成年意定监护法律关系的解释——以〈民法总则〉第33条为解释对象》,载《现代法学》2018年第5期。
[3] 参见朱广新:《合同法总则研究》(上册),中国人民大学出版社2018年版,第19页。
[4] 参见朱庆育:《民法总论》,北京大学出版社2016年版,第139页。

教育、鼓励人们积极赡养老人,善待处于弱势地位的近亲属,促进家庭关系的文明与和谐,应当赋予继承协议与遗赠扶养协议相同的地位。[1]

三、小结

《民法典》第464条第2款规定的身份关系协议包括五种类型,分别是纯粹身份关系协议、基于身份关系而发生或解除的财产协议、有关身份权利行使和义务承担的协议、近亲属之间的监护协议以及继承编中有关亲属身份关系的财产协议。纯粹身份关系协议是婚姻与收养关系产生或者消灭的法律事实,包括结婚、收养协议与收养解除协议等;基于身份关系而发生或解除的财产协议与有关身份权利行使和义务承担的协议等身份关系协议的身份伦理属性较强,要么财产性内容与身份因素相互交织,要么财产性内容以身份因素为条件,属于"身份财产混合协议";近亲属之间的意定监护协议、协议监护协议、委托监护协议、遗产分割协议、遗赠扶养协议、继承协议等身份关系协议的财产性内容与身份关系具有关联性,身份伦理属性很弱,属于"身份财产关联协议"。身份财产混合协议与身份财产关联协议可以被统称为"身份财产协议"。身份财产协议的伦理属性的强弱是其参照适用《民法典》合同编乃至总则编的重要判断标准,当事人之间的伦理属性越强,法官在参照适用时就越要考量《民法典》婚姻家庭编的特殊价值,具体如图9–1所示。

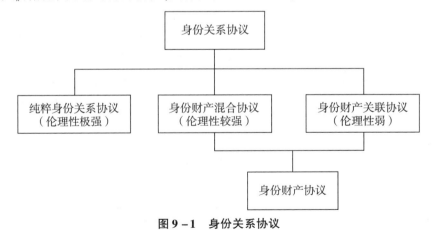

图9–1 身份关系协议

---

[1] 参见马新彦:《民法典家事财产法制的教育功能——以社会主义核心价值观为价值理念的研究》,载《当代法学》2020年第1期。

第四节　纯粹身份关系协议对《民法典》合同编的准用

对于结婚、收养协议与收养解除协议等纯粹身份关系协议,法律有特别规定的,应当依照特别规定予以适用,例如,婚姻关系的终止(《民法典》第 1076 条、第 1080 条、第 1081 条、第 1082 条)、收养关系的解除(《民法典》第 1114 条、第 1115 条、第 1116 条)等规定。但是,对于纯粹身份关系协议的成立、缔约过失责任、效力瑕疵等是否可以准用《民法典》合同编乃至总则编之规定,存在争议。

一、对纯粹身份关系协议成立准用合同编

合同通常采取"要约—承诺"的方式缔结。《民法典》以法律行为的形式自由为原则,对法律行为成立与否的判断与形式要件通常相互分离。[1] 为保障身份行为的安定与透明,使其满足最低限度的规范性要求,促使当事人慎重行事,维护婚姻家庭制度,纯粹身份关系的成立必须兼具合意与法定形式要件。[2] 例如,结婚登记、协议离婚登记、收养登记以及收养协议解除登记等,均属于《民法典》总则编第 135 条所规定的法律规定应当采用的特定形式的具体表现。[3]《民法典》第 135 条区分了书面形式与特定形式。采用书面形式通常仅出于证据目的,当事人缔结合同时未采用书面形式但一方已经履行主要义务且对方接受的,合同成立。但是,婚姻登记与收养登记这类"特定形式"具有维持身份关系清晰性与公开性之目的,在此类要式具备之前,不宜令婚姻或收养发生任何拘束力,亦不可像对待欠缺书面形式的合同那样,通过履行行为进行补正。[4] 由于结婚、收养对当事人具有特别重要的意义,所以,当事人结婚登记与收养登记的程序愈来愈简单、便捷,不存在现实的障碍。相反,对不具有"特定形式"的事实婚姻与事实收养的认定则非常困难,对其是否

---

[1] 参见朱广新:《书面形式与合同的成立》,载《法学研究》2019 年第 2 期。
[2] 参见王泽鉴:《民法概要》,北京大学出版社 2009 年版,第 495 页。
[3] 参见龙翼飞:《编纂民法典婚姻家庭编的法理思考与立法建议》,载《法制与社会发展》2020 年第 2 期。
[4] 参见金可可:《〈民法总则〉与法律行为成立之一般形式拘束力》,载《中外法学》2017 年第 3 期。

发生效力的争议,必须由法院对个案逐一进行判断,这几乎不可能实现。[1] 强制公示(登记)的形式主义立法已经取代"以夫妻身份共同生活的事实",具有显著的法律地位。无论是婚姻的合意,还是收养的合意,均必须通过特定形式得到展现,当事人之间的"合意"反而退居其次。因此,《民法典》合同编关于"要约—承诺"的规定并不能被准用于纯粹身份关系协议的缔结。

在缔约过程中,若一方当事人因违反诚信缔约的先合同义务给相对人造成损失,则应当承担缔约过失责任,以保护相对人因信赖合同有效成立而产生的损失。[2] 缔约过失责任的价值基础在于,对缔约阶段相互冲突的契约自由与诚实信用这两个原则进行调适,并由此在缔约当事人的利益关系、法律义务和责任之间架起沟通的桥梁。[3] 在婚姻缔结与收养协议缔结的阶段,一方面,双方当事人均享有选择结婚对象和收养相对人的自由;另一方面,诚实信用原则作为保护诚实与维护信用并塑造法律交往基础的基本原则,存在于当事人之间具有特定结合关系的情形,这是普遍有效的一般原则。[4] 在婚姻缔结过程中和合同缔结过程中,依据当事人业已建立的特别结合关系,当事人应当依据诚实信用原则增强其注意义务。[5] 在人身关系领域,我国目前鲜见适用诚实信用原则的案例,但是,将其适用范围加以限缩而使之成为财产法的基本原则并不合理。[6] 法律所保护的合理信赖的对象不仅包括交易当事人,还包括缔结婚姻与协议收养的当事人。然而,婚姻和收养协议系针对身份关系构建的协议,依据这一性质,不但需要遵循诚实信用原则以保护相对方的合理信赖,而且应当符合公序良俗原则,维护以伦理秩序底线为表征的社会一般公德和公益。[7] 以婚姻的缔结为例,男女双方原则上均有权中断结婚磋商,否则,结婚自由本身将受到极大的限制。鉴于婚姻的缔结会形成夫妻共

---

[1] 〔日〕星野英一:《民法劝学》,张立艳译,北京大学出版社2006年版,第145—146页。
[2] 参见〔德〕迪尔克·罗歇尔德斯:《德国债法总论》(第七版),沈小军、张金海译,中国人民大学出版社2014年版。
[3] 参见〔德〕鲁道夫·冯·耶林:《论缔约过失》,沈建峰译,商务印书馆2016年版,第2页。
[4] Vgl. Larenz, Lehrbuch des Schuldrechts, Band Ⅰ, 14, Aufl., 1987, S. 127f.
[5] 参见〔德〕迪特尔·梅迪库斯:《德国债法总论》,杜景林、卢谌译,法律出版社2004年版,第95页。
[6] 参见徐国栋:《我国司法适用诚信原则情况考察》,载《法学》2012年第4期。
[7] 参见于飞:《公序良俗原则与诚实信用原则的区分》,载《中国社会科学》2015年第11期。

同体,所以,双方在信息的获取或者提供上应该遵循诚实信用与公序良俗双重原则,以此为基础,可以参照适用缔约过失责任规范。具体而言:

第一,婚姻未缔结。如果一方的行为致使相对方产生将会结婚的合理信赖,但是前者并未及时告知后者不欲缔结婚姻的意愿,有违诚实信用原则,而且后者为缔结婚姻支付了相关费用,或者基于此种信赖对自身的人格利益(尤其是性权利)进行了处分,于此情形,后者可以参照适用缔约过失责任规范,请求前者赔偿损失。

第二,婚姻被撤销。从体系解释的角度看,《民法典》规定的关于婚姻缔结的欺诈事由仅限于一方在结婚登记前未将"患有重大疾病"如实告知相对方(《民法典》第1053条)。在婚姻缔结之后,无过错方可以撤销该婚姻,并请求相对人承担损害赔偿责任(《民法典》第1054条第2款)。由于婚姻欺诈构成侵害婚姻自主权的侵权责任,所以,将该条规定的赔偿责任归结为缔约过失责任并无实益。[1]

第三,婚姻有效。在合同有效的情况下,缔约过失责任亦可发生,但是仅限于因为缔约方违反说明义务而生具体财产损害的情形。[2] 如果不告知相对方与结婚相关的其他重要信息,婚姻已经缔结但不构成欺诈婚姻,则相对人不可撤销该婚姻。尽管婚姻有效,但因一方违反告知义务的行为有违背诚实信用与公序良俗原则,致使相对方缔结了不受期待的婚姻,所以,相对方可以参照适用缔约过失责任,主张相应的损害赔偿。缔约过失责任所要求赔偿的是缔约一方因对缔约另一方的意思表示发生信赖,自愿支出的费用或放弃的其他交易机会。[3] 但是,对婚姻缔结机会的损失,无法像对待财产损失那样进行量化,受害人遭受的主要是人格利益(婚姻自主权)的损害,鉴于《民法典》第996条已经规定违约责任包含精神损害赔偿,而缔约过失责任在结构上与侵权责任紧密关联[4],所以,在准用缔约过失责任规范时,受害人可以获得精神损害赔偿。

二、对纯粹身份关系协议意思表示瑕疵准用合同编

《民法典》婚姻家庭编对婚姻缔结的效力瑕疵的规定采取的是可撤

---

[1] 参见李宇:《民法总则要义:规范释论与判解集注》,法律出版社2017年版,第741页。
[2] 参见韩世远:《合同法总论》,法律出版社2018年版,第167页。
[3] 参见朱广新:《合同法总则研究》(上册),中国人民大学出版社2018年版,第208页。
[4] 参见王泽鉴:《债法原理》,北京大学出版社2009年版,第182页。

销与无效的二元体系,在内容上可以区分为意思表示瑕疵事由与意思表示瑕疵以外的事由,后者包括民事行为能力与合法性判断两个方面。民事法律行为是财产行为与身份行为的上位概念,民事行为能力与合法性判断应当被贯彻于整个《民法典》分编。纯粹身份关系协议违反强制性规范或者公序良俗原则,例如,夫妻之间以协议限制人身自由、生育权或婚姻自由权,可以直接适用《民法典》第 143 条,使其归于无效。[1] 婚姻缔结能力实质上是一种特殊的民事行为能力,亦应直接适用民事法律行为有效要件,因而限制民事行为能力人或者无民事行为能力人无婚姻能力。结合《民法典》第 508 条,身份关系协议参照适用总则编之法律行为效力制度仅限于意思表示瑕疵的相关规范。

从比较法上看,《德国民法典》的总则编有关意思表示的瑕疵效力规则具有封闭性,并不适用缔结婚姻的法律行为。[2] 近时日本的学说和判例亦认为,《日本民法典》关于意思表示的规定不适用身份行为,对身份法领域中有瑕疵的身份行为,应适用亲属编和继承编的相关规定。[3] 这与德国民法和日本民法的亲属编中有关意思表示的瑕疵规则比较完备有关。然而,我国《民法典》有关婚姻缔结的意思表示瑕疵事由仅限于"患有重大疾病"与胁迫两种类型。相比于德国民法和日本民法,我国民法对婚姻缔结意思表示瑕疵事由的规定明显不完善,而《民法典》总则编中的意思表示效力瑕疵事由的体系完整,这为婚姻缔结意思表示瑕疵案件参照适用《民法典》总则编的意思表示瑕疵类型提供了可能。具体而言:

第一,"假结婚"和"假离婚"不得参照适用通谋虚伪表示的相关规则。对于"假离婚",有学者认为,因"假离婚"涉及社会公共利益并对婚姻制度构成挑战,因此,可以参照适用总则编的通谋虚伪规则,认定"假离婚"行为无效,具有溯及既往的效力。[4] "假结婚"所追求的是婚姻缔结之外的目的(如获得税收上的优惠或者解决户籍问题),有违婚姻制度的本质。然而,因纯粹身份行为的"特定形式"(登记)类似于公司的决议,决议的瑕疵主要表现为内容瑕疵与程序瑕疵,所以,对自然人主观心理方

---

[1] 参见崔建远:《合同法总论》(第二版),中国人民大学出版社 2011 年版,第 214—215 页。
[2] Vgl. Münchener Komm BGB/Wellenhofer,7. Aufl. ,2017, § 1314 ,Rn. 1.
[3] 参见我妻荣:《我妻・有泉コンメンタール民法—総则・物権・債権》,日本评论社 2019 年版,第 198 页。
[4] 参见李昊、王文娜:《婚姻缔结行为的效力瑕疵——兼评民法典婚姻家庭编草案的相关规定》,载《法学研究》2019 年第 4 期。

面的瑕疵的判断被排除在外。[1] 从体系上看,我国对无效婚姻的类型的规定仅限于意思表示瑕疵之外的事由,具体包括《民法典》第1051条规定的重婚、有禁止结婚的亲属关系以及未到法定婚龄。所以,当事人婚姻缔结之外的动机不应该成为否定结婚登记效力的因素。因此,"假结婚"依据其性质不得参照适用《民法典》总则编的规定,应当属于有效婚姻。对于当事人利用"假结婚"而实施的非法行为,可以通过行政、刑事手段对当事人予以相应制裁。"假离婚"的男女双方均具有解除婚姻的意思表示,双方所不愿解除的只是当事人的共同生活关系[2],为了维护婚姻登记的公信力以及人身关系的确定性,"假离婚"的当事人不得参照适用通谋虚伪规则而主张离婚无效。

第二,在一方就对婚姻缔结有实质决定意义的事项产生误解的场合,可以参照适用重大误解的相关规定。男女双方在缔结婚姻时,因披露信息不完整或获取信息不准确,可能在身份、健康状况、性取向以及形象方面存在较大认识偏差。有学者主张,婚姻缔结应当排除对重大误解的适用。除非虚假形象与感情破裂这二者难以区分,否则,若当事人对虚假形象等基本情况负有告知义务而未告知,则可以构成欺诈。[3] 由于《民法典》规定的婚姻缔结的欺诈事由具有限定性,所以,若将未告知虚假形象等基本情况的行为认定为欺诈,明显有失妥当。从维护婚姻自由的角度出发,如果一方就对婚姻的缔结有实质决定意义的事项产生误解,以至于其若真正了解对方真实情况就不会达成结婚合意,且该错误认识的形成并非另一方的故意隐瞒或虚假陈述所致,那么,可以参照适用总则编的重大误解规范,对婚姻予以撤销。但是,一方在缔结婚姻时对另一方的财产状况、社会关系等的错误认识并不影响婚姻的效力。

第三,一方故意隐瞒或者虚假陈述与婚姻的缔结有重大利害关系的信息,致使相对方陷入错误认识而结婚,可以参照适用欺诈的相关规定。欺诈的相关规定强调行为人存在隐瞒真实信息或故意陈述虚假信息的行为,并引起表意人的错误认识。然而,在任何一项真实的交易中都包含信息传递的问题,法律对在不同交易场合所传递的信息的完整性或真实性

---

[1] 参见许中缘:《论意思表示瑕疵的共同法律行为——以社团决议撤销为研究视角》,载《中国法学》2013年第6期。

[2] 参见田韶华:《民法典编纂中身份行为的体系化建构》,载《法学》2018年第5期。

[3] 参见李昊、王文娜:《婚姻缔结行为的效力瑕疵——兼评民法典婚姻家庭编草案的相关规定》,载《法学研究》2019年第4期。

的标准的界定可能存在差异[1]，因此，并不存在一般意义上的信息告知义务。在规范目的上，《民法典》第1053条并非为了体现国家对一方患有重大疾病的婚姻的管制，而是为了保护受欺诈的另一方的缔结婚姻的自由。[2] 一方故意隐瞒或者虚假陈述与婚姻的缔结有重大利害关系的信息，致使相对方陷入错误认识而结婚的，是对相对方婚姻自由的严重侵害，与一方故意不告知"患有重大疾病"相比，在价值评价上非常类似。以"性取向"为例，尽管中国精神病学会2001年颁布的《中国精神障碍分类与诊断标准（第3版）》已经不再将同性恋界定为心理异常的病态，因而超出了《民法典》第1053条规定的"患有重大疾病"的射程范围，但是，性取向是婚姻缔结的重要内容，对夫妻共同生活具有极其重大的影响。因此，受害人可以参照适用总则编的欺诈规范，请求人民法院对婚姻予以撤销，无过错方有权请求相对方承担损害赔偿责任。

第四，总则编第三人欺诈的相关规则同样具有参照适用的可能性。从文义上看，婚姻缔结中的胁迫（《民法典》第1052条）包括相对人胁迫与第三人胁迫，因此，因第三人胁迫而缔结的婚姻无须参照适用《民法典》总则编中关于第三人胁迫情形下法律行为之效力的规定。然而，婚姻缔结中的欺诈无法涵盖第三人欺诈。由于胁迫对私法自治和社会的危害更大，因此，立法上通常对第三人欺诈的受害人撤销权设置限制性条件。[3] 如果在缔结婚姻时存在第三人欺诈（如医生故意出具虚假健康证明），相对人知道或者应当知道欺诈事实，则可以参照适用《民法典》总则编的第三人欺诈规范。如果持有虚假健康证明的一方为善意，则另一方可以参照适用《民法典》总则编的重大误解规范。

《民法典》婚姻家庭编并未规定收养协议与收养解除协议意思表示瑕疵的效力规则。收养应当遵循最有利于被收养人的原则。收养协议在参照适用《民法典》总则编的相关规定时，应当保护未成年人的利益。概言之，纯粹身份关系协议体现了家庭法的固有伦理特征，具有保障意思自治、维护身份关系和谐以及保护未成年人利益最大化的价值目标，这符合身份关系协议"可以根据其性质参照适用"《民法典》合同编的客观目的，是对被引用的《民法典》合同编和总则编法条变通适用的重要判断标准。

---

[1] 参见许德风：《合同自由与分配正义》，载《中外法学》2020年第4期。
[2] 参见夏吟兰等：《中国民法典释评·婚姻家庭编》，中国人民大学出版社2020年版。
[3] 参见薛军：《第三人欺诈与第三人胁迫》，载《法学研究》2011年第1期。

第五节　身份财产协议对《民法典》合同编的准用

一、合同和法律行为效力规范的准用

身份财产协议包括财产性内容,如财产权的取得与消灭、给付义务的产生与消灭等。在缔约阶段,身份财产协议可准用《民法典》合同编的"要约—承诺"规则与缔约过失责任规范。结合《民法典》第464条第2款和第508条,身份财产协议对于合同和法律行为效力规范的参照适用主要包括三个方面:

其一,身份财产协议对法律行为部分无效与整体无效规则的准用。身份财产混合协议的内容可以部分归属于身份协议,部分归属于财产协议。在通常情形下,身份关系的发生或解除是协议中的财产条款发生效力的前提。如果婚姻的缔结或解除无效,则相应的财产分配以及子女抚养等条款均无效。但是,如果财产协议的某一部分无效,并不会影响身份关系的产生或者解除——即使当事人有产生或解除身份关系的意愿。《民法典》第156条规定:"民事法律行为部分无效,不影响其他部分效力的,其他部分仍然有效。"通常认为,法律行为是否部分有效,需要根据当事人的意思进行判断,具体涉及对缔约目的、具体需求状况、个案的特殊背景等因素的利益权衡,还需要考虑无效部分在交易中的重要性,例如,一方当事人因预想到无效部分的有效存在而在交易条件上作出重大让步。[1] 然而,由于身份财产混合协议中的婚姻、收养登记具有极强的公示效力,所以,即使该协议的财产条款与身份关系具有很密切的联系甚至相互依存,婚姻和收养关系亦不因之而无效。法官可以对无效部分进行适当变更,双方当事人对此表示接受,以维持整个法律行为的效力。[2] 对于身份财产关联协议(如意定监护协议、遗赠扶养协议)的部分条款无效,倘若整个协议对于当事人而言具有重要的现实价值,以至于当事人本来就会将无效部分作为可以独立实施的法律行为,那么,应当承认法律行

---

[1] 参见陈甦主编:《民法总则评注》(下册),法律出版社2017年版,第1104页。
[2] 参见黄忠:《法律行为部分无效的处理规则研究》,载《当代法学》2010年第3期。

为的其余部分内容的效力。[1]

法律行为部分无效不仅可以适用法律行为部分自始无效的情形，还可以适用法律行为因撤销而被视为部分自始无效的情形。然而，只有当法律行为未被撤销的部分不受被撤销部分的影响而仍然有效时，法律行为仅部分无效的表示才能发生效力。[2] 例如，在离婚协议中，夫妻约定将夫妻一方的个人财产给予另一方，或者约定将夫妻共同财产或个人财产给予具有抚养关系的子女等。从形式上看，此类财产给予具有"无偿赠与财产"的属性，而赠与合同的重要特征是赠与人在财产权利转移之前享有任意撤销权。如果夫妻财产给予行为是为履行法定义务，或者属于具有对价的约定义务范畴，则财产给予一方显然不得撤销。相反，如果夫妻财产给予行为属于无对价的约定义务，则可以构成赠与。[3] 然而，由于离婚合意、子女抚养、夫妻共同财产分割、债务承担、法定扶养义务的履行与"无偿赠与财产条款"之间具有密切的联系，所以，对于财产给予条款是否可以被撤销，需要考察理性的夫妻是否在夫妻财产给予约定义务被撤销的情况下仍然愿意缔结离婚协议，解散夫妻共同体，并权衡夫妻之间的利益关系，尤其是权衡夫妻财产给予约定义务是否会实质性地影响夫妻共同体的解除。例如，若配偶一方为达成离婚合意而在夫妻财产给予约定义务上作出重大让步，则表明夫妻财产给予条款不得被撤销。

其二，身份财产协议对通谋虚伪表示规则的准用。身份财产协议可以参照适用欺诈、胁迫和重大误解规范，而参照适用通谋虚伪表示规则的典型身份财产协议是"虚假离婚协议"。为了逃避债务、获得购房购车资格以及多享受福利补贴等特定目的，某些夫妻会"通谋"解除婚姻关系，对财产分配、子女抚养等达成一致协议并完成离婚登记程序，待特定目的达成之后复婚。由于离婚解除协议包含了婚姻登记机构的形式审查、登记的公示公信效力以及诚实信用原则等因素，所以这决定了"虚假离婚"应该引发离婚的法律后果。[4] 依据我国现行法规定，对已经发生法律效力的解除婚姻关系的判决书和调解书，不得申请再审，这有利于维护离婚

---

[1] 参见〔德〕卡尔·拉伦茨：《德国民法通论》（下册），王晓晔等译，法律出版社2003年版，第632—633页。

[2] 参见〔德〕维尔纳·弗卢梅：《法律行为论》，迟颖译，法律出版社2013年版，第691页。

[3] 参见肖峰、田源主编：《婚姻家庭纠纷裁判思路与裁判规则》，法律出版社2017年版，第233页。

[4] 参见高憬宏主编：《审判案例研究》，法律出版社2015年版，第31—32页。

效力的确定性和既定力,避免违反一夫一妻制原则[1]。然而,我国司法实践通常区分身份协议与财产协议,肯定前者的效力,否定后者的效力。主要理由在于,财产处置的内容违反公平原则和诚实信用原则,未体现夫妻双方的真实意思或者会损害债权人的利益。为此,法院通常会对夫妻之间的财产依法进行重新分配[2]。我国《民法典》第 1077 条设置了 30 天的离婚冷静期,这不仅增加了夫妻双方实施"虚假离婚"的时间成本,也为夫或妻撤回虚假离婚协议申请提供了机会。虚假离婚中的婚姻解除协议应当排除对《民法典》总则编"通谋虚伪表示"规则的准用,但是,财产协议与子女扶养协议等协议应当结合其性质准用"通谋虚伪表示"规则。具体而言:(1)财产协议与子女抚养协议等协议无效。第三人(债权人)可以主张夫妻双方的财产关系状态如同未离婚时的财产关系状态,有权提起第三人执行异议之诉。(2)法官可以适用法定的夫妻财产制对夫妻之间的财产进行分配。(3)对子女的抚养应当依法进行,并适用最有利于未成年子女的原则。

其三,身份财产协议对显失公平规则的准用。如前所述,纯粹身份关系协议因不具有经济交换属性,故不能参照适用显失公平规则。因有偿的身份财产关联协议(如意定监护协议、遗赠扶养协议)的给付请求权可以通过金钱得到衡量,故法官可以准用显失公平规则。然而,对于身份财产混合协议是否可以准用显失公平规则,最高人民法院原则上持否定态度。《婚姻法司法解释(二)》第 9 条规定,夫妻双方订立财产分割协议时存在欺诈、胁迫等情形的,当事人可以请求变更或者撤销该协议。由于离婚财产分割协议兼有财产与情感因素,所以,倘若夫妻一方急欲离婚而在夫妻共同财产问题上作出重大让步甚至"净身出户",那么,尽管离婚财产分割协议中的财产权利严重失衡,亦不宜简单地从权利义务对等的角度认定显失公平[3]。但是,如果一方身处危困状态,选择自由几近丧失,另一方明知这一状况而加以利用并提出苛刻的财产处分条件,则可以准用《民法典》总则编的显失公平规则,并结合婚姻状况、一方有无过错、子

---

[1] 参见丁慧:《身份行为效力判定的法律基准——在身份法理念和身份法规范之间》,载《法学杂志》2015 年第 2 期。

[2] 参见蔡立东、刘国栋:《司法逻辑下的"假离婚"》,载《国家检察官学院学报》2017 年第 5 期。

[3] 最高人民法院民事审判第一庭编著:《最高人民法院婚姻法司法解释(二)的理解与适用》(第二版),人民法院出版社 2015 年版,第 129 页。

女抚养以及保护婚姻中弱势一方等因素,通过个案调整协议,以保障结果的公平。[1] 当事人请求撤销财产分割协议的除斥期间及其起算点,可以准用《民法典》第152条第1款。

二、合同履行规则的准用

合同履行规则的准用包括对合同履行的原则(《民法典》第509条)、合同内容的解释规则(《民法典》第510条、第511条)、合同给付的货币规则(《民法典》第514条)、第三人代为清偿规则(《民法典》第524条)以及合同的协议变更规则(《民法典》第543条)等规范的准用。但是,关于合同履行规则是否可以准用于身份财产协议,仍有下列问题需要进一步澄清:

其一,身份财产协议如何准用抗辩权规范的问题。双务合同的抗辩权包括同时履行抗辩权、先履行抗辩权以及不安抗辩权。双务合同的抗辩权以债权人与债务人各自的给付义务存在功能上的牵连性为基础,即当事人之间的给付义务具有对价性,亦即互为因果,相互报偿,且彼此牵连[2],典型如买卖、互易、建设工程合同等。身份财产协议对于抗辩权规范应以如下方式准用:一是对于离婚协议、婚内财产分割协议等身份财产混合协议而言,尽管当事人通常均负有给付义务且对应的请求权彼此依赖,但是,无论是在当事人各自的财产给付义务之间,还是在一方的财产给付义务与另一方的同意离婚、子女抚养等之间,均不具有对价性。"夫妻忠诚协议""夫妻空床费协议"以夫妻互相忠实的权利义务与同居的权利义务为前提,抗辩权与请求权相对,但是,夫妻忠实义务与同居义务对应的请求权具有强烈的人身专属性和伦理道德属性,既不得通过法律强制的方式予以履行,亦不具有对价属性。因此,身份财产混合协议不得准用双务合同的抗辩权规范。二是就身份财产关联协议而言,近亲属之间有偿的意定监护协议的伦理属性很弱,当事人的给付义务所对应的请求权具有对价关系和牵连性,可以准用抗辩权规范。遗赠扶养协议的特殊性在于扶养人权利和遗赠人权利产生的异时性,遗赠人在生前享有接受扶养的权利,但不负担义务,扶养人须先依约履行扶养义务甚至安葬义

---

[1] 参见景春兰、袁善仪:《"净身出户"协议的效力探讨及裁判策略》,载《广西民族大学学报(哲学社会科学版)》2018年第5期。

[2] Vgl. MüKoBGB/Emmerich (2019), Vor § 320, Rn. 14 ff.

务,才能在遗赠人死后取得对其继承人的遗赠请求权。[1] 遗赠扶养协议中的扶养和遗赠之间不存在条件上的牵连性,亦不具有功能上的牵连性。在遗赠人生前,无论哪一方解除遗赠扶养协议,遗赠义务均非因协议解除而消灭,而是自始未产生。因此,遗赠扶养协议不得准用抗辩权规范。继承协议中的继承遗产、赡养父母等内容并不具有牵连性,亦不得准用抗辩权规范。

其二,身份财产协议如何准用利他合同规范的问题。《民法典》第522条规定的利他合同规范突破了合同相对性,允许使他人纯获利益的合同对第三人直接产生效力,尊重了通常情形下受益人可以推知的意图,并赋予受益人以拒绝权,从而保障其最终决定权。[2] 离婚协议中的赠与子女财产条款具有为第三人设定利益的法律构造,可以准用利他合同规范。一方面,夫妻通过离婚协议共同确立为子女设定利益的合意,约定将共同财产或者个人财产赠与子女。另一方面,当父母一方或者双方不履行协议中的约定时,子女可以直接请求父母一方或者双方履行协议的内容。[3]

其三,身份财产协议如何准用情势变更规则的问题。《民法典》第533条新增情势变更规则,赋予人民法院结合案件的实际情况根据公平原则变更或者解除合同的权力。在德国法上,情势变更规则在夫妻之间的协作协议中得到广泛适用。[4] 婚姻是一种动态的关系,这个过程可能涉及外部环境(如疾病、工作状况、子女的出生等)以及夫妻内部关系(如情感、个性、偏好等)的变化。即使夫妻之间订立达成了关于夫妻共同财产、债务以及配偶权、亲权、探望权等方面的协议,但是随着时间的推移,婚姻家庭关系的内部与外部环境可能会发生难以预测的变化。例如,夫妻在缔结身份财产协议时可能会担心议价会被对方视为缺乏信任,这样的心态往往导致夫妻双方通常因不够理性而在缔约时表现得缺乏远见或者过于乐观,从而低估不利条款可能带来的风险,或者忽视为未来变化制

---

[1] 参见缪宇:《遗赠扶养协议中的利益失衡及其矫治》,载《环球法律评论》2020年第5期。
[2] 参见薛军:《合同涉他效力的逻辑基础和模式选择——兼评〈民法典合同编(草案)〉(二审稿)相关规定》,载《法商研究》2019年第3期。
[3] 参见陆青:《离婚协议中的"赠与子女财产"条款研究》,载《法学研究》2018年第1期。
[4] 参见〔德〕迪特尔·施瓦布:《德国家庭法》,王葆莳译,法律出版社2010年版,第74—75页。

定详尽条款的需求。[1] 如果这些因素导致婚内财产协议、夫妻忠诚协议、子女抚养协议的情势已发生重大变更,履行协议对一方当事人显失公平,则可以参照适用《民法典》合同编的情势变更规则。

其四,身份财产协议如何准用代位权与撤销权规则的问题。债权人不得代为行使基于个人信任关系或者以特定身份关系为基础的债权,例如,夫妻之间的扶养请求权或者遗赠扶养协议请求权等。[2] 但是,夫妻之间的离婚财产分割协议在得到履行之前,如果夫或妻的债权人符合代位权的行使要件,则可以准用《民法典》第535条规定的代位权规则。身份财产协议的债权人准用《民法典》第538条规定的撤销权规则,具体包括两种情形:一是遗赠扶养协议的遗赠人无偿转让约定财产或放弃约定到期债权,在此情形下,扶养人可以请求法院撤销受扶养人的无偿转让或放弃债权的行为;二是离婚协议中的夫妻财产给予约定并非赠与,因而应排除赠与人的任意撤销权的适用,但是,当财产价值显著超过必要的法定扶养义务限度并损害财产给予方的债权人的利益时,债权人可以行使撤销权,以避免夫妻通过离婚协议恶意逃避债务。夫或妻对子女的超出必要法定抚养义务的给予行为属于赠与,如果损害夫或妻的债权人的利益,则债权人有权撤销。

三、合同救济规则的准用

其一,身份财产协议准用合同解除权规则的问题。《民法典》第563条第1款规定的法定解除权规则可以准用于身份财产协议。婚内财产协议、遗赠扶养协议等继续性合同与一时性合同不同,在长时间的拘束之下,合同的履行高度依赖于当事人间的特别信任关系。[3] 如果当事人之间的信任和善意无以为继,不能期待当事人继续维持合同关系,则可以准用《民法典》第563条第1款,赋予当事人解除合同的权利。例如,扶养义务的履行具有长期性与反复性,扶养人和遗赠人之间的信任是双方达成遗赠扶养协议的基础。如果遗赠人拒绝接受扶养,则扶养人可以行使任意解除权解除遗赠扶养协议,遗赠人应偿还扶养人已支付的供养费用;如

---

[1] 参见〔德〕凯塔琳娜·博埃勒-韦尔基等主编:《欧洲婚姻财产法的未来》,樊丽君等译,法律出版社2017年版,第75页。

[2] 参见王洪亮:《债法总论》,北京大学出版社2016年版,第142—143页。

[3] 参见王文军:《论继续性合同的解除》,载《法商研究》2019年第2期。

果扶养人不履行协议致协议解除且无正当理由,则不能享有受遗赠的权利,对其支付的供养费用一般不予补偿(原《最高人民法院关于贯彻执行〈中华人民共和国继承法〉若干问题的意见》第 56 条)。

其二,身份财产协议准用违约责任规则的问题。如果身份财产协议的一方不履行合同义务或者履行合同义务不符合约定,则可以准用《民法典》第 577 条规定的违约责任。亲属身份权利义务(如忠实义务、同居义务、探望权等)具有伦理道德因素,一方不履行的债务属于《民法典》第 580 条第 1 款规定的法律上或者事实上不得强制履行的义务。以"夫妻忠诚协议"为例,当"夫妻忠诚协议"中的一方违反忠实义务时,其应当向另一方给付一定数额的金钱,或者承受分割共同财产的不利后果。尽管《民法典》第 1043 条规定"夫妻应当互相忠实,互相尊重,互相关爱",但是,法律不可能以维持婚姻关系为目的而"强制"夫妻相互忠诚。因此,违反忠实义务的法定不利后果只能发生在离婚之时,即在夫妻共有财产分割(《民法典》第 1087 条)或者离婚损害赔偿诉讼(《民法典》第 1091 条)中照顾无过错方等。因此,"夫妻忠诚协议"中约定的金钱给付或者分割共同财产必须以婚姻的解除为前提,其实质系夫妻双方就未来离婚之时的过错赔偿标准和计算方法的预先约定。对于"夫妻忠诚协议"约定的金钱给付的具体数额,应结合受害人受伤害的程度、加害人的过错行为、家庭的经济状况以及夫妻共同生活的实际情况等因素予以综合考虑,并可以参照适用《民法典》第 585 条规定的违约金调整规范,予以适当增加或减少。"夫妻忠诚协议"约定分割共同财产的,无论是协议离婚,还是诉讼离婚,均应当按照约定分割夫妻共同财产,但是,约定可能导致一方生活困难而显失公平的除外。[1]

四、委托合同规则的准用

意定监护协议与委托监护协议通常包括监护人的选择、监护事项的分配、监护关系的设立、监护责任的承担、监护关系的终止等内容。这两类监护协议的主要内容与委托合同的内容比较类似,因此,监护协议的成立、生效、解除或终止等可以参照适用《民法典》合同编关于委托合同的相关规定。[2] 现代社会监护手段多元化,既包括监护人向被监护人提供

---

[1] 参见梅夏英、叶雄彪:《婚姻忠诚协议问题研究》,载《法律适用》2020 年第 3 期。
[2] 参见陈甦主编:《民法总则评注》(上册),法律出版社 2017 年版,第 237—238 页。

替代决策的模式(委托监护),也包括监护人向有能力独立处理与其智力状况相适应的被监护人提供协助决策的模式(意定监护),从而兼顾了被监护人的利益保护和意思自治。[1] 在委托监护协议中,被监护人处于第三人的法律地位,意定监护协议属于附生效条件的合同,只有当监护原因发生,通常是当被监护人丧失部分或全部民事行为能力时,意定监护协议才生效。由于被监护人的利益在委托监护协议与意定监护协议中处于特殊地位,因此,监护人不享有委托合同中委托人的任意解除权。

五、结论

《民法典》的编纂使长期以来各自分散的民事单行法形成了一个有机的体系化整体,内在体系昭示了社会的核心价值及底线共识,外在体系则确定规范的形式理性和可预测性。[2]《民法典》第464条第2款为身份关系协议参照适用《民法典》合同编和总则编的法律行为效力规则提供了规范基础,是《民法典》体系化最为显著的标志之一,成为妥当协调家庭法与财产法、传统人伦关系与交易关系、婚姻家庭编与合同编乃至总则编之间关系的枢纽。

从法律的发展来看,法典化对法律的塑造力其实有限,法律创新的路径主要取决于法官的法律解释能力,这受制于立法者为法官所预留的解释空间和解释手段。[3] 由于《民法典》第464条第2款所援引的对象极为抽象和概括,所以,这为司法机关依据身份关系协议的性质准用《民法典》合同编预留了较为广泛的价值判断空间。法官既要依据身份关系协议的性质引入并发掘《民法典》合同编和总则编之中被援引法条的规范意旨,亦要论证该规范意旨与《民法典》婚姻家庭编的原则以及待决身份关系协议的伦理属性不相排斥,以避免"参照适用"条款沦为交易规则过度市场化、工具化身份关系协议和"反噬"家庭法的通道。

《民法典》之中的身份关系协议可以分为三种类型:一是纯粹身份关系协议,包括结婚、收养协议与收养解除协议等;二是身份财产混合协议,

---

[1] 参见彭诚信、李贝:《现代监护理念下监护与行为能力关系的重构》,载《法学研究》2019年第4期。
[2] 参见谢鸿飞:《中国民法典的生活世界、价值体系与立法表达》,载《清华法学》2014年第6期;方新军:《融贯民法典外在体系和内在体系的编纂技术》,载《法制与社会发展》2019年第2期。
[3] 参见石佳友:《解码法典化:基于比较法的全景式观察》,载《比较法研究》2020年第4期。

包含基于身份关系发生或解除的财产协议(如婚内夫妻财产协议、离婚及财产分割和子女抚养协议、离婚财产补偿协议、离婚给予子女财产协议)与有关身份权利行使和义务承担并附带金钱给付的协议(如夫妻忠诚协议)等;三是身份财产关联协议,包括近亲属之间的意定监护协议、协议监护协议、委托监护协议、遗产分割协议、遗赠扶养协议、继承协议等。从纯粹身份关系协议到身份财产混合协议再到身份财产关联协议,协议的伦理属性渐趋减弱而财产属性逐渐增强。当事人之间的伦理属性越强,法官在参照适用《民法典》合同编时越要考量《民法典》婚姻家庭编的特殊价值。

第十章 《民法典》离婚救济制度的体系化阐释

第一节 《民法典》离婚救济制度概述

离婚救济制度系为保障离婚时处于弱势地位一方的合法利益,由家庭法提供的有关夫妻财产分配的救济措施。自 2001 年《婚姻法》修正以来,学理上通常认为离婚救济制度包括离婚家务贡献补偿(第 40 条)、离婚经济帮助制度(第 42 条)以及离婚损害赔偿制度(第 46 条)。[1] 长期以来,离婚救济制度在司法运行中存在"适用率不高、救济功能低效"的窘境,并未真正发挥该制度维护社会公平正义的功能。[2] 学者一直大力倡导修改完善离婚救济制度,提出家务劳动补偿应延展适用于夫妻共同财产制,降低离婚时经济帮助的生活困难认定标准以及扩大离婚损害赔偿的过错范围等立法建议。[3]

2020 年颁布的《民法典》婚姻家庭编完善了离婚救济制度,主要表现在以下几个方面:(1)《民法典》第 1088 条取消了家务贡献补偿制度的适用前提,不再要求夫妻书面约定婚姻关系存续期间所得的财产归各自所有,并新增"具体办法由双方协议;协议不成的,由人民法院判决";(2)《民法典》第 1090 条规定离婚经济帮助以另一方有负担能力为前提,不再强调离婚经济帮助的具体形式,将"另一方应从其住房等个人财产中给予适当帮助"改为"有负担能力的另一方应当给予适当帮助";(3)《民法典》第 1091 条增加离婚损害赔偿的兜底性规定,即第(五)项"有其他重大过错"。此外,《民法典》还新增了两项离婚救济制度:一是第 1087 条规定的夫妻共同财产分割照顾无过错方规则,即离婚时,夫妻双方对共同财产的分割达不成协议的,人民法院按照照顾子女、女方和无过错方权益的原则判决;二是第 1092 条新增一方侵害、侵占夫妻共同财产,离婚分割夫妻共同财产时,对该方可以少分或者不分的规则。

《民法典》构建了多元化的离婚救济制度。与婚内夫妻财产制度不同,离婚救济制度涉及的是离婚后夫妻双方利益分配的重大问题。夫妻财产制度的基本价值包括婚姻保护、意思自治与交易安全三个层面的调

---

[1] 参见巫昌祯、夏吟兰:《〈民法典·婚姻家庭编〉之我见》,载《政法论坛》2003 年第 1 期。
[2] 参见王歌雅:《离婚救济的实践隐忧与功能建构》,载《法学杂志》2014 年第 10 期。
[3] 参见夏吟兰:《民法分则婚姻家庭编立法研究》,载《中国法学》2017 年第 3 期。

和,共同塑造夫妻内部与外部的财产关系。[1] 与之不同的是,离婚救济制度是离婚自由的平衡机制,系矫正和补偿离婚夫妻之间财产分割的失衡状态,实现保护弱势一方尤其是妇女合法权益的伦理关怀。然而,任何规范的解释都受特定的主导型法律原则的支配,必须相应地考虑相关规范体的意义脉络关联、上下文背景、该规范的体系位置以及该规范在相关规范体的整体脉络中的功能。[2] 从体系化的角度看,离婚救济制度的法律适用需要解决以下问题:其一,如何明晰离婚家务贡献补偿、离婚经济帮助以及离婚损害赔偿的适用范围,发挥离婚救济制度的功效,使"纸面上的法"变成"行动中的法"?其二,如何消除《民法典》离婚救济体系在形式上的评价矛盾?例如,引入照顾无过错方原则在功能上与离婚损害赔偿制度存在重叠,导致对过错行为的双重评价;又如,引入照顾无过错方原则可能与《民法典》第1092条发生冲突等。

第二节 离婚家务贡献补偿制度的正当性及其规范解释

一、离婚家务贡献补偿的正当性分析

家务贡献补偿,又被称为家务劳动补偿或者离婚经济补偿,是我国婚姻家庭法涉及的离婚救济类型,试图补偿婚姻关系存续期间为协助另一方工作,在孩子抚养、老人赡养以及家庭事务等方面承担较多义务的一方,从而调整夫妻双方离婚时因分割夫妻共同财产可能导致的权益失衡状态。[3]

夫妻关系的本质是夫妻共同生活,家务劳动属于夫妻共同生活的重要范畴,包括养儿育女、赡养老人、买菜烧饭、辅导功课、看病就医、购买生活物品、清理家庭卫生等。家务贡献是维系婚姻家庭必不可少的内容,其实质上是社会生产的重要表现形式。家务贡献是有价值的劳动,至少包括三个方面的成本:时间、技能以及情感的支出。家庭具有消费单位与生

---

[1] 参见贺剑:《夫妻财产法的精神——民法典夫妻共同债务和财产规则释论》,载《法学》2020年第7期。

[2] 参见〔德〕卡尔·拉伦茨:《法学方法论》,黄家镇译,商务印书馆2020年版,第548页。

[3] 参见国家法官学院编:《全国专家型法官司法意见精粹:婚姻家庭与继承卷》,中国法制出版社2017年版,第328—329页。

产单位的双重属性,包含食品、衣物、营养、感情、温暖、陪伴等有形和无形的物品。其中,最为重要的物品不是可以替代的商品,而是家庭成员尤其是妻子的时间。[1] 在市场经济领域,劳动者的技能、时间等可以转化为同生产价值相应的收入。然而,在婚姻家庭领域,夫妻的时间、技能以及情感均因不具有生产价值而未转化为收入,并未被计算在国民经济总产值之中。家庭作为生产单位所贡献的价值虽然重要且不可估量,但是长期以来人们忽略了家庭劳务对社会的贡献,导致对家务劳动贡献的评价偏低并且常常被视为无私奉献。

原《婚姻法》第40条规定的家务贡献补偿以分别财产制为前提。主要立法理由是:《婚姻法》的立法者认为,离婚经济补偿制度是为了补偿从事较多家务劳动的一方,在婚后所得共同制这一法定财产制之下,家务劳动的价值已经获得补偿,因此离婚经济补偿制度适用分别财产制的模式。[2] 然而,由于我国婚姻家庭绝大多数实施的是婚后所得共同制,采用分别财产制的比例非常低,因此该条规定在司法裁判中极少适用。[3]

在《民法典》编纂过程中,对于离婚家务贡献补偿制度应该延展至夫妻共同财产制这一观点逐渐达成了共识。[4] 夫妻一方从事照顾家庭成员生活、抚养子女等家务劳动,与另一方从事职业活动对于家庭的贡献具有同等的价值。如果前者从事家务劳动、协助后者而付出较多时间、精力并因此中断或者牺牲了自己的职业发展机会,致使自己在婚姻关系存续期间没有收入或者收入明显低于后者,在离婚之时,不论夫妻财产制是分别财产制还是共同财产制,离婚分割财产时,如果从事家庭劳动的一方的利益得不到有效的保障,将对子女的成长极为不利,对社会的稳定产生重大不利影响。[5]

《民法典》第1088条放弃了原《婚姻法》第40条规定的分别财产制这一适用前提。这意味着,无论夫妻采取何种类型的夫妻财产制,离婚时均可以适用本条规定的家务贡献补偿制度。然而有疑问的是,在《民法

---

[1] 参见〔美〕理查德·A.波斯纳:《法律的经济分析》,蒋兆康译,法律出版社2012年版,第203—204页。
[2] 参见胡康生主编:《中华人民共和国婚姻法释义》,法律出版社2001年版,第166—167页。
[3] 参见王歌雅:《家务贡献补偿:适用冲突与制度反思》,载《求是学刊》2011年第5期。
[4] 参见赵玉:《司法视域下夫妻财产制的价值转向》,载《中国法学》2016年第1期。
[5] 参见黄薇主编:《中华人民共和国民法典婚姻家庭编释义》,法律出版社2020年版,第177—178页。

典》第1062条以夫妻所得共同制为法定夫妻财产制的背景之下,这是否会导致对夫妻一方家务劳动的双重评价?因为在实行分别财产制的情况下,付出较多义务的一方未能从共同财产的清算中获得利益,而在实行共同财产制或部分约定分别财产制时,付出较多义务的一方已经从该项财产的清算中获得利益。[1]

上述问题的实质是离婚家务贡献补偿的立法宗旨。家务贡献补偿制度旨在客观评价当事人对婚姻家庭的贡献,弥补夫妻财产制度的不足。矫正正义系指社会中的一名成员侵犯了另一成员的权利、特权和财产权,要求前者偿还属于后者的东西或者对其受到的损失予以补偿。[2] 家务贡献补偿制度通过构建合理的利益分配机制,以实现法律实质意义上的公平。在社会现实层面,即使在今天,男人仍然是主要的市场生产者,而女性仍然更可能是家庭生产的主要提供者。这有两方面的原因:其一,由于劳动力市场对女性的歧视而降低了女性相对于男性而言的市场收入,从而使家庭劳务对女性(相对于男性而言)具有更大的吸引力;其二,在今天更重要的是,就女性怀孕及更适于抚养婴儿而言,妻子的家务生产成本比丈夫低。怀孕和抚育子女均是时间密集型的活动,花费时间怀孕和抚养孩子的妇女(即使她们这样做是出于效率的考虑)在回到劳动力市场时,即使不存在性别歧视,也会得到较低的平均工资,这将减少妇女回到劳动力市场的数量。[3]

婚姻家庭内部的利他主义促进了夫妻之间的合作。利他主义在家庭中普遍存在,不仅是因为家庭组织很小,存在许多相互影响的因素,而且还因为婚姻市场存在着把利他主义"分配"给受益者的倾向。一个利他主义的捐助者和他的受益者相结合,会比一对利己主义的夫妇有更好的经济境况。与利己主义的婚姻相比较,利他主义的婚姻具有更高的效率和生产力。[4] 尽管夫妻共同财产制本身包含了对家务劳动价值的承认,然而离婚时所能分割的是现有的夫妻共同财产,将时间、情感等花费在家

---

[1] 参见余延满:《亲属法原论》,法律出版社2007年版,第355页。

[2] 参见[美]E.博登海默:《法理学:法律哲学与法律方法》,邓正来译,中国政法大学出版社2004年版,第263页。

[3] 参见[美]理查德·A.波斯纳:《法律的经济分析》,蒋兆康译,法律出版社2012年版,第206页。

[4] 参见[美]加里·S.贝克尔:《人类行为的经济分析》,王业宇、陈琪译,上海三联书店、上海人民出版社1995年版,第357—358页。

务劳动方面导致自身技能下降的一方(主要是女性)遭受的损失很难得到夫妻共有财产的弥补。因为离婚时平均分割夫妻共同财产以现有的夫妻共同财产为限,可能不足以合理评价从事家务较多一方的贡献和价值。例如,妻子对丈夫的事业支持有较大贡献,但可分割的夫妻共同财产较少,尤其是大部分夫妻共同财产用于从事职业活动的一方人力资本提升的情形。[1] 此外,因协助另一方促使对方(主要是丈夫)工作技能的提高,如果在离婚时尚未产生实际收益,亦非夫妻共同财产的范畴。

家务贡献补偿的正当性,核心在于婚姻应被视为夫妻共享的事业,婚姻原本应该是男女基于爱情期待而共同生活的一个命运共同体,若因婚姻存续期间的男女分工不同,导致家务特殊贡献的配偶一方就业能力的减弱,信赖保护思想要求对由婚姻引起的财产上的不利益进行补偿,立法就应该给予某种程度的恢复性矫正补偿。保障家务贡献者的利益与维护婚姻家庭共同体的利益具有一致性,有利于家庭的整体利益。为了更好地维系婚姻家庭关系和促进利他主义观念,只有将夫妻一方协助另一方提升人力资本及其所产生的预期收益作为夫妻共同财产的一种类型在离婚时进行公平的分割,才能期待婚姻关系中的配偶调整他们的角色,促使他们更多地以家庭利益为出发点,进而对婚姻家庭作出更多的时间、精力上的投入,这才是离婚救济制度所要追求的终极目标。[2]

尽管离婚家务贡献补偿制度的适用与夫妻财产制无关,但是家务贡献补偿请求权在不同的财产制之下的性质存在差异。在分别财产制之下,家务贡献补偿请求权为债权请求权。[3] 在夫妻共同财产制下,家务贡献补偿请求权若是对夫妻共同财产分享或分割,则为物权请求权;若是夫妻共同财产不足以支付,该请求权则为债权请求权。

二、离婚家务贡献补偿的规范解释

在婚姻关系存续期间,夫妻在婚姻家庭中地位平等,有相互扶养的义务,共同承担对未成年子女抚养、教育和保护的义务,成年子女对于缺乏劳动能力或者生活困难的父母有赡养的义务。依据《民法典》第 1043 条

---

[1] 参见最高人民法院民法典贯彻实施工作领导小组主编:《中华人民共和国民法典婚姻家庭编继承编理解与适用》,人民法院出版社 2020 年版,第 316 页。
[2] 参见夏吟兰:《离婚衡平机制研究》,载《中华女子学院学报》2004 年第 5 期。
[3] 参见林秀雄:《夫妻财产制之研究》,中国政法大学出版社 2001 年版,第 160 页。

的规定,家庭成员应当敬老爱幼、互相帮助,儿媳或者女婿对于配偶赡养父母有协助的义务。《民法典》在男女平等、夫妻共同承担家务的原则之下,体现了最朴素意义上的公平原则。离婚家务贡献补偿是对离婚时夫妻共同财产分割之际权益失衡状态的矫正。因此,如果一方在婚姻关系存续期间操持家务、抚养子女、夫妻之间相互扶养、互相关爱以及协助赡养老人等所花费的时间、精力、金钱在正常范围之内,并无适用离婚家庭贡献补偿制度的余地。

在法定夫妻财产制之下,家务劳动与职业活动具有等值性,承担正常范围内的家务劳动已经被评定为具有分享另一方取得的劳动收入的权利,家务劳动的价值已经得到充分评价。[1] 因此,离婚家务贡献补偿应该发生在夫妻一方在婚姻关系存续期间为婚姻共同体尽了较多义务,明显超出正常范围的情形。具体而言:(1)夫妻一方因从事家务劳动、照顾子女、赡养老人,影响自己职业技能的提高或者丧失职业发展的机会,由此导致其在劳动力市场上的技能和价值贬损。(2)夫妻一方对家庭的贡献明显超过其应维持家庭的义务时,例如照顾常年卧床的配偶父母,照顾生病或残疾的配偶或配偶的兄弟姐妹。夫妻离婚时,一方对承担较多家务劳动的另一方给予经济补偿,首先应当由要求离婚的夫妻自行协商确定,这种协商可以在协议离婚时确定,也可以在诉讼离婚时确定。如果在协议离婚时双方达成了一致的协议,则可以向婚姻登记部门提交。婚姻登记部门查明确属自愿,且不违反法律规定的,给予离婚登记,双方应自觉履行协议。在诉讼离婚中,双方对离婚补偿达成一致意见,交由法院以调解书或者判决书的形式予以确认。如果双方达不成协议,人民法院则依据《民法典》第 1088 条的规定进行判决确定。[2] (3)如果夫妻一方在婚姻关系存续期间协助另一方,承担更多的养老育幼的家庭赡养和抚养义务,使另一方的人力资本得到提升,例如获得学位证、律师证、会计师证等。在现代社会,这些具有人身属性高附加值的资格已经成为重要的财富形式,其本身蕴含着某种预期利益。[3] 然而,在夫妻一方获得相应的

---

[1] 参见薛宁兰、谢鸿飞主编:《民法典评注:婚姻家庭编》,中国法制出版社 2020 年版,第 437 页。

[2] 参见黄薇主编:《中华人民共和国民法典婚姻家庭编释义》,法律出版社 2020 年版,第 178 页。

[3] 参见国家法官学院编:《全国专家型法官司法意见精粹:婚姻家庭与继承卷》,中国法制出版社 2017 年版,第 355—356 页。

资格不久即离婚的情况下,由于此类资格并非婚后所得的夫妻共同财产,协助另一方获得相应资格的一方配偶不能从中获益。倘若不支持对操持较多家务的一方机会丧失的补偿,不仅难以维持夫妻权益的平衡,还有悖于婚姻家庭领域男女平等原则,这显然有失公平。[1] 高学历、执业资格等人力资本在职场中具有较高的含金量,配偶一方协助和操持家务较多,从而使另一方的人力资本得以提升但尚未取得预期收益的,可以纳入家务贡献补偿的范畴,对前者进行适当的补偿。[2]

对于付出家务劳动较多的一方不能简单以雇佣劳动的角度看待和评价。[3] 尽管近代以来,个人权利与意识逐渐觉醒和高涨,但是婚姻家庭以血缘关系与情感依赖为重要基础,在形成婚姻家庭共同体之后,夫妻双方的独立性随之减弱,共同体内部的合作意识则被培育和优化。[4] 婚姻家庭内部的利他主义与市场交易中的利己主义法则具有显著的差异。家务劳动不仅在形式上具有雇佣劳动的强度和质量,更为重要的是还包含家庭成员的情感陪伴和精神慰藉的投入。以家政人员的角色对待付出家务贡献的一方,不仅是对贡献者的贬损,实际也弥补不了夫妻因人力资本投资方向不同导致的一方谋生能力下降对未来生活造成的消极影响的损失。

离婚家务贡献补偿是否应该考虑夫妻财产制的差异?对此有学者持肯定态度,认为在夫妻分别财产制的前提下,家务贡献可以通过剩余财产分配额的计算方法,以此量化家务贡献价值,体现公平原则。[5] 我国《民

---

[1] 参见龙翼飞、侯方:《离婚救济制度的辨析与重构》,载《法律适用》2016年第2期。
[2] 参见余延满、梁小平:《论婚姻关系存续期间的人力资本与离婚损害赔偿》,载《江西社会科学》2013年第3期。
[3] 2021年年初,北京市房山区人民法院首次适用《民法典》规定,审结一起离婚家务贡献补偿案件;全职太太王某在离婚诉讼中称,因承担大部分家务,提出要求家务补偿。最终,法院判决其与丈夫陈某离婚;同时判决陈某给付王某家务补偿款5万元。有很多网友执着于5万元太少,低于保姆工资。《民法典》意在补偿离婚中付出更多的一方,让更多承担了抚育子女、照料老年人、协助另一方工作等义务的一方,在离婚诉讼中得到倾斜性的补偿,这是在夫妻平等、男女平等的基础上做出的微调,并不是"家务有偿化",一些网友将这样的补偿类比保姆的工资标准,这本身是不合适的。参见沈彬:《离婚补偿不是"家务有偿化",也不该和保姆工资类比》,载光明时评(https://guancha.gmw.cn/2021-02/22/content_34633806.htm),2021年10月1日访问。
[4] 参见熊丙万:《私法的基础:从个人主义走向合作主义》,载《中国法学》2014年第3期。
[5] 参见王歌雅:《中国亲属立法的伦理意蕴与制度延展》,黑龙江大学出版社2008年版,第221页。

法典》在第1062条规定的法定夫妻财产制之外,第1065条允许夫妻双方约定婚姻关系存续期间和婚前财产归各自所有、共同所有或者部分各自所有、部分共同所有。在不同的夫妻财产制标准之下,夫妻双方家务贡献"正常范围"的判断标准是不同的,需要结合不同的财产制并遵循权利和义务对等的原则。在夫妻共同财产制之下,如果一方从事职业工作,另一方全职在家操持家务,由于职业工作与家务在评价上具有等值性,因此从事家务劳动的一方的超出正常范围的标准,显然与夫妻双方均从事职业工作,并约定分别财产制的情形不同。

依据《民法典》第1088条的规定,离婚家务贡献补偿尊重当事人的意思自治,具体办法由双方协议。由于家庭事务涉及生活方方面面,种类繁多、强度不一。如果离婚双方无法就是否给付补偿、补偿的数额和给付方式达成一致,人民法院可以具体结合当事人婚姻存续时间的长短、家务劳动的强度和持续时间、一方给对方提供帮助的多少、另一方从中获利的情况、双方的财产状况和经济能力以及当地的经济和社会发展水平等因素综合确定补偿。[1]

第三节 离婚经济帮助制度的解释及其协调适用

一、离婚经济帮助制度的正当性

早在1950年,我国首部《婚姻法》规定一方对离婚时存在困难的另一方提供相应帮助的制度。1980年《婚姻法》将此类帮助限制为"经济帮助"。2001年修正后的《婚姻法》第42条规定,如一方生活困难,另一方应从其住房等个人财产中给予适当帮助。具体办法由双方协议;协议不成时,由人民法院判决。《民法典》第1090条在延续原《婚姻法》上述规定的同时,扩大了"离婚经济帮助"的范围,不再强调帮助的具体形式。

在婚姻关系存续期间,夫妻有互相扶养的义务,一方不履行扶养义务时,需要扶养的一方有要求对方付给扶养费的权利。当婚姻关系解除时,配偶双方各自开始新的生活,原有的扶养义务自然归于消灭。《民法典》规定原本不承担义务的具有负担能力的一方在离婚之时对生活困难的另

---

[1] 参见巫昌祯主编:《婚姻与继承法学》,中国政法大学出版社2017年版,第180页。

一方应当给予适当的帮助,究其原因,婚姻关系属于一种特殊的社会关系,男女双方建立互相信赖、互相扶持的婚姻共同体,并为维持婚姻共同体作出努力和牺牲。在离婚之时,一方生活困难有可能是其为了家庭利益而放弃个人的发展机会而导致,因此法律要求有支付能力的一方对生活困难的另一方尽到扶助的责任,将道德义务上升为特殊情形下的法律义务。[1] 从现实状况来看,由于妇女的经济能力通常低于男性,在农村这种差距更为明显,因此离婚经济帮助在很大程度上是对处于弱势地位的配偶尤其是妇女经济不利地位的矫正。离婚经济帮助制度与离婚家务贡献补偿制度不同,后者发生的情形是一方在婚姻关系存续期间对婚姻共同体承担了较多的义务,而前者发生的情景是离婚时一方生活困难,就有权请求有负担能力的另一方提供经济帮助。

从比较法上看,与我国现行法上的离婚经济帮助相类似的是"离婚扶养制度"。《法国民法典》第270条规定:"一方配偶得向另一方配偶支付旨在补偿因婚姻中断而造成的各自生活条件差异的补偿金。"《德国民法典》第1569条第一句规定,离婚之后双方原则上应各自承担自己的扶养费。但很多离婚者无法做到这一点,或者就其生活状况而言不能期待其可以完全独立生活。在这种情况下,前配偶之间的责任得以延续。因为在结婚时,丈夫和妻子怀着对未来共同生活的信任而将他们的命运结合在一起。当共同生活的规划破裂时,他们的相互义务并不随之消灭。法律规定,离婚配偶在一定条件下可以对前配偶提出支付扶养费的请求。[2] 离婚扶养制度旨在矫正因离婚使另一方生活陷入贫困的不公平,立法者在提供离婚后扶养的经济缓冲期之后,设定扶养的合理法定事由或限制条件,以限制对前配偶的终生扶养义务,鼓励前配偶尽快走向自立生活。[3] 依据《德国民法典》的相关规定,扶养请求权人请求给付扶养金的具体情形包括以下几种:(1)离婚配偶一方为了照料和教育未成年子女而无法从事职业活动的;(2)离婚配偶一方因年老而不能再期待从事职业活动;(3)离婚配偶一方因疾病或身体、精神方面的残疾而不能期待从事职业活动;(4)离婚后夫妻一方不能找到适当职业或从事适当职业

---

[1] 参见黄薇主编:《中华人民共和国民法典婚姻家庭编释义》,法律出版社2020年版,第180页。
[2] 参见[美]加里·S.贝克尔:《家庭经济分析》,彭松建译,华夏出版社1987年版,第191页。
[3] 参见[德]迪特尔·施瓦布:《德国家庭法》,王葆莳译,法律出版社2010年版,第195页。

活动;(5)离婚配偶虽然从事适当的职业但是所得的收入不足以维持全部生活;(6)离婚配偶接受教育、进修或培训的资助请求权;(7)因其他重大事由而得以请求扶养费的情形。[1]

我国学者对此认识不一。持肯定观点的学者认为,我国的"离婚经济帮助"制度不仅应解决当事人离婚时的生活困难,还应当借鉴国外立法经验,向有利于促进经济自立方向的立法理念转变。经济帮助制度原本应是夫妻扶养义务在离婚后的法定延伸,因此从制度的界定层面应当将"经济帮助"制度修改为"离婚后扶养"制度。[2] 离婚后一方对生活困难的另一方给予适当经济帮助的实质是夫妻之间扶养义务的延续。[3] 然而,对此持否定态度的学者认为,夫妻双方离婚后的经济帮助不是夫妻法定扶养义务的延续,离婚经济帮助不同于婚姻关系存续期间的扶养义务,不是这种法定义务的延伸,而是派生于原夫妻关系的道义责任或者是一种离婚善后措施,不应将其视为原扶养义务的延续。[4] 离婚扶养制度不符合我国的风俗习惯,离婚扶养制度难有移植或确立的土壤。[5]

从价值和功能上看,离婚经济帮助与离婚扶养制度存在重合。因此,离婚经济帮助制度与离婚扶养制度均具有救济离婚后陷入贫困一方的功能。婚姻包含着男女双方对于未来的期待及其相应的成本与付出。[6] 当婚姻关系破裂或被破坏而中止时,原先的投入可能得不到预期的回报,付出与收益之间不能平衡,这可能产生不公平的结果。离婚经济帮助制度与离婚扶养制度的目的就是减少和预防这种不公平现象的发生。然而,从《德国民法典》的实际运行的情况来看,离婚扶养制度所包含的满足扶养请求权的条件比较宽泛,扶养费的标准比较高,提供扶养费的方式比较完善,离婚配偶一方是否提供扶养补偿的贫困认定,是与个体家庭的离婚前生活水平相挂钩,而非与当地平均生活水平相挂钩。近年来,德国

---

[1] 参见[美]加里·S.贝克尔:《家庭经济分析》,彭松建译,华夏出版社1987年版,第194—203页。
[2] 参见赵玉:《司法视域下夫妻财产制的价值转向》,载《中国法学》2016年第1期。
[3] 参见黄薇主编:《中华人民共和国民法典婚姻家庭编释义》,法律出版社2020年版,第179页。
[4] 参见巫昌祯主编:《婚姻与继承法学》,中国政法大学出版社2017年版,第181页。
[5] 参见夏吟兰:《离婚自由与限制论》,中国政法大学出版社2007年版,第244页。
[6] 参见[英]安东尼·W.丹尼斯、[英]罗伯特·罗森:《结婚与离婚的法经济学分析》,王世贤译,法律出版社2005年版,第13页。

法开始对离婚后扶养请求权设定期限并调低扶养费的数额。2008年《修改扶养法的法律》第1569条将实践中已经普遍承认的"离婚后配偶双方应当各自承担抚养费"确立为基本原则,在例外情况离婚的配偶才能依据法律的规定对另一方提出扶养请求权[1]。与之不同的是,我国的离婚救济制度旨在通过照顾生活困难的一方,保持其对婚姻不被破坏的期待,并帮助其实现婚姻自由。比较而言,我国的离婚经济帮助制度的适用条件比德国法上的离婚扶养制度严格,实质上采取的是限制离婚配偶之间的经济帮助义务、强化离婚配偶自身责任的价值取向,离婚后的双方均应主要依靠自身的能力获得生活物资。鉴于我国《民法典》规定的经济帮助制度与离婚扶养制度在社会功能与价值追求上的一致性,因此没有必要在经济帮助之外创设离婚扶养制度,但是应当对经济帮助制度予以完善。

二、离婚经济帮助的判断标准

《民法典》并未规定离婚经济帮助的判断标准。依据2001年《婚姻法司法解释(一)》第27条的规定,离婚经济帮助的提供以离婚配偶一方"生活困难"为标准,而"生活困难"具体又可分为"依靠个人财产和离婚时分得的财产无法维持当地基本生活水平"与"离婚后没有住处"两种情形。然而,随着近二十年来我国经济与发展水平的迅速提升,基本社会保障制度逐渐建立,尤其是在我国脱贫攻坚战取得了全面胜利的历史背景之下,绝对贫困已经被消除。如果仍然适用此前的"绝对困难标准",必然会导致离婚经济帮助制度适用的空间受到严重的挤压,使该制度的适用效果大大降低,甚至在某种程度上成为调整特殊情况下(离婚)社会最低生活保障的补充规定[2]。从现实情况看,我国的离婚经济帮助措施"呈现出寻求帮助者比例低、实际受助者比例低或经济帮助数额低的'三低'状态"[3]。对此,有学者认为,离婚经济帮助应当采取"相对困难标准",即以离婚配偶在离婚后生活水平与婚姻关系存续期间生活水平进行比较,离婚后一方即使能够维持自己的生活,但生活水平比婚姻关系存续期间大幅下降的,也可视为生活困难[4]。这是因为,婚姻家庭属于命运

---

[1] 参见[美]加里·S.贝克尔:《家庭经济分析》,彭松建译,华夏出版社1987年版,第192页。
[2] 参见最高人民法院民事审判第一庭编:《婚姻家庭案件审判指导》,法律出版社2018年版,第416页。
[3] 薛宁兰:《离婚法的诉讼实践及其评析》,载《法学论坛》2014年第4期。
[4] 参见夏吟兰:《离婚救济制度之实证研究》,载《政法论坛》2003年第6期。

共同体,男女双方系以共同生活的目的而形成配偶间权利和义务的结合。男女双方离婚,离婚配偶继续保持原有生活水平的合理期待落空。如果离婚配偶离婚后的生活水平差异过大,对特定情形下生活水平大幅降低的一方是不公平的。"相对困难标准"的确定正是在离婚配偶的利益之间寻求合理的平衡。[1] 因此,"生活困难"应该与具体的家庭经济状况相关联,不能仅仅限缩为离婚后不能维持当地基本生活水平,而应指一方生活水平因离婚而明显下降时在特定情形下有权要求另一方给予适当的经济补偿。[2] 值得注意的是,2021年1月1日正式实施的《民法典婚姻家庭编司法解释(一)》并未吸收《婚姻法司法解释(一)》第27条的规定,这为改变此前离婚经济帮助的"绝对困难标准",扩大离婚经济帮助制度的适用范围提供了可能性。

然而,如果要求一方在离婚后以个人财产维系另一方在婚姻关系存续期间的生活水平,在一定程度上相当于对"婚后所得共同制"这一法定夫妻财产制的否定。如果简单依据离婚时双方存在的收入差进行补偿,救济的范围将覆盖几乎所有的离婚家庭。如此一来,不仅社会能否接受这样大范围、长期的救济制度存疑,而且法院未必能够承担与离婚经济帮助相关的一系列评估、预测以及相应的收入变化调整等事项的工作。[3] 2007年12月,德国议会在通过《修改扶养法的法律》之际,联邦政府认为,促进子女最佳利益、强化离婚配偶的自身责任以及简化扶养法是此次改革的目的。虽然德国议会最终并未接受该观点,采取了较为温和的态度,[4] 但是,这表明德国离婚法存在着明显的朝着减轻离婚后的扶养义务的发展倾向。

在离婚经济帮助制度的价值取向上,既要考虑对弱势一方利益的保护,也要强化离婚配偶的自身责任,维护夫妻双方的离婚自由,还应当贯彻未成年子女保护的原则,以期更好地实现《民法典》第1041条第3款规定的保护未成年子女利益的立法目标。因此,离婚经济帮助制度的构造应当考察离婚后生活水平下降的原因以及未成年子女的利益。《民法典》第1090条的体系化阐释应当符合以下要件:(1)一方配偶在离婚时

---

[1] 参见肖鹏:《论我国离婚经济帮助制度的完善》,载《四川大学学报(哲学社会科学版)》2012年第4期。
[2] 参见赵玉:《司法视域下夫妻财产制的价值转向》,载《中国法学》2016年第1期。
[3] 参见孙若军:《离婚救济制度立法研究》,载《法学家》2018年第6期。
[4] 参见[美]加里·S.贝克尔:《家庭经济分析》,彭松建译,华夏出版社1987年版,第192页。

生活水平相比婚姻关系存续期间明显降低;(2)离婚的另一方配偶具有支付能力;(3)离婚一方配偶因为抚养未成年子女而不能从事职业活动,或者因为患有身体或者精神疾病而不能期待从事职业活动;(4)离婚配偶因其他重大原因而不能从事职业活动,权衡双方利益状况,拒绝对其给予离婚经济帮助会导致显失公平的情形。

关于离婚经济帮助的抗辩,从比较法上看,《德国民法典》第1579条规定的重大的不公平条款,又称为"苛刻条款",值得借鉴。"苛刻条款"包括婚姻关系存续期间较为短暂(2年以内)、有扶养请求权的离婚配偶已经有稳定的共同生活、扶养请求权人对于义务人或义务人的近亲属实施犯罪行为或严重的故意违法行为、权利人有意造成自己贫困、扶养请求权人有意损害义务人的重大财产利益的、扶养请求权人在婚姻关系存续期间长期且严重地违反供养家庭义务的,以及扶养请求权人单方具有严重的错误行为。但是,适用"苛刻条款"是为了增加父母一方的负担,而不是损害未成年子女的利益。因此,只有在不影响未成年子女最佳利益的前提下,才能基于"特别严重的苛刻情形"完全拒绝扶养费。[1] 离婚经济帮助的权利人死亡的,支付方的帮助义务自然终止。支付方死亡的,从我国民众的普遍观念来看,支付义务随之而终止更为恰当。

第四节 离婚损害赔偿制度的阐释及其协调适用

一、离婚损害赔偿制度的阐释

2001年修正的《婚姻法》第46条新增离婚损害赔偿制度,旨在保护婚姻关系中无过错的夫妻一方,在婚姻关系因夫妻一方的重大过错行为而导致解除时,有权要求有过错的一方承担损害赔偿责任。然而,近20年来,离婚损害赔偿制度在现实中的适用屡遭阻碍,受害人起诉到法院要求过错方承担离婚损害赔偿而完全获得支持的比例较低。[2] 为了增强离婚损害赔偿制度的适用效果,发挥该制度制裁导致婚姻解除的过错方

---

[1] 参见[美]加里·S.贝克尔:《家庭经济分析》,彭松建译,华夏出版社1987年版,第223—229页。

[2] 参见马忆南、贾雪:《婚姻法第四十六条实证分析——离婚损害赔偿的影响因素和审判思路》,载《中华女子学院学报》2016年第1期。

的功能,《民法典》第 1091 条在列举的"重婚""与他人同居""实施家庭暴力"和"虐待、遗弃家庭成员"四种情形之外,增加离婚损害赔偿的兜底条款即"有其他重大过错"的情形,采取列举式与概括性规定相结合的立法方式,可以将其他一些对无过错方造成严重损害的情形(例如,配偶一方与他人通奸行为)纳入损害赔偿的范围,完善了离婚损害赔偿制度。[1]

对于离婚损害赔偿的法律性质,理论界存在着两种不同的学说:一是离因损害说。该说认为离婚损害赔偿是对配偶一方因另一方的过错行为而受到损害的赔偿。[2] 二是离异损害说。该说认为离婚损害赔偿是在因一方过错行为导致离婚的情况下,对无过错方配偶因离婚而造成损害的赔偿。[3] 离因损害说实质上认为离婚损害赔偿属于侵权责任,离异损害说则认为离婚损害赔偿属于债务不履行责任(契约责任)的范畴。然而,债务不履行责任说相比侵权责任说更能有效阐释过错方的各类行为,具体而言:(1)夫妻一方有与他人重婚、与他人同居或者通奸行为的,属于典型的违反夫妻忠实义务的行为。若是认为过错方严重违反忠实义务的离婚损害赔偿属于侵权责任,须以承认配偶权属于侵权责任的保护范围为前提。[4] 尽管《民法典》第 1001 条规定自然人因婚姻家庭关系等产生的身份权利的保护,参照适用人格权保护的有关规定。然而,并不能据此得出,第三人侵扰他人婚姻关系属于"侵害"配偶权,应当参照适用人格权保护的结论。主要理由在于,婚姻家庭本身并非侵权法的保护客体,在价值层面并不能得出法律对于婚姻共同体的保护优于对个人行为自由的保障;无论是配偶权抑或身份权,虽然具有法定性,但是均不具有如同人格权或者物权那样的绝对效力。从我国司法实践来看,对于第三人侵扰他人婚姻关系的案件,人民法院通常不承认受侵扰的无过错方配偶向过错方配偶或者第三人主张配偶权被侵害的责任。因此,离婚损害赔偿并非配偶权被侵害的侵权责任。(2)实施家庭暴力和虐待的行为属于典型的侵权行为。然而,遭受家庭暴力和虐待的受害人不仅包括无过错方配偶,还包括其他家庭成员。依据侵权责任说,夫妻一方对配偶的直接亲

---

[1] 参见黄薇主编:《中华人民共和国民法典婚姻家庭编释义》,法律出版社 2020 年版,第 183 页。
[2] 参见薛宁兰:《我国离婚损害赔偿制度的完善》,载《法律适用》2004 年第 10 期。
[3] 参见冉克平:《论配偶权之侵权法保护》,载《法学论坛》2010 年第 4 期。
[4] 参见杨立新:《论侵害配偶权的精神损害赔偿责任》,载《法学》2002 年第 7 期。

属实施家庭暴力、虐待导致离婚的,只有受害人可以针对夫妻一方(加害人)主张侵权损害赔偿。但是,依据债务不履行责任说,因此而离婚的无过错方配偶可以主张离婚损害赔偿,其直系亲属可以主张侵权损害赔偿,两者并行不悖。[1] (3)《民法典》第1091条规定的离婚损害赔偿规定与侵权损害赔偿不同,前者存在区分过错大小的问题,而后者受与有过错规则的限制(《民法典》第1173条)。只有无过错方才有权利、有资格提起离婚损害赔偿请求。如果双方都有过错,则离婚夫妻双方均没有资格请求离婚损害赔偿。[2] (4)将离婚损害赔偿视为侵权责任,会导致该制度的正当性存疑。有学者认为,离婚损害赔偿制度弊大于利,可以作为一般的侵权损害赔偿处理,没有单独存在的必要。[3] 由于离婚损害赔偿制度所规定的绝大多数情形均可依侵权责任法得以解决,且其适用较前者更为方便和灵活(如不要求在离婚时提起、对过错行为没有特别的限制等),因此,在制定《民法典》婚姻家庭编时,可废除离婚损害赔偿制度,将其功能交由侵权责任编的一般侵权责任条款去实现。[4]

从文义解释来看,"导致离婚的",表明离婚损害赔偿责任的认定遵循重大过错(涉及配偶双方乃至家庭成员)—离婚(涉及夫妻双方)—损害(涉及受害方配偶)这样的逻辑顺序,这与侵权责任所赔偿者系"因侵权行为"所遭受的损害迥然不同;从目的解释看,离婚损害赔偿制度旨在对无过错方因另一方的重大过错行为导致离婚所遭受的损害提供救济,且在本质上属于婚姻解除时财产清算关系的矫正和补偿。[5] 将离婚损害赔偿制度的属性定位为债务不履行责任(契约责任),不仅可以体现上述立法目的,而且符合《民法典》第464条第2款将婚姻视为身份契约的

---

[1] 参见薛宁兰、谢鸿飞主编:《民法典评注:婚姻家庭编》,中国法制出版社2020年版,第453页。

[2] 有学者认为,要坚持区别过错、过错相抵的原则来裁判案件。即只要符合离婚损害赔偿制度规定的法定事由,均可以提起诉讼要求损害赔偿,一方有过错的要抵销施暴方的责任。然而,《民法典婚姻家庭编司法解释(一)》第90条规定:"夫妻双方均有民法典第一千零九十一条规定的过错情形,一方或者双方向对方提出离婚损害赔偿请求的,人民法院不予支持。"参见肖峰、田源主编:《婚姻家庭纠纷:裁判思路与裁判规则》,法律出版社2017年版,第273页。

[3] 参见马忆南:《离婚救济制度的评价与选择》,载《中外法学》2005年第2期。

[4] 参见夏江皓:《论离婚损害赔偿制度的废除——法社会学的视角》,载《思想战线》2019年第2期。

[5] 参见孙若军:《离婚救济制度立法研究》,载《法学家》2018年第6期。

规定,更有利于厘清离婚损害赔偿责任与夫妻间侵权责任的关系。

离婚损害赔偿责任与夫妻间侵权责任具有不同的表现:一是互不关涉。例如,夫妻一方侵害另一方隐私权但是双方并未离婚,或者夫妻一方虐待另一方的近亲属导致离婚。前者构成夫妻间侵权责任而不属于离婚损害赔偿,后者构成离婚损害赔偿但是不构成夫妻间侵权责任。二是两者存在交叉。例如夫妻一方对另一方实施家庭暴力而导致双方离婚,此时既构成夫妻间侵权责任也符合离婚损害赔偿的构成要件。[1] 然而,从我国司法实践来看,于此情形,离婚损害赔偿的范围包括医疗费、误工费、交通费等,与夫妻间侵权责任的赔偿范围几乎等同。[2]

离婚损害赔偿包括两方面的因果关系的判断:一是一方的重大过错行为与离婚之间的因果关系。若非一方的重大过错行为,则不会导致双方的婚姻关系解除即离婚的法律后果。因此,立法强调离婚损害赔偿的请求权人必须是无过错的夫妻一方。二是离婚与损害之间的因果关系,其实质应当是无过错方因为离婚所导致的对婚姻关系圆满期待的落空。依据《民法典婚姻家庭编司法解释(一)》第86条,该"损害赔偿"包括物质损害赔偿和精神损害赔偿。前者系因婚姻解除所引起的损失,包括积极损害(所受损害)与消极损害(所失利益)。前者如因离婚导致婚姻解除,致使因履行合同支付的定金不能返还或者支付相应的违约金,[3] 或者男方为查明女方所生子女是否系自己亲生而花费的 DNA 鉴定费用。后者如因无过错方配偶离婚后生活水平相比婚姻关系存续期间明显下降,这属于无过错方因离婚而丧失的利益。涉及精神损害赔偿的,适用《最高人民法院关于确定民事侵权精神损害赔偿责任若干问题的解释》的有关规定。

在证明责任上,由于离婚损害赔偿证明对象的特殊性和隐秘性,承认私拍、私录证据在离婚损害赔偿诉讼中的证明力,但是否必然会侵犯到他人的隐私权,存在着相当的争议。为了保障离婚损害赔偿案件中无过错方配偶的合法权益,在使用合法的工具、在合适的场合,以及不侵犯被私拍、私录者其他合法权益的基础上,应当承认取得的私拍、私录证据的证

---

[1] 参见田韶华、史艳春:《民法典离婚损害赔偿制度法律适用的疑难问题》,载《河北法学》2021年第1期。

[2] 邱某与张某离婚纠纷案,参见广东省广州市中级人民法院(2014)穗中法民一终字第7109号民事判决书。

[3] 参见张学军:《离婚损害赔偿制度辨析》,载《政治与法律》2008年第2期。

明力。对于私拍、私录取得的证据,即使取得的手段合法,也只能为其证明目的服务,只能在法庭上出示、使用,不得在庭外任意出示。离婚损害赔偿诉讼中法定过错的实施者确实可以以隐私权对抗其他人,但却不能对抗婚姻关系另一方的知情权。[1]

二、离婚损害赔偿与夫妻共同财产分割照顾无过错方原则的协调适用

1993年《最高人民法院关于人民法院审理离婚案件处理财产分割问题的若干具体意见》篇首规定,"人民法院审理离婚案件对夫妻共同财产的处理……坚持男女平等,保护妇女、儿童的合法权益,照顾无过错方……"这被称为夫妻共同财产分割照顾无过错方原则。然而,2001年《婚姻法》修正时,立法机关认为:在夫妻共同财产分割时,法院考虑的因素仅是子女权益和女方权益,不涉及过错或无过错的因素。但为了体现公平,照顾无过错方的利益,本法第46条规定了离婚损害赔偿制度。[2]由此可见,离婚损害赔偿制度替代了对离婚时分割夫妻共同财产照顾无过错方原则的适用。在《民法典》编纂过程中,鉴于婚姻解体给家庭、子女、社会都带来不利的影响,有必要加大对婚姻中过错方的惩罚力度,除规定离婚过错方的赔偿外,在判决分割夫妻共同财产时还应加大对无过错方的保护。[3]从而形成《民法典》第1087条,即离婚夫妻共同财产分割照顾无过错方规则。《民法典》将"照顾无过错方原则"作为离婚财产分割的原则,加大了对过错方的惩罚。不仅如此,引入夫妻共同财产分割照顾无过错方原则可能与《民法典》第1092条(侵害夫妻共同财产)发生冲突。理由在于,如果就夫妻共同财产分割适用照顾无过错方原则,在分割夫妻共同财产时,人民法院可以对过错方进行少分,《民法典》第1092条规定的少分或者不分的事由就不再具有封闭性。[4]

《民法典》将"照顾无过错方原则"作为离婚夫妻共同财产分割的原则。有疑问的是,在构成一方配偶"重大过错"需要承担离婚损害赔偿责

---

[1] 参见国家法官学院编:《全国专家型法官司法意见精粹:婚姻家庭与继承卷》,中国法制出版社2017年版,第353页。

[2] 参见胡康生主编:《中华人民共和国婚姻法释义》,法律出版社2001年版,第162页。

[3] 参见黄薇主编:《中华人民共和国民法典婚姻家庭编释义》,法律出版社2020年版,第175页。

[4] 参见薛宁兰、谢鸿飞主编:《民法典评注:婚姻家庭编》,中国法制出版社2020年版,第431页。

任的情形,在离婚分割夫妻共同财产时是否仍要同时适用"照顾无过错方原则"?对此,学理上有以下三种不同的认识:一是两者并用说。有学者认为离婚损害赔偿与离婚分割夫妻共同财产照顾无过错方原则可以并用。[1] 二是择一行使说。法院在确定离婚精神损害赔偿金的数额以及财产分割的比例时,应当综合考虑离婚后果的多种因素,避免造成双重补偿或双重惩罚。如已判决较高数额的精神损害赔偿金,则不宜再在财产分割中大幅度地照顾无过错方,反之亦然。[2] 三是区分过错适用说。离婚分割夫妻共同财产照顾无过错方原则中的过错,系指离婚损害赔偿法定过错之外的一般过错。当夫妻一方具有重大过错的,另一方得主张离婚损害赔偿;夫妻一方仅具有一般过错的,人民法院可以根据照顾无过错方原则对有过错的一方酌情少分。[3]

从离婚救济体系上来看,离婚分割夫妻共同财产照顾无过错方原则在功能上与离婚损害赔偿制度存在重叠,从而会导致对夫妻一方在婚姻关系存续期间过错行为的双重评价。如果将《民法典》第 1087 条中的过错按照《民法典》第 1091 条(离婚损害赔偿)中的过错做相同解释,那么,夫妻一方重婚、与他人同居、实施家庭暴力、遗弃或虐待家庭成员或具有其他重大过错行为的,另一方不仅可以在离婚时主张离婚损害赔偿,还可以请求法院在判决离婚时对夫妻一方少分夫妻共同财产。因此"两者并用说"并不可取。"区分过错适用说"将《民法典》第 1091 条的"重大过错"视为"法定过错",并将《民法典》第 1087 条限定为此外的"一般过错",在形式上能够避免离婚分割夫妻共同财产照顾无过错方原则与离婚损害赔偿制度的重叠适用。然而,依据离婚分割夫妻共同财产照顾无过错方原则,夫妻共同财产越多,适用该原则的惩罚数额就越多。但适用离婚损害赔偿时,通常不会随着夫妻共同财产的增多而引起赔偿数额大幅增加。如果过错方既有"一般过错"又具有法定的"重大过错",适用"照顾无过错方原则"由"一般过错方"承担的夫妻共同财产少分的数额可能远远高于由"重大过错方"承担离婚损害赔偿的数额。这意味着过错的严重程度与相应的惩罚数额成反比,显然有失公平。因此"区分过错适用说"并不

---

[1] 参见夏吟兰主编:《婚姻家庭继承法》,中国政法大学出版社 2017 年版。

[2] 参见田韶华、史艳春:《民法典离婚损害赔偿制度法律适用的疑难问题》,载《河北法学》2021 年第 1 期。

[3] 参见薛宁兰、谢鸿飞主编:《民法典评注:婚姻家庭编》,中国法制出版社 2020 年版,第 432 页。

合理。

离婚分割夫妻共同财产照顾无过错方原则与离婚损害赔偿制度虽然在功能上和救济内容上重叠,但是两者的适用基础不同。前者以夫妻双方在离婚时具有共同财产为前提,后者以无过错方向人民法院提起诉讼为前提。尤其重要的是,前者属于原则,而后者属于规则。依据《民法典》第1091条,承担离婚损害赔偿责任的一方必须具有"重大过错",具有限定性。《民法典》第1092条规定的过错行为同样具有限定性,包括夫妻一方擅自处分共同财产或伪造债务侵占另一方财产的行为。然而,《民法典》第1087条规定的"过错"并无具体内容,它具有抽象性。从体系上看,《民法典》第1092条的规则是照顾无过错方原则的具体表现。如果在离婚损害赔偿已经对无过错方提供一定保护的前提下,为了避免对夫妻一方的过错进行多重评价,应当在夫妻共同财产分割时限制照顾无过错方原则的适用。反之,如果受害方配偶没有提起离婚损害赔偿之诉,或者夫妻一方的过错行为不构成离婚损害赔偿的重大过错,或者夫妻一方的行为不属于《民法典》第1092条规定的过错行为,需要结合夫妻一方实施过错行为的具体情形,行为人的主观状态以及夫妻共同财产的多少等因素进行综合判定。

第五节 《民法典》实施背景下离婚救济制度的法律适用

离婚救济体系包含离婚家务贡献补偿、离婚经济帮助以及离婚损害赔偿制度,是针对家务特殊贡献者、离婚生活困难者以及维护家庭团体和睦的受害者采取的救济措施,实质上系对离婚时夫妻财产清算关系的矫正和补偿,蕴含对因离婚导致财产分配失衡的弱势一方的伦理关怀。然而,长期以来,由于《婚姻法》所规定的离婚家务贡献补偿制度仅限于分别财产制、离婚经济帮助制度受限于"绝对困难"标准、离婚损害赔偿因法定事由严苛及其法律属性不明,致使离婚救济制度的相关条款适用率偏低,近乎成为"稻草人条款",没有发挥应有的功能。

《民法典》婚姻家庭编在延续原《婚姻法》离婚救济制度框架的基础上,对家务贡献补偿、离婚经济帮助以及离婚损害赔偿制度分别从适用范围、法定情形等方面进行拓展。《民法典》通过离婚救济体系的完善加强对家务特殊贡献者、离婚生活经济困难者以及维护家庭团体和睦的受害者这三类主体的保护以及对过错方的惩戒,体现了《民法典》婚姻家庭编秉持人格独立下的团体主义,强调树立优良家风、弘扬家庭美德、重视家庭文明建设,保障婚姻家庭中弱者利益的价值理念。[1] 离婚救济体系不仅具有保障离婚自由的目的,更为重要的是从另一个角度增强婚姻家庭关系的凝聚力。[2]

《民法典》离婚救济制度的体系化阐释,既要保持离婚救济体系内部的协调一致,避免价值和功能上的重叠,也要维系离婚救济体系与外在制度(如婚姻家庭制度、侵权责任制度)的调和。具体而言:(1)离婚家务贡献补偿应该适用于夫妻一方在婚姻关系存续期间为婚姻共同体尽了较多义务,明显超出正常范围的情形。配偶一方在家务中贡献较多从而使另一方的人力资本提升但是尚未取得预期收益,可以纳入家务贡献补偿的范畴。(2)离婚经济帮助制度在价值取向上既要考虑对弱势一方利益的保护,也要强化离婚配偶的自身责任,并贯彻未成年子女保护的原则。为适应经济与社会的发展进步,应当适当扩大离婚经济补偿的范围并增加相应的抗辩事由。(3)离婚损害赔偿制度的属性定位为债务不履行责任(契约责任),不仅符合《民法典》第464条第2款将婚姻视为身份契约的规定,还有利于厘清离婚损害赔偿责任与夫妻间侵权责任的关系。离婚损害赔偿实质应是无过错方因为离婚所导致的对于婚姻关系圆满期待的落空。(4)离婚分割夫妻共同财产照顾无过错方原则与离婚损害赔偿制度、《民法典》第1092条的适用基础不同。前者属于原则,以夫妻双方在离婚时具有共同财产为前提;后者属于具体规则,有法定的事由。如果在离婚损害赔偿已经对无过错方提供一定保护的前提下,为了避免对夫妻一方的过错进行多重评价,应当在夫妻共同财产分割时限制照顾无过错方原则的适用。

---

[1] 参见夏吟兰:《民法分则婚姻家庭编立法研究》,载《中国法学》2017年第3期。
[2] 参见孙若军:《离婚救济制度立法研究》,载《法学家》2018年第6期。

附　论　婚姻家庭编(草案)的体系、内容及其完善

第一节　婚姻家庭编(草案)的体系结构与制度变革

一、概述

2018年8月27日,第十三届全国人大常委会第五次会议首次审议民法典各分编草案,并面向社会广泛征求意见。婚姻家庭编(草案)名列其中。婚姻家庭作为社会的基本细胞,是国家发展和民族进步的重要基石。然而,由于《婚姻法》长期以来被视为独立的部门法,致使民法调整"人身关系与财产关系"的表述仅具有形式意义。《婚姻法》的"脱单入典",标志着该法以单行法形式存在60余年后,终于迈出复归《民法典》的决定性步伐,也使民法的规范内容获得实至名归的表达。

《婚姻法》回归《民法典》开启了婚姻家庭立法的新篇章。立法者将婚姻家庭领域的各项具体法律制度集中系统地纳入民法典,是完善我国婚姻家庭法制的最佳方案。[1]《民法典》分编的编纂并非简单的法律汇编,而是把现行民事法律规范进行科学整理,并进行修改和完善,同时回应一些社会关切的问题。从《民法典》的体系观察,婚姻家庭编不但需要在内在体系上贯彻婚姻自由、男女平等、保护弱势方等原则,以及调和保障家庭共同体与维护成员个体权益之间的价值冲突,而且需要在外在体系上协调其与《民法典》其他各编如总则编、物权编与合同编等之间的法律适用争议。[2] 在内容上,婚姻家庭编不仅要应对改革开放四十年来市场经济潮流、个体权利勃兴等所形成的夫妻共同财产与共同债务、无过错离婚及离婚损害赔偿等制度对传统婚姻家庭伦理秩序的挑战,还要面对婚姻家庭领域新出现的非婚同居、同性伴侣、人工生殖等新问题。

二、婚姻家庭编(草案)的体系结构

婚姻家庭编(草案)共计75条,采取总分结构,包括一般规定、结婚、家庭关系、离婚与收养。与《德国民法典》亲属编(第1297—1921条)、

---

[1] 参见杨大文:《民法的法典化与婚姻家庭法制的全面完善》,载《中华女子学院学报》2002年第4期。

[2] 参见夏吟兰:《民法典分则婚姻家庭编立法研究》,载《中国法学》2017年第3期。

《日本民法典》亲属编(第725—881条)以及我国台湾地区"民法"亲属编(第967—1137条)相比,婚姻家庭编(草案)在条文数量上和规范内容上都要少得多。实际上,自1980年《婚姻法》颁布以来,为正确审理婚姻家庭纠纷案件,先后颁布了《最高人民法院关于人民法院审理离婚案件如何认定夫妻感情确已破裂的若干具体意见》(1989年,共14条)、《最高人民法院关于人民法院审理离婚案件处理财产分割问题的若干具体意见》(1993年,共22条)等司法解释。为适应社会的变迁,2001年《婚姻法》进行了大规模的修正。2003年国务院颁布《婚姻登记条例》。最高人民法院接连颁布三个婚姻法司法解释(总计82条),分别对审判实践中的争议问题进行阐释。2018年年初,《夫妻债务司法解释》(共4条)发布。婚姻家庭编(草案)主要是对原《婚姻法》(共51条)与原《收养法》(共34条)的整合,但未采纳各自"法律责任"中的家庭暴力与虐待、遗弃等规范。[1] 然而,该编仅仅纳入寥寥数条司法解释和《婚姻登记条例》的规定。[2] 由此不仅会产生为何是这几条规范被纳入婚姻家庭编(草案)的疑问,还可能带来法律适用上的争议——在《民法典》通过之后,未被纳入的司法解释是否继续有效?若继续有效,则欲通过编纂《民法典》使现行婚姻法及其司法解释的体系化目标势必未能达到;反之,若未被纳入的司法解释失效,审判实践中又可能出现无法可依的不利局面。

在内容上,德国、日本民法以及我国台湾地区"民法"亲属编通常涵盖婚姻关系、血亲关系与监护关系。[3] 婚姻关系分为婚约、结婚、可撤销婚姻与无效婚姻、婚姻的效力、夫妻法定财产制与约定财产制、离婚等;血

---

[1] 《婚姻法》第五章"救助措施与法律责任中"(第43—49条)中的家庭暴力与虐待(第43条)、遗弃(第44条)、家庭暴力、虐待、遗弃犯罪(第45条)、强制执行(第48条)、婚姻家庭的其他违法(第49条)均被删除;《收养法》第五章"法律责任"收养行为涉及犯罪的规定(第31条)亦被删除。

[2] 在《婚姻法》与《收养法》外,婚姻家庭编(草案)吸纳的条文:(1)第837条纳入《夫妻债务司法解释》第2条"日常家事代理权";(2)第839条采纳《婚姻法司法解释(二)》第11条"投资收益属于夫妻共同财产";(3)第842条采用《婚姻法司法解释(三)》第4条"婚内分割共同财产的法定情形(夫妻法定非常财产制)";(4)《婚姻登记条例》规定的离婚协议书事项[第11条第(三)项]与离婚登记的要件(第13条)分别被纳入该草案第853条第(二)项和第855条;(5)第856条采纳《最高人民法院关于人民法院审理离婚案件如何认定夫妻感情确已破裂的若干具体意见》第7条后段的规定,形成"经人民法院判决不准离婚后,又分居满一年,一方再次提起离婚诉讼的,应准予离婚"。

[3] 参见〔德〕迪特尔·施瓦布:《德国家庭法》,王葆莳译,法律出版社2010年版,第1页。

亲关系主要是父母子女之间的权利义务、扶养义务、亲权与收养产生的权利义务（拟制血亲关系）；监护是亲权的延长，包括不在亲权之下的未成年子女的监护与成年子女的监护。[1] 比较而言，婚姻家庭编（草案）在体系上具有以下两个显著特征：第一，仅包含婚姻关系与家庭关系，监护关系被规定在总则编之中，作为对自然人民事行为能力欠缺的救济方法。然而，近年来的发展趋势是监护的设立与民事行为能力的欠缺之间的联系正在逐渐减弱，将监护作为自然人民事行为能力欠缺者的保护措施已不符合监护制度未来的发展趋势。[2] 在体系上，监护制度与亲属制度的关联度高于民事主体制度，监护制度的具体内容并不具有总则编规范的公因式地位，被置于婚姻家庭编更宜构建内容完整、体系完备的监护制度，也使婚姻家庭编显得名正言顺。[3] 第二，收养被单独作为一章。收养本质上属于拟制血亲关系，与父母子女关系具有种属关系，在体系上不应被置于离婚之后而与家庭关系相隔离。这是原《收养法》作为单行法长期独立于原《婚姻法》的不利后果。

从《民法典》的编纂角度看看，立法者为维护法律的稳定性和裁判的可预见性，应当选择抽象概括方法将其预见到的全部社会事实涵摄于法体系，并建构领域广泛、层次分明、意义关联、前后一致的外部体系。[4] 但总的来看，婚姻家庭编（草案）立法不太重视规范体系而重视局部完整。相比《民法典》其他分编，例如合同编、物权编，该草案仍然表现出"宜粗不宜细"的立法理念，条文数量过少，体系性明显不足，汇编的痕迹明显。若婚姻家庭编（草案）的外部体系存在明显的缺漏，在《民法典》颁布之后司法界将不得不再颁布相应的司法解释，理论界亦不得不承担繁重的再体系化任务。

三、婚姻家庭编（草案）的制度变革

在"一般规定"部分，婚姻家庭编（草案）第819条删除了原《婚姻法》第2条"实行计划生育"原则，以适应近年来我国人口形势的新变化。自

---

[1] 参见台湾大学法律学院、台大法学基金会编译：《德国民法典》，北京大学出版社2016年版，第1036—1043页。

[2] 参见余延满：《亲属法原论》，法律出版社2007年版，第30页。

[3] 参见夏吟兰：《民法典体系下婚姻家庭法之基本架构与逻辑体例》，载《政法论坛》2014年第5期。

[4] 参见谢鸿飞：《民法典的外部体系效益及其扩张》，载《环球法律评论》2018年第2期。

20世纪70年代末以来,"计划生育"就一直作为基本国策而存在,并在原《收养法》(第3条)、《妇女权益保障法》(第51条)以及《人口与计划生育法》(第17条)上均有体现,如"公民有生育的权利,也有依法实行计划生育的义务,夫妻双方在实行计划生育中负有共同的责任""收养不得违背计划生育的法律、法规"以及"妇女有按照国家有关规定生育子女的权利,也有不生育的自由"等。婚姻家庭编"计划生育原则"的废除,标志着法律不再以"计划生育"的形式对自然人生育权进行限制。在价值取向上从限制生育转向鼓励生育,将会使夫妻之间的生育权、妇女的生育自由与胎儿生命权保护之间的矛盾显现。生育权作为个体享有的基本人权和人格权,婚姻家庭编可以对其进行规定以作为请求权基础。夫妻之间的生育权冲突,《婚姻法司法解释(三)》第9条已有涉及。但是妇女生育自由(堕胎自由)与胎儿生命权保护之间权利冲突的解决,尚需凝聚更多的共识。[1] 此外,婚姻家庭编(草案)第822条增加了亲属、近亲属和家庭成员的定义性条款。

在"结婚"一章主要有三个制度变革。其一,"患有医学上认为不应当结婚的疾病"作为禁止结婚的规定[原《婚姻法》第7条第(二)项],以及违反该规定构成无效婚姻的事由[原《婚姻法》第10条第(三)项]均被删除。其二,为维护婚姻登记制度的权威性和保障婚姻当事人的合法权益,婚姻家庭编(草案)第828条第(四)项增加"以伪造、变造、冒用证件等方式骗取结婚登记的"作为无效婚姻的情形。其三,婚姻家庭编(草案)第830条在胁迫婚姻之外,增设欺诈婚姻作为可撤销婚姻的事由。若一方婚前患有严重疾病但在结婚登记前不告知对方,受欺诈方可以向婚姻登记机关或者人民法院请求撤销该婚姻。这表明患有医学上的严重疾病不再是无效婚姻的事由,而只是作为可撤销婚姻的事由。若当事人不行使撤销权或者撤销权已过除斥期间,则婚姻仍然有效。由于可撤销婚姻主要是对私益要件的违反,即缔结婚姻时意思表示有瑕疵,而无效婚姻则违反的是公益要件,即违反了法律的禁止性规范从而损害社会公共利益。随着医学的发展和进步,究竟哪些疾病属于医学上认为不应当结婚的疾病其内容会不断发生变化。更为重要的是,一方或者双方患有疾病,是否选择结婚,涉及的只是私人利益。在对方知情的情况下,是否患有疾

---

[1] 参见余军:《生育自由的保障与规制——美国与德国宪法对中国的启示》,载《武汉大学学报(哲学社会科学版)》2016年第5期。

病并不必然会影响当事人的结婚意愿。婚姻家庭编(草案)将一方患有疾病修改为可撤销婚姻的事由属于立法上的进步,表明立法者对当事人婚姻自主权的尊重。

在"家庭关系"一章主要有两个新设条文:一是婚姻家庭编(草案)第837条新增日常家事代理权,并规定夫妻之间对该代理权的范围进行限制,但不得对抗善意相对人。日常家事代理权作为夫妻共同生活的基础,具有显著意义。二是婚姻家庭编(草案)第850条增加了亲子关系确认之诉与否认之诉。该制度的宗旨是在于明确亲子的血缘关系,保障当事人的正当权益,使应尽义务的人不致逃避责任,以实现法律的公正性。[1]

在"离婚"一章有较多的制度变革。一是婚姻家庭编(草案)第854条增加了登记离婚审查期间,即自婚姻登记机关收到离婚登记申请之日起三十日内,不愿意离婚的一方可以向婚姻登记机关撤回离婚申请。设立离婚审查期的目的是确保当事人对离婚本身和由此而产生的各种后果都能够慎重地考虑与理解,防止轻率和冲动的离婚。[2] 二是婚姻家庭编(草案)第864条新增祖父母与外祖父母的探望权。三是针对夫妻共同财产分割的判决,原《婚姻法》第39条规定应当照顾子女和女方的原则,婚姻家庭编(草案)第865条增加照顾无过错方权益。四是为了与《夫妻债务司法解释》相衔接,婚姻家庭编(草案)第867条删除原《婚姻法》第41条"夫妻共同生活"的表述,直接改为"夫妻共同债务"。后者包括日常家事代理、夫妻共同生活以及夫妻共同生产经营分别引起的债务类型。五是依据原《婚姻法》第40条,在分别财产制之下,若一方因抚育子女、照料老人、协助另一方工作等付出较多义务的,离婚时有权要求另一方给予补偿。婚姻家庭编(草案)第866条删除了分别财产制这一前提条件,这扩大了离婚家务补偿的适用范围。六是婚姻家庭编(草案)第869条新增"有其他重大过错的"作为离婚损害赔偿请求权的兜底条款。为避免挂一漏万,兜底条款可以将其他给对方造成严重损害的情形(如违背夫妻互相忠实的义务发生婚外性关系,但尚未达到重婚或者与他人同居的程度)纳入损害赔偿的范围。

在"收养"一章有一些变化。其一,婚姻家庭编(草案)第872条删除原《收养法》第4条规定的对收养对象"不满十四周岁"的限制。这表明,

---

[1] 参见林菊枝:《亲属法新论》,五南图书出版公司1996年版,第203页。
[2] 参见夏吟兰:《民法分则婚姻家庭编立法研究》,载《中国法学》2017年第3期。

只要是未成年人(18周岁以下)均可能成为收养的对象。其二,《收养法》第8条规定收养仅限于1名子女。为适应人口形势和"计划生育"的新变化,婚姻家庭编(草案)第879条修改为无子女的收养人可以收养2名子女;有1名子女的收养人只能收养1名子女。其三,为与原《民法总则》第19条调整限制民事行为能力人的年龄起点相适应,婚姻家庭编(草案)第883条将原《收养法》第11条规定的"收养年满十周岁以上未成年人的,应当征得被收养人的同意"修改为8周岁;该草案第893条规定的解除收养关系应当征得养子女的同意,年龄也从10周岁修改为8周岁。其四,原《收养法》第9条规定规定"无配偶的男性收养女性的,收养人与被收养人的年龄应当相差四十周岁以上",婚姻家庭编(草案)从男女平等出发将前提修改为"无配偶者收养异性子女或者有配偶者依据前条规定单方收养异性子女的。"其五,原《收养法》第10条规定,收养必须基于夫妻双方共同意思表示。婚姻家庭编(草案)第881条则规定"配偶一方为无民事行为能力人或者被宣告失踪的,可以单方收养。"

由此可见,婚姻家庭编(草案)的制度变革主要集中在结婚、收养尤其是离婚部分。诚如学者所言"家庭关系以及家庭法的变化集中地表现在离婚问题上"。[1] 婚姻家庭法可分为亲属身份法与亲属财产法。家庭法被认为具有确认并改变身份、提供人身保护和经济支持以及提供调整和分割财产的功能。[2] 随着经济社会的进步,夫或妻与外部的财产联系变得日益频繁,夫妻财产的类型趋于多样与复杂化,夫妻财产法遂成为亲属财产法乃至婚姻法的主要内容。[3] 然而,从修改的内容来看,涉及夫妻财产法的内容并不多,仅规定投资收益属于夫妻共同财产、法定非常财产制以及扩大离婚家务补偿的范围。这表明婚姻家庭编制度变革的重点是亲属身份法而非亲属财产法。总的来说,婚姻家庭编(草案)立法仍然持保守态度,不但广受关注的夫妻共同财产与个人财产、夫妻共同债务与

---

〔1〕 〔日〕利谷信义、〔日〕江守五夫、稻本洋之助编:《离婚法社会学》,陈明侠、许继华译,北京大学出版社1991年版,第2页。

〔2〕 参见〔美〕凯特·斯丹德利:《家庭法》,屈广清译,中国政法大学出版社2004年版,第7页。

〔3〕 参见〔德〕克雷斯蒂安·冯·巴尔:《欧洲比较侵权行为法》(下卷),焦美华译,法律出版社2004年版,第132页。亲属财产法附着于亲属身份法之上,后者构成前者的"本体",两者在价值导向上保持一致性。

个人债务的界分问题完全未涉及[1],而且亦未对同居关系、人工生育子女的法律地位等现实突出问题给予应有的回应。

第二节 婚姻家庭编的价值理念及其表达

一、婚姻家庭法的价值变迁及其分歧

古代中国以"家庭"为社会结构的基本单元,在差序格局的基础上建立家国同构的宗法社会,并以"礼"作为价值和规范体系。在家庭内部,无论是道德还是法律,其目的都是形成和维护长幼有序、尊卑有别的伦理秩序,以及保证家族继承血统的纯正。[2] 中国传统文化并无作为现代性核心的个人观念,因此,不可能从自由平等的契约关系角度看待家庭成员之间的关系。[3] 夫妻、亲子以及子女关系都受严格的身份等级伦理秩序的约束。19世纪中期西学东渐以来,源自西方的自由、平等的个人主义观念与中国古老的家庭伦理秩序产生了剧烈的碰撞。随着我国近代工商业的初步发展,随着社会分工的进一步细化,自由的个体开始从家族中脱离出来成为新的社会构成元素。[4]

1950年《婚姻法》以革命者的姿态破除了封建社会的家族本位和等级观念,将个体从家族的遮蔽中解放出来成为新的社会基础因子,确定了婚姻自由、一夫一妻、男女平等,以及保护妇女、子女合法权益等原则。社会主义公有制经济的确立和发展,为个体的独立提供了经济性的保障,使个人尤其是妇女的主体性得到完全认可和大幅提升。为了适应改革开放新形势,1980年《婚姻法》将保护妇女和儿童合法权益的原则扩大为保护妇女、儿童和老人合法权益的原则,增加了实行计划生育的原则,相应的法定结婚年龄也调整为男22周岁、女20周岁;增加禁止包办、买卖婚姻

---

[1] 全国人大宪法和法律委员会副主任委员沈春耀认为:2018年1月,《最高人民法院关于审理涉及夫妻债务纠纷案件适用法律有关问题的解释》发布,修改了此前司法解释关于夫妻债务认定的规定。目前看来,司法解释基本平息了争议和热点。因新司法解释刚出台实施不久,尚需要进一步观察实践效果,再研究如何在婚姻家庭编草案作出相关规定。草案目前对现行婚姻法的有关规定未作实质性修改。参见《六编1034条民法典分编草案提请审议》,载《中国青年报》2018年8月28日,第4版。

[2] 参见梁治平:《寻找自然秩序中的和谐》,中国政法大学出版社2002年版,第28页。

[3] 参见金观涛、刘青峰:《观念史研究》,法律出版社2009年版,第178页。

[4] 参见张龑:《论我国法律体系中的家与个体自由原则》,载《中外法学》2013年第4期。

和禁止家庭成员之间虐待和遗弃的规定,并取消禁止有生理缺陷不能发生性行为者结婚的规定;在夫妻财产制、扶养、收养和继父母子女等问题上,作了更为具体的规定;在离婚程序上,规定男女一方要求离婚的,可由有关部门进行调解或直接向人民法院提出离婚诉讼;在判决离婚的理由上,规定如双方感情确已破裂,调解无效应准予离婚;对离婚后的子女、财产和生活作了一些修改,强调对妇女和未成年子女利益的保护。

随着市场经济的蓬勃发展,个体有更多的机会从事各类工商业活动。传统家庭的经济价值和伦理价值迅速衰落。[1] 个人愈少受到共同体意志尤其是家族的约束,他们就愈可作为自由的主体,相互之间按照契约关系将各不相同的功能组合在一起构成新的社会系统。[2] 近四十年来,工业化和城市化的扩张所引起的个人的流动性与专业化导致传统大家庭逐渐解体。相应地,少子化现象与核心家庭大量形成,职业女性的人数大幅度增加。传统的"家庭主妇"婚姻模式逐渐消解,"职业妇女"婚姻模式演变成重要类型。传统家庭在诸多方面呈现去功能化的趋势,如生产、经营活动就由效率更高的市场或其他组织取而代之。[3] 家庭逐渐被认为是因个人而非功能的原因聚集在一起。个人意识的迅速觉醒和自由主义的传播发展,婚姻家庭中的平等和个人价值成为人们追求的目标。典型表现为婚姻关系中男女地位平等、离婚越来越自由和简便、婚生子女和非婚生子女权利平等。随着社会的发展,婚姻之外稳定的同居生活方式也开始出现。个人的自由和价值成为家庭法变革的重要价值取向。[4]

2001年《婚姻法》修正案及其随后的三个司法解释大幅度修改和增加了婚姻家庭法的内容。男女平等、个人主义与契约自由的精神在结婚制度、登记离婚、夫妻个人财产与夫妻共同财产的划分、夫妻约定财产制、夫妻共同财产的分割等方面得以广泛的贯彻。在夫妻个人财产婚后的收益、婚后由一方父母赠与子女的不动产的归属、夫妻之间不动产的给予以及夫妻共同财产的擅自处分等方面,无差别地适用原《物权法》和《合同法》上的孳息规则、登记制度、赠与、善意取得等制度。对于原《婚姻法》与系列解释及其背后的价值变迁,理论界对此评价不一。赞同的观点认

---

[1] 参见〔英〕伯特兰·罗素:《性爱与婚姻》,文良文化译,中央编译出版社2005年版,第127页。
[2] 参见〔德〕斐迪南·滕尼斯:《共同体与社会》,商务印书馆1999年版,第71页。
[3] 参见〔美〕加里·S.贝克尔:《家庭论》,王献生等译,商务印书馆2005年版,第421页。
[4] 参见罗冠男:《近现代意大利家庭法的发展阶段与借鉴》,载《政法论坛》2018年第6期。

为,《婚姻法司法解释(三)》体现了尊重个人财产的原则精神。[1] 而反对意见对此进行了猛烈抨击。有学者认为,"同居共财"的家产制逐步被原《婚姻法》的三个司法解释消解,夫妻之间的经济纽带被削弱,婚姻法过多适用"物本化"规则和"市场化"规则,不再体现弱者保护与人文关怀。[2] 还有学者尖锐地指出,《婚姻法司法解释(二)》对资本逻辑的贯彻还只限于家庭之外的企业,《婚姻法司法解释(三)》则撕下了罩在家庭关系上的温情脉脉的面纱,在家庭中建立资本主义式的个人财产制。当夫妻关系被视为资本主义合伙企业关系之时,该司法解释也就不再是《婚姻法》的一部分,而是《物权法》或者《合伙企业法》的一部分。[3]

由于婚姻家庭编(草案)基本未采纳上述司法解释的规定,因此无法判断该草案在立法层面上对于价值分歧的态度。婚姻家庭编的立法价值取向不仅贯穿于整个婚姻家庭编的各个具体制度之中,还是法的编纂过程中立法者选取各类司法解释、其他法律规范以及裁判规则的内在依据,构成婚姻家庭立法的基本理念和宗旨。理论界对于婚姻家庭法的价值分歧,源于改革开放四十年来我国经济与社会诸方面巨大的发展和变化。在编纂《民法典》之际,有必要分析婚姻家庭编的价值理论以契合新时代的背景。

二、婚姻家庭编的价值理念

20世纪中叶以来,由于人权运动的推动并伴随着女权运动的兴起,发达国家或地区的婚姻家庭法均发生了深刻的变化,成为私法领域变化最为剧烈的领域。在德国、日本,宪法所确立的男女平等原则与保护儿童的利益的原则,不仅具有宣示意义,而且成为促进家庭法改革的直接来源。男女平等、结婚自由、离婚自由、夫妻平等、儿童利益保护等现代意义的家庭法基本原则都得以确立。从基本原则的角度看,我国《婚姻法》无疑具有时代意义。然而,基本原则的贯彻程度则表现为具体制度中的价值理念,原《婚姻法》的基本原则可能依旧,但是价值理念可能已然发生变迁。在宏观层面上,结合比较法上家庭法的最新发展,下列价值理念问

---

[1] 参见杨立新主编:《最高人民法院婚姻法司法解释(三)理解与运用》,中国法制出版社2011年版,第4页。

[2] 参见陈甦主编:《当代中国法学研究》,中国社会科学出版社2009年版,第57页。

[3] 参见赵晓力:《中国家庭资本主义化的号角》,载《文化纵横》2011年第1期。

题仍然值得思考。具体而言:

第一,婚姻观的多元化与离婚越来越自由的倾向。现代社会的婚姻观念逐渐多元化,除登记婚姻之外,出现了非婚同居、同性婚姻等类婚姻关系。然而,对于非婚同居关系我国立法并未予以承认,而是主要由司法解释按照补办登记或解除同居关系的救济路径处理。在比较法上,家庭法对非婚同居当事人的权益越来越关注,在某些情形下与婚姻当事人的权益相似。[1] 为回应社会需求,我国婚姻家庭编立法上应当接受多元化的婚姻观,将非婚同居纳入家庭法的调整范围。[2] 但是,对于同性伴侣关系,由于主流社会尚未完全接受同性婚姻,因此立法目前尚无规定的必要。家庭关系的稳定则与离婚自由相抵触。总的来看离婚越来越自由。离婚不再以双方或一方的过错为要件。依据德国法、英国法,若夫妻共同生活已不复存在且不能预期夫妻共同生活可以恢复的即为婚姻关系破裂,夫或妻均可诉请离婚。即使兼采有责离婚原则的法国法与日本法,在与破裂主义融合的过程中,也逐渐剥离了早期浓重的道德特别是性道德色彩,现在立法中规定的有责或过错情形更多的是一种证据,法官需要据此来判断夫妻共同生活是否真的难以维持。[3] 随着离婚更加自由,夫妻之间横向的关系趋向松散和多元化,纵向的未成年人子女与父母之间的关系成为家庭关系的核心,使得未成年子女的利益更需要特别的保护。[4]

第二,个人主义观念与家庭法上意思自治的扩张。夫妻团体本质上属于伦理实体,双方表现为全方位人格投入的初级联合体,这有别于基于工具理性的经济团体。[5] 婚姻家庭法与财产法的重要区别在于立法理念的不同,后者的立法理念是个人主义与形式理性化;而前者的立法理念则是人格独立基础上的团体主义,既要保障个人利益同时以要维护婚姻家庭关系的和睦稳定。近几十年来,个人主义观念在家庭中得到不断扩张。这些扩张的核心在于"夫妻双方形成自己生活的自由",法律更多地

---

[1] 参见[美]哈里·D.格劳斯、大卫·D.梅耶:《美国家庭法精要》,陈苇等译,中国政法大学出版社2010年版,第50页。
[2] 参见何丽新:《我国非婚同居立法规制研究》,法律出版社2010年版,第373页。
[3] 参见马忆南、罗玲:《裁判离婚理由立法研究》,载《法学论坛》2014年第4期。
[4] 参见罗冠男:《近现代意大利家庭法的发展阶段与借鉴》,载《政法论坛》2018年第6期。
[5] 参见[美]戴维·波普诺:《社会学》,李强等译,中国人民大学出版社2007年版,第194—195页。

允许夫妻双方通过契约对婚姻的内容作出调整。[1] 契约自由受到《欧洲人权公约》第 8 条的保护,以确保私人和家庭生活得到尊重。近几十年来,美国家庭法发展的重要趋势是婚姻契约属性的扩张。不但夫妻可以就婚姻关系以及离婚后果进行协商,而且法院也越来越乐意执行当事人之间经过充分协商而自愿达成的协议。[2] 法律在夫妻财产法领域赋予夫妻广泛的自由并非为了鼓励离婚,相反,其能够促进婚姻的稳定。[3] 这表明,夫妻团体已经兼具共同体与结合体的特征。结合体与共同体相对,意指行动者基于目标理性的动机以寻求利益平衡或利益结合。[4] 由于我国婚姻法长期以来独立于民法之外,学者强调亲属法的伦理性而忽略意思自治观念在该领域的扩张,使前者对后者构成不当的约束。民法典合同编(草案)第 255 条第 2 款规定:"婚姻、收养、监护等有关身份关系的协议,适用其他编和其他法律的规定;没有规定的,可以根据其性质参照适用本编规定。"这为《合同法》规则适用于夫妻财产法领域提供了更多的可能性。

第三,公权力对家庭干预的加强与妇女、儿童权益的保护。随着时代发展和社会变迁,公权力对婚姻家庭领域的干预不断深入和扩展,家庭法出现了"社会化"的倾向。公权力在家庭关系中的适度介入主要表现为两个方面:一是家庭成员之间发生家庭暴力时,法律应当及时地介入。家庭暴力不仅包括单纯的身体上的殴打,还包括心理上和情感上的妨害和困扰。家庭暴力是一个普遍存在的社会问题,不仅涉及夫妻和同居者,还包括其他家庭成员。大部分家庭暴力都是男性针对女性的。[5] 为了预防和制止家庭暴力,保护家庭成员的合法权益,2015 年我国制定了《反家庭暴力法》。然而,婚姻家庭编(草案)并无任何有关规范家庭暴力的条文。二是国家公权力机构监督父母对未成年子女责任的实施。未成年人

---

[1] 参见刘征峰:《家庭法中的类型法定原则——基于规范与生活事实的分离和整合视角》,载《中外法学》2018 年第 2 期。

[2] 参见邓丽:《婚姻法中的个人自由与社会正义———以婚姻契约论为中心》,知识产权出版社 2008 年版,第 92 页。

[3] B. Stark, *Marriage Proposals: From One-Size-Fits-All to Postmodern Marriage Law*, 89 Cal. L. Rew. ,2001,pp. 1479-1523.

[4] 参见〔德〕马克斯·韦伯:《社会学的基本概念》,康乐、简惠美译,广西师范大学出版社 2011 年版,第 76 页。

[5] 参见〔美〕凯特·斯丹德利:《家庭法》,屈广清译,中国政法大学出版社 2004 年版,第 101 页。

最大利益原则是《儿童权利公约》的首要原则。国家监督责任的基准点是子女的最佳利益,其必须和父母不履行义务的严重程度以及维护子女利益的要求相适应。[1] 婚姻关系中的个人主义的倾向,亦使未成年子女的利益更需要特别的保护。2012年我国修正《未成年人保护法》,强调家庭、学校、社会和司法机关对未成年人的保护。婚姻家庭编(草案)应当增加国家监督和干预父母行使监护权的规范,以更好地实现保护未成年子女利益的立法目标。

概言之,婚姻关系的类型化与渐趋多元化的婚姻观、家庭整体利益的维护与个人权利和自由的增进以及国家公权力的适度介入与家庭领域意思自治的扩张,构成婚姻家庭法领域相互交织的价值理念。我国婚姻家庭编(草案)应当对上述相互冲突的价值理念予以适当的调和,以适应新时代社会的发展和变化。

第三节 婚姻家庭编制度的不足与完善

婚姻家庭编在体系结构上应当维系现有的"通则—分则"结构,但应当涵盖婚姻关系、血亲关系与监护关系。在架构上包括通则、结婚、夫妻关系、离婚、父母子女关系与其他近亲属关系、收养、监护等。以婚姻自由、一夫一妻、男女平等以及保护妇女、儿童利益为原则,展示现代婚姻法的价值理念,并大量吸收实践中已证明行之有效的司法解释与其他法律规范,实现立法的科学性与可操作性。

第一,一般规定。婚姻家庭编(草案)的"一般规定"需要完善之处如下:(1)第821条规定的是家庭成员之间的道德原则。依据《婚姻法司法解释(一)第3条》的规定,家庭成员之间的道德原则属于倡导性条款,其不能单独作为当事人提起诉讼的依据。这一规定可以纳入婚姻家庭编之中。(2)建议增加保护子女最佳利益原则,因为其已发展成为现代婚姻法的重要原则。[2] 我国是《儿童权利公约》的签署国,在家庭关系中优先保护未成年人权益,正是履行国际条约和国际义务的应有之义。(3)该

---

[1] 参见[德]迪特尔·施瓦布:《德国家庭法》,王葆莳译,法律出版社2010年版,第263—264页。
[2] 参见夏吟兰:《论婚姻家庭法在民法典体系中的相对独立性》,载《法学论坛》2014年第4期。

章第 820 条规定的禁止婚姻行为,在性质上属于不完全性规范。该条规定要么构成对婚姻自由(包办、买卖婚姻)或者一夫一妻原则(重婚)的违反,要么在具体制度上有所规范(非法同居以及家庭暴力、虐待等),因而并无规定的必要。(4)该章应增加亲等的规定。在立法上宜采取罗马法的亲等计算法,其可以比较准确、科学地反映亲属关系的远近,优于原《婚姻法》上的世代计算法。

第二,"结婚"一章存在以下问题:(1)草案未规定非婚同居关系,对此可以比照婚姻关系与契约关系对双方的人身关系与财产关系进行适当的规定。(2)《婚姻法司法解释(一)》规定的宣告婚姻无效的主体(第7条)、宣告婚姻无效的阻却事由(第8条)、胁迫的理解及其撤销权的主体(第10条)以及同居期间的财产处理(第15条),《婚姻法司法解释(二)》规定的一方或双方死亡的婚姻无效(第5条)、申请宣告婚姻无效的当事人(第6条)、彩礼返还请求的处理(第10条)等应当纳入婚姻家庭编之中。(3)立法者既然将欺诈作为可撤销婚姻的事由,但是欺诈的范围限于一方在结婚之时隐瞒患有严重疾病的情形,这显然过于狭窄。对此可以借鉴比较法上的立法例,将欺诈与胁迫并列作为可撤销婚姻的类型。(4)婚姻无效与被撤销的法律后果与合同无效或被撤销的法律后果相同,这显然忽略了财产行为与身份行为之间的区别,不利于保护善意或无过错一方当事人的利益,尤其是不利于保护妇女的合法权益。例如,美国《统一结婚离婚法》第 208 条规定,即使法官作出无追溯力的婚姻无效判决,但有关财产与子女抚养问题均可以适用离婚财产分割、离婚扶养费、抚养及子女的监护等相关规定。因此立法上宜采取绝大多数国家或地区的做法,规定婚姻被宣告无效或撤销后,原则上溯及既往地自始无效,但对于善意的配偶一方仍然发生有效婚姻的效力;婚姻被宣告无效或被撤销后,其对子女的效力不受影响。[1] (5)通谋虚伪表示与重大误解亦应当被列为可撤销婚姻的类型。为维护夫妻共同生活以及保护未成年子女的利益,缔结婚姻时的瑕疵意思表示效力应变通适用。[2]

第三,家庭关系部分有待完善之处:(1)夫妻、父母子女之间的继承权在继承编中已经有明文规定(第 906 条),因此该重复性规定建议删除

---

[1] 参见余延满:《亲属法原论》,法律出版社 2007 年版,第 212 页。
[2] 参见冉克平:《论婚姻缔结中的意思表示瑕疵及其效力》,载《武汉大学学报(哲学社会科学版)》2016 年第 5 期。

(第838、847条)。(2)应当增设有关夫妻的住所决定权、同居的权利和义务等规定,展现夫妻关系的身份属性。(3)极为重要的夫妻法定财产制,大体延续原《婚姻法》第17—18条的规定。然而,夫或妻一方婚前财产在婚姻关系存续期间的孳息或者自然增值如何判断其归属?《婚姻法司法解释(二)》与《婚姻法司法解释(三)》的规定并不一致。《婚姻法司法解释(三)第5条》以《物权法》原物与孳息的规则为基础,将一方婚前个人财产因市场供求关系或通货膨胀的因素而形成的自然增值与孳息排除在夫妻共同财产之外。[1] 对此,理论上争议很大。[2] 总体来说,由于原《婚姻法》过于强调夫妻共同体的利益而忽略了近年来个人主义与人格独立的倾向,因此,司法解释在夫妻财产法上强调个人主义的价值具有相当的合理性。有学者认为,若个人财产在婚后的收益凝聚了另一方配偶的贡献(包括直接贡献和间接贡献),则属于主动增值和夫妻共同财产。[3] 由于夫妻属于共同体,很难否认配偶一方对另一方的个人财产在婚姻关系存续期间的增值没有间接贡献。若配偶以经营投资为职业或者另一方配偶对增值部分具有实质性贡献,则个人财产在婚姻关系存续期间的增值应当属于夫妻共同财产。准此以言,则夫或妻一方在婚姻关系存续期间继承或者赠与(包括遗赠)所得的财产原则上应认定为个人财产,因为其配偶对此并无实质性贡献。从比较法上看,采取共同制的如比利时、法国、意大利、葡萄牙、西班牙、俄罗斯等国法律均规定,婚姻存续期间无偿所得属于个人财产,除非赠与人或遗嘱人明确表示由夫妻双方共有。(4)夫妻约定财产制属于非限定型,为保护交易的安全,应当借鉴德国民法的规定,规定夫妻之间的财产约定自生效时发生物权的变动,同时非经登记不得对抗善意第三人。夫妻财产约定的登记制度可以预防和减少夫妻之间及夫妻和第三人之间的财产纠纷,同时可以为离婚时的财产清算提供有效依据。(5)夫妻共同债务与个人债务的界分。《婚姻法司法解释(二)》近年来饱受争议,根源于立法上认为夫妻应作整体考量而忽略各自人格的独立性。[4] 2018年1月,最高人民法院公布《最高人民

---

[1] 参见张先明:《总结审判实践经验凝聚社会各界智慧、正确合法及时审理婚姻家庭纠纷案件——最高人民法院民一庭负责人答记者问》,载《人民法院报》2011年8月13日,第3版。

[2] 参见赵玉:《司法视域下夫妻财产制的价值转向》,载《中国法学》2016年第1期。

[3] 参见裴桦:《夫妻财产制与财产法规则的冲突与协调》,载《法学研究》2017年第4期。

[4] 参见叶名怡:《〈婚姻法解释(二)〉第24条废除论》,载《法学》2017年第6期。

法院关于审理涉及夫妻债务纠纷案件适用法律有关问题的解释》废止了《婚姻法司法解释(二)》第 24 条。新解释从个人主义的角度出发,并将举证责任分配给债权人,倾向于保护举债方配偶的利益,强调个人人格独立与经济自主的地位,应当予以采纳。[1] (6)协议离婚财产的分割。《婚姻法司法解释(二)》规定的财产分割协议的效力(第 8 条)、有价证券等的分割处理(第 15 条)、有限公司出资额(第 16 条)、合伙企业出资转让(第 17 条)以及独资企业的处理(第 18 条)等可以吸纳入婚姻家庭编(草案)。同时规定夫妻之间不得通过离婚财产分割协议逃避债务,否则债权人可以行使债权撤销权(原《合同法》第 74 条)。(7)应当对家庭成员之间的家庭暴力、虐待、遗弃等作出规定,以维护弱势配偶尤其是女方的利益。原《婚姻法》规定的家庭暴力与虐待(第 43 条)、遗弃(第 44 条)以及《婚姻法司法解释(一)》对"家庭暴力的理解"(第 1 条)等应当纳入婚姻家庭编。同时,《反家庭暴力法》规定的"人身安全保护令"亦应纳入婚姻家庭编,法官可以根据家庭暴力受害者的请求发布保护命令,体现出通过公权力的介入对家庭中个人利益的保护。(8)人工生育子女。对此可以借鉴德国民法的规定,分娩者为子女的母亲;子女出生时,与生母有婚姻关系者或者因任意认领而生父子关系者;在夫妻双方一致同意的情况下,妇女通过人工授精的方式借助第三人捐献的精子受孕并生育子女的,丈夫和子女的生母均无权撤销父的身份。但该子女的撤销权不受影响。[2]

第四,离婚一章有待完善之处如下:(1)为避免夫妻轻率地协议离婚,缓和节节攀升的离婚率[3],婚姻家庭编(草案)对于离婚冷静期的规定值得赞同。但是,该条的适用应当规定除外条款,若配偶一方遭受严重的家庭暴力或者处于人身安全保护令之下的,另一方配偶无权撤销离婚申请。(2)裁判离婚的立法理念兼采过错主义和破裂主义(夫妻感情破

---

[1] 参见冉克平:《夫妻团体债务的认定及清偿》,载《中国法学》2017 年第 5 期。

[2] 参见[德]迪特尔·施瓦布:《德国家庭法》,王葆莳译,法律出版社 2010 年版,第 291—292 页。最高人民法院在院指导案例 50 号(李某、郭某阳诉郭某和、童某某继承纠纷案)的裁判摘要中认为:"夫妻关系存续期间,双方一致同意利用他人的精子进行人工授精并使女方受孕后,男方反悔,而女方坚持生出该子女的,不论该子女是否在夫妻关系存续期间出生,都应视为夫妻双方的婚生子女。"

[3] 自 2010 年至今,离婚率连续八年攀升,2017 年的离婚率为 3.2‰;相反,结婚率则持续走低。参见民政部:《2017 年社会服务发展统计公报》,http://www.mca.gov.cn/article/sj/tjgb/2017/201708021607.pdf,2021 年 6 月 14 日访问。

裂),其立法模式则是概括规定加例示情形。然而,由于夫妻感情属于主观范畴,外人很难对夫妻双方的内心情感活动进行判断。长期以来学说上有以"夫妻关系破裂说"取而代之的观点,即以夫妻共同生活已不复存在或不能期待双方恢复其共同生活予以判断。[1] 比较而言,"婚姻关系破裂说"更为合理。(3)借鉴《瑞士民法典》第146、176条,扩大了分居制度的适用范围,具有降低诉讼离婚难度的功能。从体系上看,由于离婚冷静期的适用会导致协议离婚难度增加,分居制度适用范围的扩大与离婚冷静期的采纳在一定程度上可以相互抵销。(4)增加无民事行为能力人与限制民事行为能力人诉讼离婚,应由法定代理人参加诉讼。法定代理人无权就离婚与否作出意思表示,但是对于财产分割、子女抚养问题则可由法定代理人与无民事行为能力人与限制民事行为能力人的配偶达成调解协议。(5)离婚损害赔偿在性质上属于因身份契约关系解除后,有过错的一方应当赔偿无过错方因此而受到的损害。离婚损害赔偿的范围包括物质损害赔偿和精神损害赔偿,其不仅适用诉讼离婚,而且适用登记离婚。《婚姻法司法解释(一)》规定的"损害赔偿范围"(第28条)和《婚姻法司法解释(二)》规定的"协议离婚后提出离婚损害赔偿"(第27条)、《婚姻法司法解释(一)》离婚损害赔偿请求权的提出时间(第30条)等规定应当纳入婚姻家庭编。

第五,收养。婚姻家庭编(草案)第892条沿袭原《收养法》第25条第1款的规定,收养行为违反总则编民事法律行为无效与本编规定的收养行为无效,无效的收养行为自始没有法律约束力。该规定存在以下两个问题:一是因欺诈、胁迫导致的收养,应该属于可撤销的法律行为;二是收养行为属于身份行为,与财产性的合同行为不同,因此在收养行为无效或被撤销的情形,从最大限度地保护未成年收养子女的利益出发,应采纳不溯及既往的原则。此外,收养行为被宣告无效或被撤销后,养子女与亲生父母的权利义务关系自动恢复。

总之,婚姻家庭编(草案)以原《婚姻法》与原《收养法》为基础,在坚持婚姻自由、男女平等、一夫一妻及保护妇女、儿童、老人合法权益等基本原则的前提下,结合社会发展需要,对夫妻关系、家庭关系与收养关系进行了规范。虽然该草案不乏亮点,但是总体来说仍然偏保守,具体表现为:在体系上具有明显的法律汇编的印记;在内容上对于司法实践中行之

---

[1] 参见马忆南、罗玲:《裁判离婚理由立法研究》,载《法学论坛》2014年第4期。

有效的规定亦未采纳;在立法价值理念上未完全体现21世纪现代婚姻法的发展趋势。

婚姻家庭编在体系结构上应当维系现有的"通则—分则"结构,除原有的基本原则之外,增加未成年人最大利益原则,展示现代婚姻法的价值理念即婚姻关系的类型化与渐趋多元化的婚姻观、家庭整体利益的维护与个人权利的增进,国家公权力的适度介入与家庭领域意思自治的扩张,并大量吸收实践中已证明行之有效的司法解释与其他法律规范,以适应新时代社会的发展和变化。

参考文献

(一)中文著作类

1. 王利明:《民法典体系研究》(第二版),中国人民大学出版社2012年版。

2. 王利明:《合同法分则研究》,中国人民大学出版社2012年版。

3. 王利明:《物权法研究》(第三版),中国人民大学出版社2013年版。

4. 王利明:《人格权法研究》(第二版),中国人民大学出版社2012年版。

5. 姚辉:《民法学方法论研究》,中国人民大学出版社2020年版。

6. 夏吟兰、薛宁兰主编:《民法典之婚姻家庭编立法研究》,北京大学出版社2016年版。

7. 夏吟兰:《离婚自由与限制论》,中国政法大学出版社2007年版。

8. 夏吟兰等:《中国民法典释评:婚姻家庭编》,中国人民大学出版社2020年版。

9. 夏吟兰主编:《中华人民共和国婚姻法评注:总则》,厦门大学出版社2016年版。

10. 王泽鉴:《民法概要》,北京大学出版社2011年版。

11. 王泽鉴:《民法总则》,北京大学出版社2009年版。

12. 林秀雄:《亲属法讲义》,元照出版有限公司2013年版。

13. 林秀雄:《夫妻财产制之研究》,中国政法大学出版社2001年版。

14. 孙宪忠:《中国物权法总论》(第三版),法律出版社2014年版。
15. 陈甦主编:《民法总则评注》(上、下册),法律出版社2017年版。
16. 崔建远:《物权法》,中国人民大学出版社2014年版。
17. 朱庆育:《民法总论》(第二版),北京大学出版社2016年版。
18. 朱广新:《合同法总则研究》(上、下册),中国人民大学出版社2018年版。
19. 李宇:《民法总则要义:规范释论与判解集注》,法律出版社2017年版。
20. 韩世远:《合同法总论》(第四版),法律出版社2018年版。
21. 胡锦光、韩大元:《中国宪法》(第四版),法律出版社2018年版。
22. 黄薇主编:《中华人民共和国民法典婚姻家庭编释义》,法律出版社2020年版。
23. 黄薇主编:《中华人民共和国民法典合同编释义》,法律出版社2020年版。
24. 胡康生主编:《中华人民共和国合同法释义》(第二版),法律出版社2009年版。
25. 杨立新主编:《民法总则重大疑难问题研究》,中国法制出版社2011年版。
26. 程啸:《侵权责任法》(第三版),法律出版社2020年版。
27. 吴卫义、张寅编著:《婚姻家庭案件司法观点集成》,法律出版社2015年版。
28. 肖峰、田源主编:《婚姻家庭纠纷裁判思路与裁判规则》,法律出版社2017年版。
29. 苏国勋:《理性化及其限制——韦伯思想引论》,商务印书馆2016年版。
30. 薛宁兰、谢鸿飞主编:《民法典评注:婚姻家庭编》,中国法制出版社2020年版。
31. 谢鸿飞、朱广新主编:《民法典评注:合同编》,中国法制出版社2020年版。
32. 林菊枝:《亲属法新论》,五南图书出版公司2014年版。
33. 张学军:《论离婚后的扶养立法》,法律出版社2004年版。
34. 胡苷用:《婚姻合伙视野下的夫妻共同财产制度研究》,法律出版社 2010 年版。

35. 梁慧星:《民法总论》(第五版),法律出版社 2017 年版。

36. 李猛编:《韦伯:法律与价值》,上海人民出版社 2001 年版。

37. 杨大文、龙翼飞、夏吟兰主编:《婚姻家庭法学》,中国人民大学出版社 2006 年版。

38. 最高人民法院民事审判第一庭编:《婚姻家庭案件审判指导》,法律出版社 2018 年版。

39. 最高人民法院民事审判第一庭编著:《最高人民法院婚姻法司法解释(三)理解与适用》,人民法院出版社 2011 年版。

40. 最高人民法院民事审判第一庭编著:《最高人民法院婚姻法司法解释(二)的理解与适用》(第二版),人民法院出版社 2015 年版。

41. 国家法官学院编:《全国专家型法官司法意见精粹:婚姻家庭与继承卷》,中国法制出版社 2017 年版。

42. 薛宁兰、金玉珍:《亲属与继承法》,社会科学文献出版社 2009 年版。

43. 蒋月:《夫妻的权利与义务》,法律出版社 2001 年版。

44. 陈棋炎、黄宗乐、郭振恭:《民法亲属新论》,三民书局 2010 年版。

45. 黄茂荣:《法学方法与现代民法》,法律出版社 2007 年版。

46. 刘征峰:《论民法教义体系与家庭法的对立与融合:现代家庭法的谱系生成》,法律出版社 2018 年版。

47. 张卫平:《民事诉讼法》,中国人民大学出版社 2015 年版。

48. 陈计男:《强制执行法释论》,元照出版有限公司 2012 年版。

49. 张作华:《亲属身份行为基本理论研究》,法律出版社 2011 年版。

50. 吴从周:《概念法学、利益法学与价值法学》,中国法制出版社 2011 年版。

51. 胡康生主编:《中华人民共和国婚姻法释义》,法律出版社 2001 年版。

52. 刘承韪:《英美法对价原则研究:解读英美合同法王国中的"理论与规则之王"》,法律出版社 2006 年版。

53. 裴桦:《夫妻共同财产制研究》,法律出版社 2009 年版。

54. 邓丽:《婚姻法中的个人自由与社会正义———以婚姻契约论为中心》,知识产权出版社 2008 年版。

55. 姚瑞光:《民法总则论》,中国政法大学出版社 2011 年版。

56. 余延满:《亲属法原论》,法律出版社 2007 年版。
57. 史尚宽:《亲属法论》,中国政法大学出版社 2000 年版。
58. 申卫星:《期待权基本理论研究》,中国人民大学出版社 2006 年版。
59. 杨大文主编:《婚姻家庭法学》,复旦大学出版社 2013 年版。
60. 曹贤信:《亲属法的伦理性及其限度研究》,群众出版社 2012 年版。
61. 苏永钦:《寻找新民法》(增订版),北京大学出版社 2012 年版。
62. 瞿同祖:《中国法律与中国社会》,中华书局 2003 年版。
63. 费孝通:《江村经济》,上海人民出版社 2013 年版。
64. 费孝通:《乡土中国·生育制度·乡土重建》,商务印书馆 2011 年版。
65. 吕思勉:《中国制度史》,上海教育出版社 2005 年版。
66. 梁治平:《寻求自然秩序中的和谐》,中国政法大学出版社 2002 年版。
67. 江必新、刘贵祥主编:《最高人民法院关于人民法院办理执行异议和复议案件若干问题规定理解与适用》,人民法院出版社 2015 年版。
68. 杨与龄:《强制执行法论》,中国政法大学出版社 2002 年版。
69. 于飞:《公序良俗原则研究:以基本原则的具体化为中心》,北京大学出版社 2006 年版。
70. 戴炎辉、戴东雄:《中国亲属法》,顺清文化事业有限公司 2000 年版。
71. 陈苇主编:《婚姻家庭继承法学》(第二版),群众出版社 2012 年版。
72. 叶金强:《信赖原理的私法结构》,北京大学出版社 2014 年版。
73. 陈朝璧:《罗马法原理》,法律出版社 2006 年版。
74. 彭诚信:《现代权利理论研究》,法律出版社 2017 年版。
75. 〔德〕卡尔·拉伦茨:《法学方法论》,黄家镇译,商务印书馆 2020 年版。
76. 〔德〕卡尔·拉伦茨:《德国民法通论》,王晓晔、邵建东、程建英等译,法律出版社 2003 年版。
77. 〔德〕迪特尔·施瓦布:《德国家庭法》,王葆莳译,法律出版社 2010 年版。
78. 〔德〕迪特尔·施瓦布:《民法导论》,郑冲译,法律出版社 2006

年版。

79. 〔德〕马克斯·韦伯:《社会科学方法论》,李秋零、田薇译,中国人民大学出版社 1999 年版。

80. 〔德〕马克斯·韦伯:《社会学的基本概念》,康乐、简美惠译,广西师范大学出版社 2011 年版。

81. 〔德〕马克斯·韦伯:《法律社会学·非正当性的支配》,康乐、简美惠译,广西师范大学出版社 2011 年版。

82. 〔德〕马克斯·韦伯:《经济与社会》,阎克文译,上海人民出版社 2010 年版。

83. 〔德〕冯·巴尔:《欧洲比较侵权行为法》(上卷),张新宝译,法律出版社 2001 年版。

84. 〔德〕冯·巴尔:《欧洲比较侵权行为法》(下卷),焦美华译,法律出版社 2001 年版。

85. 〔德〕托马斯·莱塞尔:《法社会学基本问题》,王亚飞译,法律出版社 2014 年版。

86. 〔德〕斐迪南·滕尼斯:《共同体与社会》,林荣远译,商务印书馆 1999 年版。

87. 〔德〕马克斯·卡泽尔、罗尔夫·克努特尔:《罗马私法》,田士永译,法律出版社 2018 年版。

88. 〔德〕罗尔夫·克尼佩尔:《法律与历史:论〈德国民法典〉的形成与变迁》,朱岩译,法律出版社 2003 年版。

89. 〔德〕萨维尼:《当代罗马法体系Ⅰ:法律渊源·制定法解释·法律关系》,朱虎译,中国法制出版社 2010 年版。

90. 〔德〕黑格尔:《法哲学原理》,范扬、张企泰译,商务印书馆 1961 年版。

91. 〔德〕古斯塔夫·拉德布鲁赫:《法哲学》,王朴译,法律出版社 2013 年版。

92. 〔德〕K. 茨威格特、H. 克茨:《比较法总论》,潘汉典等译,法律出版社 2003 年版。

93. 〔德〕罗森贝克、施瓦布、戈特瓦尔德:《德国民事诉讼法》,李大雪译,中国法制出版社 2007 年版。

94. 〔德〕凯塔琳娜·博埃勒-韦尔基等主编:《欧洲婚姻财产法的未来》,樊丽君等译,法律出版社 2017 年版。

95.〔德〕维尔纳·弗卢梅:《法律行为论》,迟颖译,法律出版社2013年版。

96.〔奥〕恩斯特·A.克莱默:《法律方法论》,周万里译,法律出版社2019年版。

97.〔德〕奥托·基尔克:《私法的社会任务》,刘志阳、张小丹译,中国法制出版社2017年版。

98.〔德〕弗朗茨·维亚克尔:《近代私法史——以德意志的发展为观察重点》(下),陈爱娥、黄建辉译,上海三联书店2006年版。

99.〔德〕阿图尔·考夫曼、温弗里德·哈斯默尔主编:《当代法哲学和法律理论导论》,郑永流译,法律出版社2013年版。

100.〔美〕戴维·波普诺:《社会学》,李强等译,中国人民大学出版社2017年版。

101.〔美〕罗斯科·庞德:《法理学》(第一卷),邓正来译,中国政法大学出版社2004年版。

102.〔美〕凯特·斯丹德利:《家庭法》,屈广清译,中国政法大学出版社2004年版。

103.〔英〕安东尼·吉登斯、菲利普·萨顿:《社会学》(第七版),赵旭东等译,北京大学出版社2015年版。

104.〔美〕加里·S.贝克尔:《家庭论》,王献生等译,商务印书馆2014年版。

105.〔美〕加里·S.贝克尔:《人类行为的经济分析》,王业宇、陈琪译,格致出版社、上海三联书店、上海人民出版社2015年版。

106.〔美〕易劳逸:《家族、土地与祖先:近世中国四百年社会经济的常与变》,苑杰译,重庆出版社2019年版。

107.〔美〕络德睦:《法律东方主义》,魏磊杰译,中国政法大学出版社2016年版。

108.〔美〕麦克尼尔:《新社会契约论》,雷喜宁、潘勤译,中国政法大学出版社2004年版。

109.〔日〕星野英一:《私法中的人》,王闯译,中国法制出版社2004年版。

110.〔日〕滋贺秀三:《中国家族法原理》,张建国、李力译,法律出版社2003年版。

111.〔英〕巴里·尼古拉斯:《罗马法概论》,黄风译,法律出版社2000

年版。

112.〔英〕弗里德利希·冯·哈耶克:《自由秩序原理》,邓正来译,生活·读书·新知三联书店1997年版。

113.〔英〕安东尼·吉登斯:《资本主义与现代社会理论》,郭忠华、潘华凌译,上海译文出版社2013年版。

114.〔奥〕路德维希·冯·米塞斯:《人的行为》,夏道平译,上海社会科学院出版社2015年版。

115.〔法〕埃米尔·涂尔干:《社会分工论》,渠敬东译,生活·读书·新知三联书店2017年版。

116.〔意〕阿雷西奥·扎卡利亚:《债是法锁——债法要义》,陆青译,法律出版社2017年版。

(二) 中文论文类

1. 王利明:《论合伙协议与合伙组织体的相互关系》,载《当代法学》2013年第4期。

2. 王泽鉴:《干扰婚姻关系之侵权责任》,载《民法学说与判例研究》(第一册),北京大学出版社2009年版。

3. 夏吟兰:《民法分则婚姻家庭编立法研究》,载《中国法学》2017年第3期。

4. 夏吟兰:《我国夫妻共同债务推定规则之检讨》,载《西南政法大学学报》2011年第1期。

5. 夏吟兰:《民法典体系下婚姻家庭法之基本框架与逻辑体系》,载《政法论坛》2014年第5期。

6. 夏吟兰:《论婚姻家庭法在民法典体系中的相对独立性》,载《法学论坛》2014年第4期。

7. 夏吟兰、何俊萍:《现代大陆法系亲属法之发展变革》,载《法学论坛》2011年第2期。

8. 夏吟兰:《婚姻家庭编的创新和发展》,载《中国法学》2020年第4期。

9. 马忆南、罗玲:《裁判离婚理由立法研究》,载《法学论坛》2014年第4期。

10. 易军:《个人主义方法论与私法》,载《法学研究》2006年第1期。

11. 易军:《私人自治与私法品性》,载《法学研究》2012年第3期。

12. 易军:《私人自治的政治哲学之维》,载《政法论坛》2012年第

3 期。

13. 易军:《买卖合同之规定准用于其他有偿合同》,载《法学研究》2016 年第 1 期。

14. 易军:《民法基本原则的意义脉络》,载《法学研究》2018 年第 6 期。

15. 薛军:《"民法—宪法"关系的演变与民法的转型》,载《中国法学》2010 年第 1 期。

16. 薛军:《干扰婚姻关系的损害赔偿:意大利的法理与判例》,载《华东政法大学学报》2013 年第 3 期。

17. 薛军:《第三人欺诈与第三人胁迫》,载《法学研究》2011 年第 1 期。

18. 陈聪富:《韦伯论形式理性之法律》,载许章润主编:《清华法学》(2003 年第 2 辑),清华大学出版社 2003 年版。

19. 刘征峰:《家庭法与民法知识谱系的分立》,载《法学研究》2017 年第 4 期。

20. 刘征峰:《家庭法中的类型法定原则——基于规范与生活事实的分离和整合视角》,载《中外法学》2018 年第 2 期。

21. 刘征峰:《夫妻债务规范的层次互动体系》,载《法学》2019 年第 6 期。

22. 朱岩:《社会基础变迁与民法双重体系建构》,载《中国社会科学》2010 年第 6 期。

23. 方新军:《内在体系外显与民法典体系融贯性的实现:对〈民法总则〉基本原则规定的评论》,载《中外法学》2017 年第 3 期。

24. 张伟、叶名怡:《离婚时夫妻所持公司股权分割问题研究》,载《法商研究》2009 年第 3 期。

25. 王轶、包丁裕睿:《夫妻共同债务的认定与清偿规则实证研究》,载《华东政法大学学报》2021 年第 1 期。

26. 谢鸿飞:《现代民法中的"人"》,载《北大法律评论》(第 3 卷第 2 辑),法律出版社 2001 年版。

27. 谢鸿飞:《民法典与特别民法关系的建构》,载《中国社会科学》2013 年第 2 期。

28. 谢鸿飞:《中国民法典的生活世界、价值体系与立法表达》,载《清华法学》2014 年第 6 期。

29. 谢鸿飞:《论创设法律关系的意图:法律介入社会生活的限度》,载《环球法律评论》2012 年第 3 期。

30. 谢鸿飞:《民法典的外部体系效益及其扩张》,载《环球法律评论》2018 年第 2 期。

31. 谢鸿飞:《〈民法典〉制度革新的三个维度:世界、中国和时代》,载《法制与社会发展》2020 年第 4 期。

32. 贺剑:《夫妻财产法的精神》,载《法学》2020 年第 7 期。

33. 贺剑:《论婚姻法回归民法的基本思路——以法定夫妻财产制为重点》,载《中外法学》2014 年第 6 期。

34. 贺剑:《论夫妻个人财产的转化规则》,载《法学》2015 年第 2 期。

35. 贺剑:《"理论"在司法实践中的影响——以关于夫妻个人财产婚后孳息归属的司法实践为中心》,载《法制与社会发展》2014 年第 3 期。

36. 贺剑:《夫妻个人财产的婚后增值归属——兼论我国婚后所得共同制的精神》,载《法学家》2015 年第 4 期。

37. 贺剑:《离婚时按揭房屋的增值分配:以瑞士法为中心》,载《政治与法律》2014 年第 10 期。

38. 巫若枝:《三十年来中国婚姻法"回归民法"的反思——兼论保持与发展婚姻法独立部门法传统》,载《法制与社会发展》2009 年第 4 期。

39. 熊丙万:《私法的基础:从个人主义走向合作主义》,载《中国法学》2014 年第 3 期。

40. 徐国栋:《论民事屈从关系——以菲尔麦命题为中心》,载《中国法学》2011 年第 5 期。

41. 徐国栋:《民法典草案的基本结构——以民法的调整对象理论为中心》,载徐国栋编:《中国民法典起草思路论战》,中国政法大学出版社 2001 年版。

42. 肖新喜:《论民法典婚姻家庭编的社会化》,载《中国法学》2019 年第 3 期。

43. 张龑:《论我国法律体系中的家与个体自由原则》,载《中外法学》2013 年第 4 期。

44. 赵晓力:《中国家庭资本主义化的号角》,载《文化纵横》2011 年第 1 期。

45. 赵晓力:《同居共财是中国的家庭现实》,载《社会观察》2011 年第 3 期。

46. 张作华:《事实身份行为与事实身份关系的法律保护——以事实婚姻为中心》,载《四川大学学报(哲学社会科学版)》2009 年第 4 期。

47. 田韶华:《论共同财产制下夫妻债务的清偿(西北政法大学学报)》,载《法律科学》2019 年第 5 期。

48. 田韶华:《民法典编纂中身份行为的体系化建构》,载《法学》2018 年第 5 期。

49. 田韶华:《婚姻领域内物权变动的法律适用》,载《法学》2009 年第 3 期。

50. 裴桦:《论夫妻一方婚前财产于婚后所生利益的归属》,载《当代法学》2020 年第 4 期。

51. 裴桦:《配偶权之权利属性探究》,载《法制与社会发展》2009 年第 6 期。

52. 裴桦:《夫妻财产制与财产法规则的冲突与协调》,载《法学研究》2017 年第 4 期。

53. 裴桦:《也谈夫妻间赠与的法律适用》,载《当代法学》2016 年第 4 期。

54. 程啸:《不动产登记簿之推定力》,载《法学研究》2010 年第 3 期。

55. 程啸:《婚内财产分割协议、夫妻财产制契约的效力与不动产物权变动》,载《暨南学报(哲学社会科学版)》2015 年第 3 期。

56. 赵玉:《司法视域下夫妻财产制的价值转向》,载《中国法学》2016 年第 1 期。

57. 赵玉:《婚姻家庭法中的利他主义》,载《社会科学战线》2018 年第 10 期。

58. 许莉:《夫妻财产归属之法律适用》,载《法学》2007 年第 12 期。

59. 许莉:《夫妻个人财产婚后所生孳息之归属》,载《法学》2010 年第 12 期。

60. 许莉:《夫妻房产约定的法律适用》,载《浙江工商大学学报》2015 年第 1 期。

61. 许莉:《离婚协议效力探析》,载《华东政法大学学报》2011 年第 1 期。

62. 薛宁兰、许莉:《我国夫妻财产制立法若干问题探讨》,载《法学论坛》2011 年第 2 期。

63. 薛宁兰:《法定夫妻财产制立法模式与类型选择》,载《法学杂志》

2005 年第 2 期。

64. 薛宁兰:《离婚法的诉讼实践及其评析》,载《法学论坛》2014 年第 4 期。

65. 薛宁兰:《我国离婚损害赔偿制度的完善》,载《法律适用》2004 年第 10 期。

66. 薛宁兰:《社会转型中的婚姻家庭法制新面向》,载《东方法学》2020 年第 2 期。

67. 桑本谦:《法律经济学视野中的赠与承诺(西北政法大学学报)》,载《法律科学》2014 年第 4 期。

68. 于飞:《公序良俗原则与诚实信用原则的区分》,载《中国社会科学》2015 年第 11 期。

69. 于飞:《民法基本原则:理论反思与法典表达》,载《法学研究》2016 年第 3 期。

70. 丁慧:《身份行为效力判定的法律基准——在身份法理念和身份法规范之间》,载《法学杂志》2015 年第 2 期。

71. 丁慧:《夫妻财产关系法律异化和回归之反思》,载《浙江工商大学学报》2013 年第 4 期。

72. 缪宇:《遗赠扶养协议中的利益失衡及其矫治》,载《环球法律评论》2020 年第 5 期。

73. 缪宇:《走出夫妻共同债务的误区》,载《中外法学》2018 年第 1 期。

74. 缪宇:《美国夫妻共同债务制度研究——以美国采行夫妻共同财产制州为中心》,载《法学家》2018 年第 2 期。

75. 蔡立东、刘国栋:《司法逻辑下的"假离婚"》,载《国家检察官学院学报》2017 年第 5 期。

76. 蔡立东、刘国栋:《关于夫妻共同债务认定的立法建议》,载《中国应用法学》2019 年第 2 期。

77. 蔡立东:《股权让与担保纠纷裁判逻辑的实证研究》,载《中国法学》2018 年第 6 期。

78. 陆青:《离婚协议中的"赠与子女财产"条款研究》,载《法学研究》2018 年第 1 期。

79. 陆青:《合同联立问题研究》,载《政治与法律》2014 年第 5 期。

80. 吴习彧:《被协议的"忠诚"——从政策分析角度解读"婚姻忠诚

协议"》,载《东方法学》2012年第3期。

81. 强世功:《司法能动下的中国家庭》,载《文化纵横》2011年第1期。

82. 罗冠男:《近现代意大利家庭法的发展阶段与借鉴》,载《政法论坛》2018年第6期。

83. 胡苷用:《婚姻中个人财产增值归属之美国规则及其启示》,载《政治与法律》2010年第6期。

84. 申晨:《夫妻财产法价值本位位移及其实现方式》,载《法学家》2018年第2期。

85. 申晨:《夫妻债务类型的重构:基于有限责任的引入》,载《清华法学》2019年第5期。

86. 王跃生:《当代中国家庭结构变动分析》,载《中国社会科学》2006年第1期。

87. 金眉:《婚姻家庭立法的同一性原理——以婚姻家庭理念、形态与财产法律结构为中心》,载《法学研究》2017年第4期。

88. 江滢:《论个人财产婚后收益之归属认定》,载《政治与法律》2014年第4期。

89. 李世刚:《夫妻一方婚前财产的婚后收益归属问题研究——以法国的相关立法与司法实践为视角》,载《暨南学报(哲学社会科学版)》2016年第6期。

90. 陈苇、黎乃忠:《现代婚姻家庭法的立法价值取向——以〈婚姻法解释(三)〉有关夫妻财产关系的规定为对象》,载《吉林大学社会科学学报》2013年第1期。

91. 陈苇、姜大伟:《论婚姻家庭住房权的优先保护》,载《法律科学(西北政法大学学报)》2013年第4期。

92. 龙俊:《夫妻共同财产的潜在共有》,载《法学研究》2017年第4期。

93. 杨立新:《论侵害配偶权的精神损害赔偿责任》,载《法学》2002年第7期。

94. 朱广新:《论监护人处分被监护人财产的法律效果》,载《当代法学》2020年第1期。

95. 李洪祥:《夫妻一方以个人名义所负债务清偿规则之解构》,载《政法论丛》2015年第2期。

96. 李洪祥:《离婚财产分割协议的类型、性质及效力》,载《当代法学》2010 年第 4 期。

97. 李红玲：《论夫妻单方举债的定性规则》，载《政治与法律》2010 年第 2 期。

98. 张新宝：《侵权责任法立法的利益衡量》，载《中国法学》2009 年第 4 期。

99. 王歌雅：《离婚财产清算的制度选择与价值追求》，载《法学论坛》2014 年第 4 期。

100. 王歌雅：《离婚救济制度：实践与反思》，载《法学论坛》2011 年第 2 期。

101. 王歌雅：《民法典婚姻家庭编的价值阐释与制度修为》，载《东方法学》2020 年第 4 期。

102. 王歌雅：《〈民法典·婚姻家庭编〉的编纂策略与制度走向》，载《法律科学》2019 年第 6 期。

103. 张弛、翟冠慧：《我国夫妻共同债务的界定与清偿论》，载《政治与法律》2012 年第 6 期。

104. 叶名怡：《民法典视野下夫妻一方侵权之债的清偿》，载《法商研究》2021 年第 1 期。

105. 叶名怡：《"共债共签"原则应写入〈民法典〉》，载《东方法学》2019 年第 1 期。

106. 叶名怡：《〈婚姻法解释（二）〉第 24 条废除论——基于相关统计数据的实证分析》，载《法学》2017 年第 6 期。

107. 叶名怡：《法国法上通奸第三者的侵权责任》，载《华东政法大学学报》2013 年第 3 期。

108. 何丽新：《论非举债方以夫妻共同财产为限清偿夫妻共同债务——从（2014）苏民再提字第 0057 号民事判决书说起》，载《政法论丛》2017 年第 6 期。

109. 王雷：《〈婚姻法〉中的夫妻共同债务推定规范》，载《法律适用》2017 年第 3 期。

110. 王雷：《论身份关系协议对民法典合同编的参照适用》，载《法学家》2020 年第 1 期。

111. 孙若军：《论夫妻共同债务"时间"推定规则》，载《法学家》2017 年第 1 期。

112. 孙若军：《论离婚损害赔偿制度》，载《法学家》2001 年第 5 期。

113. 张永健:《资产分割理论下的法人与非法人组织》,载《中外法学》2018 年第 1 期。

114. 陈法:《我国夫妻共同债务认定规则之检讨与重构》,载《法商研究》2017 年第 1 期。

115. 李清池:《商事组织的法律构造》,载《中国社会科学》2006 年第 4 期。

116. 王锴:《婚姻、家庭的宪法保障——以我国宪法第 49 条为中心》,载《法学评论》2013 年第 2 期。

117. 王锴:《基本权利保护范围的界定》,载《法学研究》2020 年第 5 期。

118. 李昊、王文娜:《婚姻缔结行为的效力瑕疵》,载《法学研究》2019 年第 4 期。

119. 马浩、房绍坤:《论意思表示不真实的非诉讼离婚协议之效力》,载《烟台大学学报(哲学社会科学版)》2014 年第 1 期。

120. 庄加园:《德国法上干扰婚姻关系与抚养费追偿》,载《华东政法大学学报》2013 年第 3 期。

121. 陶丽琴、陈永强:《不动产事实物权的适用与理论阐释》,载《现代法学》2015 年第 4 期。

122. 许德风:《不动产一物二卖问题研究》,载《法学研究》2012 年第 3 期。

123. 许德风:《合同自由与分配正义》,载《中外法学》2020 年第 4 期。

124. 汪洋:《夫妻债务的基本类型、责任基础与责任财产》,载《当代法学》2019 年第 3 期。

125. 朱虎:《夫妻债务的具体类型和责任承担》,载《法学评论》2019 年第 5 期。

126. 常鹏翱:《再谈物权公示的法律效力》,载《华东政法大学学报》2011 年第 4 期。

127. 任重:《民事诉讼法教义学视角下的"执行难":成因与出路——以夫妻共同财产的执行为中心》,载《当代法学》2019 年第 3 期。

128. 任重:《夫妻债务规范的诉讼实施》,载《法学》2020 年第 12 期。

129. 李贝:《夫妻共同债务的立法困境与出路》,载《东方法学》2019 年第 1 期。

130. 王战涛:《日常家事代理之批判》,载《法学家》2019 年第 3 期。

131. 孙维飞:《通奸与干扰婚姻关系之损害赔偿——以英美法为视角》,载《华东政法大学学报》2013 年第 3 期。

132. 朱晓峰:《配偶权侵害的赔偿责任及正当性基础》,载《浙江大学学报(人文社会科学版)》2017 年第 6 期。

133. 赵文杰:《第三人侵扰婚姻关系法律问题的比较研究》,载《华东政法大学学报》2013 年第 3 期。

134. 彭诚信、李贝:《现代监护理念下监护与行为能力关系的重构》,载《法学研究》2019 年第 4 期。

135. 石佳友:《解码法典化:基于比较法的全景式观察》,载《比较法研究》2020 年第 4 期。

136. 张燕玲:《家庭权及其宪法保障——以多元社会为视角》,载《南京大学学报(哲学·人文科学·社会科学版)》2011 年第 4 期。

137. 张翔:《基本权利的双重性质》,载《法学研究》2005 年第 3 期。

138. 杜强强:《合宪性解释在我国法院的实践》,载《法学研究》2016 年第 6 期。

139. 秦前红、周航:《〈民法典〉实施中的宪法问题》,载《法学》2020 年第 11 期。

140. 肖瑛:《"家"作为方法:中国社会理论的一种尝试》,载《中国社会科学》2020 年第 11 期。

141. 李霞:《成年监护制度的现代转向》,载《中国法学》2015 年第 2 期。

142. 李国强:《成年意定监护法律关系的解释——以〈民法总则〉第 33 条为解释对象》,载《现代法学》2018 年第 5 期。

143. 马新彦:《民法典家事财产法制的教育功能》,载《当代法学》2020 年第 1 期。

144. 金可可:《〈民法总则〉与法律行为成立之一般形式拘束力》,载《中外法学》2017 年第 3 期。

145. 纪海龙:《法律漏洞类型化及其补充——以物权相邻关系为例》,载《法律科学(西北政法大学学报)》2014 年第 4 期。

146. 纪海龙:《比例原则在私法中的普适性及其例证》,载《政法论坛》2016 年第 3 期。

147. 徐涤宇:《婚姻家庭法的入典再造:理念与细节》,载《中国法律评论》2019 年第 1 期。

148. 汪志刚:《论民事规训关系——基于福柯权力理论的一种阐释》,载《法学研究》2019 年第 4 期。

149. 谢鸿飞:《〈民法典〉中的"国家"》,载《法学评论》2020 年第 5 期。

(三)外文类参考文献

1. E. Nathaniel Gates, Bondage, *Freedom and the Constitution: The New Slavery Scholarship and Its Impact on Law and legal Historiography*, Cardozo law Review, Vol. 18, Part Ⅱ, 1996.

2. L. M. Friedman, *The Republic Choice: Law, Authority, and Culture*, Harvard University Press, 1990.

3. Dworkin, *Justice in Robes*, Harvard University Press, 2006.

4. Konrad Zweigert and Hein Koetz, *An Introduction to Comparative Law*, Oxford University Press, 3ed, 1998.

5. I. R. Macneil, *The New Social Contract: An Inquiry into Modern Contractual Relations*, New Haven: Yale University Press, 1980.

6. *Hering v. Hering*, 33 Va. App. 368, 533 S. E. 2d 631(2000).

7. Katharina Boele-Woelki, *Principles of European Family Law Regarding Property Relations Between Spouses*, the Organising Committee of the Commission on European Family Law 2013.

8. UNIFORM MARITAL PROPERTY ACT § 14 (b).

9. *Pereira v. Pereira*, 103 P. 488 (Cal. 1909).

10. Wash. Rev. Code Ë 26 – 16 – 010 and 26 – 16 – 020 (1989).

11. Sally Burnett Sharp, *The Partnership Ideal: The Development of Equitable Distribution in North Carolina*, Vol. 65(1987).

12. Alicia Brokars Kelly, *Rehabilitating Partnership Marriage As a Theory of Wealth Distribution at Divorce: In Recognition of Shared Life*, Wis. Women's L. J. Vol. 19(Fall, 2004).

13. H. K. Lucke, *The Intention to Create Legal Relations*, 3 The Ade Laide Law Review 419(1967 – 1970).

14. Bailey H. Kuklin, *The Justification for Protecting Reasonable Expecations*, 29 Hofstea L. Rev. 863, 864. (2001).

15. W. Page Keeton et al. (eds.), *Prosser and Keeton on Torts*, fifth edition, West Group, 2004.

16. B. Stark, *Marrige Proposals*: *From One-Size-Fits-All to Postmodern Marriage Law*, 89 Cal. L. Rew. , 2001.

17. Jonathan Hening, *Caring and the Law*, Hart Publishing, 2013.

18. Jonathan Herring, *Family Law*, Pearon Education Limited, 2011.

19. *Pettitt v. Pettitt* [1970] AC 777 HL; Gissingv Gissing [1971] 1 AC 886 HL.

20. G. H. L. Fridman, *The Law of Agency*, second edition, Butterworths, 1966.

21. Ewan Mckendrick, *Contract Law*, Palgrave Macmillan Publishers Ltd. , 2000, 4th ed.

22. L. J. Weitzman, *Marital Property in the Us. In Economic Consequences of Divorce*, Clarendon, 1991.

23. Willliam Sacksteder, *The Logic of Analogy*, 7 Philosophy and Rhetoric 236 (1974).

24. Brian Leiter, *American Legal Realism*, in Martin P. Golding and William A. Edmundson(eds.), The Blackwell Guide to the Philosophy of Law and Legal Theory, Blackwell Publishing Ltd, 2005.

25. Maxine Eichner, The Supportive State: Families, Government, and America's Political Ideals, New York: Oxford University Press, 2010.

26. Dieter Medicus, Allgemeiner Teil des BGB, 10. Aufl. , 2010.

27. Dernburg, Bürgerliches Recht des Deutschen Reich, Bd. 1.

28. Larenz/Wolf, Allgemeiner Teil des Bürgerlichen Rechts, 9. Aufl. , 2004.

29. Schriftlicher Bericht, zu BT – Drucks. Ⅱ/3409.

30. Franz Bydlinski, System und Prinzipien des Privatrechts, Springer – Verlag, Wien, 1996.

31. Münch Komm/Schubert, § 164 BGB (2015).

32. Staudinger/Voppel, BGB § 1357 (2012).

33. Staudinger/Voppel, Vorbemerkung zu § § 1565 ff (2018).

34. BGZ. NJW 1990, 2060.

35. Canaris, Die von Lücken im Gesetz: eine methodologische Studien über Voraussetzungen und Grenzen der richterlichen Rechtsfortbildung praeter legem, 2. Aufl. , Berlin 1983. S. 33.

36. Rüthers, Rechtstheorie mit juristischer Mehthodenlehre, 6. Aulf., München:Beck,2011, Rn.853,S.503.

37. Larenz, Lehrbuch des Schuldrechts, Band Ⅰ, Allgemeiner Teil,14, Aufl,1987,S.127f.

38. Münchener Komm BGB/Wellenhofer,7. Aufl. ,2017, §1314,Rn.1.

39. Müko BGB/Emmerich (2019), Vor §320,Rn.14 ff.